Wie es angefangen hat

Zum Verständnis dieses Buches finde ich es sinnvoll, auf den Kontext hinzuweisen, in dem diese Vorträge von Sayed Omar Ali-Shah Naqshband ibn Hashemi, Agha, vor Therapeuten verschiedenster Nationalitäten und unterschiedlichster Fachgebiete gehalten wurden, denn das gemeinsame Band, das diese Therapeuten aus allen medizinischen, paramedizinischen und therapeutischen Fachbereichen verbindet, besteht darin, daß sie Schüler der Sufitradition sind, in der Agha unser Lehrer ist.

Agha begann 1985 in Segovia, Spanien, damit, diese Vorträge vor Therapeuten und Ärzten zu halten. Dem vorangegangen waren verschiedene Fragen, die ihm 1982 von einer Reihe von Therapeuten, vorwiegend Psychotherapeuten, gestellt worden waren und die aufgrund einer Verunsicherung hinsichtlich der Qualität ihrer therapeutischen Leistung wissen wollten, ob zu deren Verbesserung nicht aus der Sufitradition ein gewisser Input zu erhalten wäre.

So ließ uns unser Lehrer anläßlich verschiedener Kongresse zusammenkommen, damit wir uns treffen und unser Wissen, unsere Techniken und therapeutischen Talente mit Kollegen aus anderen Ländern teilen würden, um dann daraus eine gemeinsame therapeutische Basis, die auf der Sufitradition beruht, zu entwickeln.

Die meisten von uns orientierten sich an den Erfahrungen, die wir in der Vergangenheit bei der Teilnahme an internationalen berufsorientierten Seminaren gesammelt hatten, und begannen damit, beeindruckende Artikel und Arbeitspapiere vorzubereiten. Wir waren mehr daran interessiert, miteinander zu konkurrieren und einander zu beeindrucken sowie Machtstrukturen unter uns zu etablieren (ein bei im Gesundheitswesen Tätigen kein seltener Vorgang) als daran, unser Wissen auszutauschen.

Unsere erste Zusammenkunft war spannungsgeladen. Es wurden Repräsentanten der verschiedenen Länder benannt, um die Arbeit zu koordinieren, und ein Präsident wurde für das gewählt, was die ›Internationale Gesellschaft Traditioneller Holistischer Therapien‹ – THT – werden sollte, die die ›Granada-Therapie‹ entwickeln und fördern würde. Bei letzterem handelte es sich um einen von Agha vorgeschlagenen Arbeitsnamen, dessen Symbol der Granatapfel ist. Die einzelnen Kerne dieser Frucht sind Teil ihres Ganzen, und doch ist jede seiner einzelnen, kleinen Kammern separat für sich ein Teil sowie auch fähig, neue Früchte zu erzeugen.

Eine weitere symbolische Bedeutung, die ›Granada‹ für Sufis hat, ist die, daß historisch gesehen uns die Stadt Granada gezeigt hat, was möglich ist, wenn christliche, jüdische und islamische Kultur – eine jede so anders und doch so ähnlich – nebeneinander und miteinander auskommen. Aus diesem Miteinander hat sich einer der Höhepunkte in der Geschichte menschlicher Kultur entwickelt, aber ebenfalls wurde uns gezeigt, was geschah, als dann später die eine Richtung der anderen aufgezwungen wurde.

An all das dachte keiner von uns bei unserem Meeting, und hätte Agha uns nicht darauf aufmerksam gemacht, wäre unsere Gesellschaft vermutlich auf dieselbe Weise untergegangen wie Wissenschaft und Kultur in Spanien zur Zeit von Ferdinand und Isabella.

Glücklicherweise hatte Agha dies (und vieles mehr) in Betracht gezogen, und seine ersten Interventionen brachten uns dazu, daß wir bei den verschiedenen therapeutischen Verfahren nach gemeinsamem Terrain Ausschau hielten, statt die Unterschiede zu betonen, was nur Konkurrenz erzeugen kann. Einer seiner Vorschläge war auch, daß wir uns auf die Elemente konzentrieren sollten, die, ungeachtet der dabei verwendeten Techniken, zum Heilungsprozeß des Patienten beitragen. Wir brauchten vier Jahre, ehe es uns gelang, diese Idee in die Praxis umzusetzen. Das zweite THT-Treffen fand ein Jahr später in Mexiko statt. In der Zwischenzeit hatten wir an dem Thema ›Streß-Bewältigung‹

und der Auswirkung von Streß auf die unterschiedlichen Krankheiten gearbeitet. Und wieder gab es stapelweise Arbeitspapiere, die diesmal eben alle von Streß handelten, angefangen damit, wie man ihn verhindern kann, bis hin zu seiner therapeutischen Bewältigung. Aber diesmal gab es ein stärkeres Gefühl von Zusammenarbeit, ein größeres Bedürfnis zu lernen und weniger Konkurrenz unter uns. Wir begannen auch damit, uns in kleinere Arbeitsgruppen aufzuteilen, in denen wir Arbeitspapiere diskutierten, Erfahrungen austauschten, unsere verschiedenen therapeutischen Verfahren vorstellten und alternative Methoden zur Streßminderung vorschlugen.

Mit der Zeit verstärkte Agha seinen Input hinsichtlich dieser Treffen. In Mexiko sprach er verstärkt über die Entwicklung der Granada-Therapie und stellte uns in zunehmendem Maße – zum Reflektieren wie auch um uns weiterzubringen – Themen vor, wie z. B., daß man, bevor man einen Patienten trifft, die eigene Absicht klärt.

Unser nächstes Treffen war in Agaete auf den Kanarischen Inseln. Vielleicht lag es an der geographischen Entfernung, daß diesmal weniger Therapeuten anwesend waren. Und wie es seine Art ist, so überraschte Agha uns auch diesmal, und zwar, indem er ein sehr ›unwissenschaftliches‹ Thema an uns herantrug; ein Thema, mit dem uns zu befassen wir bisher systematisch vermieden hatten: das ›Innere Sein‹, seine Bedeutung und seine Verbindung zu geistiger und körperlicher Gesundheit.

Unser Verständnis davon war, daß es sich beim Inneren Sein um den Teil in der Ausstattung einer Person handelte, durch den wir uns als Menschen definierten und der stets unveränderlich blieb. Für uns bedeutete das einen Quantensprung, und auf gewisse Weise begann unser Verstand anhand der Richtlinien, die in der Granada-Therapie angezeigt waren, zu arbeiten. Unser Stolperstein war beseitigt. Uns wurde ein umfassenderes Rüstzeug zuteil als unser begrenztes ›wissenschaftliches‹ rationales, das uns, als ob wir Scheuklappen trügen, voneinander getrennt sein ließ und verhinderte, daß wir andere Realitäten oder Dimensionen, derer wir uns bewußt waren, benutzten, und das zu leugnen wir in akademischen Zirkeln gezwungen sind, weil es sich nicht in konventionelle Terminologie fassen läßt.

Auf diesem Meeting fühlten wir uns befreit und frei genug, auch unsere ›nicht-objektiven‹ Erfahrungen untereinander auszutauschen. Wir konnten über unsere subjektiven Wahrnehmungen sprechen, die sich unabhängig von der angewandten Methode unterstützend oder blockierend auf die Patienten-Therapeuten-Beziehung auswirken können, und wir diskutierten verschiedene unterstützende Maßnahmen wie Ionisation, Atmosphäre, Musik, Farben und Gegenstände der Tradition sowie ihre möglichen Auswirkungen.

Wir begannen, auf einer persönlicheren Ebene miteinander umzugehen und nicht mehr so sehr als bloße Methodiker oder schmalspurige therapeutische Spezialisten. Unsere Erfahrungen bewirkten, daß wir die gemeinsame Basis fanden, von der wir nicht gedacht hätten, daß sie uns zu eigen war, und dies brachte uns einander näher.

Der Impakt dieses Meetings fand nicht nur auf einem persönlichen Level statt, denn auch die Weitergabe der Informationen, die wir erhalten hatten, an unsere Kollegen, die nicht an dem Meeting hatten teilnehmen können, hatte weiterreichende Auswirkungen. Auch in unseren Arbeitsräumen änderten sich Aspekte. So begannen wir, nach und nach verschiedene Objekte wie z. B. Kalligraphien, Diagramme und Farben zu ergänzen, die Ideen widerspiegelten, die wir diskutiert hatten und die, abgesehen von ihrer Funktion im Hinblick auf unsere Klienten, für uns selbst als stete Erinnerung an Themen wie Streß, Absicht, Inneres Sein und Energie, an denen wir gearbeitet hatten, dienten und uns so davor bewahrten, in eine Art Routine zu fallen, die uns in unserem Beruf ständig droht.

Während der folgenden beiden offiziellen Meetings dieser Therapeutengruppe, die in der Serra Negra in Brasilien und in Montefiascone in Süditalien stattfanden, erhielten wir von Agha spezifischere Informationen hinsichtlich des sufischen

Konzeptes dessen, was die Essenz der Granada-Therapie darstellt. Während dieser Meetings bemühten sich die Therapeuten im Rahmen kleiner Diskussionsgruppen, einen Weg zu finden, um das auf Intuition basierende Wissen, das Agha uns vermittelte, sowohl in die Praxis umzusetzen und anzuwenden als auch unseren Kollegen zu vermitteln.

Dieses Buch gibt Aghas Reden an uns wieder, die er auf Meetings vor einer Handvoll bis zu mehreren hundert Leuten gehalten hat. Es gibt jahrhundertealtes sufisches Wissen in einer Form wieder, die der heutigen Zeit und ihren Erfordernissen sowie dem gegenwärtigen medizinischen Wissensstand angepaßt ist. Die klaren und deutlichen Informationen, die in diesem Buch gegeben werden, zielen ins Mark aller Therapie.

Diese Reden sind, ebensowenig wie dieses vorliegende Buch, dazu intendiert, herkömmliche wissenschaftliche Methoden zu ersetzen, sondern sie zu ergänzen, indem beispielsweise eine Dimension des Kontaktes und der Energie hinzukommt, die die Selbstheilungskräfte des Individuums aktiviert. In dieser Hinsicht arbeitet der Therapeut unabhängig von seiner jeweiligen Spezialisierung als ein Katalysator für die vitalen Kräfte einer Person, die möglicherweise aufgrund von Unausgewogenheit oder mangelnden Kontaktes mit ihrer inneren Harmonie aufgehört haben zu arbeiten.

Das ist kein neues Konzept, aber in unserer modernen Zeit wird es seitens der medizinischen Berufe weitgehend ignoriert. Wir haben uns selbst göttliche Attribute zugeschrieben und darüber vergessen, daß unsere einzige Macht darin besteht, die heilenden Qualitäten, die der Patient oder Klient bereits besitzt, zu wecken. Das Konzept, dem hier Ausdruck verliehen wird, impliziert, daß, indem sich jemand von der Natürlichen Ordnung (die einige Gott nennen) trennt, dies seine natürlichen, heilenden Eigenschaften beeinträchtigt und der Krankheit die Tür öffnet.

Die heilende Funktion, die hier beschrieben wird, besteht darin, seine rationale wissenschaftliche Ausbildung und die persönlichen therapeutischen Fähigkeiten mit der Energie der Tradition in Harmonie zusammenzubringen.

Anatolio Friedberg, Ph D Begründer und ehem. Präsident der Mexikanischen Vereinigung der Familientherapeuten

Teil I

Die Entwicklung der Granada-Therapie

BISMILLĀ AR-RAḤMĀN AR-RAḤĪM

1. Die Entwicklung der Granada-Therapie I

In der Tradition sind wir eine Familie. Ich möchte, daß jeder von Ihnen die Bedeutung dessen versteht und sich als Mitglied einer Familie fühlt. Wir sind kein Kult, diesbezüglich müssen wir Sorgfalt walten lassen, denn unglücklicherweise ist der Mißbrauch des Wortes ›Kult‹ weit verbreitet. Wir sind keine Religion, wir sind eine Familie von Traditionalisten.

Thema dieses Seminars ist Kommunikation. Kommunikation ist unerläßlich und ganz besonders auf den Gebieten der Wissenschaft und der Therapie.

Es liegt auf der Hand, daß drei Leute, die dieselbe Richtung studieren, voneinander wissen und miteinander kooperieren sollten, denn sonst wird es eher eine verdreifachte Leistung sein, die sie erbringen müssen, um ans Ziel zu gelangen, statt daß die Arbeitsleistung von drei Personen auf dieselbe Sache gerichtet ist.

Die verschiedenen Therapierichtungen, die von Ihnen hier vertreten werden, sollen nicht in Konkurrenz oder im Gegensatz zueinander stehen, sie sollen auch nicht Anlaß zu Kollisionen geben. Es ist unsere Absicht, gemeinsam eine kohärente und kohäsive Therapie zu erarbeiten; eine Therapie, die eine Handhabung aller nur erdenklichen Aspekte menschlicher Probleme ermöglicht.

Das mag nach einem ehrgeizigen und recht umfassenden Vorhaben klingen, wie auch das Thema dieses Kongresses recht umfangreich ist: Wir haben uns vorgenommen, den Faktor Spannung in den Griff zu bekommen.

Daß Spannungen, sei es in Einzelpersonen, in Gruppen und in der Gesellschaft, vorhanden sind, ist unschwer zu erkennen. Jeder bedauert dies. Und jeder hat auch unterschiedliche

Vorstellungen, wie damit umzugehen sei, und benutzt andere Vorgehensweisen. Häufig werden aber leider die Bemühungen derer, die sich damit befassen, von den Symptomen der Spannung bestimmt – und nicht von deren Ursache.

Es ist unsere Zielsetzung, die unterschiedlichen Techniken zusammenzubringen und herauszufinden, auf welcher Ebene sie miteinander verbunden sind, wie diese Verbindung sich verstärken läßt und wie diese Methode dann in der täglichen Praxis angewandt werden kann.

2. Historische Aspekte der Granada-Therapie

Ein der Granada-Therapie vergleichbares Heilverfahren gab es in Europa schon einmal bis ins späte Mittelalter – bis zum Auftauchen des ›glorreichen Paares‹ Ferdinand und Isabella. Unsere Aufgabe besteht nun darin, an die Basis dieser Therapie, die es bereits gab, anzuknüpfen und sie unter Berücksichtigung all der Faktoren, die aufgrund unserer sogenannten ›modernen‹ Zivilisation neu hinzugekommen sind, auf den Stand unserer Zeit zu bringen. Und genau an diesem Punkt treffen Techniken der Tradition mit zeitgenössischen Therapieformen zusammen.

Es gibt weder einen Anlaß, untereinander zu konkurrieren, noch einen Grund für Unverträglichkeiten. Die drei Tage der Konferenz sollen von Therapeuten verschiedener Richtungen genutzt werden können, um miteinander ins Gespräch zu kommen, um Wege zu finden, in Beziehung zu treten und diesen Kontakt dann aufrechtzuerhalten – nicht aber, um zu demonstrieren, wie klug und effizient die jeweils eigene Therapie ist.

Lassen Sie uns als Grundlage festhalten, daß wir alle die Gültigkeit der unterschiedlichen Therapien akzeptieren. Lassen Sie uns miteinander kooperieren, denn dies ermöglicht uns, aus unseren verschiedenen Therapien genau das Rüstzeug zu beziehen, das wir benötigen, um daraus eine einzige Therapie entstehen zu lassen.

Jede Therapie hat einen Namen, und dieser Therapie habe ich die Bezeichnung Granada-Therapie gegeben. Dies ist ein beziehungsreicher Name, nicht nur von einem sentimentalen Standpunkt aus, sondern besonders wegen der positiven Werte, die er repräsentiert: Er steht sowohl für historische Aspekte wie auch für die *Silsila*, für Stabilität, Einheit, Bemühung – und auch für *Baraka*.

3. Der Spannungsfaktor

Wir haben ein gemeinsames Ziel. Ein gemeinsames Ziel zu haben ist eine grundlegende Voraussetzung, denn dieses wird zum Fokus Ihrer Aufmerksamkeit, Ihres wissenschaftlichen Arbeitens und Ihres Tuns und Handelns.

Dies ist ein Thema dieser Konferenz; und zugleich geht es auch noch um einen weiteren Faktor, der bei fünfundachtzig Prozent aller Probleme in dieser Welt eine Rolle spielt – seien sie sozialer, physikalischer oder ökonomischer Art –, um einen Faktor, der in den Aktivitäten der Menschen zunehmend präsent ist, und dies unglücklicherweise in einem Ausmaß, daß er viele Aspekte des menschlichen Tuns und Handelns dominiert.

Es handelt sich dabei in keiner Weise um einen verborgenen, geheimen oder überirdischen Faktor, sondern um einen leicht erkennbaren, um einen, den jeder kennt. Oft bekommt man zu hören: »Ja, es ist unglückselig, aber es gibt nun mal Spannungen, und wir müssen das akzeptieren.« Meine Antwort darauf lautet, daß, auch wenn der Spannungsfaktor existiert, wir ihn keinesfalls akzeptieren werden. Denn wenn wir Spannung akzeptieren, leisten wir ihrem Fortschreiten Vorschub. Wenn wir dann darunter leiden, sind wir selbst schuld.

Es liegt jetzt an uns, sowohl mit Hilfe all Ihrer vielfältigen therapeutischen Techniken als auch durch die Anwendung der Methoden und Techniken der Tradition und mittels der Energie, die Ihnen zugänglich gemacht werden kann, eine gemeinsame Therapie zu entwickeln – und zwar jetzt.

4. Nasrudin beim Psychiater

Eines schönen Tages machte sich Nasrudin, der Vater aller Psychotherapien, mit seinem treuen Esel auf die Reise in ein benachbartes Land, um den dortigen Chef-Therapeuten aufzusuchen.

»Ich habe ein großes Problem!« sagte Nasrudin zu ihm.

Da setzte der Psychiater seine Psychiaterbrille auf und sagte: »Nun, worin besteht das Problem?«

Und Nasrudin antwortete: »Manchmal verspüre ich beim Gehen einen heftigen, tiefsitzenden Schmerz!«

»Aha«, sagte der Psychiater darauf und: »Aber ja!«

Nachdem sie sich eine halbe Stunde unterhalten hatten, sagte der Psychiater: »Dein Problem ist, daß du deine Mutter haßt! Geh nun, und komm morgen wieder!«

Nasrudin war recht beeindruckt davon, was ihm der Psychiater gesagt hatte, und da er ein einfacher Mann war, ging er unverzüglich zu seiner Mutter und sagte:

»Mutter, man hat mir gesagt, daß das Problem mit meinem tiefsitzenden Schmerz daher rührt, daß ich dich hasse!«

Da nahm seine Mutter einen großen Stock und schlug ihn damit.

Darauf ging Nasrudin zu seiner Frau und sagte: »Ich war bei einem Psychiater, und er hat mir gesagt, daß meine Mutter das Problem sei und meine Schmerzen daher rühren. So ging ich zu ihr und erklärte ihr, daß sie der Grund für meine tiefsitzenden Schmerzen sei, da ich sie hasse. Da hat sie mich geschlagen!«

Darauf sagte seine Frau: »Manchmal hat deine Mutter sehr gute Ideen!« und schlug ihn.

Nasrudin ging am nächsten Tag wieder zum Psychiater und erzählte ihm, was geschehen war. Der Psychiater war sehr glücklich darüber und sagte: »Oh, das ist sehr interessant! Nicht nur, daß du das Problem mit diesem tiefsitzenden Schmerz hast, weil du deine Mutter haßt, sondern du leidest auch noch unter dem Wahn, daß dich jeder schlägt! Komm morgen wieder!«

So ging Nasrudin zu seiner Tochter und sagte: »Wie du weißt, habe ich diese sehr starken grundlegenden Schmerzen, wenn ich mit meinem Esel unterwegs bin. Als ich deshalb zu deiner Großmutter ging, hat sie mich geschlagen, und als ich dann zu deiner Mutter ging, hat auch sie mich geschlagen, und nichts hat sich geändert; manchmal muß ich wegen der Schmerzen sogar zu Hause bleiben! Wirst du mich jetzt auch schlagen, so wie die anderen Frauen in meiner Familie?«

Die Tochter dachte einen Augenblick nach und sagte dann: »Nein, schlagen werde ich dich nicht, aber ich gebe dir einen Rat: Geh hinter deinem Esel her statt vor ihm zu laufen. Denn wenn du so in deine Gedanken vertieft daherläufst, beißt dich der Esel tief und fest in deinen Allerwertesten!«

Dies ist natürlich eine hochgradig lehrreiche und bedeutungsvolle Geschichte, doch sie weist uns auf einen ganz bestimmten Faktor hin: auf die Beobachtung. Hätte der Psychiater die grundlegenden Aspekte in Erwägung gezogen und geprüft, hätte er den entscheidenden Faktor herausfinden können.

Um eine fundierte gemeinsame Therapieform ausarbeiten zu können, ist es erforderlich, sich untereinander auszutauschen und diesen Austausch aufrechtzuerhalten.

Wir wissen, wie Spannungen entstehen und wodurch sie aufrechterhalten werden, und ebenso sind uns psychosomatische Zusammenhänge sattsam bekannt, und doch werden die meisten Spannungen in unserer heutigen Welt von den Menschen selbst verursacht – was aber auch heißt, daß die Lösung für diese Spannungen ebenfalls in der Hand der Menschen liegt. Wenn Sie zu diesem Wissen die Energie der Tradition hinzufügen, ergibt das ein unübertreffliches Erfolgsrezept – unter der Voraussetzung der gemeinsamen Anstrengung und des Bewußtseins, daß es funktionieren wird.

Ich kann Energie erzeugen – das zu tun ist meine Funktion. Aber auch Sie – sei es als Einzelperson oder als Gruppe – können das. Setzen Sie diese Energie ein, um Arbeit und Anstrengung zum Gemeinsamen zu verbinden. Lassen Sie sich nicht auf Konkurrenzstreben und Opposition untereinander ein.

Wollen Sie etwas kommentieren oder kritisieren, tun Sie es auf konstruktive Weise; Kritik kann sowohl konstruktiv als auch destruktiv sein.

Bei einer gemeinsamen Anstrengung gibt es keinen Kollisionsfaktor. Ist diese gemeinsame Anstrengung aber nicht vorhanden, ist die Zusammenarbeit diffus und unfokussiert, dann kann es entsprechend länger dauern, bis man sein Ziel erreicht. Die Tradition fordert und fördert diese Anstrengung, denn die Menschen brauchen diese Therapie. Machen Sie sich Ihr Ziel bewußt, und halten Sie sich Ihre Absicht klar vor Augen – gehen Sie mit Aufmerksamkeit vor, aber nicht mit Anspannung. Sie können niemandem etwas beibringen, das Sie selbst nicht vorher gelernt haben! Wenn Sie Ihrem Patienten drohend verkünden: »Ich werde Ihnen schon beibringen, wie Sie sich entspannen!«, wird ihn das nicht gleich umbringen, aber bis er sich schließlich dann doch entspannt, wird es fünfmal so lange dauern.

5. Kompatibilität und integrative Therapie

Thema dieser Konferenz ist der Faktor Spannung. Gleichzeitig befassen Sie sich hier auch mit der Fragestellung: Wie läßt sich meine spezielle Therapieform mit anderen Therapieformen verbinden? Sie hatten Gelegenheit, mehr über die Techniken zu erfahren, die von anderen Anwesenden benutzt werden, so daß Sie sich bereits eine Vorstellung davon machen konnten, inwiefern der eine oder andere Aspekt ›Ihrer‹ Therapie mit den Techniken anderer Therapeuten kompatibel ist.

Kompatibilität ist hier das Schlüsselwort. Die eine oder andere Technik mag Ihnen vielleicht feindlich erscheinen, aber um der Kompatibilität willen ist es immer möglich, das Level der jeweiligen Technik etwas herabzusetzen. Da schließlich alle Therapien auf demselben Prinzip beruhen, nämlich der Menschheit von Nutzen zu sein, so werden sie auch an dem einen oder anderen Punkt eine gemeinsame Sprache sprechen.

Nimmt ein Therapeut eine zu starre oder zu individualistische Haltung ein und betrachtet seine eigene Methode als streng festgelegt, so besteht die Gefahr, daß die Therapie, die sich daraus entwickelt, isoliert für sich dasteht und aus lauter einzelnen und nur zum Teil miteinander verbundenen Komponenten besteht.

Was wir aber wollen, ist eine integrative Therapie. Wir streben einen Zusammenhang an, in dem alle Techniken möglich sind – was nicht heißt, daß sie alle zugleich angewendet werden müssen. Man kann zum Beispiel den Operationssaal für einen Patienten, der operiert werden muß, mit bestimmten, ihm zuträglichen Farben ausstatten, zusätzlich könnte auch noch Musik gespielt werden – ohne daß es einen Interessenskonflikt zwischen Farbtherapeuten, Chirurgen und Musiker gibt.

Möglicherweise braucht ein Patient Massagen oder chiropraktische Behandlungen, wenn nun aber der Chiropraktiker oder Masseur den Chirurgen während der Operation beiseite schiebt, damit er den Patienten massieren kann, wird das zu Auseinandersetzungen zwischen Chirurg und Chiropraktiker führen – und für den Patienten kann es das Ende sein. Die Funktion, die ein Masseur oder Chiropraktiker für diesen Patienten haben kann, wird eher prä- bzw. postoperativer Art sein.

Vielleicht benötigt ein Patient vor oder nach einer Operation psychotherapeutische Behandlung; sei es, um sich vor der Operation zu ›entspannen‹ oder um sich nach der Operation von dem psychischen Schock zu erholen. Und umgekehrt wird auch in diesem Fall der Psychotherapeut, wenn er den Patienten psychisch auf die Operation vorbereitet, vom Chirurgen nicht beiseite geschoben.

Jede Therapieform – gleich, ob es sich um die Anwendung von Farben, von Musik, um chirurgische, chiropraktische oder sonstige Maßnahmen handelt –, jede von ihnen hat ihre spezielle Funktion. Das hat nichts mit Konkurrenz zu tun.

Wenn ein Patient, der gerade eine Operation hinter sich hat, zur Rekonvaleszenz in eine positive Umgebung kommt, kann auch das eine wichtige Rolle spielen – aber keinesfalls sollte dies innerhalb des Teams Anlaß zu Auseinandersetzungen geben. Die Prioritäten für die Anwendung einer bestimmten Technik bei einer kranken Person sind von ihrem jeweiligen körperlichen und geistigen Zustand abhängig.

Bevor die Operation oder die Behandlung stattfindet, sollte es eine Konferenz aller an der Behandlung beteiligten Therapeuten geben, in der über die Behandlungsprioritäten entschieden wird. Falls sich aufgrund der üblichen und sinnvollen medizinischen Untersuchungen herausstellen sollte, daß der Betreffende sofort operiert werden muß, dann hat dies die oberste Priorität.

Die anderen Therapeuten treffen dann die Entscheidung, ob als prä- und postoperative Maßnahmen Farben, Musik und Massage, einzeln oder kombiniert, oder Psychotherapie, Kräuterheilkunde oder sonstige Therapien angewandt werden, um den Betreffenden psychisch wie physisch vorzubereiten. Da gibt es keinen Wettstreit, wer nun den Patienten zuerst in die Finger bekommt. Das Wohlergehen des Patienten ist das Allerwichtigste.

Es ist für die verschiedenen Therapeuten wertvoll, miteinander zu reden. So zum Beispiel kann ein Chirurg im Gespräch mit einem Farb- oder Musiktherapeuten einen typischen chirurgischen Eingriff mit seinen präoperativen, operativen und postoperativen Phasen beschreiben und sich dazu äußern, welche psychischen oder physischen Probleme seiner Meinung nach während dieser drei Phasen auftreten können.

Seine Beschreibung ermöglicht dem Therapeuten, eine Vorstellung davon zu entwickeln, in welchem Stadium er möglicherweise sinnvoll beitragen kann – beitragen, und nicht intervenieren! Sollte der Chirurg der Ansicht sein, daß der Patient in einer bestimmten Phase möglicherweise besonders angespannt sein wird, könnte der Therapeut seine Methode vorschlagen, um die Spannung in dieser Phase zu vermindern.

Der Therapeut sollte dem Chirurgen besser keine Vorschriften darüber machen, wie er sein Skalpell zu halten hat oder wo er schneiden soll, jedoch kann er sehr wohl Vorschläge machen, die für den hauptverantwortlichen Therapeuten – als den man ihn in der jeweiligen Situation bezeichnen mag – hilfreich sein können. Während der präoperativen Phase kann selbstverständlich auch ein Naturheilkundler, eine Masseuse oder ein Vertreter einer anderen Therapieform, die dazu geeignet ist, den Patienten physisch oder psychisch auf die Operation sowie die postoperative Phase vorzubereiten, Erster Therapeut sein.

In der Tradition wird diese Technik als ›Investition‹ bezeichnet, denn in der präoperativen Phase werden bestimmte aktuelle Symptome behandelt, aber gleichzeitig wird auch Energie hineingegeben, die später dann während der Operation oder in der postoperativen Phase zum Tragen kommt.

In der Phase des operativen Eingriffs ist der Chirurg der hauptverantwortliche Therapeut oder Spezialist; er kann auf die Unterstützung seines Operations- und Krankenschwesternteams zählen, und hinzu kommt auch noch die Energie, die vorher ›investiert‹ wurde. In der postoperativen Phase ist der Therapeut hauptverantwortlich, der sich z. B. mit einem physischen oder psychischen postoperativen Schock auskennt.

Jeder hauptverantwortliche Spezialist ergänzt die jeweils anderen. Da gibt es keine Konkurrenz. Der Chirurg steht nicht wartend da, bis er den Patienten endlich ›auf dem Tisch‹ hat, und der für die postoperative Behandlung zuständige Therapeut hämmert während der Operation auch nicht gegen die Tür, um den Patienten endlich ›in die Finger‹ zu bekommen. Andernfalls wird es zu einer sogenannten Spannungssituation kommen. Wenn die drei Phasen in angemessener Weise geplant und jeder ein Minimum an Zeit eingeräumt wurde, kann es zügig vorangehen, ohne Hast oder Spannung.

Jede Stufe ist mit der nächsten Stufe fest verzahnt. Die Entwicklung einer Person in der Tradition erfolgt auf vergleichbare Weise: Man entwickelt sich kontinuierlich bis zu einer bestimmten Stufe – aber man springt dabei nicht abrupt von einer Stufe zur anderen.

Es gibt verschiedene Ebenen des Kontaktes, wie es auch verschiedene Entwicklungsstufen gibt. Wenn sich ein Mensch weiterentwickelt, wächst auch der Kontakt zwischen den verschiedenen Ebenen. Abrupte Entwicklungssprünge gibt es nicht; eines geht stufenweise ins andere über, und auch die Wahrnehmung dieser Entwicklung erfolgt stufenweise. Man wacht nicht morgens auf und ist im Vergleich zum Vortag plötzlich ›ungeheuerlich entwickelt‹!

6. Überleben

Unlängst erhielt ich den Bericht eines Ärzteteams aus Mexiko. Es handelte sich dabei um eine Spezialeinheit der britischen Armee für Bergungsmaßnahmen und Bergung von Katastrophenopfern. Einen Umstand, der mich daran besonders interessiert hat und der sehr einfach, sehr verblüffend und sehr erstaunlich ist, möchte ich hier gerne näher darstellen. Es handelt sich um das Überleben noch sehr kleiner Babys, die bei dem großen Erdbeben von Mexiko City unter den Ruinen begraben worden waren.

Diese Babys waren zu klein, um zu begreifen, daß sie begraben waren, und auch wenn sie in ihrer Lage nicht unbedingt glücklich waren, so waren sie doch nicht unter Spannung, denn sie hatten kein Bewußtsein davon, wie viele Hunderte oder Tausende Tonnen an Mauerwerk und Schutt sich über ihnen türmten.

Für ein größeres Kind oder eine ältere Person kann allein die psychologische Auswirkung des Wissens, unter Tausenden von Tonnen Schutt begraben zu sein, schon katastrophale Auswirkungen haben. Diese Babys aber hatten gerade erst die traumatische Erfahrung des Geborenwerdens hinter sich und waren nun im körperlichen Sinne auf sich gestellt, so daß man sagen kann, daß sie psychologisch wie körperlich wieder etwas regredierten.

Es bleibt die Frage, ob ihr Überleben Folge ihrer körperlichen Zähigkeit war oder eines nicht vorhandenen Spannungszustandes.

7. Krebs

Bei einem weiteren Artikel, auf den ich näher eingehen möchte, handelt es sich um einen Zeitungsausschnitt aus Los Angeles, der sich mit einem sehr wichtigen Forschungsthema, nämlich den Krebserkrankungen, befaßt. Der Artikel hat zum Inhalt, daß man nun tatsächlich doch herausgefunden hat, daß eine bestimmte mentale Verfassung für Krebspatienten von Hilfe sein kann. Auto-Immunologie nennt man das wohl.

Der Artikel bezieht sich auf eine Tatsache, die in der Tradition seit Hunderten von Jahren bekannt ist: daß ein ausgeglichener Geist oder ein ausgeglichener Organismus ein eigenes latentes Abwehrsystem hat, das verstärkt aktiviert werden kann, wenn dem Organismus Gefahr oder Schaden droht.

Nun sagen alle: »Ja doch, das ist bereits bekannt«, denn jeder weiß um die Produktion von Antikörpern unter bestimmten Umständen. Aber dies ist vielleicht das erste Mal, daß das Thema Krebs zwar als die ernsthafte und schlimme Krankheit behandelt wird, die sie ist, aber doch auf eine Art und Weise, daß sie nicht automatisch mit Tod verknüpft wird.

8. Vom Weben

Überlegen Sie sich, was Sie im Verlauf der nächsten zwei Jahre tun werden, statt zum jetzigen Stand der Dinge einfach zwei Jahre hinzuzuaddieren!

Ein Teppichweber zum Beispiel hat zu Beginn zwar eine genaue Vorstellung davon, wie der Teppich einmal aussehen wird; in der Zeit, bis es dann aber schließlich soweit ist, webt er.

So weben auch Sie!

Allerdings kennt die englische Sprache zwei Bedeutungen für das Wort ›weave‹: sowohl weben im Sinne von ›einen Teppich weben‹ als auch ›im Zickzack gehen‹. Vom letzteren haben wir genug, besser, Sie weben.

9. Der abwesende Faktor

Ich möchte Ihre Aufmerksamkeit gerne auf einen Faktor lenken, den ich hier vorläufig als den ›abwesenden Faktor‹ bezeichnen möchte. Am Beispiel des Körpers läßt sich leicht nachvollziehen, was geschieht, wenn er keine Nahrung mehr bekommt oder ein anderer lebensnotwendiger Faktor fehlt.

Jeder Therapeut weiß, was ein ›anwesender Faktor‹ auf den Gebieten von Körpermedizin und Psychologie bedeutet. Ein ›anwesender Faktor‹ kann das Vorhandensein eines Virus oder einer Entzündung bedeuten oder in der Psychologie z. B. eine Fixierung oder eine Prädisposition.

In Ihren Studien sollten Sie bei der Beurteilung des Zustandes eines Patienten berücksichtigen, daß es einen ›abwesenden‹ Faktor gibt. Ich betone dessen Bedeutung im Kontext der Tradition und auch für das körperliche und psychische Gleichgewicht – und somit für die Gesundheit. Dieser Faktor oder dieses Element läßt sich einfachheitshalber auch als ›Energie‹ bezeichnen. Dafür, daß es abwesend ist, kann es viele Gründe geben.

In der Tradition unterscheiden wir hinsichtlich der Energie sehr sorgfältig und genau zwischen der elementaren, einfachen, physikalischen Energie in all ihren Ausformungen bis hin zu der subtilen und essentiellen Energie, die wir im Kontext der Tradition verwenden. In der Tradition haben viele Spezialisten für Therapie die Auffassung vertreten, daß das Fehlen des Energiefaktors im gesamten Organismus Ungleichgewicht erzeugt, sowohl körperliche wie psychische Krankheiten hervorruft als auch bestimmte psychische und psychotische Zustände.

Dieser Faktor kann zwar vorhanden sein, de facto aber dann doch abwesend sein, weil er beispielsweise deaktiviert vorhanden ist. Vom Standpunkt der Tradition aus ist es das gleiche, ob er gänzlich abwesend oder bloß deaktiviert ist, denn die erforderlichen Prozesse, um für jemanden eine bestimmte Energie verfügbar zu machen oder deaktivierte Energie zu aktivieren, sind ähnlich.

10. Wirkung, Einfluß und Anwendung der Ionisation

Über einen Zeitraum von sechs Monaten habe ich nun verschiedene Ionisatoren getestet, um herauszufinden, bei welchem Grundmodell sich der Schaltkreis so einstellen läßt, daß man einen maximalen Ionenausstoß erzielt. Die Mehrzahl der in Europa und in Amerika hergestellten Ionisatoren ist, was den Ausstoß negativer Ionen anbelangt, unglaublich ineffizient.

Die Hälfte der von mir geprüften Geräte produzierte weniger Ionen, als Sie es tun, wenn Sie unter der Dusche stehen. Bei den anderen Geräten, die eine vernünftige Menge an negativen Ionen produzierten, waren Schaltungen und physikalische Konstruktion so beschaffen, daß der Ionenausstoß nach kurzer Zeit wieder stark abfiel.

Bei den meisten Firmen, die Ionisatoren herstellen, erfolgt die Herstellung der Geräte aufgrund eines – theoretischen – Schaltbildes und ohne daß man über die entsprechenden Möglichkeiten verfügt, den negativen Ionenausstoß der fertiggestellten Ionisatoren zu messen. Das ist unerhört und unehrenhaft.

Bei meinen Tests ist eine Sorte übriggeblieben, deren Schaltkreis so eingestellt werden kann, daß sich der Ionenausstoß auf einem bestimmten Level halten läßt, und mit zumutbarem wöchentlichem Reinigungsaufwand bleibt das Gerät funktionsfähig. Zudem ist es handlich und eignet sich auch für unterwegs. Was die Frage elektrischer Sicherheit anbelangt, falls z. B. Kinder das Gerät anfassen: Es ist völlig sicher, und richtig plaziert schwärzt es auch nicht die Wände.

So wie es aus der Fabrik kommt, produziert das Gerät zwischen neunhunderttausend und einer Million Ionen pro Kubikzentimeter. Mit einer kleinen Modifizierung des Schaltkreises gelang es mir, es auf etwa viereinhalb bis fünf Millionen einzustellen, was einen brauchbaren Sättigungsgrad darstellt.

Wie Sie vermutlich wissen, kann man von negativen Ionen keine Überdosis bekommen. Daher sollte das Gerät, das Sie benutzen, ruhig rund um die Uhr, vierundzwanzig Stunden lang, in Betrieb sein. Von dem Moment an, wo es in einem Raum aufgestellt wird, kann es je nach Art des Raumes und der darin verwendeten Materialien zehn bis einundzwanzig Tage dauern, ehe er so gereinigt ist, daß er mit negativen Ionen imprägniert werden kann. Dies ist wegen der Absorbierung wichtig; denn bei einem schwachen Ionisator werden die Materialien, die die positive Ionisation aufgenommen haben, den negativen Ionenausstoß absorbieren, auch wenn er kontinuierlich erfolgt. Deshalb sollten Sie das Gerät durchgehend laufen lassen, bis der Raum gereinigt und alles darin saturiert ist. Schon nach wenigen Tagen entsteht bereits ein Minusbereich, und von da an kann sich die gewünschte negative Ionisation aufbauen.

Diese Sättigung mit negativen Ionen sollte für alle möglichen Situationen verwenden werden und besonders für therapeutische Situationen von der Operation bis in alle Bereiche der Psychologie und Psychotherapie. Der praktische Nutzen einer starken negativen Ionisation ist wohl bekannt, es liegen klinische Untersuchungen und Berichte vor. Das Gebiet, das uns darüber hinaus aber viel mehr interessiert, sind die tieferen Auswirkungen einer negativen Ionisation.

Negative Ionisation fungiert als eine Trägerwelle für Energie, wodurch eine bestimmte Energiesituation hergestellt und aufrechterhalten wird. So wie es Klang- und Lichtwellen gibt, gibt es auch Energiewellen. Negative Ionen reinigen die Kommunikationskanäle und frischen sie auf, kontrollieren sie und tragen zu ihrer Aufrechterhaltung und Weiterentwicklung bei.

Überall da, wo ein Ionisator arbeitet, entsteht ein Mikroklima, wie es in großem Ausmaß in verschiedenen Teilen der Welt vorkommt. Leicht wahrnehmbar ist es zum Beispiel in der Alhambra in Granada, wo eine Kombination verschiedener natürlicher Stoffe wie Pflanzen, Blumen und Bäume sich gegenseitig ergänzen und Wasser als ein Katalysator fungiert – daß fließendes Wasser ein negativ ionisiertes Areal produziert, ist bekannt. In so einem Mikroklima wird der gesamte Organismus gereinigt; es funktioniert wie eine Art psychischer Staubsauger.

Empfehlenswert ist die Verwendung von Ionisatoren besonders in Tekkias und in Therapieräumen wie z. B. im Behandlungszimmer, Operationssaal oder auch im Wartezimmer. Gerade dort ist die Erwartungshaltung groß, was bedeutet, daß die Wirkung einer starken negativen Ionisation besonders tiefgreifend sein wird, denn der Betreffende befindet sich in einer Situation, die wir als ›ursächlich‹ bezeichnen. Auf diese Weise können Sie für ein Mikroklima vor und während der Therapie sorgen. Da Therapie auch schon im Wartezimmer stattfindet, ist die Verwendung von Ionisatoren auch dort sinnvoll.

Ebenso empfehlenswert ist die Verwendung von Ionisatoren im Haus, insbesondere in Schlafräumen und Kinderzimmern, aber auch in der Küche.

11. Eine Therapeutengruppe entsteht

Ich hoffe, daß es eine Fortsetzung dieses Kongresses, eventuell auch in kleinerem Rahmen, geben wird, und schlage vor, daß Sie, wenn Sie in Ihre eigenen Länder zurückgekehrt sind, an verschiedenen Orten kleine Therapeutengruppen bilden, die mit anderen Therapeutengruppen am Ort in Verbindung stehen.

Eine Therapeutengruppe im Rahmen einer Gruppe der Tradition aufzubauen ist grundsätzlich dasselbe, wie eine Gruppe im Rahmen der Tradition zu organisieren. Es geht dabei nicht um Hierarchie oder Konkurrenz, sondern um Effizienz. Eine Person erhält die Autorität, die Gruppe zu organisieren und aufrechtzuerhalten. Diese Autorität ist verliehen und nicht diskutabel; entweder sie wird akzeptiert – oder nicht.

Die für eine Gruppe der Tradition oder eine Therapeutengruppe verantwortliche Person braucht Rückhalt. Dieser Rückhalt kann technischer Art sein, z. B. wenn es um die Erzeugung und das Weitergeben von Energie geht, es kann sich aber auch um ganz herkömmlichen, grundlegenden Rückhalt handeln, also um Unterstützung im üblichen Wortgebrauch.

Um etwas tragen zu können, müssen die einzelnen Glieder

einer Kette zusammenhalten und nicht gegeneinander arbeiten. Wenn Sie nun eine Therapeutengruppe aufbauen, geben Sie auf jeder möglichen Ebene Unterstützung und Energie hinein. Handeln ist wichtiger als Diskutieren. Sehr gut ist auch ein Austausch von Ideen. In bestimmtem Umfang sind auch kritische Kommentare wertvoll. Wir können nicht gegen Spannung angehen, wenn zwischen uns Spannung besteht.

Dieser Kongreß dient dazu, eine Therapie zu entwickeln, der wir die Bezeichnung Granada-Therapie gegeben haben. Dies impliziert nicht, daß Sie Ihre eigene therapeutische Methode aufgeben, sondern es bedeutet, daß Sie Ihrer therapeutischen Methode andere Therapieformen, die dabei von Nutzen sein können, hinzufügen. Wenn Sie eine zusätzliche Therapiemethode anwenden, heißt das nicht, daß die Bedeutung Ihrer Therapierichtung dadurch geschmälert wird.

Für einen Chirurgen stellt es kein Problem dar, wenn es Klänge oder Musik im Hintergrund gibt, solange in dieser Musiktherapie keine aufdringlichen Klänge verwendet werden, die dem Chirurgen nicht zusagen, so daß er sich verspannt. Das wäre dann kontraproduktiv.

Da jede Therapie auf Heilung ausgerichtet ist, gibt es auch keinen Anlaß zu Verwirrung oder Unverträglichkeiten, wenn Ähnliches in gleicher Absicht, nämlich Heilung intendierend, angewandt wird; d. h., daß es kein Problem sein kann, wenn jemand, der mit Farbtherapie arbeitet, zur selben Zeit auch Musiktherapie anwendet. Er wendet sie als eine zusätzliche Technik an und nicht stellvertretend.

12. Diagnose I

In der Therapie ist die Diagnose das wichtigste, aber auch das schwierigste. Wenn Sie erst einmal wissen, daß der Patient an Typhus erkrankt ist, ist es für jedermann ein Leichtes, die Behandlung in einem medizinischen Handbuch nachzuschlagen.

Bei der Diagnose ist Beobachtung das wichtigste. Es gibt

Blutuntersuchungen, Leberfunktionstests, Röntgenbilder und viele weitere technische Untersuchungsverfahren, durch die sich eine spezielle Krankheit oder ein Krankheitszustand erkennen läßt. Wenn sich bei diesen Verfahren aber nichts Spezielles feststellen läßt, kann man den Patienten für eine Weile beobachten und mit ihm Gespräche führen, um herauszufinden, ob es vielleicht Probleme familiärer, beruflicher oder anderer Art gibt.

Während der Beobachtungsphase achtet man z. B. auch darauf, was der Patient ißt und wie er schläft, so daß sich zusammen mit den Ergebnissen aus den technischen Untersuchungsverfahren für den Therapeuten ein umfassendes Bild des Patienten ergibt. Er kann dann diagnostizieren, woran der Betreffende leidet und welche Faktoren aus dem häuslichen, familiären oder beruflichen Umfeld für ihn hilfreich sein können.

Beobachten Sie verschiedene Menschen in verschiedenen Situationen – ich gebe kein Geheimnis preis, wenn ich sage, daß ich einer Person, wenn ich sie anschaue, in die Augen schaue, denn es heißt, daß die Augen der Eingang zur Seele sind. Vielleicht sehe ich auch auf ihre Hände – und, da ich ein Mann bin, vielleicht auch auf die Beine. Achtet der Therapeut sorgfältig auf die sogenannte Körpersprache, kann ihm dies eine Menge Informationen vermitteln.

Aus diesem Grund funktioniert auch die Methode, Patienten per Fließband abzufertigen, nicht besonders gut. Es mag in Ordnung sein, wenn man weiß, daß die Betreffenden nur vorbeischauen, um neue Medizin verschrieben zu bekommen, aber selbst dafür braucht man ein Minimum an Zeit; sowohl, um mit seinem Gegenüber zu reden, als auch, um ihn zum Reden zu bringen.

Suchen Sie nach Anzeichen von Spannung und auch danach, welche Art von Spannung beteiligt ist. Sie brauchen Zeit, um sich die Person anzusehen, denn bei jedem zeigt sich Spannung auf unterschiedliche Weise. Sie unterhalten sich mit der Person, ermutigen sie, auch ein wenig zu sprechen, und vielleicht versuchen Sie auch, sie zum Lachen zu bringen. Die Art des Lachens zeigt eine Menge. Bei den folgenden Sitzungen können Sie visuell wahrnehmen, ob sich etwas geändert hat. Wenn Sie das Bild der Person in Ihrem Kopf, das Sie sich bei der letzten Sitzung gemacht haben, mit dem momentanen Eindruck vergleichen, wird Ihnen jede Veränderung leicht auffallen.

Dies kann ganz schnell und zügig vonstatten gehen, denn dazu brauchen Sie keine langwierigen Techniken. Sie beginnen damit, einen Blick auf Haare, Ohren, Augen, Nase, Mund etc. zu werfen, und vergleichen eins ums andere mit dem Bild, das Sie sich beim vorhergehenden Mal gemacht haben, ehe sich Ihr Eindruck zu einem neuen Gesamtbild verdichtet, das Sie ebenfalls vergleichen. Dasselbe führen Sie dann auf der akustischen Ebene durch, vergleichen den Klang der Stimme und den Klang des Lachens. Und selbstverständlich tun Sie das, ohne die Betreffenden damit jedesmal zu irritieren.

13. Der mit Büchern beladene Esel

Wir können ein Buch schreiben oder ganze Serien von Abhandlungen verfassen, um diese dann zu stapeln und darüber zufrieden zu sein, daß unsere Arbeit und unsere Forschungen diese Materialien hervorgebracht haben. Nun, all diese Schriften zusammenzutragen und zu veröffentlichen ist gewiß wichtig – nur, wenn Sie einen Patienten behandeln, so werden Sie ihm doch wohl hoffentlich dann nicht dieses Buch hinhalten, damit er geheilt wird!

Alle praktischen und nützlichen Dinge werden dadurch nützlich, daß man sich in ihnen übt – und man übt sich in ihnen, indem man sie ausübt. Ob es ein Buch oder eine Therapie ist – sobald Sie damit vertraut sind, fällt Ihnen der Umgang damit leichter. Es gibt Abhandlungen, die zu Ihrem Nutzen verfaßt wurden, der eigentliche Nutznießer aber ist Ihr Patient. Vergessen Sie nicht, daß die wichtigste Person immer der Patient ist.

Durch Ihre Funkton und Ihre Arbeit werden Sie möglicherweise ebenso an Bekanntheit und Autorität gewinnen, wie

Ihre Reputation als Therapeut wachsen kann. Als Therapeut in der Tradition müssen Sie selbst Richter Ihrer Fähigkeiten sein, d. h., Ihr Urteil sollte nicht auf die Anzahl Ihrer Patienten gegründet sein, sondern auf die Anzahl der erfolgreichen Behandlungen, die Sie zuwege bringen.

Es gibt Therapeuten, die behaupten, eine Erfolgsquote von achtzig Prozent zu haben – aus einem anderen Blickwinkel ist es aber eine Mißerfolgsquote von zwanzig Prozent. Behalten Sie diese Mißerfolgsquote im Auge, und zielen Sie darauf hin, diese zu reduzieren. Indem Sie die Möglichkeit zu einem Gedankenaustausch über Therapie mit anderen nutzen, arbeiten Sie bereits daran, Ihre Mißerfolgsquote zu verringern.

Wem unter Ihnen nun im einzelnen das meiste Verdienst gebührt, ist nicht entscheidend. Sie wissen selbst, wie gut Sie in Ihrer Therapie sind, und Sie sollten sich sagen, daß Sie noch besser sein können. Sie haben die Energie, um zu helfen; sie sind in enger Verbindung mit der Energie: Also nehmen Sie sie auf, und nutzen Sie sie – nur stapeln Sie sie statt dessen nicht einfach, um dann zu sagen: »Oh schaut doch, wieviel wundervolle Energie ich bekommen habe!«

›Ein weiser Mann, der sein Wissen nicht nutzt, ist wie ein mit Büchern beladener Esel!‹

14. Eine universelle Therapie entsteht

Auf die Notwendigkeit, eine vereinte Therapie zu entwickeln, habe ich wiederholt hingewiesen, und wir können zusehen, wie diese Notwendigkeit Tag für Tag wächst. Krankheit, Spannungen und Unterernährung breiten sich mit all ihren Begleiterscheinungen weiter aus. Die sozialen Gegebenheiten produzieren Spannungen und Krankheiten – ein unterernährter Mensch ist physisch wie psychisch anfällig.

Menschen, die keine Hoffnung haben, neigen zu Extremen. Extreme wiederum lassen weitere Spannungen entstehen, denn ein Extrem ruft automatisch das andere Extrem hervor. Das Problem wächst und bedeutet harte Arbeit.

Vor Jahren, als das Aspirin erfunden wurde, war es über Jahre vielerorts als ein nützliches Arzneimittel in Gebrauch. Als neue Krankheiten und körperliche Zustände erkannt wurden, mußte das simple Aspirin auf den neuesten Stand gebracht werden. Man schaute sich die chemische Grundformel des Aspirins, Salizylsäure, an und fragte sich, wie es weiterentwickelt und verändert werden könnte, damit es auch den neuen – oder gerade neu entdeckten – Bedingungen adäquat wäre. Die Entdeckung des Aspirins war nur der erste Schritt, denn noch immer verfeinert man es und entwickelt es weiter.

Eine Therapie sollte nicht statisch sein. Sie muß sich entsprechend den Erfordernissen der Weltbevölkerung fortentwickeln. Bei Entwicklungen dieser Art ist auch das Machbare einzubeziehen. In meinem Land, in Afghanistan, gibt es z. B. eine sehr alte Methode, um Masern bei Kindern zu behandeln: Man gibt ihnen Liter um Liter eines Saftes aus in heißem Wasser gekochten Granatapfelkernen zu trinken. Nun, diese Therapie funktionierte und brachte Heilung.

Schauen Sie sich diese Methode auch im Hinblick auf ihre Praktikabilität hin an: Wenn Sie ein Kind mit Masern behandeln und den Eltern ein Rezept zur Apotheke mitgeben, auf dem geschrieben steht: ›250 Liter Flüssigkeit‹ – ist das nicht praktikabel. Im Laufe der Jahre gelang es, den für die Heilung verantwortlichen Hauptbestandteil zu identifizieren, und inzwischen gibt es diesen Granatapfelsud in Tablettenform, und niemand findet etwas Besonderes daran.

Und hier sind wir am selben Punkt angelangt wie bei den Abhandlungen: Wir wollen sie so lange ›einkochen‹, bis wir daraus eine einzige Therapie erhalten, die anfangs in all den Therapien, die Sie anwenden, eingesetzt werden kann und eventuell die einzelnen Therapieformen nach und nach ganz ersetzen kann.

Wir sehen diese Abhandlungen nicht daraufhin durch, was wir da und dort aussortieren könnten, sondern wir versuchen einfach, die wertvollen Teile herauszunehmen und zu bewahren. Da Sie es sind, die diese Techniken anwenden, ist es auch an Ihnen, auszuwählen und sie selektiv zu benutzen.

Wir möchten eine flexible Therapie, eine, die sich unter allen möglichen Umständen anwenden läßt und bei der weder die Entfernung eine Rolle spielt noch der Geldbetrag, der vom – oder für den – Patienten zur Verfügung steht, und für die es auch unerheblich ist, unter welchen klimatischen Bedingungen man lebt oder welche Nahrung man zu sich nimmt.

Es ist keine utopische Therapie, nach der wir streben. Es sollte eine außerordentlich praktikable Therapie sein, die uns keine Einschränkungen auferlegt. Nachdem sich die Tatsache herausgestellt hat, daß wir unterschiedliche Therapierichtungen zusammenbringen können, ist es mit ein wenig Höflichkeit und Geduld auch möglich zu erkennen, daß sie sich nicht wirklich feindlich gegenüberstehen.

15. Nasrudin und der Spiegel

Dies ist nun der zweite Therapeutenkongreß. Was hat sich in der Zeit zwischen dem ersten und dem zweiten Kongreß getan? Ich habe nicht den Eindruck, daß sie ungenutzt geblieben ist; z. B. haben verschiedene kleine Kongresse stattgefunden. Was ist es, das einen Kongreß ausmacht? Ist es der geistige Austausch, die Begegnungen, die Verbindung Ihrer unterschiedlichen Energien? Sollten diese Faktoren seit dem vergangenen Kongreß vorhanden gewesen sein, sei es brieflich, telefonisch oder durch persönliche Begegnungen, dann waren es tatsächlich Kongresse. Wenn aber auf Ihrem Label für ›Kongreß‹ steht, daß über fünfundzwanzig Leute anwesend sein müssen, weil er sonst keine Gültigkeit besäße, heißt das, daß Sie sich mit diesen Zahlen eine Beschränkung auferlegen.

Was äußerliche Dinge anbelangt, gibt es die Möglichkeit zu einer Bewertung aufgrund von Zahlen. Es heißt z. B., daß ein König mit fünfzig Leuten reisen muß, denn er muß demonstrieren, daß er König ist. Sobald jemand ruft: »Da ist ein König!«, schaut jeder hin, und wenn die Leute sehen, daß der König allein ist, wird es heißen: »Das kann nicht sein! Ein König läuft doch nicht allein herum!« Dieses Urteil beruht auf einer äußerlichen Bewertung – warum nicht selbst mit fünfzig Leuten im Gefolge reisen? Nun, falls Sie König sind, können Sie es sich vermutlich auch leisten, all diese Menschen zu ernähren, zu kleiden und Ihnen Fahrkarten zu kaufen.

Natürlich ist da auch noch ein anderer Aspekt: Man braucht nicht fünfzig Leute, um herauszufinden, ob man König ist. Um über sich sagen zu können: »Ja, das bin ich!«, macht man es vielleicht auch wie Nasrudin, der eines Tages zum Richter ging, um sich bestimmte Dokumente bestätigen zu lassen. Der Richter sagte: »Du behauptest, Nasrudin zu sein. Kannst du dich ausweisen?«

Nasrudin zog darauf einen kleinen Spiegel heraus, blickte hinein und sagte: »Ja, das bin ich!«

Vermutlich handelt es sich dabei um so etwas wie ›Bestätigungstherapie‹ – und wenn ich das jetzt nicht sagen würde, so wäre gewiß einer von Ihnen darauf gekommen!

Therapie sollte also nicht statisch sein; in jeder wissenschaftlichen Disziplin wird daran gearbeitet, die Grenzen des Wissens auszudehnen. Natürlich sollte man – bis zu einem bestimmten Grad – mit dem eigenen Wissen zufrieden sein, aber diese Zufriedenheit muß auch eine reale und solide Basis haben.

Um therapieren zu können, müssen Sie sich dessen, was Sie tun, schon recht sicher sein! Wenn Sie sich nun ständig selbst fragen müssen: »Ob das nun richtig war?« oder: »Ob ich es auch richtig mache?«, wird es leicht neurotisch. Die Neurose wird sich Ihrem Patienten mitteilen, der Sie dann wiederum fragen wird: »Meinen Sie, ich mache alles richtig?« Andererseits sind dem Gefühl, daß man es schon richtig macht, auch Grenzen gesetzt; im Grunde weiß man um die Möglichkeit, daß man es immer noch ein bißchen besser machen könnte. Und das heißt, daß Sie sich bemühen, in Ihrer Therapie mehr und mehr Übung zu bekommen und sie weiterzuentwickeln. Ihre Therapie entwickeln Sie weiter, indem Sie sie ausüben und geübter werden.

16. Diagnose II

Wir sind bestrebt, unsere Therapie weiterzuentwickeln, indem wir ihr immer wieder Neues hinzufügen. Nur nehmen Sie sich jetzt lieber nicht morgen früh beim Aufstehen vor, den Tag über einen bestimmten neuen Aspekt auszuprobieren – und das dann auch noch an allem und jedem, was Ihnen über den Weg läuft. Das ist ein Rezept für Chaos!

Wenn Sie flexibel genug sind, wird der Moment kommen, wo Sie einen Patienten erneut untersuchen und das Gefühl haben, es sei an der Zeit, bei ihm etwas anderes anzuwenden. Hierbei ist kein unverantwortliches Experimentieren gemeint, sondern es stellt sich ein bestimmtes Gefühl bei Ihnen ein, das aus dem Kontakt resultiert, den Sie mit diesem Patienten entwickelt haben.

Jeder Patient, jeder Mensch, sendet etwas auf verschiedenen Ebenen aus. Und so müssen Sie die Fähigkeit haben, sich auf diesen betreffenden Patienten, auf diesen betreffenden Menschen, einzustimmen; d. h., Sie müssen die richtigen Signale auffangen und analysieren. Jeder gute Therapeut muß zunächst einmal ein guter Diagnostiker sein.

Wenn jemand mit einem Schild um den Hals in Ihren Behandlungsraum kommt, auf dem steht:
»Ich habe Cholera«, und Sie nur kurz aufsehen und sagen:
»Cholera? Stimmt! Auf Wiedersehen. Der Nächste, bitte!«, dann reagieren Sie nur, aber dies ist keine Diagnose.

Schauen Sie sich die Patienten, die Sie konsultieren, genau an, reden Sie mit ihnen, und achten Sie darauf, wie sie sich verhalten. Machen Sie sich ein Bild, das Sie dann mit den Erfahrungen, die Sie mit Symptomen dieser Krankheit haben, vergleichen. Versuchen Sie, diese Technik zu vertiefen. Deswegen brauchen Sie nicht gleich all die Diagnosemethoden, die Sie bereits erlernt haben, zu verwerfen. Behalten Sie sie bei, aber fügen Sie ihnen weitere hinzu.

Sie mögen die Absicht haben, eine Diagnose zu stellen, die die zugrundeliegende Problematik des Betreffenden berücksichtigt. Sobald der Patient dann aber vor Ihnen sitzt und sich

stöhnend die Backe hält, während Sie versuchen, seinem tiefgreifenden psychischen Problem auf den Grund zu gehen, hat
nicht nur er mit hoher Wahrscheinlichkeit ein Problem, sondern auch Sie. Nur kann der Patient im Gegensatz zu Ihnen
sein Problem leicht lösen, indem er zu einem anderen Arzt –
oder besser noch, zu seinem Zahnarzt – geht.

Suchen Sie nach einem Analyseverfahren, das all diese äußeren Ebenen berücksichtigt, und nehmen Sie alles auf, was
der Patient freiwillig oder unfreiwillig aussendet. Stimmen Sie
sich einfach auf eine Bandbreite verschiedener Frequenzen
ein.

Bestimmt hatten Sie schon einmal bei der Behandlung eines
Patienten das Gefühl, daß irgend etwas fehlt, konnten aber
nicht so recht ausmachen, was es war. Dies liegt häufig daran,
daß der Betreffende etwas auf einer Wellenlänge sendet, die
Sie gerade nicht empfangen; sei es, daß es sich um eine derartig niedrige Frequenz handelt, daß Sie gar nicht erst Notiz davon nehmen, oder um eine Frequenz, die viel höher liegt als
die, auf der Sie gerade empfangsbereit sind.

In solch einem Fall gibt es verschiedene Reaktionsmöglich-
keiten. Eine davon wäre, Sie würden es zu Ihrer eigenen Beruhigung oder Verteidigung einfachheitshalber zum ›Fujiyama-
Syndrom‹ erklären – oder aber Sie machen sich einen Ver-
merk, diesen Bereich beim nächstenmal eingehender in Augenschein zu nehmen.

Konzentrieren Sie sich auf genau diesen Bereich, versuchen
Sie ihn zu identifizieren und sich auf das, was fehlt, einzustellen. Wenn Sie aber wegen dieses fehlenden Elements oder Signals beunruhigt sind, wird sich Ihre Beunruhigung auf den
Patienten übertragen.

Wenn Sie ihn dann das nächste Mal sehen, haben Sie möglicherweise schon ein geistiges Bild von ihm und wissen bereits, auf welchen Bereich Sie sich konzentrieren wollen. So
können Sie nun versuchen, ein stärkeres Signal von ihm zu erhalten oder zu provozieren, so daß es ihm (oder ihr) möglich
wird, es aufzufangen und den entsprechenden Bereich zu
identifizieren. Seien Sie flexibel, und entscheiden Sie nicht,

daß es das ›Fujiyama-Syndrom‹ sein muß, ehe Sie sich nicht vollkommen sicher sind.

Selbstverständlich müssen diejenigen unter Ihnen, die mit psychisch gestörten Menschen zu tun haben, sehr sorgfältig vorgehen, denn wie Sie selbst sehr wohl wissen, kann es sich bei dem, was sie aussenden, auch um falsche Signale oder Scheinsignale handeln. Lassen Sie sich von einem solchen falschen Signal nicht ablenken. Wenn Sie ein falsches Signal bemerken und sich sicher sind, daß es sich um ein solches handelt, dann ignorieren Sie es. Bleiben Sie flexibel, und reagieren Sie nicht weiter darauf.

17. Mit der Energie der Tradition arbeiten

Lassen Sie uns eine gemeinsame Anstrengung machen – aufmerksam, aber nicht angespannt. Auf gewisse Weise befinden wir uns im Wettrennen mit der Zeit, aber das sollte uns nicht schrecken. Es gibt keinen Grund anzunehmen, daß die Welt untergegangen sein wird, ehe wir etwas unternehmen konnten. Es gibt auch die Möglichkeit, die Zeit zu strecken; auch wenn es kein Strecken im eigentlichen Sinn ist, sondern bedeutet, sie einfach besser zu nutzen. Wenn man dies tut, benutzt man konzentrierte Energie.

Beginnen Sie das Gespräch mit einem Therapeuten einer anderen Richtung, indem Sie sich mit den Ähnlichkeiten in ihren Therapieformen befassen, statt mit den Unterschieden. Beginnen Sie z. B. mit zwei oder drei Prinzipien, in denen Sie übereinstimmen. Möglicherweise stoßen Sie auch auf ein oder zwei, in denen Sie sich nicht einig sind, aber lassen Sie diese für den Augenblick beiseite. Denn wenn Sie erst einmal damit begonnen haben, sich auszutauschen, und Ihre Energien sich mischen, lernen Sie sich mit der Zeit besser kennen und können untereinander zu Theorien und Gefühlen zunehmend offener und deutlicher Stellung nehmen. Auf diese Weise begeben Sie sich nicht in Bereiche, in denen Sie Ihren Standpunkt oder Ihre eigene Therapie verteidigen müßten, denn Sie kom-

men nicht zusammen, um die Therapien der anderen nieder-
zumachen oder zu kritisieren. Andererseits wird von Ihnen
auch nicht erwartet, daß Sie die Ansichten der anderen sofort
und hundertprozentig akzeptieren.

Wenn jemand nicht effizient arbeitet, soll ich ihn dann aus
Mitleid anrufen und ihm sagen: »Schau, du arbeitest nicht effizient!«? Ist es nicht besser, wenn der Betreffende es selbst
merkt – und ohne deshalb gleich eine Neurose zu entwickeln,
Schuldgefühle zu haben oder sich verrückt zu machen – und
dann selbst etwas dagegen unternimmt? Die Verantwortung
liegt bei Ihnen, schließlich ist es auch Ihre Therapie! Jedesmal,
wenn Sie in bezug auf diese Therapie wieder ein Stück voran-
gekommen sind, kommen Sie mit einer anderen Energiequelle
der Tradition in Verbindung, welche Sie eine Stufe weiter
bringt.

Und denken Sie daran, daß Sie nach dem Kongreß nicht
gleich wieder einschlafen, um erst wieder aufzuwachen, wenn
der nächste Kongreß unmittelbar bevorsteht! Auf der äußeren und formalen Ebene ist jeder dieser Kongresse eine
zweckmäßige Zusammenkunft von Freunden; aber auch in
der Zwischenzeit sollte kontinuierlich gearbeitet werden. Es ist
nicht meine Aufgabe, Sie in der Zeit zwischen den Kongressen
auf Trab zu halten. Würde ich meinen persönlichen Neigun-
gen nachgeben, so würde während der Kongresse niemand
von Ihnen, auch nachts nicht, zum Schlafen kommen. Nun,
das ist eine persönliche Neigung, und dergleichen nachzuge-
ben ist mir nicht erlaubt – obwohl, gelegentlich ist die Versuchung groß!

Beginnen Sie auf einer soliden Grundlage, und entwickeln
Sie dann nach und nach nicht nur eine engere, sondern auch
eine tiefere Form der Beziehung untereinander, so daß die
Kongresse nicht einsame Gipfelpunkte auf einem Liniendia-
gramm darstellen. Was die Energie anbelangt, kann so ein
Kongreß durchaus einen Höhepunkt darstellen, nach dem sie
möglicherweise dann leicht abfällt, aber die Linie sollte aufrechterhalten werden und bereits vor dem nächsten Kongreß
leicht ansteigen, und von da aus dann weiter.

Geben Sie Energie und Konzentration nicht auf euphorische, sondern konstante Art und Weise hinein, und um dieses Momentum aufrechtzuerhalten, bedarf es immer wieder Ihres Bemühens. Experimentieren Sie mit den Techniken, aber nicht rückhaltlos, sondern dann, wenn Sie das Gefühl haben, daß die Zeit dafür reif ist und daß es in der jeweiligen Situation angebracht ist. Falls Sie in eine Situation kommen, in der Ihnen Ihre offizielle Therapie nicht weiterhilft, dann nehmen Sie Verbindung zur Energie der Tradition auf, und nutzen Sie sie für die Situation.

Die Energie ist präsent, glauben Sie es – erfahren Sie es. Sie können sie spüren, gehen Sie nicht mit ihr um, als sei sie etwas Abstraktes, sondern benutzen Sie sie. Es gibt keinen Grund, dies nicht zu tun – außer Dummheit und Faulheit. Es gibt auch keinen Grund, sie aus lauter Ängstlichkeit nicht zu benutzen oder zu zögern: »Ob es wohl richtig ist, sie unter diesen Umständen anzuwenden? Und wenn ich sie benutze, verschwende ich sie dann auch nicht?« Sie können sie gar nicht vergeuden, denn Sie können sie nicht kontrollieren; auch besitzen Sie keine Kontrolle über eine Energiemenge, zu der Sie Zugang haben.

Energie der Tradition gibt es in unterschiedlicher Form, und sie existiert in vielen unterschiedlichen Qualitäten, z. B. kann sie in Form von Zucker, Geld oder psychischer Energie vorhanden sein. Aber versuchen Sie besser nicht, die Energie der Tradition dazu zu benutzen, um ins Kino zu kommen – es wird nicht funktionieren! Kaufen Sie sich lieber eine Eintrittskarte.

Wenn Sie merken, daß Sie die Energie nicht nutzen – nicht aus Ängstlichkeit, sondern weil Sie sich nicht sicher sind, ob Sie das Recht dazu haben oder ob es auch der rechte Moment ist – Sie also mit anderen Worten Art und Menge der Energie nicht beurteilen können: nun, ich bin es, der dies beurteilt, und nicht Sie. Und es funktioniert auch nicht so, daß man in einer bestimmten Situation etwa zu überlegen bräuchte: »Nun, welche Sorte Energie soll ich nehmen? Nehme ich 2 ccm? Injiziere ich sie intravenös oder subkutan?«

Wenn Sie in engem Kontakt mit der Tradition sind, sind Sie

auch automatisch mit Ihrer Energie in Kontakt, so daß Sie hinsichtlich der jeweiligen Person oder Situation zu einem Kanal für die Energie werden. Sie sind es, der die Verbindung herstellt. Was aber Qualität und Quantität der Energie anbelangt, die über diese Verbindung läuft, so ist es meine Angelegenheit und nicht die Ihre. Denn wäre es an Ihnen, über Menge und Art der Energie zu entscheiden, könnte Sie dies ängstigen und zögern lassen, und um dann auf Nummer Sicher zu gehen, würden Sie möglicherweise ein bißchen mehr als nötig nehmen und sie ein bißchen schneller losschicken. So als nähmen Sie lieber zwei Aspirin statt einer, um Ihre Kopfschmerzen schneller loszuwerden.

Die erforderliche Beurteilung muß qualitativer und nicht quantitativer Art sein. Die Energie ist sehr subtil, präzise und effizient und funktioniert automatisch als Antwort auf eine Not, auf eine Bedürftigkeit – Bedürftigkeit im Sinne tiefen Bedürfens. Nicht ich löse den Schalter aus, sondern es ist eben dieses tiefe Bedürfen in Zusammenhang mit der Erkenntnis der betreffenden Person, daß sie selbst die Energie braucht oder in der vorliegenden Situation ein Bedarf vorhanden ist.

Sollten Sie sich fragen, wie sich die Energiezufuhr wieder stoppen läßt, damit Sie nicht zuviel abbekommen, wenn der Schalter einmal betätigt ist – auch das ist nicht möglich, denn die Energie hat sowohl ein Eigenleben wie auch einen eigenen, ihr innewohnenden Maßstab. Natürlich können Sie um 75 Millionen Kilowatt an Energie bitten, aber auf welcher Bewertungsgrundlage und aufgrund welcher Notwendigkeit? Aufgrund von Vorstellungen wie ›Mehr ist besser‹ oder ›Mit mehr Kraft geht's schneller‹? Die Energie ist zu wertvoll und auch zu gefährlich, um sie jemandem mit derart subjektiver Einschätzung in die Hände zu geben.

Jedesmal, wenn Sie etwas tun, bei dem Sie sich zuvor Ihre Absicht deutlich formuliert haben, ziehen Sie Energie der Tradition an. Das hat nichts mit Aberglauben zu tun. Man tut das, um die Verbindung aufzunehmen und um sich selbst seiner Absicht zu bekräftigen, um sich ihrer zu erinnern.

Und Sie werden sehen – es funktioniert!

48

18. Der Rosenstrauch

Auch wenn Sie hier nicht kritisch gegenüber anderen therapeutischen Methoden sein sollen, so heißt das nicht, daß es auf
diesem Kongreß überhaupt keine Kritik geben soll. Es gibt
feindselige und es gibt konstruktive Kritik. Ich gehe konstruktiv
kritisch mit Ihnen um, denn erstens kenne ich Sie, zweitens
kann ich objektiv sein, und drittens bleibt Ihnen nicht viel anderes übrig, als mir hier zuzuhören.

Eine konstruktive Kritik von mehreren, die ich hier vorbringen werde und deren Reihenfolge nichts über ihre Priorität
aussagt, besteht darin, daß Sie Ihre jeweiligen therapeutischen
Gebiete nicht zügig genug auf das Wesentliche konzentrieren,
und außerdem bringen Sie noch immer eine Menge unnötiger
persönlicher Faktoren ein. Selektieren Sie, aber ausschließlich
aus zweckmäßigen Gründen, nicht aus destruktiven Motiven.

Wenn ein Gärtner einen Rosenstrauch beschneidet, geht er
dabei selektiv vor. Seine Absicht ist es, ihm damit zu nützen.
Wenn er das tut, was der Engländer unter beschneiden versteht, schaut er sich erst in seiner Straße und in der Nachbar-
schaft um, damit er eine Vorstellung von der Form bekommt,
die der Rosenstrauch erhalten soll. Dann nimmt er die alten
wie die neuen Äste in Augenschein und achtet auf die Ausgewogenheit des Strauches, bevor er entscheidet, welchen Ast er
ausschneiden wird.

Aufgrund seiner Erfahrung und seines Wissens über Pflanzen kennt er die für das Beschneiden richtige Jahreszeit und
den rechten Zeitpunkt. Er weiß auch, daß es manchmal erforderlich ist, ein sehr frühes und starkes Wachstum zu beschneiden, um es zu fördern. Mit seinem Tun beeinträchtigt er nicht
neues Wachstum, sondern er ermöglicht der Lebenskraft dieses Strauches, sich derart zu regenerieren, daß, wenn die Zeit
des Hauptwachstums gekommen ist, die Energie an die richtigen Stellen fließen wird.

Wenn Sie nun Ihre eigenen Therapiemethoden oder Techniken kontrollieren, verfahren Sie auf ebendiese Weise, um sie
zu dirigieren, zu stärken und zu fokussieren. Wenn Sie das

Überschüssige in Ihrer Therapie beschneiden, schränken Sie damit nicht ihre Wirkung ein, sondern stärken ihr Potential und vertiefen ihre Wirkung. Dies steht auch nicht im Widerspruch dazu, daß ich Ihnen geraten habe, Ihren eigenen Techniken weitere Techniken hinzuzufügen.

Gibt es in Ihrer Therapiemethode z. B. einen bestimmten Bereich, mit dem Sie zufrieden sind, der Ihrer Ansicht nach funktioniert und effizient ist und der in Ihrer Methode auch gewissen Raum einnimmt, dann versuchen Sie ihn zu konzentrieren. Das läßt Ihre Therapie zwar nicht so vielfältig sein, dafür aber um so konzentrierter. Wenn Sie Ihren Therapieverfahren Aspekte weiterer Verfahren hinzufügen, die ebenfalls konzentriert wurden, dann fügen Sie Ihrer Therapie nicht einfach nur irgendwelche neuen Brocken hinzu, um ein breiteres Spektrum zu erhalten, sondern Sie erzielen insgesamt eine stärkere, energetischere, konzentriertere und umfassendere Therapie.

19. Konstruktive Kritik

Anhand einiger Beispiele möchte ich erläutern, was ich unter konstruktiver Kritik verstehe. Unlängst bekam ich z. B. zu hören: »Ich habe einen Patienten, den ich nun schon seit vierzehn Monaten behandle, und ich kenne ihn noch immer nicht richtig!«

Nun, auf eine Aussage wie diese muß ich kritisch reagieren; nicht etwa, weil es sich um eine kritische Krankheit handelt, sondern weil es bedeutet, daß Sie nicht korrekt funktioniert haben. Es läßt sich mit großer Sicherheit sagen, daß ein Therapeut nach einer solchen Zeitspanne wie dieser in der Lage sein muß, seinen Patienten zu kennen, ansonsten arbeitet er nicht effizient.

Natürlich dauern bestimmte Behandlungen oder Therapiemethoden, abhängig vom Zustand des Patienten, länger als andere, aber da der Therapeut, von dem diese Äußerung stammt, mir Näheres über das Problem des Patienten berichtet hat, bin ich der Auffassung, daß es in maximal vierzehn Sitzungen hätte gelöst sein können, hätte der Therapeut korrekt funktioniert. Einer der Hauptgründe dafür, daß bei der Therapie, besonders bei der psychologischen Behandlung, Zeit verlorengeht, liegt daran, daß mit der Behandlung oft auf einem viel zu ausgeklügelten Level begonnen wird.

Beginnen Sie bei der Therapie möglichst damit, die wesentlichen Dinge zu identifizieren und so bald als nur möglich eine Beziehung zum Patienten aufzubauen, damit Sie mit ihm oder ihr über dieses Wesentliche reden können.

Gelegentlich ist der Therapeut vielleicht der Ansicht, daß es bei dem Patienten zu einem psychischen oder sozialen Schock führen könnte, wenn er direkt auf das Wesentliche zusteuert. Damit ist nicht gesagt, daß der Therapeut automatisch von vornherein grob oder brutal sein soll – aber denken Sie daran, es geht um Therapie und nicht um Höflichkeit. Grobheit oder ein brutaler Schock sind ein Extrem. Das andere Extrem wäre es, das Problem immer wieder einzukreisen, sehr einfühlsam, freundlich und höflich, ohne es jemals auf den Punkt zu bringen.

Sie besitzen die erforderliche Flexibilität, um jederzeit auf eines dieser Extreme zurückgreifen zu können. Da Sie wissen, daß es diese Möglichkeit gibt, müssen Sie auch nicht jedesmal sämtliche Schritte einzeln durchlaufen. Sie wählen sie unter praktischen Gesichtspunkten und den Umständen entsprechend aus. Jede Therapie, die Chirurgie wie die Psychologie, hat ihre eigenen vorbereitenden Maßnahmen, die jeweils vom Zustand oder der Verfassung des Patienten diktiert werden. Die erforderliche Untersuchung durch den Therapeuten beginnt mit einer Einschätzung der körperlichen und psychischen Gesundheit des Patienten und dem Herstellen eines tragfähigen Kontaktes. Sobald diese vorbereitenden Maßnahmen präzise und richtig durchgeführt sind, kann die Therapie beginnen.

Was die Entwicklung der Granada-Therpie anbelangt, bin ich einigermaßen zufrieden, da die Personen, die daran arbeiten, inzwischen eine klare Vorstellung von unserem Vorhaben besitzen. Trotzdem bin ich der Auffassung, daß die Kommunikation zwischen den Therapeutengruppen in verschiedenen Ländern zu wünschen übrig läßt. So bekomme ich z. B. von zwei Gruppen exakt dieselben Informationen über die Entwicklung eines Aspektes der Therapie, an der sie gerade arbeiten, zugesandt. Offensichtlich gibt es zwischen beiden Gruppen keinen Kontakt, ob dies nun an Kommunikationsschwierigkeiten, an der Entfernung oder daran liegt, daß eine Gruppe gern den Verdienst für sich in Anspruch nehmen möchte, die erste zu sein. Was letzteres anbelangt, so wäre es sowieso nicht richtig, wenn eine Gruppe behauptete, für diese oder jene Entdeckung oder Entwicklung verantwortlich zu sein. In jedem Fall hat sie beträchtliche Hilfe durch die Energie bekommen, die sowohl von der Tradition als auch den Therapeutengruppen in der ganzen Welt zur Verfügung gestellt wird. Und falls es ein Verdienst geben sollte, so gebührte dieses allen Therapeuten gemeinsam und nicht etwa einer einzelnen, ausgewählten Gruppe.

Eine weitere Kritik, die ich anzubringen habe, besteht darin, daß einzelne noch immer für ihre eigene, spezielle Therapierichtung werben und ihr zuviel Priorität einräumen. Ich habe von Anfang an betont, daß von keinem, auf welchem Gebiet auch immer ausgebildeten Therapeuten erwartet wird, das, was er gelernt hat oder für was er ausgebildet wurde, zu ignorieren oder aufzugeben. Daß Sie in Ihrem Denken und Tun Ihrer eigenen Ausbildung Priorität geben, ist verständlich, denn schließlich handelt es sich dabei um den Bereich, auf dem Sie sich am besten auskennen und in dem Sie am besten vorzugehen wissen. Trotzdem sollte Ihr diesbezügliches Engagement nicht so weit gehen, daß Sie über andere Therapieformen hinwegsehen oder sich ihnen gegenüber sogar feindselig verhalten.

Um es noch einmal zu betonen: Ihre Aufgabe und Ihr oberstes Ziel ist es, für die Patienten eine Situation zu schaffen, die Genesung möglich macht. Um Ihre Funktion als Therapeut zu erweitern bzw. zu verbessern, müssen Sie beurteilen können, welcher Impuls für den Patienten zu einem bestimmten Zeitpunkt hilfreich ist. Dieser Faktor wird üblicherweise in der konventionellen Medizin so angewendet, daß der Arzt entscheidet, ob die vorliegende Krankheit die Einnahme einer bestimmten Menge Antibiotika über einen gewissen Zeitraum hin erforderlich macht. Er benutzt seine Diagnoseerfahrung und verordnet Arznei unter Berücksichtigung der Verfassung des Patienten, seines Gesundheitszustandes, Gewichtes und weiterer Gegebenheiten.

Ein üblicher Vorgang. Aber ich versuche Sie zu ermutigen, den Patienten mit anderen Augen anzuschauen, was nicht heißt, daß Sie bei Ihrer Diagnose oder bei der Behandlung zögerlich werden sollen, indem Sie darüber nachdenken, was ein anderer Therapeut getan hätte – und während sie die Alternativen durchgehen, stirbt der Patient oder leidet zumindest.

20. Zuversicht

Eine weitere Empfehlung – und das ist keine Kritik, sondern ein Vorschlag – ist, daß der Therapeut dem Patienten gegenüber Zuversicht ausstrahlt, indem er ihm vermittelt, daß er der Auffassung ist, ihm helfen zu können – und dies auch tun wird. Den Patienten wird das froh machen, denn es ist das, was er hören möchte und was er sich erhofft.

Trotzdem wird der Patient dieser Versicherung nicht sehr lange Aufmerksamkeit schenken, denn er erwartet von Ihnen, daß Sie genau das sagen. Er wird kaum erwarten, daß Sie sagen: »Sie sind am Ende! Ich werde mein Bestes versuchen, aber da ist wenig Hoffnung . . .!« Wenn der Patient dann nämlich weiß, daß Sie nun für die nächsten fünf Minuten wieder darüber sprechen werden, daß Sie ihm helfen, und dann darüber, wann er nächstes Mal kommen soll, wird er für eine Weile in Gedanken zu seinen Problemen abschweifen und nur noch den Ton Ihrer Stimme im Hintergrund vernehmen.

Auf gewisse Weise ist er fast in Trance. Er hat abgeschaltet und hört de facto lediglich den Tonfall Ihrer Stimme, während er darüber nachdenkt, was er tun wird, wenn die Therapiestunde vorbei ist: daß er einkaufen muß und nach den Kindern sehen. Er hört nur halb zu. Sobald Sie aber aufgrund seines Zustandes anfangen zu schreien, wird er vermutlich unverzüglich wieder zu sich kommen.

Zu Beginn, wenn Sie die Beziehung aufbauen, geben Sie die üblichen beruhigenden Erklärungen ab – oder bestätigendes Brummen von sich. Gleichzeitig müssen Sie ausstrahlen, daß es zu schaffen ist. Wenn es Ihnen gelingt, Ihre Zuversicht richtig zu vermitteln, wird er sie auch aufnehmen. Selbst wenn er sich in dem erwähnten tranceartigen Zustand befindet, arbeitet sein tieferes elementares Schutzsystem trotzdem, und deshalb wacht er auch auf, wenn sich Ihre bestätigende Tonlage in ein Schreien wandelt.

Um das Vertrauen zu stärken, durchleuchten Sie den Betreffenden auf verschiedenen Ebenen. Schauen Sie ihn sich genau an, achten Sie auf seine Sprech- und seine Verhaltensweise, und kommunizieren Sie intensiv mit ihm, denn er möchte ja geheilt werden. Wenn Sie dann die Ebene identifiziert haben, auf der das Bedürfnis und Verlangen nach Heilung besteht, richten Sie Ihre Zuversicht darauf. Sie injizieren ja auch einem Patienten, der eine Injektion von 2–3 ccm braucht, diese wohl kaum in ein Kapillargefäß, sondern in eine geeignete größere Ader, so daß die benötigte Menge schnell und effizient aufgenommen werden kann.

Dies ist ein einfaches anatomisches Beispiel dafür, wie wichtig es ist, eine starke Bedürftigkeit des Patienten seitens des Therapeuten mit einer starken Bestätigung zu beantworten. So entsteht auch eine starke Form der Kommunikation. Und ist dieses starke Band erst einmal hergestellt, können Sie während der Therapie immer wieder darauf zurückgreifen und das Bedürfnis nach Heilung stimulieren und neu beleben – nachhaltig, tiefgreifend und ganz von selbst.

Falls der Patient wegen einer Änderung seines physischen oder psychischen Zustandes ein wenig ›down‹ oder depressiv sein sollte, kann man ihm gewiß auch mal sagen: »Willst du nun, daß es besser wird – oder nicht? Mach eine Anstrengung, reiß dich zusammen, und sieh zu, daß du dich wieder in den

Griff bekommst!«, um so auch auf diese Weise und auf dieser Ebene ein ›Tu es!‹ zu vermitteln.

21. Bestätigung

Jeder möchte – und braucht – in der Therapie hin und wieder sowohl Bestätigung als auch, daß man ihm zeigt, daß sein Zustand oder die Situation, in der er sich befindet, wichtig ist – nicht im Sinne von ernsthaft oder schwerwiegend, sondern von bedeutsam. Und es sollte wohl nicht zuviel verlangt sein, diese Bestätigung zu geben.

Vor vielen Jahren befand ich mich auf einer Schiffsreise. Dort auf dem Schiff sprach mich jemand an und sagte: »Ich habe gehört, daß Sie wohl etwas von Therapie und dergleichen verstehen – kann ich Ihnen von meinen Problemen erzählen, die therapiebedürftig sind?«

Es gab keine Möglichkeit zu entkommen, und so sagte ich: »Na schön, erzählen Sie mir davon.«

Also begann er zu erzählen, und ich kehrte währenddessen zu meinen Gedanken über die Fische und all das andere dort unten zurück. Eine halbe Stunde war fast vorbei, als er schließlich zu mir sagte: »Was halten Sie davon?«

»Ich habe schon von schlimmeren Umständen gehört!« sagte ich.

»Wie meinen Sie das?« sagte er. »Ich bin der denkbar schlimmste Fall!« Der Patient oder Klient wird seiner eigenen Lage oder seinen eigenen Problemen immer mehr Bedeutung beimessen, als es jemand anderes tun wird, schließlich sind sie für ihn ja auch etwas sehr Persönliches. Er ist es, der leidet, und Sie helfen ihm nicht dadurch, daß Sie ihnen noch mehr Bedeutung beimessen, sondern indem Sie ihm den Eindruck vermitteln, daß Sie begriffen haben, daß es sich um eine ernsthafte Angelegenheit handelt, und dies würdigen. Und gleichzeitig versuchen Sie, ihn dahin zu bekommen, die Gefährlichkeit seines Zustandes oder seiner Lage zu verringern.

Daß man jemanden mit psychischer Energie unterstützen

und ihm helfen kann, ist bekannt, aber man sollte es präzise und konzentriert tun. Generelle Versicherungen in der Art von: »Wir tun alles, was wir können« oder »Ich kann Ihnen helfen, und es wird funktionieren« sind nicht verkehrt, und die Leute wollen genau das hören, aber darüber hinaus wollen sie auch etwas spüren.

Sie wollen sich besser fühlen, sei es physisch oder emotional, und sie wollen spüren, daß ihnen etwas Gutes widerfährt. Helfen Sie ihnen, daß dieses Gefühl wachsen kann. Sie können ihnen helfen, das Gefühl zu spüren und, was viel wichtiger noch ist, ihnen helfen, es zu nutzen. Wenn Ihnen ein Patient sagt, daß er ›etwas spürt‹, seien Sie sehr sorgfältig bei der Erklärung, die Sie geben. Achten Sie auch darauf, ob er vielleicht auch etwas spürt, es Ihnen aber nicht sagt, weil er sich eventuell Sorgen macht, ob sich da etwas Negatives in ihm entwickelt. Sie können ihm zum Beispiel sagen, daß es sich bei dem, was da in ihm vorgeht, um nichts Mysteriöses, Magisches oder Übernatürliches handelt, sondern um etwas ganz Normales, von dem er vorher vielleicht nichts gemerkt hat, weil er sich auch nicht damit befaßt hat, es zu entwickeln. Faktisch handelt es sich um etwas, das von seinem eigenen System produziert wird, damit sich Harmonie und Gleichgewicht einstellen können. Denken Sie daran: Krankheit ist kein natürlicher Zustand, sondern bedeutet, daß irgendwo eine Störung vorliegt.

Selbst wenn es dem Organismus manchmal auch ohne Unterstützung gelingt, sein Gleichgewicht wiederherzustellen, gibt es verschiedene Gründe dafür, weshalb er Unterstützung braucht. Wenn der Patient diese erhält, muß er aber auch dazu gesagt bekommen, daß sein eigener Organismus auch von sich aus auf eine Heilung hinarbeitet.

Krankheit ist nicht der natürliche Zustand, sondern eine Störung in einem normalerweise balancierten System, in dem es einiges Auf und Ab gegeben hat. Gleichzeitig helfen Sie ihm, Ihnen zu helfen, denn auch als Therapeut benötigen Sie die Hilfe des Patienten.

22. Das rechte Maß

Auf keinen Fall sollte es zu Konkurrenz zwischen Therapeuten und Patienten kommen. Ein Gefühl von Zuversicht zu vermitteln ist eine Sache, eine andere ist es, zu dominieren und ganz und gar zu bestimmen: »Ich werde Sie heilen – und wenn ich Sie dazu umbringen muß!« Maximieren Sie die Möglichkeiten jeder Situation und jeder Therapie, was nicht heißt, daß Sie den Patienten mit jeder nur erdenklichen therapeutischen Technik überladen. Abgesehen davon, daß auf diese Weise vorzugehen zu kompliziert ist, werden Sie den Patienten später dann, wenn er geheilt ist, vermutlich fragen, welche Therapie es denn nun war, die funktioniert hat. In der Regel ist es ja die Kombination verschiedener Therapien.

Therapieren ist ein bißchen wie Kochen: Sie wissen in etwa, was Sie nachher auf den Tisch stellen wollen, und geben dementsprechend bestimmte Zutaten wie Gemüse und Fleisch in den Topf. Während es kocht, fügen Sie noch verschiedene Mengen an diesem und jenem hinzu. Falls Sie der Auffassung sind, daß die Kartoffeln Salz brauchen, werden Sie trotzdem wohl kaum gleich zwei Kilo Salz in den Topf schütten. Salz ist Salz. Sie geben etwas davon hinzu, und wenn Sie gekostet haben, wissen Sie, ob es ein bißchen mehr braucht, sei es von diesem oder jenem – wobei das Resultat etwas sein sollte, das den Hunger stillt und gut schmeckt.

23. Die Entwicklung der Granada-Therapie II

Bezüglich der Granada-Therapie einige wichtige Hinweise: Wir arbeiten an der Entwicklung einer Therapie, noch aber haben wir keine fertige Therapie vorliegen. Daher können wir die Bezeichnung Granada-Therapie durchaus unter uns als eine Art Kürzel für das benutzen, was wir anstreben, im Moment können Sie aber keinen Außenstehenden und schon gar nicht Ihren Patienten sagen, daß Sie die Granada-Therapie praktizieren.

Wir arbeiten an der Entwicklung der Therapie. Wie ich bereits auf dem ersten Kongreß betont habe, verlangt niemand von Ihnen, daß Sie Ihre spezielle Therapiemethode aufgeben und sich am nächsten Tag als Granada-Therapeut niederlassen. Zumal wenn Sie zum derzeitigen Zeitpunkt ›Granada-Therapie‹ an Ihre Praxistür schreiben, werden sich die Leute fragen, was das wohl sein mag, auch wenn so ein Schild seine Ordnung hat, wenn der Therapeut mit einer Therapie arbeitet, die bereits einigermaßen bekannt ist.

Wenn wir Techniken dieser Therapie einführen, sollen Sie damit aber auch nicht heimlich unter dem Deckmantel Ihrer eigenen Therapie arbeiten. Wenn die Granada-Therapie fertig entwickelt ist, kann sie dem Patienten als solche angeboten werden, und dann können Sie von sich sagen, daß sie Freudianer, Jungianer oder Adlerianer sind und darüber hinaus auch noch eine weitere Therapie praktizieren – bei der es sich Ihrer Meinung nach um eine sehr spezielle, besondere und sinnvolle Therapie handelt.

Falls Ihr Patient darauf sagt: »Das klingt gut, ich vertraue Ihnen, und wenn Sie es für angebracht halten, würde ich diese Therapie gerne machen«, können Sie sie bei ihm anwenden. Sie können sie unter Umständen, z. B. wenn Sie das Gefühl haben, daß sie für ihn wertvoll sein kann, aber auch selbst dann anwenden, wenn Ihr Patient sagt: »Sehen Sie, ich möchte nicht so gerne als Versuchskaninchen dienen. Mir ist es lieber, wenn wir eine konventionelle Therapie machen, die Sie ja auch anbieten.«

Wenn es Ihre Absicht ist, tatsächlich und aufrichtig Heilung herbeizuführen, dann wäre es nicht unehrenwert, denn der Name dessen, was Sie tun, ist schließlich ziemlich unwichtig. Das Wort Granada ist für Sie von Bedeutung hinsichtlich seines Kontextes, denn es weist darauf hin, daß Sie im Kontext der Tradition arbeiten. Für den Patienten aber hat die Bezeichnung ›Granada‹ keine spezielle Bedeutung. Vielleicht hält er es aufgrund des Namens ›Granada‹ für eine neue spanische Therapieform. Sie brauchen ihn nicht von ihrem Wert zu überzeugen; zeigen Sie ihm einfach, daß sie funktioniert. Vermitteln Sie ihm das Vertrauen, das Sie selbst in diese Therapie haben!

Ehe Sie Ihrem Patienten sagen: »Es gibt eine neue Therapie, lassen Sie sie uns ausprobieren – vielleicht hilft sie, vielleicht aber auch nicht« –, da können Sie es ebensogut auch einfach bleiben lassen. Ihre Funktion als Therapeut besteht mehr als zur Hälfte darin, den Leuten Vertrauen zu geben. Um dies zu können, müssen Sie selbst Vertrauen haben; Vertrauen in Ihre Methode und Selbstvertrauen, daß Sie sie benutzen können, um so dem Essentiellen Sein Ihres Patienten zu helfen, daß es Sie wiederum vertrauensvoll bei der Therapie unterstützt.

Viele Techniken, die in therapeutischen Situationen angewendet werden, sind identisch mit Basistechniken der Tradition und beruhen auf etwas, das unelegant als ›Knopfdruck-Technik‹ bezeichnet wird: Hat ein Lehrer in der Tradition eine Beziehung zu einem Studenten hergestellt, dann arbeitet er an und ebenso mit diesem Studenten, und um bei dem Studenten etwas zu aktivieren, muß er den richtigen Knopf drücken. Und zwar den Knopf, der einen Kreislauf aktiviert, an dem und durch den der Lehrer dann arbeitet. Er aktiviert bzw. wiederbelebt ein Kreislaufsystem, das unter Umständen seit Jahrhunderten oder über Generationen hin nicht mehr genutzt wurde. Wenn dieser Kreislauf wiederbelebt wurde, kann Energie in dieses Kreislaufsystem hineingegeben werden, um benutzt zu werden. Sie haben dann eine Situation, in der Lehrer und Schüler auf harmonische Weise zusammenarbeiten – und ganz ähnlich kann es sich bei der Beziehung zwischen Therapeut und Patienten verhalten.

24. Vom Umgang mit Depressionen

Der menschliche Organismus hat die Kapazitäten, sich selbst zu helfen; inwieweit er Unterstützung dazu braucht, ist situationsabhängig. Ein Therapeut zielt darauf hin, eine Situation zu erzeugen, die Austausch und Feedback ermöglicht. Dazu gehört auch, daß er dem Patienten so viel über die Therapie erklärt, wie dieser seiner Einschätzung nach verstehen kann. Der Patient sollte soviel wie möglich darüber erfahren, wie er dazu beitragen kann, dem Therapeuten dabei zu helfen, ihm zu helfen. Und der Therapeut sollte den Patienten allmählich davon überzeugen, daß er als Patient dem Therapeuten auch wirklich helfen kann.

Wenn Sie jemanden in einem Zustand tiefer Depressionen vor sich haben, der behauptet: »Ich kann gar nichts tun! Ich tauge zu überhaupt nichts! Ich habe es ausprobiert, ich bin völlig unfähig!«, können Sie ihm sagen: »Warum helfen Sie mir dann nicht einfach auf depressive Weise? Wenn Ihre Depression derart tief ist, warum nicht mal schauen, ob sie doch irgendwo ihre Grenzen hat?«

Das geht natürlich nur bis zu einem bestimmten Punkt und ist selbstverständlich nicht als Einladung an den Betreffenden gedacht, bis ins Extrem der Depression zu gehen und etwa Selbstmord zu verüben. Wenden Sie eine Technik an, bei der der Patient seiner Depression selbst auf den Grund gehen kann. Und während Sie die depressiven Bereiche in Augenschein nehmen, fragen Sie: »Handelt es sich bei diesem depressiven Zustand um den normalen, üblichen Zustand eines Menschen?«

Mit anderen Worten: Sie ermutigen die Person und sagen nicht etwa: »Sehen Sie zu, daß Sie Ihre Depressionen loswerden!« oder: »Sie haben keine Depressionen!«, sondern: »Sehen Sie es sich an, und schauen Sie genau hin, ob es da nicht noch irgend etwas anderes gibt!« oder: »Prüfen Sie, ob Sie tatsächlich ganz und gar aus Depressionen bestehen!« Denn die psychologische Situation eines Menschen ist trotz allem nur ein Teil des ganzen Systems. So können Sie z. B. auch sagen: »Nun gut, Sie leiden an tiefen und umfassenden Depressionen! Aber nun sehen Sie sich Ihre Hände an: sind die depressiv? Wie beurteilen Sie, was eine depressive und was keine depressive Hand ist?«

Das ist eine leicht esoterische Frage, aber damit lenken Sie wenigstens die Aufmerksamkeit von der Depression ab und fangen an zu vergleichen. »Sind Ihre Ohren depressiv?« In dieser Weise können Sie den ganzen Organismus der Reihe nach durchgehen. Es ist zwar eine Art Trick, aber dadurch nehmen Sie etwas vom Gewicht ›meiner psychischen Depression‹, und indem Sie sie nicht als etwas Besonderes behandeln, sondern sie zerpflücken, lenken Sie die Aufmerksamkeit Ihres Patienten davon ab oder lockern seine Fixierung.

Diese Technik wurde und wird auf verschiedene Weisen angewandt. Der Patient oder die Patientin sagt möglicherweise: »Es geht mir nicht um meine Hände oder meine Ohren – es ist mein Kopf, mit dem etwas nicht stimmt!«

Darauf können Sie zur Antwort geben: »Gut, dann lassen Sie uns doch mal Ihren Kopf und seine Funktionen in Augenschein nehmen! Der Kopf kontrolliert und überwacht die Körperfunktionen, also lassen Sie uns herausfinden, wieviel in Ihrem Kopf tatsächlich kaputt oder nicht funktionsfähig ist, denn eine Schädigung oder eine Beeinträchtigung kann sich auch durch eine bestimmte körperliche Behinderung bemerkbar machen. Für diesen Fall gibt es die üblichen körperlichen Untersuchungsmethoden von Reflexen, Temperatur oder Kreislauf. Wenn Ihre Hände keinerlei physikalische Zeichen einer Degeneration oder Funktionsstörung zeigen, läßt sich mit hoher Wahrscheinlichkeit sagen, daß der Teil Ihres Gehirns, der für das Funktionieren der Hände verantwortlich ist, einwandfrei funktioniert. Das ist bereits ein Pluspunkt, was die Funktion des Gehirns anbelangt, und somit kann das Gehirn wie der restliche Organismus schon mal nicht hundertprozentig zerstört sein!«

Sie können dieselbe Technik anwenden, um Ohren, Nase, Füße – alle einzelnen Körperteile – durchzugehen. Fertigen Sie gemeinsam eine Liste an, und zählen Sie am Ende die Punkte zusammen: »Mir ist aufgefallen, daß Sie mit den Ohren wackeln können – das macht einen weiteren halben Pluspunkt!« Schlagen Sie Ihrem Patienten vor, die Untersuchung zu Hause selbst weiter durchzuführen und nächstes Mal seine eigene Liste mit Plus- und Minuspunkten mitzubringen. Die so entstandenen Listen sind mitunter sehr interessant; besonders, welche Plus- oder Minuspunkte dem jeweiligen Vorhandensein oder Fehlen bestimmter Körperfunktionen beigemessen wurde: »Meine Nase läßt sich ganz wundervoll in alle Richtungen bewegen – das macht 25 Pluspunkte!« oder andersherum: »Meine Nase läßt sich nicht in alle Richtungen bewegen – das macht 25 Minuspunkte!«

Auch wenn Sie jetzt sagen, daß diese Art Reaktionen oder Antworten bei Ihren Patienten sowieso ständig vorkommen, so etablieren Sie auf diese Weise doch eine gemeinsame Gesprächsebene oder eine Bewertungsgrundlage für ihren Zustand. Kommentieren Sie diese Liste nicht in einer Weise, daß Sie sagen: »Aber was soll denn das! 25 Minuspunkte, nur weil Sie Ihre Nase nicht bewegen können!«, denn dies kann beim Patienten leicht eine Verteidigungshaltung oder Aggressionen hervorrufen. Vielleicht aber können Sie darüber diskutieren, welche Wichtigkeit dem beizumessen ist, ob jemand seine Nase bewegen kann. Das kann besonders dann von Bedeutung sein, wenn es darum geht, einen Dialog mit jemandem zu beginnen und aufrechtzuerhalten, der verschlossen ist oder nicht spricht.

In verschiedenen Therapien werden Techniken verwendet, die eine Reaktion oder einen Schock provozieren sollen. Unter bestimmten Umständen kann man eine solche Methode anwenden, allerdings sehr vorsichtig und behutsam, aber genausogut können Sie durch die oben beschriebene Technik zu einer Reaktion gelangen. Es ist auch sehr gut möglich, daß die betreffende Person nach einigen Sitzungen, während derer Sie dieselbe Art von Fragen gestellt haben, ohne daß Sie eine Antwort erhalten hätten oder es Ihnen gelungen wäre, einen Dialog herzustellen, dann unversehens zu Ihnen sagt: »Ich glaube, Sie spinnen! Was soll denn das alles mit meiner depressiven Nase?«

Was Sie wollen, ist eine Reaktion, aber ohne daß der Therapeut einen Schock auslöst oder zu drastischen Maßnahmen greift. Und vielleicht schaffen Sie es sogar, daß der Betreffende denkt: »Was zum Teufel redet der denn da?« Ich habe erlebt, wie diese Technik sogar bei so extremen Zuständen, die nur noch als ein Vegetieren zu bezeichnen waren, funktioniert hat.

Wenn dann ganz elementare Emotionen im Patienten hoch-

kommen, kann das als ein Ausdruck von Verwunderung angesehen werden, besonders dann, wenn er bereits eine längere
Therapieperiode hinter sich hat und fast in eine Selbsthypnose
durch die Therapie gerät. Möglicherweise erfolgen alle Sitzungen nach demselben Muster und üben dieselben Impulse auf
den Betreffenden aus. Auch die Fragen sind die gleichen oder
ähneln sich zumindest, und er ist an den Tonfall oder die
Stimmlage gewöhnt und hört nur noch halb hin – wenn überhaupt –, welche Fragen gestellt werden oder was gesprochen
wird. Wenn er dann eine Frage zu hören bekommt wie: »Wie
depressiv sind Ihre Fingernägel?«, wird er mit Verwunderung
oder Neugier reagieren, und vielleicht antwortet er sogar und
sagt:»Natürlich gar nicht!«

So haben Sie ihm sogar in einem dahinvegetierenden Zustand eine Reaktion entlockt, Sie haben einen Knopf gedrückt,
und etwas hat wieder begonnen zu funktionieren.

Dies ist ein Aspekt einer bestimmten Technik, die man benutzen kann, wenn auch nicht isoliert für sich. Denken Sie
z. B. an die Verwendung von Klängen, Farben und Ionisation.
Auch ein Patient, der sich einer Farbtherapie unterzieht, die
mit einer Therapie mit Hintergrundmusik kombiniert ist und
dazu noch in einer hochgradig ionisierten Umgebung stattfindet, befindet sich in einer Situation, in der durch all dies
Knöpfe in ihm gedrückt werden.

Wenn Sie durch Kombination dieser Therapien eine positive
und brauchbare Reaktion bekommen haben, ist ein Punkt erreicht, an dem es sinnvoll ist zu experimentieren, um herauszufinden, ob sich unter den drei oder vier Therapien, die Sie
gleichzeitig angewendet haben, eine befunden hat, die den
Knopf mehr als die anderen betätigt hat. Also verringern oder
erhöhen Sie bei der nächsten Sitzung den jeweiligen Anteil
von Ionisation, Farben oder Klängen. Werten Sie die Reaktion
aus, und wiederholen Sie es. Machen Sie Aufzeichnungen
darüber, welche Therapieverfahren Sie jeweils gleichzeitig angewendet haben, denn selbst wenn Sie mit allen nur erdenklichen Therapieformen arbeiten würden, so können Sie doch
nicht genau sagen, welche nun am besten angeschlagen hat.

Sorgen Sie dafür, daß die Situation oder der jeweilige Ort – Ihr Therapieraum – so beschaffen ist, daß Sie die verschiedenen Therapieverfahren kontrollieren oder überwachen können. Dies sollte auch die Verwendung eines Ionisators und seine Positionierung im Raum einschließen oder die Positionierung des Ionisators in Verbindung mit der Farbe, die Sie vielleicht verwenden. Sie können die Wirkung des Ionisators durch die Kombination mit einer Farbe verstärken, da der Ionisator auch die Qualitäten dieser Farbe mit aussenden wird. Wenn Sie dabei aber nach dem Zufallsprinzip vorgehen: »Den Isonisator stelle ich jetzt mal dahin, und die Wand gegenüber streiche ich einfach grün«, wird es Ihnen nicht gelingen, das Ergebnis zu analysieren, denn Ihr Arrangement war unpräzise.

Wenn Sie sich in einer bestimmten Situation für die Anwendung von Ionisator, Farben und Klängen entschieden haben, arrangieren Sie diese gleich zu Beginn entsprechend Ihrer eigenen Theorie oder Ihrem Gefühl. Tun Sie es auf eine Art und Weise, daß Sie, wenn Sie nach der Konsultation die Ergebnisse auswerten, genau wissen, an welchem Punkt der jeweilige Patient mit den verschiedenen technischen Hilfsmitteln, die Sie verwendet haben, in Verbindung war.

Soweit es möglich ist, sollten Sie versuchen, dem Patienten zu erklären, was Sie tun: daß Sie den Einfluß von Farben, Ionisation und harmonischen Klängen benutzen, um sich und ihm und Ihrer Beziehung weiterzuhelfen. Wenn sich wissenschaftliche oder technische Instrumente im Raum befinden, achten Sie darauf, daß sie der Patient nicht als bedrohlich oder gefährlich empfindet, was nicht heißt, daß Sie ihm nun jedes einzelne dieser Instrumente in Theorie und Praxis erklären müssen, zumal das möglicherweise viel Zeit braucht. Er sollte spüren können, daß diese dazu dienen, um ihm zu helfen, daß das in Ordnung ist und daß er sie auch einfach akzeptieren oder ignorieren kann.

Wenn Sie eine Erklärung geben, vermeiden Sie auch eine Situation, wie ich sie einmal mit einem Therapeuten, der einen Ionisator verwendete, erlebt habe: Der Therapeut saß an einem Tisch, auf dem ein Ionisator stand. Nachdem der Patient

Platz genommen hatte, fragte der Therapeut: »Was, meinen Sie, ist Ihr Problem?«

Der Patient schaute sich um, deutete dann auf den Ionisator und sagte: »Das ist mein Problem!«, denn der Ionisator sah fast wie ein Mikrofon aus, und der Patient dachte, daß der Arzt das Gespräch aufnehme, was verständlicherweise eine verwirrende Situation entstehen ließ.

Achten Sie darauf, eine Situation zu schaffen, in der dem Patienten oder der Patientin all diese Dinge, mit denen er oder sie möglicherweise nicht vertraut ist, zumindest nicht auch noch bedrohlich oder einschüchternd vorkommen.

Benutzen Sie ruhig so viele Techniken, wie Sie gleichzeitig handhaben können, fügen Sie Ihrer Technik weitere hinzu, oder reduzieren Sie es. Bringen Sie den Patienten dazu, mit Ihnen zusammenzuarbeiten, und machen Sie ihm klar, daß alles, was Sie benutzen, und alles um ihn herum dazu da ist, um für ihn und mit ihm zu arbeiten.

Der Patient ist Teil und nicht Gegenstand der Therapie. Drücken Sie die inneren Knöpfe, die ihm helfen, in seinem eigenen Interesse zu funktionieren.

25. Weibliche Intuition und Therapie I

Was besonders die Therapeutinnen anbelangt, so gibt es im therapeutischen Bereich verschiedene frauenspezifische Aspekte, die Sie sich für Ihre Arbeit zunutze machen können.

Ein männlicher Therapeut wird natürlich eine maskuline Haltung und damit auch maskuline Aspekte in den therapeutischen Kontext einbringen, einschließlich all der maskulinen Standpunkte und Ansichten, die sein Mann-Sein mit sich bringt, und Sie werden sich vielleicht sagen: »Natürlich, das ist Chauvinismus, den Männer automatisch haben!« Aber auch die Frauen, die therapeutisch tätig sind, verfügen über etwas, das ihnen speziell eigen ist: eine Eigenschaft, die allgemein als weibliche Eigenschaft gilt, nämlich die weibliche Intuition.

Wird diese Intuition auf die richtige Art und Weise eingesetzt und fokussiert, kann sie zu einem präzise funktionierenden Instrument werden und nicht nur ungerichtete Eigenschaft
bleiben.

Frauen kommen gewöhnlich viel direkter ›auf den Punkt‹,
und sie identifizieren ihn meist auch viel schneller als ein
durchschnittlicher Mann. Wenn Sie diese Fähigkeit nun ganz
bewußt im therapeutischen Kontakt einsetzen, ermöglicht Ihnen dies, die Therapie eher zu beginnen – aber Sie müssen in
der Lage sein, diese Fähigkeit präzise einzusetzen.

Ist eine Frau in der Lage, eine problematische Situation in
aller Ruhe und Gelassenheit zu betrachten, kann sie sich auf
intuitive Weise ein Bild verschaffen, welches der Ursache oder
dem Problem im Kern recht nahe kommt. Aber genau da liegt
oft die Schwierigkeit: Denn aufgrund spezifischer Konditio-
niertheit oder einer anderen weiblichen Einstellung halten die
Frauen oft nicht an dieser ihrer Wahrnehmung fest.

Daß eine Frau zuweilen feinsinniger ist als ein Mann – das
liegt in ihrer Natur. Sie mag ein Problem identifizieren oder
eine Situation erkennen und dann auch versuchen, etwas zu
unternehmen – allerdings auf oft sehr feinsinnige, liebenswür-
dige weibliche Art.

Handelt es sich um keine besonders schwerwiegende oder
ernste Angelegenheit, läßt sie sich möglicherweise mit leichter Hand und auf behutsame Weise lösen. Handelt es sich
aber um ein schwieriges, um ein recht unangenehmes oder
gar abstoßendes Problem, wird eine Frau es möglicherweise
nur behutsam streifen. Das ist zwar im allgemeinen ein
Kompliment für die Frauen; besonders im therapeutischen
Bereich kann sich dies aber als Fehler oder Schwäche erweisen.

Das heißt auf keinen Fall, daß eine Frau ihre Weiblichkeit
ignorieren und versuchen sollte, auf Situationen zu reagieren,
wie ein Mann es täte. Sie würde sich dabei unbehaglich fühlen, und deshalb würde es auch nicht funktionieren.

Wie stellen Sie es an, Ihre weibliche Intuition einzusetzen?
Wie nehmen Sie Kontakt mit ihr auf? Wie ist man in dieser

Weise weiblich, was freilich nicht mit feministisch gleichbedeutend ist.

Weiblichkeit ist keine abstrakte, sondern eine so zarte wie reale Eigenschaft. Wie entwickeln Sie sie nun, wie können Sie sie benutzen? Die meisten Frauen wurden von ihren Müttern gelehrt oder aber haben unbewußt von ihnen übernommen, wie man diese Weiblichkeit einsetzt. Wenn sie nun zu einer effizienten Eigenschaft wird, dann ist sie nicht nur oberflächliche Zartheit, sondern eine Eigenschaft, die weiterentwickelt werden kann. Und auf richtige Weise weiterentwickelt, ist diese weibliche Intuition stärker und flexibler als männliche Intuition – ja, die gibt es tatsächlich, die männliche Intuition. Weil es aber nicht als männlich gilt zu sagen: »Ich habe männliche Intuition«, wird sie im allgemeinen als ›höherer Intellekt‹ oder ›höhere Intelligenz‹ bezeichnet.

Daß die weibliche Intuition stärker und entwicklungsfähiger als ihr männliches Pendant ist, hängt mit der physischen Konstitution der Frau zusammen. Denn nicht nur der weibliche Körper, sondern das gesamte Wesen der Frau ist – und zwar in physischer Hinsicht – im Vergleich zum Mann belastbarer.

Natürlich läßt sich so etwas wie *Stamina* nicht anhand von Kriterien wie Muskelmenge oder Knochengröße bemessen. Bei Stamina handelt es sich um eine Energie, die sich mehr zu einer langfristigen Verwendung als für einen plötzlichen Einsatz eignet. Einer der offensichtlichsten Gründe, weshalb Frauen über mehr Stamina verfügen müssen, liegt darin begründet, daß Frauen gemeinhin den Prozeß des Kindergebärens durchmachen und ihnen herkömmlicherweise das Großziehen der Kinder obliegt. Hierbei zeigen sich deutlich ihr auf lange Sicht angelegtes Kraftpotential, ihre Stamina und ihre Fähigkeiten. Wenn eine Frau schwanger wird oder speziell weibliche Beschwerden durchmacht, wird ihr gesamtes System mobilisiert, um in dieser Situation unterstützend oder kontrollierend zu wirken. Gibt es aber keinen äußeren Bedarf für diese zusätzliche Kraft und verfügbare Energie und auch keine Notsituation, die ihren Einsatz erforderte, kann man sie auf positive Weise dirigieren und nutzen.

Es ist nicht möglich, die weibliche Intuition zu messen: »Ihre Intuition hat einen Wert von 10°, ihre hat leider nur 5°.« Weibliche Intuition kann eben nur mittels Intuition gemessen werden, oder mit anderen Worten: nur mittels ebendieses Gefühles.

Sobald es in der westlichen Gesellschaft um Gefühle geht, um etwas also, das sich nicht messen läßt, wird es üblicherweise mit Emotion oder gar Hysterie in Relation gesetzt. Das alte Problem des Westens: Was sich nicht wiegen läßt, was sich nicht messen läßt und etwas, dem sich auch keine Farbe zuordnen läßt, das kann somit überhaupt nicht existieren: »Du behauptest, du hättest weibliche Intuition – na, dann zeig mir mal was davon!«

26. Nasrudins Schuh

Ein Mann kam eines Tages zu Mullah Nasrudin und sagte: »Nasrudin, es heißt, du seist ein weiser, fähiger und kenntnisreicher Mann, der immer von der Existenz und Macht Gottes spricht. Schau, ich bin ein vielbeschäftigter Mann und habe sehr wenig Zeit – zeig mir doch kurz mal Gott!«

Nasrudin zog daraufhin seinen Schuh aus, nahm ihn und schlug dem Mann damit auf den Kopf, ohne dabei das Gespräch mit seinen Freunden zu unterbrechen.

Der Mann rannte schreiend zum Richter und klagte: »Ich habe Nasrudin eine ganz normale Frage gestellt, er aber hat mich auf den Kopf geschlagen!«

Der Richter ließ Nasrudin kommen und sagte: »Nasrudin, das ist nicht recht! Der Mann hat dir ganz normal eine Frage gestellt, und du hast ihm Schmerz zugefügt!«

Woraufhin Nasrudin dem Richter zur Antwort gab: »Soll er mir doch seinen Schmerz zeigen, dann zeige ich ihm auch Gott!«

27. Weibliche Intuition und Therapie II

Frage: Soll sich eine Frau ganz generell, immer und unter allen Umständen von ihrer Intuition leiten lassen?

Antwort: In der Regel nein, denn ansonsten würde dies auf mangelndes Gleichgewicht hindeuten. Intuition ist nur ein Faktor unter anderen, die Sie verwenden können. Versuchen Sie sich selbst besser kennenzulernen, damit Sie genau einschätzen können, wann Sie Ihre Intuition zum Einsatz bringen sollten, und lernen, dies von den Gelegenheiten zu unterscheiden, zu denen Sie eher Ihre eigene Erfahrung oder unter Umständen sogar Ihre Konditionierung zum Einsatz bringen sollten.

Versuchen Sie herauszufinden, auf welche Art sich Ihnen Ihre Intuition mitteilt; so können Sie sie in dem Moment identifizieren, in dem sie beginnt, sich Ihnen mitzuteilen – denn es ist ja nicht so, daß sie ununterbrochen zu Ihnen spricht, und sie teilt sich auch nicht in allen Umständen mit.

Beobachten Sie sich in bestimmten Situationen, und Sie werden feststellen, daß Ihre Intuition sich Ihnen auf unterschiedliche Weise mitteilt, und Sie werden merken, wie sie arbeitet. Um dieses Gespür für die Intuition weiterzuentwickeln, können Sie in einer Situation, in der Ihre Intuition dem Anschein nach schweigt, direkt nach ihr forschen oder nach der Art und Weise, auf die sie sich Ihrer Einschätzung nach mitteilen könnte. So werden Sie merken, ob sie überhaupt aktiv ist oder auf welche Weise Sie sie anregen können, aktiv zu werden.

Der eigentliche Wert der Intuition liegt allerdings darin, daß sie Ihre persönlichen Auffassungen entweder bestätigt oder ablehnt. Bleiben Sie sich aber stets bewußt, daß die Intuition ihre eigene Wesensart hat und es zahlreiche Situationen gibt, in denen sie sich nicht bei Ihnen melden wird – weil in einer bestimmten Situation gar keine Notwendigkeit dazu besteht, da es völlig ausreicht, wenn Sie Ihre Prägungen und Ihr Können, Ihren Verstand und die Fähigkeiten, über die Sie verfügen, einsetzen.

Das bedeutet also, daß Sie sich zuerst einmal der Person oder der Situation, um die es Ihnen gerade geht, zuwenden und diese anhand Ihrer Erfahrung, Ihres Könnens und Ihres sonstigen Hintergrundes recht sorgfältig prüfen, und vielleicht wird sich an diesem Punkt dann Ihre Intuition zustimmend melden. Falls sie aber schlicht und einfach schweigt, fahren Sie einfach mit dem fort, wozu Sie sich in der betreffenden Angelegenheit bereits entschieden haben.

Gelegentlich kann es auch Situationen geben, in denen Sie sich sagen, daß eigentlich alles ganz gut ausschaut und in Ordnung zu sein scheint, aber trotzdem bleibt da so ein Gefühl, daß etwas immer noch nicht ganz stimmt. Und ehe Sie dann mutmaßen, daß es Ihre Intuition ist, die sich da meldet und »Rot« signalisiert, prüfen Sie, ob Sie nicht vielleicht selbst schon längst innerlich die Ampel auf Rot gestellt haben. Bevor Sie handeln, horchen Sie also in sich selbst hinein und prüfen, welche Faktoren bei dem, was Sie für Ihre Ablehnung halten, eine Rolle spielen und Sie beeinflussen. Sind es äußere oder emotionale Faktoren? Oder andere Faktoren? Welche Faktoren? Und dann untersuchen Sie die Situation noch einmal eingehend.

Falls da kein greifbarer oder sonstiger ersichtlicher Grund vorhanden ist, der Sie irreführen könnte, dann hören Sie auf Ihre Intuition. Aber lassen Sie sich nicht von Ihrer Intuition kontrollieren, und versuchen Sie auch nicht, sie zu kontrollieren.

Sobald Sie mit der Wirkungsweise Ihrer Intuition und den Umständen, in denen sie Sie leiten kann, Ihnen Rat geben oder einen Schubs verpassen kann, vertrauter sind, wird Intuition zu einer ganz normalen alltäglichen Vorgehensweise, um bestimmte Situationen handzuhaben. Sie unterziehen die jeweilige Situation einer genauen Prüfung unter professionellen, sozialen, politischen und intuitiven Gesichtspunkten, und jeder dieser Faktoren hat entsprechenden Einfluß. Handelt es sich um eine technische Angelegenheit, hat Ihre technische Erfahrung einen größeren Stellenwert als die jeweils anderen Faktoren. Analog läßt sich dies auf alle anderen Arten von Situationen übertragen. Und auch Ihrer Intuition weisen Sie einen angemessenen Stellenwert im Rahmen des Ganzen zu.

Wieviel Gewicht Sie Ihrer Intuition nun jeweils beimessen, dazu gibt es keine Regeln. Die Bedeutung oder die Relevanz, die Sie ihr einräumen, muß auf Ihren eigenen Erfahrungen beruhen. Und sollten Sie bemerkt haben, daß Ihre Intuition unter bestimmten Bedingungen ein wenig emotional ist, dann können Sie mit behutsamer Hand den Einfluß, den Sie ihr in dieser Situation gewähren, ein wenig herabsetzen.

Auf diese Weise nutzen Sie die Vorteile dieser sehr grundlegenden und nützlichen Kraft, die Sie besitzen. Und zum Schluß noch eine Bitte Ihrer Ehemänner und Freunde: Seien Sie geduldig, freundlich und verständnisvoll mit ihnen!

28. Die Entwicklung der Granada-Therapie III

Die Teilnehmer des ersten Therapie-Kongresses werden sich erinnern, daß ich im Hinblick auf die Entwicklung der Granada-Therapie von einem Zeitraum von drei Jahren gesprochen habe, und dabei war ich, wie immer natürlich, optimistisch. Ich habe von drei Jahren gesprochen, weil dies eine angemessene Zeitspanne ist. Hätte ich zehn oder zwanzig Jahre gesagt, hätte sich jeder zurückgelehnt, es auf die leichte Schulter genommen und wie üblich nichts getan. Hätte ich dagegen drei Monate gesagt, wären alle in Panik geraten und hätten sich verrückt gemacht. Nun sind etwas über drei Jahre um, und ich bin zu sechzig Prozent mit der Entwicklung der Therapie zufrieden. Es ist noch immer ein weiter Weg vor uns, aber die Lage ist ermutigend.

Inzwischen sind Sie über ein großes Anfangsproblem, die beruflich bedingte Eifersucht bzw. über die Frage, wieso Sie Ihre Geheimnisse denn mit anderen teilen sollten, hinweg. Falls Sie solch wundervolle Geheimnisse oder Techniken besitzen und hier darüber sprechen, so teilen Sie sie schließlich nicht mit jedermann in der ganzen Welt, sondern Sie teilen sie innerhalb einer Familie.

Unser Ziel ist nicht, jede nur mögliche Therapie in einer einzigen zu vereinen, denn – schließlich bin ich Ihnen zu Aufrichtigkeit verpflichtet – wenn ich mir die Liste mit all den verschiedenen Therapieformen, die Sie anwenden, anschaue, so wundere ich mich über den menschlichen Einfallsreichtum!

Das eigentliche Geheimnis bzw. die Technik besteht darin herauszufinden, welche Therapieverfahren kompatibel sind, einander ergänzen und sich unter verschiedenen sozialen, kulturellen und nationalen Gegebenheiten anwenden lassen.

Auf diesem Kongreß werde ich, und von nun an auch in Zukunft, sanft darauf hinweisen, daß einige Therapieverfahren möglicherweise weniger nützlich sind als andere. Aus mir vorliegenden Informationen geht hervor, daß einige unter Ihnen, die wohl herausragender als andere sind, gleichzeitig auch Experten für eine Vielzahl von Therapieverfahren zu sein scheinen. So schlage ich vor, daß gerade diese Leute ihre Aufmerksamkeit, Energie und Aktivität mehr konzentrieren und eingrenzen sollten und selbst darüber befinden, welche sie von all den verschiedenen Therapieformen, die sie studieren, im Hinblick auf sich selbst als harmonisch empfinden.

Das kann eventuell ein wenig problematisch sein, denn vielleicht findet die betreffende Person, daß das Therapieverfahren, das sie anwendet, zwar zu recht guten Ergebnissen führt, sie persönlich aber gar nicht ganz so glücklich damit oder nicht gänzlich im Einklang damit ist. Trotzdem stellt das kein wirkliches Problem dar, denn zwischen diesen Positionen gibt es keine Konkurrenz. Sie können jede Therapie anwenden, die zu Ergebnissen führt. Und wenn es dann auch noch die Therapie sein sollte, mit der Sie harmonieren – um so besser. Sollte das aber eine andere Therapie sein, dann können Sie versuchen, diese als ein paralleles Verfahren zu entwickkeln.

Es geht nicht darum, bestimmte Therapieverfahren zu akzeptieren und andere zurückzuweisen, sondern die positiven und nützlichen therapeutischen Elemente aus allen erdenklichen Therapien herauszugreifen und sie zu verbinden.

Die jeder Therapie zugrundeliegende Absicht muß sein zu

heilen. Die Techniken und Instrumente sind unterschiedlich, sie mögen sich, was Dauer und Intensität anbelangt, unterscheiden, aber der grundlegende Faktor, der ihnen allen gemeinsam ist, ist die Heilung.

Sicherlich ist für alle Therapieverfahren der Ruf des Therapeuten von Wichtigkeit, denn schließlich ist es sein Beruf, und auch er muß seinen Lebensunterhalt verdienen. Dies ist aber auch noch aus einem anderen Grund wichtig: Ist nämlich die Absicht des Therapeuten, eine Person zu heilen, stark genug, überträgt er der Person, die krank, nervös, beunruhigt oder verspannt ist, etwas Zusätzliches. Es ist nicht nötig, dem Patienten zu verkünden: »Ich werde Ihnen helfen und versuchen, Sie zu heilen!« Dies ist Ihre Absicht, und wenn Ihre Absicht stark genug darauf fokussiert ist, überträgt sich das auch auf den Patienten.

Gewiß erhofft und erwartet sich der Patient, daß Sie ihm versichern, daß er sich nach der Behandlung besser fühlen wird, und ich gehe davon aus, daß ihm das jeder Therapeut sowieso sagen wird, denn es wäre ein armseliger Therapeut, der einem Patienten sagte: »Ich werde versuchen, Ihnen zu helfen, aber ich glaube, Sie sind erledigt.«

Der Patient erwartet, daß Sie ihn bestärken und trösten, und so müssen Sie ihm auf einer anderen Ebene vermitteln, daß Sie für ihn arbeiten und nicht nur an ihm. Halten Sie an Ihrer Absicht fest, und vermitteln Sie diese.

29. Ein halber Therapeut

Ich habe Sie bereits gewarnt, daß ich für Sie, als Einzelperson wie als Gruppe, nicht immer in ausgleichender Weise zur Verfügung stehe, denn meine Funktion besteht nicht darin, Sie zu trösten und Ihre Hand zu halten; ich bin weder Valium, Aspirin noch Benzedrin.

Eine Kritik, die ich anzubringen habe, besteht – milde formuliert – darin, daß ein Mitglied der *Hakim*-Gruppe zu sein in einigen Gruppen zu einem Element der Selbstzufriedenheit geworden ist. Bei einigen mehr, bei anderen weniger, aber ich möchte nichts mehr hören von einer Unterteilung in der Tradition in *Hakims* und Nicht-*Hakims*.

Einige unter Ihnen sind etwas weniger dumm als andere, aber auch hier bin ich optimistisch; selbst wenn mich dieser Optimismus beträchtliche Anstrengung kostet!

Für die unter Ihnen, die mit der afghanischen Sprache vertraut sind: Es gibt ein höchst interessantes afghanisches Sprichwort: ›*Nim hakim hatere jan, nim mullah hatere imam!*‹, was soviel heißt wie: ›Ein halber Therapeut ist eine Gefahr für das Leben, ein halber Priester ist eine Bedrohung für die Seele!‹ Sie können sich nun gegenseitig erklären, was dies bedeutet.

30. Ältere und alte Menschen

Ich möchte diesmal Ihr Augenmerk auf einen bestimmten Aspekt lenken, von dem ich zwar weiß, daß Sie sich damit befassen; trotzdem möchte ich gerne, daß er diesmal etwas eingehender studiert wird. Es handelt sich um die Behandlung und Therapie älterer Menschen. Aufgrund von Verbesserungen auf den Gebieten der Ernährung, der Chirurgie und der medizinischen Verfahren leben in unserer Welt zunehmend mehr ältere und alte Menschen.

Gewiß haben jüngere Leute Verantwortung gegenüber den älteren, aber ebenso sind auch die älteren Menschen in der Gesellschaft aufgrund ihrer Erfahrung und ihrer Erinnerung für uns außerordentlich wertvoll. Besonders deutlich wird das, wenn es um mündliche Überlieferungen geht, um Geschichten aus der Familie, von ihren Eltern und über die Gesellschaft, wie sie vor fünfzig, sechzig oder siebzig Jahren war, sowie ihre Poesie und Musik, ihre Legenden und die damaligen Gewohnheiten. Wenn man sie ermuntert, zu erzählen und sich zu erinnern, können viele alte Menschen mit wertvollen Erfahrungen und Tatsachen aufwarten.

Wer mit älteren Menschen zu tun hat, weiß, daß Reden zugleich auch eine nützliche Therapie für sie bedeutet. Nicht nur, weil sie sich erwünscht fühlen, wenn sie jemanden haben, der ihnen zuhört, sondern sie fühlen sich auch nützlich, wenn jemand Interesse an dem hat, was sie sagen.

Wenn man mit alten Leuten zu tun hat, treffen meist zwei Faktoren zusammen. Um verschiedene Fragen, die mir gestellt wurden, zusammenzufassen: »Welches ist der Punkt, über den hinaus Leben auf technische und mechanische Weise verlängert wird?«

Dies ist eine Frage, die zum Gegenstand großer moralischer Diskussionen taugt. Aufgrund von hohem Alter oder durch einen Unfall kann es passieren, daß Menschen praktisch wie auch theoretisch gesehen hirntot sind. Welches ist nun die berufsbedingte oder moralische Haltung eines Therapeuten hinsichtlich einer solchen Situation? Welches ist vom Standpunkt der Sufitradition aus betrachtet der Punkt, an dem die Person tatsächlich nicht mehr anwesend ist? Manche Leute sagen auch: »Haben wir das Recht, lebenserhaltende Maßnahmen einzustellen?«

Was unseren Standpunkt anbelangt, so geben wir uns damit zufrieden, daß mit dem Hirntod die Person auch körperlich nicht mehr lebt. Eine derartige Entscheidung muß daher von einem Arzt oder Therapeuten getroffen werden, selbstverständlich unter Einbeziehung der Familie.

31. Symbole

In der Tradition verwenden wir viele Symbole, die alle bedeutsam und nützlich sind – und einen Zweck erfüllen. Sie erfüllen ihre Funktion, wenn sie unter den richtigen Umständen angewandt werden. Sie wirken sowohl selektiv wie auch qualitativ.

Einige Freunde verfügen über eine Anzahl dieser Symbole, die sie zu Hause wie auch bei der Arbeit verwenden, was vollkommen in Ordnung ist. Die Wirkung dieser Symbole läßt sich über das bloße Vorhandensein in Ihrer Wohnung oder in Ihrem Arbeitsraum hinaus intensivieren, z. B. durch ihre Ausrichtung, aber mehr noch dadurch, daß Sie die Bedeutung der einzelnen Symbole kennen.

Möglicherweise ist Ihnen bereits aufgefallen, daß geometrische Symbole im allgemeinen auf der Ziffer Acht oder Neun beruhen, so das Oktagon oder das Enneagramm. In der Tradition hat die Zahl Acht in der Form, wie sie üblicherweise verwendet wird, Symbolwert.

Interessanterweise gibt es in der römischen Numerologie für die Acht entweder die Schreibweise VIII oder IIX. Zählen Sie bei dieser römischen Numerologie die Punkte bei VIII oder IIX, so kommen Sie beide Male auf acht, denn wenn Sie die zwei Punkte für ›V‹ und die sechs Punkte für ›III‹ zusammenrechnen, ergibt das ebenso acht Punkte wie im anderen Fall, wenn Sie die vier Punkte der beiden Einsen ›II‹ mit den vier Punkten für das Kreuz ›X‹ zusammenrechnen.

Die Punkte berechnen wir auch im Arabischen: So ergibt die Zahl 786 in der arabischen Schreibweise, wenn Sie die Punkte zusammenzählen, ebenfalls acht.

Die Ziffer Acht in ihrer in Europa gebräuchlichen Schreibweise findet sich auf eine etwas andere Art ebenso in dem Zeichen von Yin und Yang wieder wie auch in den Mustern der Tradition, die sich auf den Punkt in der Mitte der Acht beziehen, an dem sich die beiden Kreise treffen und der den Solarplexus des Menschen repräsentiert.

Was ist die Acht, was die Neun? Um mit der Neun zu beginnen: Sie ist eins mehr als die Acht – was Ihnen nichts Neues sagt. Doch gibt es noch eine kosmologische Bedeutung, denn der Kosmos ist älter als die Tradition, und die Menschen, die die Tradition entworfen und geschaffen haben, mußten ihre Inspiration schließlich irgendwoher bezogen haben.

Diesen beiden Zahlen liegen sehr spezifische Ursachen und Funktionen zugrunde. In fünfundsiebzig bis achtzig Prozent der Muster der Tradition werden Sie diese Zahlen in Form des Oktagons und des Enneagons oder Enneagramms oder ihrer Permutationen finden.

Die Verwendung dieser Zahlen zu erkennen und aufzuspüren ist sehr interessant. Betrachten Sie einen Kelim, einen Teppich, eine maurische Wand oder Decke, und Sie werden sehen, wie die Permutation der Acht arrangiert ist. Die Acht ist sowohl aufwärts wie auch abwärts permutiert; abwärts in Vierer- und Zweierbrüche und aufwärts in 16, 32, 64 und unendlich fort. In derselben Weise wird die Primzahl Neun abwärts und aufwärts in unendlicher Reihe permutiert. Diese Faktoren sind mathematisch leicht nachvollziehbar, und mit ein klein wenig Erfahrung und Studium lassen sich die Achter- und Neunerpermutationen leicht erkennen. Dies jedoch ist erst der Beginn ihrer Verwendung.

Kompliziert wird es erst bei der Permutation von der Acht und der Neun, entweder als die Primzahl acht mal neun oder zusätzlich acht mal acht und dann neun mal neun zu der Potenz von acht oder neun, was eine große Zahl ergibt.

Angenommen, Sie schauen sich einen Kelim, einen Wandbehang oder einen Teppich an, der auf dem basiert, was wir die Inter-Permutation von der Acht und der Neun benennen. Wie finden Sie nun die Gleichung heraus, die der Ausarbeitung des Musters zugrunde liegt? Die Antwort ist: Sie finden es nicht heraus, denn da ist noch ein weiterer Faktor in der Gleichung: Wenn ein Handwerker, der in der Tradition arbeitet, eine dieser Inter-Permutationen benutzen möchte, kann er das durch ein geometrisches Muster tun – oder durch die Anzahl der Knoten pro Quadratzentimeter.

Was bedeutet das? Sie haben auf der Oberfläche ein Muster, das gemeinsam mit der speziell für dieses Muster gewählten Farbe funktioniert und arbeitet. Zusätzlich wirkt die darunterliegende Ebene der Knotenanzahl pro Quadratzentimeter als Multiplikator des Grundmusters und des Materials – es bedeutet, daß Sie eine funktionierende Entität vor sich haben. Sie sehen, es gibt verschiedene Ebenen.

Wenn Sie verstehen, wie solch ein Muster aufgebaut ist, fällt es Ihnen leichter, einen Zugang zu diesem Muster zu finden, so daß es seine Hilfe entfalten und mit Ihnen harmonisieren kann. Die verschiedenen Symbole der Tradition sind also sicherlich nicht rein dekorativer Natur, sie können benutzt werden, um die Aufmerksamkeit zu fokussieren.

Eine weitere ihrer Funktionen besteht darin, bestimmte Dinge auszustrahlen. Einige von ihnen sind so aufgebaut, daß sie ein leicht magnetisches Feld entwickeln, andere funktionieren, wenn sie den Sonnenstrahlen oder dem Mondlicht ausgesetzt werden, und wieder andere nur in Anwesenheit – oder Abwesenheit – von Menschen. In der Tradition ist kein Raum für irgendeinen Aberglauben hinsichtlich dieser Embleme. Sie funktionieren – im richtigen Kontext und unter den richtigen Umständen.

Wie die Symbole in einem Raum oder einem Haus ausgerichtet sind, kann ihre Funktion verstärken. Für gewöhnlich sind sie am besten auf einer der Hauptachsen ausgerichtet, d. h. Süd – Nord oder Nord – Süd, West – Ost oder Ost – West. Bitte merken Sie sich, daß ich in diesem Zusammenhang hier nicht über die Ausrichtung des *Alifs* spreche und auch nicht über *Mihrabs,* denn diese sind eine spezielle Sache für sich. Wie wissen Sie nun, welches die beste Ausrichtung für ein spezielles Symbol ist, oder wie können Sie es herausfinden? Einfach indem Sie es in eine Position bringen, in der es nach Norden, Süden, Osten oder Westen ausgerichtet ist, und es über eine Zeitspanne von vier oder fünf Tagen hin mehrmals täglich bei Tageslicht anschauen und eine Art innerer Wahrnehmung benutzen, um herauszufinden, welche Position am besten scheint.

Ob Sie nun an allen vier Wänden verschiedene Symbole haben oder auch nur eines an jeder Wand: Sie werden nicht miteinander kollidieren, sich gegenseitig beeinträchtigen oder stören, und wenn sie richtig ausgerichtet sind, wird sich eine Verbindung zwischen ihnen aufbauen.

Was nun die tatsächliche Abbildungsgröße eines Emblems oder einer Figur anbelangt – es gibt Embleme, bei denen die Abbildungsgröße von Bedeutung ist –, sollte die Proportionalität auf jeden Fall dahingehend gewahrt sein, daß eine Kopie des Symbols nicht wesentlich größer oder kleiner sein sollte als das Symbol in seiner Originalgröße am Ursprungsort. Falls es erforderlich, nützlich oder hilfreich sein sollte, aus einem triftigen Grund eine Vergrößerung oder Verkleinerung anzufertigen, sollten die Proportionen gewahrt bleiben, wie es z. B. bei einer achtfachen Vergrößerung, vierfachen Verkleinerung, Verdoppelung oder einer Vergrößerung oder Verkleinerung, die auf der 99 beruht, der Fall ist.

32. Die Integration von Therapieverfahren und Tradition

Ein wichtiger Faktor auf dem gesamten Gebiet der Therapie ist Vertrauen; das Vertrauen des Therapeuten in seine Methode und das Vertrauen des Patienten in den Therapeuten.

Wie bereits erwähnt, ist es natürlich wichtig, den Patienten zu bestätigen. Die Beziehung und Kommunikation zwischen Therapeut und Patient muß ständig wachsen, jedoch sollten Sie ebenso eine Überidentifikation mit dem Patienten vermeiden wie eine übermäßige Abhängigkeit des Patienten vom Therapeuten.

Ihnen allen, die mit Psychotherapie zu tun haben, ist dieses Abhängigkeitsproblem bekannt, und es gibt eine so feine wie heikle Grenzlinie zwischen Vertrauen und Abhängigkeit. Da jede Patienten-Therapeuten-Beziehung unterschiedlich ist und auch die Erfahrung des Therapeuten im Hinblick auf seine Technik zunimmt, kann es kein ›Nachschlagewerk für den Regelfall‹ geben, das z. B. Auskunft darüber erteilt, an welchem Punkt eine bestimmte Beziehung zu lösen wäre.

Was die Beziehung zum Patienten anbelangt, sind hier die Beobachtungen des Therapeuten ausschlaggebend. Besonders auf dem Gebiet der Psychotherapie gibt es Ausprägungen der Therapeuten-Patienten-Beziehung, die gelegentlich recht extrem sein können, so daß ein Psychotherapeut sich in einer bestimmten Situation sehr stark auf sein Gefühl verlassen muß, z. B. wie weit er in eine bestimmte Richtung gehen kann und wann es gut ist aufzuhören.

Für einen Arzt oder einen Chirurgen sind die Entscheidungen ein wenig leichter, denn wenn ein Chirurg einen Blinddarm zu operieren hat, entfernt er den Blinddarm und näht den Schnitt dann zu. Darin erschöpft sich seine chirurgische Funktion; es sei denn, es käme zu Komplikationen oder Infektionen. Und er sagt sich nicht: »Solange der Patient noch in der Narkose liegt, werde ich auch noch einen Blick auf Leber, Herz und Lungen werfen!« – das bleibt zumindest zu hoffen!

Der Psychotherapeut – wenn Sie ihn so nennen möchten –, der mit allen Aspekten der Psychotherapie zu tun hat, ist sich dessen bewußt. Ich gehe hier näher darauf ein, denn wenn Sie einen weiteren Faktor, den Faktor der Tradition nämlich, in Ihr Therapieverfahren mit aufnehmen, kann dies für Sie eine Führung, ein Maßstab und ein Schutz sein. Die Tradition kann ein Schutz für Sie sein, da man sie benutzen kann, um die Absorption negativer Impulse, die vom Patienten ausgehen können, abzuwenden. Sie kann ein Maßstab sein, da Sie auf ein ›traditionelles Gefühl‹ zurückgreifen können, z. B. können Sie beim Patienten auf bestimmte Atem- und Entspannungstechniken sowie Musik der Tradition zurückgreifen. Diese Techniken werden dem Patienten auch helfen, keine Abhängigkeit zu entwickeln, so daß Sie ihm gar nicht erst zu erzählen brauchen: »Hören Sie zu, was ich Ihnen zu sagen habe, dann wird Ihre Abhängigkeit schon aufhören!«, denn es entwickelt sich auf ganz natürliche Weise eine Harmonie zwischen Ihnen und dem Patienten, die sich auch aufrechterhalten läßt.

33. Zutrauen und Blockierung

Ein wichtiger Faktor auf dem Gebiet der Therapie ist das Vertrauen. Wenn Sie die Techniken der Tradition für sich selbst einsetzen und auch in Ihrem Therapieverfahren anwenden, müssen Sie Vertrauen in diese Techniken haben. Dieses Vertrauen wird vom Patienten aufgenommen, sei es durch Ihren zuversichtlichen Tonfall oder durch die vertrauensvolle Art und Weise, wie Sie sich verhalten, wie Sie ihn behandeln, ihn berühren oder massieren.

Sie vermitteln ihm ein hohes Maß an Zuversicht und Vertrauen einmal durch Ihren Tonfall, aber auch durch Worte, Berührung, Körperkontakt und durch Ihre vom Patienten als effizient wahrgenommene Art zu handeln, sich zu bewegen oder die Instrumente zu handhaben.

Sie bauen eine andere, eine zusätzliche Brücke des Kontaktes zu ihm. Auf dieser Ebene des Kontaktes übertragen Sie unterschwellig, wenn Sie es so nennen wollen, die Information, daß Sie an seinem körperlichen und geistigen Wohl interessiert sind, daß Sie auf Ihre Techniken vertrauen und versiert darin sind, daß Sie an ihm als Person interessiert sind, und daß Sie ihm mit etwas helfen können, das ein klein wenig anders ist.

Per Definition weicht ein Patient von einem normalen Zustand ab, d. h., er ist entweder körperlich oder psychisch beeinträchtigt, und in gewisser Weise hat er auch Angst, sei es bewußt oder unterbewußt. Angst produziert Spannung, und Spannung läßt einen Block zwischen Patient und Therapeut entstehen. Einige Psychotherapie-Schulen zielen darauf, diesen Block zu durchbrechen, was sicherlich nicht immer die effizienteste Art ist, ihn zu überwinden. Sie können so um einen Block herumgehen, ihn von verschiedenen Seiten angehen. Haben Sie ihn erst einmal durchdrungen, umgangen, überstiegen oder unterlaufen, können Sie die Existenz dieses Blocks durchaus ignorieren.

Beim anfänglichen Kontakt mit der betreffenden Person wird die Blockierung zwar noch immer da sein, aber für Sie als Therapeut bedeutet sie keine Bedrohung oder Gefahr, denn sie ist schlicht das Ergebnis der Spannung des Patienten, seiner Neurose oder was auch immer. Mit dem Fortschreiten Ihrer Behandlung und Ihrer Therapie wird diese Blockierung zunehmend schwinden. Sie arbeiten mit dem Patienten und helfen ihm, unterschwellig und unterbewußt diese Blockierung aufzulösen.

Sagen Sie zu einem Patienten nicht unbedingt: »Es tut mir leid, Sie haben diese Blockierung, aber gemeinsam werden wir sie durchbrechen«, denn die Blockierung wird an Bedeutung und Bedrohlichkeit zunehmen und dem Patienten noch mehr im Wege stehen. Sagen Sie ihm nur das, was er zu wissen braucht, was er verstehen kann und was ihm helfen wird. Manchmal ist es auch nicht unbedingt erforderlich, daß Sie ihm die Wahrheit sagen, denn manchmal will er in dem Augenblick die Wahrheit vielleicht gar nicht hören oder braucht sie nicht. Dies ist eine Frage Ihres eigenen Gefühls und Ihrer Einschätzung, wann man was sagen sollte.

Sie können jederzeit Techniken oder Aspekte der Tradition in Ihre Therapie mit aufnehmen, allerdings unter der Voraussetzung, daß Sie diese selbst verstehen und mit ihnen umgehen können. Wenn es für Sie vertraute Instrumente sind, fördert dies dann unterbewußt und unterschwellig das Zutrauen Ihres Patienten. Sie können die Techniken der Tradition wie z. B. Musik oder Düfte gleichzeitig mit Ihrem spezifischen Therapieverfahren anwenden.

Am besten, Sie kommunizieren auf zwei Ebenen mit Ihrem Patienten, wobei die eine Ebene das herkömmliche Hören und Sehen anspricht – beide Sinne ergänzen sich gegenseitig. Wenn der Arzt oder Chirurg seine Instrumente hinfallen läßt oder während der Untersuchung seine Apparaturen beschädigt, fördert dies nicht gerade das Vertrauen des Patienten. Wenn aber ein Arzt, ein Techniker oder Therapeut mit seinem Instrumentarium auf eine vertrauenerweckende und ruhige Art und Weise umzugehen weiß, läßt die leichte anfängliche Spannung des Patienten, der ›zum Arzt muß‹ bzw. ›zum Therapeuten muß‹, nach, denn er sagt sich: »Ich nehme an, der Arzt weiß, was er tut!«

34. Der Kontakt zum Essentiellen Sein

Wenn Sie Techniken der Tradition anwenden, können Sie diese dem Patienten nicht visuell vorführen oder demonstrieren, aber er kann die Zuversicht aufnehmen, die Sie beim Gebrauch dieser Techniken empfinden. Wenn Sie nun in ihm keine psychische Abhängigkeit, sondern in psychischer Hinsicht Vertrauen zu Ihnen aufbauen, wird sein unterbewußtes

Vertrauen dazu beitragen, seine bewußten Spannungen, Zweifel oder Sorgen zu überwinden.

Sie sollten versuchen, zu dem durchzudringen, was als die Essentielle Person oder das Essentielle Sein bezeichnet wird, denn es besitzt enorme Kraft. Ich bin sicher, jeder von Ihnen wird derartige Situationen bereits selbst erlebt haben oder Patienten kennen, die zumindest einen Funken dieser Kraft gezeigt haben. Dazu müssen Sie einen Kommunikationskanal auf einer tieferen Ebene einrichten, über den Sie eine Verbindung zu diesem Essentiellen Sein herstellen und den Patienten auch darin unterstützen können, diese Verbindung weiter auszubauen und auszudehnen. Sie können ihm auch dabei helfen, Kontakt mit sich selbst, mit seinem Essentiellen Sein, aufzunehmen und diesen zu benutzen.

Bedauerlicherweise wissen die meisten Leute nichts davon, wieviel Kraft dieses Innere Sein hat, und doch, da bin ich mir sicher, haben Sie schon oft gehört, wie es erwähnt wurde. Zum Beispiel, wenn jemand erzählt: »Ich war in einem solchen Zustand, daß ich völlig fertig war, aber dann habe ich es doch getan. Ich weiß nicht wie – aber ich hab's geschafft!«

Wenn Sie eine wirkliche und spürbare Verbindungslinie zu diesem Sein hergestellt haben, können Sie Ereignisse produzieren, von denen man herkömmlicherweise sagt, sie »grenzten an ein Wunder«. Ein einfaches Beispiel davon gibt Ihnen die folgende Geschichte.

35. Der Panjshiri

Während des Koreakriegs unterstand ein afghanischer Hauptfeldwebel meinem Befehl. Er war sehr groß und kräftig und hatte die sympathische Statur eines Fäßchens. Er kam aus einem Tal unweit des Teils von Afghanistan, aus dem meine Familie stammt, und zwischen diesen beiden Nachbargebieten Afghanistans gibt es traditionellerweise wie auch aus historischen Gründen eine Art freundschaftlicher Konkurrenz.

Nun, an diesem bestimmten Tag, an den ich mich gut erinnere, denn es war der erste Weihnachtsfeiertag und zwanzig Grad unter Null, gab es heftige Gefechte, und ich machte mich auf zur Front. Die Sanitäter brachten die Verwundeten zurück, und ich sah, wie dieser Feldwebel auf einer Trage gebracht wurde. Ich fragte einen der Träger, der auch Plasma und dergleichen mit sich trug:

»Wie schlecht steht's mit ihm?«

Und der Sanitäter antwortete: »Er hat achtzehn Kugeln abbekommen!«

Der Hauptfeldwebel war halb bewußtlos, und da er aus diesem Tal aus Panjshir kam, sagte ich zu ihm: »Ihr Panjshiris seid alle Schwächlinge!« und ging fort. Eine halbe Stunde später stand er blutverschmiert vor mir, hatte seine Maschinenpistole dabei und sagte:

»Niemand spricht so mit einem Panjshiri!«

Dieses Beispiel mag banal klingen, aber ich kenne meine Leute, und ich versichere Ihnen, hätte ich zu ihm gesagt: »Stirb in Frieden«, er wäre gestorben!

Das ist nicht als Vorschlag gedacht, ausschließlich Leute in solch einem Zustand zu behandeln! Wenden Sie eine Methode an, die mit Ihrem Gefühl und Ihrem eigenen Wissen einhergeht und die der jeweiligen Person wie auch der Situation angemessen ist. Sie können an den Mut Ihrer Patienten, an ihre Ehre, ihren Patriotismus, an was auch immer appellieren, solange Sie nur damit durchdringen. Ob Sie nun etwas Wirkliches oder einen Trick benutzen: Solange Ihre feste Absicht darin besteht, Heilung herbeizuführen – was immer es ist, benutzen Sie es.

36. Der Funke

Irgendwo tief im Innern eines jeden, wie dumm, arm und alt er auch immer sein mag, gibt es einen Funken, und damit meine ich nicht nur den Lebensfunken an sich. Ein Funke kann bekanntermaßen der Ursprung eines Feuers sein, und ein Feuer kann zerstörerisch sein, es läßt sich aber auch zum Kochen oder zum Wärmen verwenden. Konstruktives Feuer ist gezügelt.

Eine Ihrer Funktionen in der Tradition ist es, sanft auf diesen Funken zu blasen, damit eine Flamme daraus wird. Für uns, die wir in der Tradition lehren, heißt dies auch, daß es bei unserer Arbeit keine Grenzen und keine Einschränkungen gibt. Es ist keine Frage der Erziehung oder der Kultur einer Person, denn wir befassen uns mit dem Sein.

Natürlich ist das Sein in dem enthalten, was wir Körper nennen. Es gibt Leute, die sagen: »Ich mag meinen Körper nicht!« oder: »Mein Körper ist ein hinderliches Ärgernis«. Für den Augenblick sieht es allerdings so aus, als sei dies der einzige Körper, den Sie haben. Wenn jeder den Körper hätte, den er wollte, sähen alle Männer aus wie Tarzan und alle Frauen wie Marilyn Monroe, und das Leben wäre vermutlich ziemlich eintönig, denn einen Tarzan oder eine Marilyn Monroe gesehen zu haben heißt, sie alle gesehen zu haben.

Was unsere Funktion anbelangt, so haben wir Aspekte von Therapie in der Tradition, denn wir befassen uns mit dem Sein und dem Gefäß dieses Seins, und in bestimmter Weise muß Harmonie und Balance zwischen beiden bestehen. Man geht nicht mit einem der beiden auf eine Art und Weise um, die sich auf den jeweils anderen nachteilig auswirkt.

Jede Aktivität in der Tradition – z. B., was wir eine Übung nennen, ein *Dhikr* –, die richtig ausgeführt wird, tut auch dem Körper gut – das richtige Atmen dabei vorausgesetzt. Es ist zu hoffen, daß man während eines *Dhikrs* so still, ruhig und gelassen ist, wie man es sein sollte, und so braucht das gesamte System auch nicht zu arbeiten, sondern befindet sich in Ruhestellung. Ähnlich wie im Schlafzustand überprüft es sich selbst, bringt bestimmte örtliche Beschädigungen wieder ins Lot und führt verschiedene physiologische Aktivitäten durch. Beide Systeme arbeiten zum gegenseitigen Nutzen zusammen.

37. Der Derwisch und der Hindu

Meine Haltung gegenüber bestimmten Philosophien ist bekannt. Lassen Sie mich als Beispiel einen Vergleich zwischen der Technik des *Dhikrs,* die wir benutzen, und einer hinduistischen Technik anstellen. Ich werde mich dazu nicht auf das Gebiet der Vergleichenden Religionswissenschaften oder dergleichen begeben, denn diese Art von Diskussion ist endlos. Folgendes Beispiel eignet sich für einen Vergleich: Nehmen wir einerseits einen Derwisch, der in einer Tekkia oder Moschee sitzt und ein *Dhikr* macht, und hinduistischerseits einen Fakir, der sich zum Beispiel ein Messer durch die Wange sticht oder mit der Hand heiße Kohlen anlangt. Ich hinterfrage hier nicht die innere Hingabe der beiden, sondern ihre Technik.

Sicherlich ist es möglich, seine Empfindung unterzuordnen, um heiße Kohlen in der Hand halten zu können. Für uns in der Tradition bedeutet dies allerdings, einen wertvollen Stoff, Energie nämlich, zu verschwenden.

Die Hingabe ist da, die Disziplin ist da, und der Glaube ist da. Der Derwisch (und ich gebe zu, ich bin zugunsten des Derwischs voreingenommen) setzt hoffentlich all seine Energie und sein Sein so ein, daß es produktiv ist und die Entwicklung voranbringt. Der Hindu in diesem Beispiel muß einen Teil seiner Energie abzweigen, um ein natürliches Gefühl zu unterdrücken. Das ist schade, und es ist Verschwendung, denn auch in diesem Mann, wie in jedem Menschen, ist der Funke vorhanden.

Versuchen Sie Zutrauen zu sich selbst zu entwickeln und dies dann Ihrem Patienten zu vermitteln. Einfach formuliert: Sehen Sie zu, daß Sie zu diesem Funken, diesem Sein durchdringen, und nehmen Sie Kommunikation mit ihm auf. Dieser Funke existiert in jedem Menschen – sogar in Ihnen!

38. Streß am Arbeitsplatz

Wie Sie wissen, wird durch die industrielle Revolution mit ihrer wachsenden Zahl von Fabriken und ihren intensiven Arbeitsmethoden Streß produziert: der ständige Maschinenlärm, die Vibration und positive Ionisation, die von den elektrischen Maschinen in der Fabrik verursacht wird. Hinzu kommt sowohl der Druck, eine bestimmte Menge an Produkten (zum Beispiel Textilien) pro Tag, pro Stunde oder pro Woche herzustellen, als auch die Arbeit an sich und der unsichere Arbeitsplatz – dies alles sind wohlbekannte Faktoren, die bei einzelnen wie auch in der Gemeinschaft Spannungen hervorrufen.

Wer von Ihnen Arbeitsmedizin oder Betriebspsychologie studiert oder sich damit befaßt hat, kennt das. Als Therapeuten sind Ihnen die Auswirkungen des Stresses bekannt; und auf die eine oder andere Art versuchen Sie diesen Faktor bei den Patienten zu verringern.

Sie sind mit Faktoren der Arbeitssituation in der Fabrik wie Lärm, Hast, Produktionsprozeß und Staubentwicklung vertraut. Zu Streß und Spannung kommt auch noch die enorme positive Ionisation durch die elektrischen Maschinen hinzu. Wenn es in so einer Arbeitssituation zu Staubentwicklung oder anderen Verschmutzungen kommt, werden Luftfilter oder Luftreiniger eingesetzt. Ein Ventilator zieht die verschmutzte Luft heraus, und ein anderer sorgt für frische Luftzufuhr. Aber auch diese Ventilatoren sorgen für eine positive Ionisation. Heutzutage benutzen immer mehr Leute einen Computer und sitzen direkt vor dem Monitor, der ebenfalls positive Ionisation erzeugt.

Es wäre hervorragend und außerordentlich hilfreich, wenn Industriebetriebe und Fabriken für die Aufstellung von Ionisatoren sorgten. Nur leider sind Fabrikgebäude meist so ungeheuer groß, daß man sehr kraftvolle und große Ionisatoren bräuchte, um für einen Ausgleich zu sorgen.

Kommt ein Patient zur Behandlung zu Ihnen, werden Sie sicherlich Aufzeichnungen über den Fall machen und Aspekte wie Alter, Hintergrund und Krankengeschichte aufnehmen.

Falls Sie dann zu dem Schluß gelangen sollten, daß sein Zustand streßbedingt, eventuell auch psychosomatisch ist, können Sie der Person durch die Anwendung des einen oder anderen Therapieverfahrens oder auch durch kombinierte Therapiemethoden helfen. Sie können sagen: »Diese Person arbeitet bei der Bahn oder in der Fabrik oder vor einem Monitor, und Lärm und Hast, denen sie ausgesetzt ist, haben bestimmte Auswirkungen auf sie, erzeugen eine bestimmte Situation.« Mittels Ihrer Erfahrung können Sie eine Therapie vorschlagen, die ihr hilft, dem Krach oder der extremen Hitze oder Kälte besser standzuhalten. Sie können die betreffende Person bearbeiten und mit ihr arbeiten, sie medikamentös behandeln, massieren oder ihr nahelegen, sich zu entspannen.

39. Negative Ionisation

Bei der Behandlung von Patienten in Ihrer Klinik oder Ihrem Behandlungszimmer sollten Sie auch bedenken, daß die Räumlichkeiten aller Wahrscheinlichkeit nach mit positiven Ionen angereichert sind. Wir empfehlen daher die Aufstellung eines Ionisators in allen Räumen, in denen Therapie stattfindet. Zusätzlich können Sie Techniken anwenden, die im Kontakt mit dem Patienten auch für eine negative Ionisation sorgen können.

Ihre Absicht ist, den Patienten oder die Patientin zu heilen sowie ihm oder ihr zu helfen, sich selbst zu helfen. Aus diesem Grund schauen Sie sich den Patienten an, untersuchen und behandeln ihn. Der erste Schritt ist, daß Sie Verbindung zu ihm aufnehmen und eine harmonische Atmosphäre schaffen. Sie kennen die Notwendigkeit und Bedeutung einer negativen Ionisation; wer Heilmassage praktiziert, weiß auch, wie wohltuend Berührung wirkt. Man kennt es aus Legenden, aber man hört es auch heutzutage: »Die und die Person hat magische oder heilende Hände.« Das ist wahr, manche Leute haben das; dies schließt auch die Übertragung negativer Ionisation ein.

Die natürlichen Quellen einer enormen negativen Ionisation sind z. B. ein Wasserfall, eine Quelle, ein Springbrunnen oder fließendes frisches Wasser – in anderen Worten: die Berührung sowie der Kontakt einer natürlichen und organischen Substanz mit einer anderen. Das Ergebnis davon ist negative Ionisation, was auch heißt: keine Reibung und keine Hitze.

In einem elektrischen oder mechanischen Apparat, wie zum Beispiel einem elektrischen Ventilator, entsteht durch den Kontakt zwischen der Kohleelektrode und der sich um sie drehenden elektrischen Spule Reibung und Hitze, was bedeutet, daß positive Ionisation produziert wird.

Beim Körperkontakt zwischen Therapeuten und Patienten berührt eine natürliche organische Substanz eine ebensolche. Allerdings wird durch den Kontakt an sich noch keine negative Ionisation produziert. Es ist die Bewegung, die sie produziert. Bei einem Kontakt wird natürlich ein bestimmtes Maß an Hitze und Wärme erzeugt, aber da es sich um organischen Kontakt handelt, entsteht aus dieser Reibung oder Hitze keine positive Ionisation.

Wenn es sich mit dieser Form des Kontaktes tatsächlich so verhält, und das tut es, wie einfach und vertraut kann diese Technik für jemanden, der Massage gibt, sein. Schwieriger allerdings kann es für den Therapeuten sein, der weder Massage noch andere Techniken verwendet, die mit Körperkontakt einhergehen. Sollten Ärzte und Therapeuten nun anfangen, ihre Patienten zu streicheln, so könnte das zu Fehlinterpretationen führen. Es gibt eine Möglichkeit, wie sich dies, ohne jemanden zu streicheln, bewerkstelligen läßt. Wir bezeichnen sie als die ›harmonische Berührung‹.

Um dies vermitteln zu können, bedarf es eines kleinen Kunstgriffes: Ihnen sind die jeweiligen Details der Person bekannt, Sie haben Ihre Untersuchungen durchgeführt und sind der Auffassung, daß es sinnvoll wäre, die Person mit negativer Ionisation zu versorgen. Nachdem Sie sich Ihre Absicht klargemacht haben, erläutern Sie auf der Basis Ihres eigenen Vertrauens in den Wert der Ionisation dem Patienten, wie er diese Berührungstechnik bei sich selbst anwenden kann. Der Kunstgriff besteht in der Art und Weise, wie Sie ihm sagen, was er tun soll.

Zum Beispiel können Sie sagen: »Sie haben dieses oder jenes Problem (oder: diese oder jene Schmerzen); seien Sie so freundlich, mir zu helfen, indem Sie selbst versuchen herauszufinden, ob Sie einen speziellen Schmerzpunkt entdecken. Aus medizinischen Gründen und um meine Aufzeichnungen zu vervollständigen, beginnen Sie bitte an dieser Stelle hier und achten darauf, ob Sie spezielle Streß-, Schmerz- oder verspannte Stellen ausmachen können.«

Auf diese Weise leiten Sie ihn dazu an, durch Sie Ionisation zu produzieren. Dies kann ein paar Minuten andauern, ehe Sie es unterbrechen. So erreichen Sie, daß er tatsächlich seine eigene Ionisation produziert, denn Sie vermitteln ihm den Eindruck, daß er Ihnen dabei helfen kann, ihm zu helfen, sich selbst zu helfen. In jeder therapeutischen Situation müssen Therapeut und Patient zusammenarbeiten. Tragen Sie ihm auf, sich in der Zwischenzeit, bis Sie sich beim nächsten Termin sehen, auf diese Art und Weise auch zu Hause zu kontrollieren. Sie geben ihm damit eine Technik, mittels derer er durch Sie selbst eine negative Ionisation für sich herstellen kann.

40. Körpersignale

Der große gemeinsame Faktor aller Krankheiten, seien sie psychisch oder körperlich bedingt, besteht darin, daß ein Teil des Organismus nicht so effizient arbeitet, wie er sollte. Manchmal kann die Krankheit sogar genetisch bedingt sein. Der menschliche Körper, der menschliche Organismus, ist ein außerordentlich ungewöhnlicher Mechanismus, denn er hat die Fähigkeit und das Vermögen, sich selbst zu heilen. Bei einigen Leuten mag diese Fähigkeit schwach ausgebildet, herabgesetzt oder vielleicht auch nur latent vorhanden sein und muß erst wachgerüttelt werden. Was auch immer die Ursache sein mag, es ist Ihre Funktion und Ihre Pflicht, das Ihre zu tun, um das körpereigene System zu stimulieren.

Selbstverständlich hat der Körper seine Selbstschutzmechanismen, wie zum Beispiel die biologische Uhr, sowie Sicherheitssysteme. Wenn das System des Betreffenden meldet, daß es ›zuviel‹ ist oder ›genug‹ oder daß ›nichts mehr aufgenommen werden kann‹, so kann das heißen, daß die körperliche oder geistige Anstrengung zuviel ist und der Organismus kollabieren kann, beispielsweise durch Ohnmächtigwerden.

Aber bevor es an diesen Punkt kommt, kann jemand, der halbwegs wachsam ist, die Signale bemerken. Erläutern Sie dies dem Patienten, und halten Sie ihn dazu an, auf so ein Signal achtzugeben – aber auf ruhige und beiläufige Weise, nicht so, daß jemand voller Spannung nun darauf wartet und jedesmal grübelt, ob dies jetzt so ein Signal ist und er gleich kollabieren wird. Erklären Sie dem Patienten ruhig und in einfachen Worten, daß er freundlich mit sich selbst umgehen und versuchen sollte, diese Signale, die schließlich von ›seinem eigenen System‹ stammen, zu verstehen.

Ermutigen Sie ihn, ein vernünftiges Maß an Selbstwahrnehmung zu entwickeln, denn Sie helfen ihm, sich selbst zu helfen, wenn Sie ihm sagen: »Lassen Sie uns ein Team bilden – Sie und ich gemeinsam, um in dieser Situation, in der Sie sich befinden, Abhilfe zu schaffen. Ich bin hier, um Ihnen zu helfen!« Es reicht durchaus nicht, dem Patienten einfach zu sagen: »Machen Sie dies, tun Sie das, und nun gehen Sie und führen Sie es aus!« Sie müssen Unterstützung geben, und das tun Sie auch. Versuchen Sie, allmählich sein Vertrauen in sein Körpersystem wiederherzustellen. Bringen Sie ihn dazu, einen positiven Impuls zu erzeugen und aufrechtzuerhalten.

41. Flexible Unnachgiebigkeit

Soweit in groben Zügen, wie Sie mit einem Patienten arbeiten können und sollten. Wie Sie da herangehen, hängt im einzelnen sowohl von der Art der Krankheit als auch von der Persönlichkeit des jeweiligen Patienten ab. Bei einigen zeigen Sie mehr Geduld, andere versuchen Sie eher zu überzeugen. Sie befinden im einzelnen darüber, welche Haltung Sie gegenüber dem Patienten einnehmen. Es wird von Ihrer Einstellung zu dem jeweiligen Patienten abhängen und davon, inwieweit Sie mit ihm in Harmonie sind. Allerdings muß Ihre Einstellung auf den grundlegenden Werten basieren.

Auch wenn dies wie ein Widerspruch in sich klingen mag, handelt es sich hierbei um ›flexible Unnachgiebigkeit‹.

Wenn ich einen Stift senkrecht auf die Tischplatte halte, so ist der Berührungspunkt von Stiftspitze und Tischplatte Ihrem Kontaktpunkt zur Tradition vergleichbar, der Ihr Kontaktpunkt zur Energie ist. Und dieses Beispiel steht auch für die Ausrichtung des therapeutischen Kontaktes, den Sie zum Patienten haben. Ich kann nun den Stift hin- und herbewegen, auch wenn ich ihn mit der Spitze nicht vom Kontaktpunkt entferne: Dies bedeutet einen bestimmten Grad an Flexibilität. Denn der Berührungspunkt von Stift und Tischplatte hat sich nicht verändert. Dies ist der Punkt der Unnachgiebigkeit in Ihrem Kontakt zur Tradition und in Ihrem Glauben. Es ist der Angelpunkt des Glaubens und auch des Kontaktes zu mir.

Wenn ich den Stift nun von der Oberfläche hochhebe, so daß er nicht länger in Kontakt mit dem Tisch ist, ist der Stift auch nicht länger verankert, was für unser Beispiel heißt, daß es zu Konfusionen, Unsicherheit und Kompromissen kommt, denn es gibt weder eine Führung noch eine Begrenzung der Bewegungen des Stiftes; es existiert keine Flexibilität mehr, sondern Willkür.

Sie stellen Kontakt und Harmonie zum Patienten her, und jedesmal, wenn Sie sich mit ihm treffen und ihn behandeln – jedesmal, wenn Sie sich mit ihm in einer therapeutischen Situation befinden –, erweitern Sie den Kontakt.

42. Positives Denken I

Von einer sehr banalen Ebene aus gesehen können Sie z. B. mit dem Patienten sprechen, seine Beschwerden und Klagen anhören, ihm zuhören und Aufzeichnungen machen. Ob Sie die Aufzeichnungen nun tatsächlich brauchen, mag dahingestellt sein, aber von Therapeuten und Ärzten wird nun mal erwartet, daß sie sich Aufzeichnungen machen. Also machen Sie sich Notizen, lächeln und zeigen Interesse, während Sie bei sich denken: »Diese Person ist so dumm – daß es unfaßbar ist!«

Nun, was Sie und mich anbelangt, habe ich dieses Problem selbst, und so verbiete ich Ihnen auch gar nicht, Derartiges über jemanden zu denken; erlauben Sie sich ab und an diesen Luxus, aber während Sie lächeln und sich Notizen machen, versuchen Sie, es so zu sehen: »Ich weiß, du bist dumm, du bist faul. Ich weiß, daß das alles bei dir psychosomatisch bedingt und Hysterie ist – aber ich werde dir ganz sicher helfen!« Wenn Sie in dieser Art denken, wird das beim Patienten ankommen, und er wird mit Sicherheit diesen einfachen Strom von Wohlwollen und Hilfe aufnehmen.

Dies ist besonders bei leichtgradig psychisch gestörten Patienten wichtig, denn bei Personen, die möglicherweise unter schwereren Störungen leiden, arbeitet die tiefere Wahrnehmung oft stark, und so kommt es häufig vor, daß sie kritische oder halb feindliche Gedanken auffangen und darauf reagieren, was bewirkt, daß sie sich zurückziehen und sich verschließen. Auch wenn Sie dann zu ihnen sprechen, hören sie nicht auf Ihre Stimme und machen sich vermutlich auch keinen Reim aus Ihren Worten. Sehr oft greifen sie eine Kommunikationsebene auf, auf der sie in bezug auf Sie möglicherweise übertrieben wahrnehmen, und treffen dann unbewußt die verstandesmäßige Entscheidung: »Dies ist mein Feind, denn er lächelt mich an, während er eine feindliche Wellenlänge, eine feindselige Energie aussendet!«

Sprechen Sie also in positiver Weise mit den Leuten, und denken Sie positiv über sie. Fühlen Sie Ihre Zuneigung zu ihnen und zu einem gewissen Grad auch Identifikation, aber nicht Überidentifikation; und wenn Sie einen dritten Kommunikationskanal zu Patienten, im Besonderen, wenn es sich um psychisch gestörte Menschen handelt, benutzen können, werden Sie ihn aufgreifen.

Sie gehen freundlich mit den Patienten um, reden mit ihnen, hören ihnen zu, trösten sie und denken bei sich: »Ich denke, daß ich Ihr Problem verstehe, und ich möchte Ihnen helfen!« Sie übertragen ihnen Ihre positiven Gedanken, und auf einer anderen gedanklichen Ebene, auf der Ebene der Erinnerung, denken Sie an etwas Positives und Schönes, wie zum Beispiel die Schönheit einer Blume, an der Sie sich selbst erfreuen können. Sie übertragen dann Ihr eigenes Gefühl der Freude, die Sie beim Anblick der Schönheit einer Blume empfinden. Dies ist eine sehr starke Verbindung, die besonders auf psychisch gestörte Menschen einen starken Impuls ausübt.

Wenn Sie wirklich etwas sehr Schönes und Positives heraufbeschwören, visualisieren oder sich vorstellen, etwas, das Sie wirklich lieben können, müssen Sie diese Schönheit und Liebe auf dieser dritten Ebene übertragen. Dies ist wertvoll und wirksam, denn dieses Gefühl der Zuneigung, Liebe und Schönheit läßt den Patienten nicht denken: »Dieser Therapeut liebt mich« oder: »Er strahlt dieses Glück meinetwegen aus.«

So vermeiden Sie die Gefahr einer Überidentifikation des Patienten mit Ihnen in Ihrer Funktion als Therapeut, während Sie in allen Therapiesitzungen so viele Ebenen des Kontaktes und der Kommunikation wie nur möglich gleichzeitig anwenden. Versuchen Sie aber nun nicht, immer und unter allen Umständen alle Kommunikationsebenen mit dem Patienten zu benutzen. Wenn sie Ihnen zugänglich sind, so nutzen Sie je nach Situation und Verbindung bis zu drei von ihnen, manchmal vier, über eine kürzere oder längere Zeitspanne hin.

43. Zu Beginn der Sitzung

Sie haben eine bestimmte Flexibilität, aber vergessen Sie nicht, daß es sich um ›unnachgiebige Flexibilität‹ handelt, die der Absicht, die Sie bei Ihrem Tun haben, untergeordnet ist. In anderen Worten: Bevor Sie sich mit dem Patienten befassen, seien Sie sich stets dessen gewahr, was Sie bei ihm anstreben oder sich erhoffen.

Setzen Sie sich keine unmöglichen Ziele; Sie streben eine allmähliche Verbesserung der körperlichen oder geistigen Gesundheit der Betreffenden an. Versuchen Sie sich diesem Ziel allmählich zu nähern, um dann, wenn Sie merken, daß Sie ihm näher gekommen sind, es ein klein wenig höher zu stecken.

Das kann auch ein Rezept zum Verzweifeln sein, denn daß jede Technik nur genauso gut ist wie die Person, die sie anwendet, versteht sich von selbst. Wenn Sie genügend Techniken zur Verfügung haben, können Sie diejenige, die den jeweiligen Umständen angemessen ist, auswählen oder erspüren.

Sie können in eine therapeutische Situation mit dem Vorhaben hineingehen, ein, zwei oder auch drei verschiedene Aspekte ein und derselben Technik anzuwenden, sollten dann aber während der ersten paar Minuten der Therapie entscheiden, welchen speziellen Aspekt Sie diesmal nun tatsächlich anwenden. Ihre Haltung sollte dabei aber nicht dergestalt sein, daß Sie sich sagen: »Ich denke, heute versuche ich es vielleicht mal mit dieser Technik und gehe dann mal zu jener über!«, denn auch das überträgt sich auf den Patienten.

Aber auch wenn Sie während der ersten paar Minuten der therapeutischen Sitzung entschieden haben sollten, mit welchem speziellen Aspekt Sie beginnen, so sind Sie nicht während der gesamten Therapiezeit starr auf diesen Aspekt festgelegt; nicht einmal für die Dauer der Sitzung dieses Tages. Sie sind flexibel, was auch heißt, daß Sie verschiedene Aspekte während der Therapie nicht so abrupt wechseln, wie man zwischen Fernsehkanälen hin- und herschaltet. Sie beenden den einen Aspekt allmählich und beginnen den nächsten allmählich, so daß es keinen Augenblick während dieser Sitzung gibt, in dem es, was die Beziehung zum Patienten anbelangt, abrupte Übergänge gibt.

Jede therapeutische Sitzung ist somit ganz offensichtlich sowohl mit der vorhergehenden verbunden und bereitet auch auf die darauffolgende vor. Teilen Sie Positives aus, und wenn Sie Negatives empfangen, leiten Sie es ab.

44. Kontakt zum Essentiellen Sein

Während der letzten Tage dieser Konferenz sind Sie hier zusammengekommen, um über Ihre einzelnen Therapieverfahren zu sprechen, Ideen und Meinungen auszutauschen, wie Sie hinsichtlich dieser Therapien kooperieren können, und haben – so hoffe ich doch – dabei auch nicht die Intention hinter all diesen Konferenzen vergessen, nämlich eine Therapie zu entwickeln, die wir die Granada-Therapie nennen.

Dies ist nun die dritte Konferenz bzw. der dritte Kongreß, und ich schlage eine entscheidende Verlagerung des Schwerpunkts Ihrer Konversationen vor; eine völlige Umstrukturierung Ihrer Bemühungen: Ich möchte, daß Sie ein Element, das ich nicht nur auf Kongressen, sondern auch auf Treffen mit den Freunden bereits erwähnt habe, verstärkt in Ihre Diskussion mit aufnehmen – und zwar den Faktor, den wir *Dhat* oder Essentielles Sein nennen.

Ich schlage vor, daß Sie sich in kleine Gesprächsgruppen aufteilen, aber so, daß in jeder Runde unterschiedliche Therapierichtungen vertreten sind. Tauschen Sie dann aber nicht Meinungen oder Interpretationen über das, was ich hier gesagt habe, aus, sondern nehmen Sie ein so bedeutendes Thema wie die Verwendung und die Funktion Ihres Essentiellen Seins für Ihre jeweiligen therapeutischen Disziplinen, und beantworten Sie folgende Fragen:

»Wie stellen Sie in der therapeutischen Situation einen direkten und wahrnehmbaren Kontakt mit Ihrem Essentiellen Sein her?«

»Was können Sie tun, um diesen Kontakt während des therapeutischen Prozesses aufrechtzuerhalten?«

»Wie nutzen Sie dann dieses Essentielle Sein, und wie vermitteln Sie diesen Kontakt Ihren Patienten?« Ihnen ist bekannt, daß Sie ein Essentielles Sein haben; dieser Punkt ist klar und indiskutabel. Verschwenden Sie also keine Zeit und keine Mühe, sich darum zu quälen, wie groß oder klein es wohl sein mag, welche Farbe es haben könnte und wo es sich wohl befindet.

Es ist vollkommen ausreichend zu sagen, daß es da ist und daß Sie daran interessiert sind, dahin zu kommen, daß Sie es selbst wahrnehmen können. Sie stellen bewußt Kontakt zu ihm her, wenn Sie Ihr *Dhikr* oder *Sirr* benutzen, und durch Ihr *Dhikr* zusammen mit Ihrer Absicht, die Sie vor sich selbst wiederholen, halten Sie diesen Kontakt aufrecht. Vergessen Sie nicht, daß es durchaus möglich ist und auch effizient, wenn Sie Ihr *Dhikr* still und mental machen, und auch ohne Ihr *Tasbih* unbedingt zu benutzen.

Beginnen Sie den ersten Schritt damit, daß Sie sich vor sich selbst fest und zuversichtlich die Existenz Ihres Essentiellen Seins bestätigen. Sie halten die Kommunikation und den Kontakt mit diesem Sein durch die gedankliche Wiederholung Ihres *Dhikrs* und durch Ihre eigene Wahrnehmung der Qualität Ihres *Dhikrs* sowie der Qualität Ihrer Intention aufrecht.

Diese Aktivität kann entweder zu Beginn des Tages durchgeführt werden, zu Beginn Ihrer Aktivitäten oder auch im Laufe des Tages in den Zeiträumen, die Sie zwischen den einzelnen Patienten haben; es ist ein sich unentwegt in Ihnen entwickelnder Zustand. In diesem Zustand der Wachheit treten Sie mit Ihrem Patienten in den therapeutischen Kontext.

45. Geistige Ordnung

Viele von Ihnen haben sehr umfassende und kluge Erklärungen zu verschiedenen Techniken sowie Ideen dazu abgegeben, wie Sie Ihre Methoden mit denen anderer Therapeuten verbinden können. Diese Papiere und Dokumente sind großartig, ich unterstütze und billige sie, sie sollten übersetzt und in Umlauf gebracht werden, und sie sollten kommentiert, auch kritisch kommentiert werden.

In den letzten drei Tagen hatten Sie zwischen den einzelnen Vollversammlungen dieses Kongresses Zeit, miteinander zu reden, sich zu erklären, sowie auch zu Spaß und Spiel. Wenn ich dies sage, bin ich nicht sarkastisch, was Ihre Arbeitsanstrengung oder die Art und Weise, wie Sie diese Tage genutzt haben, anbelangt. In meinem eigenen Zeitplan gestehe ich dem drei Tage zu, bis jeder soweit ist, sich an die Arbeit zu machen, und sich alle in ihrem Denken harmonisiert haben. Und wenn ich es für richtig halte, mache ich Sie nach dieser Zeit mit einem weiteren Faktor bekannt – z. B. könnte die Einführung eines weiteren Aspektes dieses Essentiellen Seins eine bestimmte Wirkung hervorrufen. Sie könnte auch ein bestimmtes Maß an Bestürzung, Zittern und Beben hervorrufen, aber das braucht es nicht; eher sollte es Bewegung hervorrufen als Bestürzung.

Durch meine recht einfachen Beobachtungen von Ihnen als Individuen wie auch als Gruppe ist mir aufgefallen, daß Sie sowohl als Einzelpersonen wie auch kollektiv einen unnötig hohen Grad an Intensität haben. Natürlich gibt es verschiedene Grade an Intensität. Verständlicherweise streben Sie einen vernünftigen und harmonischen Grad an Intensität in Ihrem Denken sowie bei Ihren Gesprächen und Zusammenkünften an, was nun nicht eine durch und durch entspannte Einstellung bedeutet.

Wenn Sie zu sogenannter Klarheit oder Gewandtheit gelangt sind, haben Sie einen brauchbaren und wertvollen Aspekt der Intensität in Ihren Studien oder Konversationen erreicht. Bitte bewerten Sie das jetzt nicht über oder unter, ich meine damit nicht, daß Sie sich sauber und adrett kleiden und betragen oder so denken sollten. Führen Sie diese Klarheit und Gewandtheit in Ihrem Denken und Handeln ein, sowohl auf den Gebieten der Tradition als auch in den Bereichen Ihrer Therapie.

Für manche Leute wird Sauberkeit und Adrettheit fast schon zu einer Neurose: Kaum haben sie sich an den Tisch gesetzt, beginnen sie alles darauf entsprechend einem Muster, dem sie auch sonst folgen, zurechtzurücken und wieder und wieder zurechtzurücken. Einige von Ihnen haben gelegentlich vielleicht auch schon beobachtet, daß auch ich Sachen zurechtrücke, aber ich habe einen Grund dafür, denn auch wenn ich rede und gegenwärtig zu sein scheine, kann ich währenddessen oft auch abwesend sein. Sollte es nun der Fall sein, daß ich abwesend bin, und auch der Fall, daß ich gerade ein Zigarillo rauche, dann möchte ich wissen, wo genau der Aschenbecher steht. Wie auch immer, dies ist eines meiner Probleme, und das braucht Sie nicht zu beschäftigen.

Klarheit, Gewandtheit und Ordnung im Denken zeigt sich natürlich auch im Handeln. Macht sich jemand Notizen, so entspricht deren Gliederung seinem jeweiligen Gedankengang, seiner Denkweise oder dem, was er gelesen hat. Ein weiterer Aspekt im Kontakt und im Umgang mit dem Essentiellen Sein ist, daß die Ausrichtung des Essentiellen Seins eines Individuums in der Tradition einer Ausrichtung auf mich hin ähnelt.

46. Die Zukunft

Wenn Sie etwas tun, etwas herstellen oder schaffen, sei es in sozialer, beruflicher oder sonst relevanter Weise, so denken Sie daran, daß Sie für Menschen, für Therapeuten, für Zivilisationen arbeiten, die nach Ihnen kommen. Hinterlassen Sie ihnen etwas Gutes und Nützliches, das ihnen ein Gefühl der Kontinuität vermittelt, etwas, das Qualität und Stabilität beinhaltet.

Angenommen – wobei ich das hiermit nicht vorhersage! –, es gäbe eine weltweite Katastrophe mit Erdbeben, zerstörten Städten und vernichteten Zivilisationen, und unsere Städte würden dann einmal von einer zukünftigen Archäologen-Generation ausgegraben, die, genauso wie jene, die nun die Zivilisation am Nil ausgraben, die Schriften und Fragmente, die sie dort finden, interpretieren, um daraus ein Bild dieser Zivilisation, die es vor ein- oder zweitausend Jahren gab, anhand ihrer Kultur, Musik, Poesie und Kunst entstehen zu lassen.

Wenn sich diese weltweite Katastrophe ereignen sollte, die Zivilisationen vernichtet und die Städte von Vulkanasche und Schutt bedeckt sein werden, wird es dann zukünftigen Archäologen gelingen, aufgrund dessen, was sie ausgraben, ein Bild der Philosophie oder Religion unserer gegenwärtigen Zivilisation zu erstellen?

Werden sie sich aus allen Teilen Amerikas, Asiens und Australiens zu einer internationalen Konferenz zusammenfinden, um ihre Aufzeichnungen zu vergleichen, und dann anhand ihrer Funde schlußfolgern: »Aufgrund der Zeugnisse, die wir allerorten – in Stein graviert, in großen und kleinen Lettern – gefunden haben, aufgrund unserer Messungen wie auch aufgrund unserer Einschätzung hinsichtlich der Wichtigkeit dieser Gottheit in dieser speziellen Zivilisation sind wir zu der Auffassung gelangt, daß der Gott, den diese Menschen anbeteten, Coca-Cola genannt wurde«?

Ich sage hier keine weltweite Katastrophe vorher, aber in einem ganz bestimmten Gebiet darf diese Zivilisation hier und jetzt den zukünftigen Generationen nicht nur vage Anzeichen dessen, wie wir lebten oder dachten, hinterlassen, sondern präzise Aspekte unseres Denkens, wonach wir strebten und warum.

Es ist unsere Aufgabe und unsere Pflicht – sowohl die Ihre, die Sie als Therapeuten im Kontext der Tradition tätig sind, als auch die der Freunde, die in der Tradition, aber nicht Therapeuten sind – Eindrücke ebenso wie Schriften, Studien und Statistiken weiterzugeben.

47. Inspiration

Es ist die Funktion der alten oder älteren Menschen in der Gemeinschaft, daß sie Erinnerungen an lokale Traditionen haben, an lokale Musik, lokale Dichtung und Kultur. All diese Aspekte sind Fäden im Gefüge der Zivilisation und Kultur, so wie die wollenen oder seidenen Fäden eines Teppichs dessen Struktur bilden. Einem Woll- oder Seidenfaden ist seine natürliche Integrität und Qualität eigen, und im Verbund vergrößert und vervielfältigt sich diese Integrität bis in den Bereich wahrnehmbarer Schönheit. Weder verliert der Faden dabei seinen eigenen Charakter noch seine persönliche Note, sondern er bietet sich bereitwillig für die Herstellung einer nützlichen und schönen Sache an.

Genauso hat eine Einzelperson Integrität, Seinsqualität und Existenz. Zwei Personen, die gemeinsam auf eine harmonische und sich ergänzende Art handeln, produzieren einen zusätzlichen Faktor. Eine Anzahl von Leuten, die zusammen arbeitet, denkt, fühlt, sich zur Verfügung stellt und von denen jeder sein Essentielles Sein bewußt hineingibt, ist in der Lage, eine Sache von erstaunlicher Schönheit zu schaffen.

Das ist Ihre Aufgabe und Ihre Verantwortung. Sie müssen diese Verantwortung und Aktivität aus freien Stücken auf sich nehmen, mit all der Freude, Bescheidenheit und harten Arbeit, die eine solche Verantwortung mit sich bringt, und mit der Zuversicht, dem stillen Enthusiasmus und der Sicherheit, daß Ihr Essentielles Sein, wenn es erwacht und zu wirken beginnt, Ihre Wahrnehmung verstärken kann und wird. Indem Sie diese Wahrnehmung benutzen, werden Sie ein Element entdecken, das als Inspiration bezeichnet wird.

Inspiration ist kein unentwegt explodierender oder eruptierender Faktor in Ihrem Bewußtsein. Sie resultiert aus der *Baraka* der Tradition, wenn Sie sie brauchen und benutzen können, und wird begleitet von der spezifischen Energie dieser *Baraka,* um Ihnen zu ermöglichen, die Inspiration zu Ihrem Vorteil zu nutzen.

Die Harmonisierung mit dem Essentiellen Sein und dessen Umsetzung sollte Thema Ihrer Diskussionen und Meetings während dieses Kongresses sein. Nutzen Sie die Zeit zwischen diesem und dem nächsten Kongreß, um Ihre Arbeitspapiere in Umlauf zu bringen, tauschen Sie sich über Ideen aus, und lassen Sie sie von anderen kommentieren. Korrespondieren Sie mehr miteinander, haben Sie mehr Kontakt miteinander, und tauschen Sie mehr Ideen miteinander aus. Bringen Sie die Ergebnisse Ihrer Erfahrungen und Forschungen in Umlauf, und machen Sie sie besonders Leuten zugänglich, deren spezielle therapeutische Disziplin die Ihre entweder ergänzt oder ihr gleichartig ist.

48. Wie mich ein Kraut erweckte

Wenn ich beiläufig behaupten würde, daß ich heute morgen, ungefähr vier Minuten nach sechs, von einem Kraut geweckt worden bin, so heißt das nicht unbedingt, daß ein Strauch an meine Tür geklopft hat. Würde ich dies genau so sagen und es dann dabei belassen, könnten einige der romantisch oder esoterisch orientierten Gemüter unter Ihnen womöglich denken, daß sich das auch so ereignet hat. Aus Gründen korrekter Wiedergabe: Es ereignete sich genau zu der Zeit, als ich meine erste Tasse Tee trank, und – ein Kraut hat mich den Tag hindurch in ähnlicher Weise begleitet!

49. Konditionierung

Wie Sie bemerkt haben werden, spreche ich normalerweise frei. Nur gelegentlich benutze ich Aufzeichnungen, und dies ist eine dieser Gelegenheiten, die allerdings nicht dazu dienen soll, zu demonstrieren, daß ich langsam mein Gedächtnis verliere, sondern dazu, sicherzustellen, daß ich Ihnen nicht zuviel verrate, wenn ich über Aspekte von Therapie und Tradition spreche. Und hoffentlich wird es dazu führen, daß ich Ihnen alles in verdaulichen Portionen erzähle. Sollte es jemandem gelingen, in meine Aufzeichnungen Einblick zu nehmen, so wird ihm das allerdings kaum weiterhelfen, denn auch wenn ich sie mir in europäischer Umschrift notiere, so handelt es sich doch oft de facto um Paschtu-Dialekt.

Die konditionierte Reaktion gegenüber Therapeuten ist – hoffentlich – dergestalt, daß der Patient oder die Person, die einen Therapeuten aufsucht, die Erwartungshaltung hat, daß der Therapeut ihr helfen oder sie heilen wird. Und wenn ich die Bezeichnung ›Therapeut‹ verwende, so meine ich das – bekanntermaßen – im Hinblick auf Therapeuten aller Therapieverfahren.

In solch einer optimistischen, hoffnungs- und erwartungsvollen Haltung besteht beim Patienten auch immer die Tendenz zu nervöser Ängstlichkeit, und ganz besonders dann, wenn bei ihm ein psychisches Ungleichgewicht besteht. Trotzdem bleibt zu hoffen, daß die oben beschriebene Haltung zu einer Offenheit des Patienten führt.

Wie bereits erwähnt, sollte der Therapeut dem Patienten unbedingt ein Gefühl der Zuversicht vermitteln. Erwartung, Optimismus, Hoffnung und Offenheit – all dies muß beim Patienten nicht unbedingt auf der bewußten Ebene stattfinden, sondern kann beispielsweise im tieferen Bewußtsein erfolgen. Auf jeden Fall aber existiert all dies im Essentiellen Sein der Person.

Es liegt am Können des Therapeuten, diese bewußte oder unbewußte Hoffnung, Erwartung und Offenheit aufzugreifen und sie zu transformieren – in Energie und in die Fähigkeit, Ihnen als Therapeuten zu helfen, damit Sie wiederum dem Patienten helfen können, wieder gesund zu werden.

Die übliche konditionierte Haltung des Patienten im Westen gegenüber einem Therapeuten besteht aus einer Kombination von Gefühlen wie: »Dieser Mann ist Arzt, denn an seiner Tür steht ›Doktor‹, und da dies da steht, muß er mir auch helfen können und mich gesund machen!« Genauso, wie man einen Briefträger sieht und dann davon ausgeht, daß er die Post bringt, oder daß jemand den Verkehr regelt, weil er Polizist ist. Wenn Sie so wollen, ist dies die konditionierte Reaktion auf den ersten visuellen Kontakt, der wiederum der Startpunkt für weiteren Kontakt ist, und Ihr Können besteht darin, all diese Ebenen zu erweitern. Fokussieren Sie mit dem *Dhat,* dem speziellen Teil Ihres Essentiellen Seins, das Essentielle Sein der betreffenden Person.

50. Zu Besuch im Mittleren Osten

Natürlich kann es Situationen geben, bei denen die anfängliche oder subjektive Reaktion einer Person auf eine andere verworren oder unkorrekt ist. Das kann aufgrund von Informationen geschehen, die mißverstanden oder fehlinterpretiert wurden. Ich will Ihnen ein Beispiel dafür erzählen, bei dem ich involviert war und das nahezu in ein Desaster führte:

»Ich war ungefähr neunzehn Jahre alt und reiste in den Mittleren Osten, um meinen Vater in einer Angelegenheit zu vertreten. Im Flugzeug war ein Patient, der auf einer Trage lag und permanent Bluttransfusionen erhielt.

Das Flugzeug wurde bei seiner Landung bereits von einem Krankenwagen und einem hochmodern ausgerüsteten Team von Chirurgen und Ärzten empfangen. Sie brachten den Patienten zum Krankenwagen; währenddessen wurde ich von verschiedenen Würdenträgern und Abgeordneten des Königlichen Protokolls empfangen. Während man den Patienten nun auf eine fahrbare Trage schob, um ihn in den Krankenwagen zu bringen, und ich mit den Würdenträgern sprach, schaute einer der Ärzte, die den Patienten begleiteten, nach und sagte: ›Der Tropf ist zu Ende; welche Blutgruppe hat der Patient?‹

Während des Fluges war ich in der Maschine etwas auf und ab gegangen, und als ich bei diesem Patienten vorbeikam, war mir die Blutgruppe aufgefallen, die auf der Plasmaflasche notiert war. Als ich nun mithörte, was der Arzt fragte, unterbrach ich das Gespräch mit den Würdenträgern und sagte zu ihm: ›Ich glaube, es war A B, Rhesus positiv!‹ Nun, der Krankenwagen fuhr los, und ich brach zum Palast auf. Ein paar Tage waren vergangen, am Abend des dritten Tages war ich zu einem privaten Abendessen mit dem König geladen, und er sagte zu mir: ›Du bist Haschemit und ein Prinz, du bist der Sohn eines großen Lehrers – und ich habe eine Tochter!‹

Nun, ich sagte ›Ja‹ dazu, denn er hatte vier Töchter und zwölf Söhne. So fuhr er fort: ›Und ich hörte davon, daß du die Intuition eurer Familie geerbt hast und ein intuitiver Arzt bist!‹

Ich sagte: ›Ja?‹

Was ich ihm natürlich nicht verriet, war, daß alle jungen Leutnants in der Militärakademie von Afghanistan einen sechsmonatigen Teilzeitlehrgang für elementare chirurgische Eingriffe absolvieren – eine recht einfühlsame Idee, denn nach einem Gefecht ist es üblich, daß man seine Verwundeten untersucht, um herauszufinden, ob sie tot oder lebendig sind.

Diese ausgesprochen sensible chirurgische Technik beinhaltete zum Beispiel, wie man Kugeln wieder aus Leuten herausbekam – langsam und schmerzhaft. Es war zwar ein schmerzhaftes, aber kein sadistisches Verfahren, das vor allem dazu dienen sollte, einen zu ermutigen, sich besser nicht verwunden zu lassen.

Ich erzählte ihm von all dem nichts, es war nicht relevant. So sagte er dann: ›Siehst du, du bist die geeignete Person für meine Tochter!‹

›Ah ja?‹ sagte ich.

Er fuhr fort: ›Aufgrund deiner Familie, deiner Abstammung, deiner Erfahrung, deines guten Aussehens, deiner Persönlichkeit – es stimmt einfach!‹

Mit meiner üblichen Bescheidenheit gab ich ihm zur Antwort: ›Natürlich bin ich all das, und mehr noch!‹

Und er sagte: ›Insbesondere das Intuitive und die Heilkräfte deiner Familie, die du hast . . .‹

So sagte ich: ›Ach ja?‹

Er fuhrt fort: ›Schau, meine Tochter ist jung und schön, aber sie ist manisch-depressiv mit einer leicht paranoiden Tendenz. Gelegentlich ist sie gefährlich gewalttätig, aber da dies hier nun mal mein Land und sie meine Tochter ist, ist es uns gelungen, um die Opfer kein großes Aufheben zu machen, aber ich bin mir sicher, daß du mit deinen Fähigkeiten, Taktiken und Techniken in der Lage sein wirst, daß es mit ihr besser werden wird, wenn du sie heiratest!‹

Dieses Mal konnte ich natürlich nicht ›O ja‹ sagen, denn sonst wäre es das Aus gewesen. Aber ›O nein‹ konnte ich ebensowenig sagen, denn er war ein König und ich sein Gast, und es wäre beleidigend gewesen.

So sagte ich zu ihm: ›Ich verfüge über all diese schmeichelhaften Eigenschaften, die Sie über mich gesagt haben, und mehr noch, aber es gibt Gelegenheiten in meinem Leben, bei denen ich Augenblicke tiefer und heftiger Traurigkeit habe, und dieser ist einer davon, denn widerstrebend muß ich dieses wundervolle Angebot, das Sie mir gemacht haben, ablehnen, denn meine Mutter hat meine Hochzeit bereits arrangiert!‹

Tatsache ist, daß dies völlig unwahr war, aber wenn Sie in diesem Kontext des Mittleren Ostens zu überleben haben, wird diese Art der Argumentation als unumstößlich verstanden, und man erwartet nicht, daß Sie es aus irgendeinem Grund noch einmal ändern.

Um es kurz zu machen: Ich habe sie nicht geheiratet, wie Ihnen aufgefallen sein wird, aber am darauffolgenden Abend war ich bei der Königin zum Tee geladen, und sie sagte: ›Wenn du nach Afghanistan zurückkehrst, möchte ich, daß du deiner Mutter einige sehr besondere Geschenke mitbringst!‹

So lächelte ich und sagte: ›O ja?‹

Sie sagte: ›Ich werde einen kurzen Brief von Mutter zu Mutter senden. Welche Art von Geschenk könnte ich ihr senden?‹

Ich sagte: ›Nun, eigentlich hat sie alles. Also, wenn dies ein persönlicher Brief sein soll, wird es ein Problem geben, denn sie kann nur Pashtu!‹, was nicht stimmte.

Nach ein paar Tagen schließlich gaben sie auf.«

Wie Sie sehen, gibt es Bereiche, da kann man durch simple Beobachtung bereits in Schwierigkeiten geraten!

51. Beobachtung

Sicherlich wird jeder von Ihnen seine Erfahrungen mit Patienten haben, die unter verschiedenen Schockzuständen leiden, wie zum Beispiel unter körperlichem Schock oder Trauma oder auch psychischem Schock.

Es gibt einen Bereich, der manchmal wenig präzise als ›psychischer Schock‹ bezeichnet wird. Sicherlich gibt es so etwas wie psychischen Schock, und es gibt unzählige mögliche Ursachen dafür. Es kann auch vorkommen, daß ein Therapeut einen psychischen Schock bei einem Patienten zu seiner (oder ihrer) eigenen Befriedigung zu erkennen meint.

Es gibt eine Therapierichtung, die davon ausgeht, daß der Therapeut gemeinsam mit dem Patienten die Ursache für diesen psychischen Schock aufdeckt, und es bleibt zu hoffen, daß das gemeinsame Entdecken und Identifizieren der Schockursache dazu beiträgt, ihn aufzulösen. Es kann durchaus wertvolle Techniken oder Abfolgen von Techniken geben, um dies aufzudecken, und doch bin ich mir gewiß, daß Sie alle aus Erfahrung wissen, wie quälend, schwierig und langwierig dies sein kann.

In der Tradition gehen wir davon aus, daß das Essentielle Sein der Person, die an diesem Zustand psychischen Schocks leidet, sowohl die Ursache kennt, als auch weiß, welcher körperliche, psychische oder physiologische Anlaß ihn ans Tageslicht bringt, so daß man ihn in Augenschein nehmen kann.

In bezug auf Patienten, die unter solch einem psychischen Schock leiden, besteht ein Teil unserer Technik darin, den Kontakt zwischen dem Essentiellen Sein der Person und dem des Therapeuten aufzubauen, zu stärken und aufrechtzuerhalten, so daß der Therapeut schneller in der Lage ist, den ursächlichen Grund oder die Auswirkung dieses psychischen Schocks zu erkennen.

Wenn Sein zu Sein spricht, gibt es zwischen beiden eine gemeinsame Sprache. Wenn der Therapeut die Existenz dieses Phänomens realisiert, kann er das möglicherweise so formulieren: »Während ich diesen Patienten behandelt habe, hatte ich ein bestimmtes Gefühl, einen bestimmten Gedanken, Eindruck oder ein Bild von mir.« Versuchen Sie, dieses Bild zu erinnern: Welchen Impuls, welches Gefühl hat es Ihnen vermittelt? Wenn Ihnen dies gelingt, versuchen Sie sich auch an die näheren Umstände oder an das Gesprächsthema, das diesen Impuls auslöste, zu erinnern. Erfolgte es aufgrund der Atmosphäre, des Gesprächsgegenstandes – aufgrund von was auch immer: versuchen Sie, dasselbe wiederherzustellen, um herauszufinden, ob sie sich in etwa gleichen.

Wenn es ein Gefühl ist, das sich während oder nach der Therapiesitzung bemerkbar macht, versuchen Sie eine möglichst präzise Vorstellung davon zu bekommen, was dieses Gefühl war. Es kann alles sein, von einem plötzlichen süßen, sauren oder anderen Geschmack im Mund bis hin zu einem Gefühl der Furcht, Verlegenheit, Feindseligkeit oder Ängstlichkeit. Es kann auch ein bestimmtes Bild sein.

Wenn es sich um eine Empfindung des Geschmackssinns handelt, zum Beispiel Bitter oder Süß, sollten Sie nicht automatisch entscheiden, daß der Zustand oder psychische Schock dieser Person ein direktes Ergebnis einer Art ätzenden Situation sei. Achten Sie auf den Kontext von Säure; es kann daran liegen, daß Sie nicht völlig in Verbindung mit seinem Essentiellen Sein sind. So gibt Ihnen sein Sein sehr primitive Reaktionen oder Signale.

Untersuchen Sie die Situation aus einem physikalischen Blickwinkel: Was gibt Ihnen die Empfindung, was läßt sich mit der Vorstellung oder dem Kontext von Säure in Verbindung bringen oder, falls Sie eine süße Empfindung verspüren, was läßt sich damit in Zusammenhang bringen? Versuchen Sie die Signale zu fühlen und zu analysieren, aber über-analysieren Sie nicht, und stellen Sie auch keine Vermutungen an! Und das nächste Mal sorgen Sie für dieselbe Atmosphäre, vielleicht auch für denselben Gesprächsgegenstand und versuchen dieses Gefühl zu bestätigen. Nur versuchen Sie nicht bereits im voraus zu entscheiden, daß Sie beide unter bestimmten Voraussetzungen an einen bestimmten Punkt gelangen werden, an dem Sie wieder dieselbe bestimmte Empfindung haben werden, da der Patient soundso sein wird, denn schließlich können Sie sich etwas einbilden. Die Differenz zwischen dem korrekten Signal, d. h. von Sein zu Sein und Ihrer interpretierenden Einbildungskraft kann beträchtlich sein.

So ist Ihr Kontakt mit dem Essentiellen Sein einer der Faktoren, die Sie zusammen mit Ihrer Beobachtung, Ihrem Wissen und weiteren Bewertungen, die Sie vom Patienten machen, benutzen.

Korrekte Beobachtung sollte ebenso bestätigt werden, wie eine Blutanalyse, nachdem sie erstellt ist, geprüft wird. Man prüft nicht wieder und wieder, denn das fördert Angst und Neurose. Sie beobachten also während der Behandlung und während des Gesprächs und machen sich Aufzeichnungen, aber vergessen Sie nicht, daß Sie der Beobachter sind und daß in diesem Kontext die Beobachtung nur so gut ist wie der Beobachter!

52. Nasrudin und die nasse Katze

Mullah Nasrudin mußte schmerzlich erfahren, wie sehr eine Beobachtung der Bestätigung bedarf. Nasrudin war sehr faul und liebte Komfort, Luxus, gutes Essen und ließ sich gern verwöhnen. Eines Tages nun ließ ihn der Herrscher rufen und sagte zu ihm:

»Nasrudin, du brauchst eine Arbeit!«

Nasrudin erwiderte: »Königliche Hoheit, ich bin alt und dick und schwach, und mein Bein schmerzt, und ich bin taub, habe Rheumatismus, und zudem stolpere ich ständig über meinen Bart!«

Der Herrscher aber war auf eine Antwort vorbereitet, denn er wußte, daß Nasrudin alles tun oder sagen würde, um zu vermeiden, Arbeit zu bekommen.

»Gewiß, Nasrudin, ich weiß, du bist alt und stehst mit einem Fuß im Grab, aber ich fühle mit dir und habe einen sehr komfortablen Job für dich vorbereitet, bei dem du nicht frieren wirst: Du wirst einen sehr komfortablen und warmen kleinen Raum innerhalb der Palasttore bekommen und brauchst dort lediglich zu sitzen.

Dort kannst du deine Meditationen und Gebete machen, und niemand wird dich stören! Alles, was du zu tun hast, ist, morgens, wenn die Tore geöffnet werden, aufzupassen und sicherzustellen, daß sie rechtzeitig offen sind. Die Tore werden von den Sklaven geöffnet, so daß du sie nicht einmal zu berühren brauchst und dich auch nicht anstrengen mußt.

Du sitzt lediglich in deinem kleinen Raum am Torweg, und manchmal werden Gesandte aus dem einen oder anderen Teil des Reiches kommen und dich nach dem Weg zum Palast fragen. Du mußt ihnen nicht einmal den Weg weisen oder sie gar selbst herbringen. Alles, was du zu tun brauchst, ist, ihnen zu sagen: ›Geht diese Straße hinunter, biegt dann rechts ein und dann links – dort ist dann schon der Palast!‹

Dem Winterwetter entsprechend bekommst du auch ein sehr bequemes Pelzgewand und erhältst obendrein alle drei Monate einen goldenen Dirham!«

Der Herrscher erwähnte ebenfalls weitere Luxusgüter, die Nasrudin erhalten würde, wie gutes Essen, frische Früchte und wundervolle Dinge aller Arten, die er zum Geschenk erhalten würde, um dann fortzufahren: »Nasrudin, ich weiß, daß du ein tiefer Denker und ein Mann der Philosophie bist und daß diese Arbeit schwere Verantwortung bedeutet. Möglicherweise brauchst du Zeit, um dich zu bedenken. Möchtest du jetzt gehen und dann wiederkommen? Oder besser, komm gar nicht wieder, vielleicht ist dir das schon zuviel, schick doch einfach einen Boten zu mir!«

So sagte Nasrudin: »Ja, ich bin Philosoph und ein weiser Mann. Ich denke, ich werde die Situation prüfen und die verschiedenen Möglichkeiten abwägen. Wann soll ich beginnen?«

Der Herrscher gab zur Antwort: »Nun, jetzt ist Mittagszeit – eine gute Zeit, um zu beginnen!«

Nun, Nasrudin war untergebracht, und wie die Wochen vergingen, war es genau so, wie der Herrscher versprochen hatte: Die Arbeit erforderte wenig, die Bedingungen waren bequem, er hatte viel zu essen, und wenn gelegentlich ein Gesandter kam, wies er ihn zum Palast, und allmählich hatte er sich dort glücklich niedergelassen. Für gewöhnlich saß er in seinem kleinen Raum am Torweg und beobachtete halb schlafend, was vor sich ging.

Eines Tages kam der Oberste Minister des Herrschers zu Nasrudin und sagte: »Heute ist der Geburtstag des Propheten, und der Herrscher geht mit seinem ganzen Hofstaat in prächtige Gewänder gekleidet in einer Prozession zum Gebet in die Moschee.« Und er fügte noch hinzu: »Verständlicherweise wird es dauern, bis der Herrscher und all seine Höflinge fertig gekleidet sind, und sie wünschen zu wissen, wie das Wetter draußen ist, um sich angemessen zu kleiden.«

»Es gibt starke Regenfälle«, sagte Nasrudin zu ihm.

Der oberste Minister ging wieder zurück, und drei oder vier Stunden später wurden die Trommeln geschlagen, und der Herrscher und all seine Höflinge näherten sich in einer Prozession den Palasttoren.

Dann zog die Prozession hinaus in Richtung zur Moschee, aber da war kein Wind, es regte sich kein Lüftchen; es war heiß wie in der Hölle, und als sie mit ihren schweren Gewändern in der Moschee waren, kamen sie fast um vor Hitze.

Nachdem die Prozession in den Palast zurückgekehrt war, kam der Oberste Minister zu Nasrudin, schlug ihn windelweich und warf ihn aus dem Palast.

Einige Zeit später, als der Herrscher auf seinem Thron Platz genommen hatte, kam der Oberste Minister herein, mit ihm Nasrudin, den er gepackt hatte, und sagte: »Dieser Mann hat sich im Bazar und auf den Straßen herumgestritten!«

Der Herrscher sagte: »Nun, Nasrudin, warum hast du uns wie Narren gekleidet zur Moschee geschickt und uns so der Hitze ausgesetzt? Ich frage mich, wieso du nicht deine Beobachtungsgabe genutzt hast, um herauszufinden, wie das Wetter war! Das ist nicht allzu schwierig!«

Nasrudin entgegnete: »Ich habe meine Beobachtungsgabe benutzt: Ich saß in meinem Raum im Torweg, als eine Katze sehr schnell vorbeilief, und sie war völlig naß, so mußte es offensichtlich draußen geregnet haben!«

Darauf erwiderte der Herrscher: »Nun, das war gewiß keine sehr korrekte Beobachtung! Aber wie auch immer, warum streitest du dich herum, und mit wem?«

»Ich habe mich mit dem Metzger von nebenan gestritten, der dafür verantwortlich ist, daß ich mich bei meiner Beobachtung getäuscht habe!«

Der Herrscher sagte: »Das gibt keinen Sinn! Erkläre es!«

Da sagte Nasrudin: »Das ist ganz einfach; direkt neben dem Palast gibt es einen Metzger, und als eine Katze in sein Ladengeschäft kam und versuchte, Fleisch zu stehlen, goß er einen Eimer Wasser über sie. Die Katze rannte an mir vorbei, und somit liegt die Schuld an der ganzen Geschichte beim Metzger!«

Was der Herrscher nun mit Nasrudin machte, ist mir nicht bekannt, es wird nicht berichtet. Erwürgt haben kann er ihn nicht – auch wenn die Versuchung recht groß gewesen sein muß! –, denn die Geschichten von Nasrudin gehen weiter.

Dies ist eine der Techniken, die Ihnen bekannt sind. Ich bin sicher, Sie alle nutzen Ihre Beobachtungsgabe, und um Rückversicherung zu erhalten, vergleichen Sie Ihre Beobachtungsgabe mit der Situation, Ihrem Gefühl, der Atmosphäre und dem, was Sie in Ihrer Ausbildung gelernt haben, um herauszufinden, ob da Übereinstimmung herrscht.

53. Die Stoppuhr

Eine weitere kurze Geschichte zum Thema Beobachtung:
Vor einigen Jahren befand ich mich in Saudi-Arabien; es war zu der Zeit, als Emir Feisal König war. Wir saßen gemeinsam am Tisch: Feisal mir direkt gegenüber, verschiedene Minister und Prinzen sowie neben mir der Ölminister, Sheikh Yamani.

Wie wir alle, so hatte auch Feisal seine persönlichen Eigenarten. Er aß sehr wenig, und wenn er sein Mahl beendet hatte, brachte ein Diener einen Teller mit Äpfeln. Feisal pflegte sich die Äpfel anzuschauen, sich dann einen zu nehmen, diesen näher zu betrachten, dann einen anderen zu befühlen und noch einen in Augenschein zu nehmen, um dann schließlich einen auszuwählen. Der Diener trug das Tablett mit den Äpfeln fort, und Feisal nahm ein Messer und schälte den Apfel.

Jeden Tag verfuhr er bei jeder Mahlzeit auf dieselbe Weise: Er betrachtete einen der Äpfel und befühlte dann einige andere, um sich dann schließlich einen zu nehmen, den er schälte und dann in vier Stücke teilte.

Nach vier oder fünf Tagen sagte ich zu Yamani: »Haben Sie bemerkt, daß Feisal jedesmal dieselbe Prozedur ausführt, mit derselben Präzision und mit derselben Geschwindigkeit?«

Und Yamani erwiderte: »Ja. Von dem Moment an, wenn er den Apfel aussucht, bis er ihn schält, die Schale abgeschält hat und ihn geviertelt hat, dauert es jedesmal fünfundachtzig Sekunden!«

In dem Augenblick verstand ich etwas, das ich bislang nur unterbewußt wahrgenommen hatte: Bei jeder Mahlzeit, die ich neben Yamani saß, konnte ich ein ›Biep, biep, biep‹ hören.

Im Ärmel seines Gewandes hatte er eine Stoppuhr, mit der er die Zeit, die der König brauchte, stoppte.

Das nennt man Beobachtung!

54. Die Attribute Gottes

Verschiedene Freunde haben mich nach der genauen Beobachtung der Wendung *Ya Shifa* sowie nach dem Kontext gefragt, in dem sie benutzt werden sollte.

Die Wendung *Ya Shifa* setzt sich aus zwei Worten zusammen: *Ya* und *Shifa.* Im Arabischen bedeutet *Ya* ›oh‹ und *Shifa* ›der Heiler‹. *Shifa* ist eines der Attribute Gottes, und wie all die anderen verschiedenen Attribute Gottes beinhaltet es beides: ein Wort und ein ganzes Konzept.

Die verschiedenen Aspekte dieses Attributes umfassen all die Elemente, die einen Heiler ausmachen – einen, der heilt, sowie alles, was im Zusammenhang von Heilung verwendet wird. Wenn man sich das ganze Konzept vergegenwärtigt hat und benutzt dann ein Wort wie hier das *Shifa*, stellt man einen klaren und bewußten Kontakt her mit diesem Konzept und mit allem, was es beinhaltet.

Das Wort stellt gleichzeitig den Kontakt und den Schlüssel zur Gesamtheit des Konzeptes her und damit auch zu allen spezifischen Arten der darin eingebundenen Energie. Die Art von Energie im Kontext von *Shifa* oder ›Heiler‹ dient speziell dazu, den Prozeß des Heilens zu unterstützen.

Ich habe empfohlen, den Kontakt sowohl mit dem Essentiellen Sein der behandelten Person als auch mit dem Essentiellen Sein des Therapeuten zu betonen und miteinzubeziehen. Der Therapeut sollte auch in dieser Hinsicht mit der Art Energie, die im Kontext von *Shifa* enthalten ist, arbeiten.

Begreifen Sie, daß die Energie und die *Baraka,* die in jedem Wort enthalten ist, das eines von Gottes Attributen repräsentiert, mit Sicherheit und unweigerlich eine positive und gewaltige Energie ist. Will man sie aber in dem speziellen Zusammenhang von Therapie oder Heilung verwenden, sollte man versuchen, eine spezielle Art von Energie anzuwenden. Den meisten von Ihnen ist bekannt, daß jedes der Attribute Gottes für etwas steht, das in einem bestimmten Kontext eingebunden ist, und das eine oder andere von ihnen bezieht sich auf einen Umstand, in dem sich eine Person möglicherweise befindet.

Offensichtlich und folgerichtig gibt es keine stärkeren oder schwächeren, keine guten oder schlechten Attribute, aber es gibt solche, die sich in einer speziellen Situation besser anwenden lassen.

Zum Beispiel bedeutet das Attribut *Hadi* ›der Führer‹ oder ›der Eine, der führt‹. Das ganze Konzept beinhaltet: ein Führer, ein Weg, eine Straße, eine Wegkarte, ein Licht, ein Hinweis, eine Ermutigung, weiterzugehen. So empfiehlt sich, in einem Kontext, in dem eine Person der physischen oder spirituellen Führung bedarf, das *Dhikr* oder die Worte *Ya Hadi* zu benutzen.

Würde sie in diesem Zusammenhang die Wendung *Ya Shifa* benutzen, wäre das gewiß nicht falsch; Gott ist Gott, und die Macht Gottes ist die Macht Gottes, unabhängig vom jeweiligen Kontext oder Attribut. Aber die Eigenschaft der Energie – oder *Baraka*, die im Falle von *Ya Shifa* gesucht wird – ist die Eigenschaft des Heilers.

Es kann als eine Art Erinnerung angewendet werden: Bevor man mit der therapeutischen Situation beginnt, kann man beispielsweise einleitend das *Bismillah* rezitieren und dann das *Ya Shifa*. Um einer anwesenden oder entfernten Person, die krank ist, zu helfen, kann man es aber auch wie ein *Dhikr* benutzen; mit oder ohne *Tasbih*. In einer therapeutischen Situation kann man diese Formel *Ya Shifa* beispielsweise still und mental wiederholen und dem Patienten etwas von dieser Energie weitergeben. Dies trägt auch dazu bei, den Fokus des Essentiellen Seins der Person auf die Aktivität zu richten, die gerade stattfindet und heilender Natur ist bzw. eine heilende Atmosphäre schafft.

55. Bezugsquellen

Heute nachmittag erhielt ich einen Brief von jemandem, der eine Menge Fragen aufwerfen könnte, wenn seine Meinung als maßgeblicher Standpunkt oder als Referenz erachtet würde. In diesem Schreiben werde ich als die Quelle aller Weisheit gepriesen und im selben Satz als die Ursache alles Bösen. Dies zieht sich durch den gesamten Brief und wiederholt sich in verschiedenen Variationen.

Der Brief an sich beunruhigt mich nicht; es ist nicht der erste dieser Art, den ich erhalten habe, und wird vermutlich auch nicht der letzte sein. Der Grund, weshalb ich dies erwähne, ist der, daß eine Referenz oder eine Informationsquelle immer hinsichtlich ihrer Herkunft überprüft werden sollte; darauf, ob die Empfehlung von einer guten Quelle oder einer vernünftigen Meinung stammt.

In Ihren verschiedenen Disziplinen akzeptieren Sie verschiedene Autoritäten als Autorität hinsichtlich Ihrer eigenen therapeutischen Methoden und verwenden deren Ansichten oder Techniken als Richtlinien in Ihrer Therapie, fügen dem etwas hinzu oder modifizieren es entsprechend dem jeweiligen Patienten oder der Situation.

Prüfen Sie daher Ihre Bezugsquellen sehr sorgfältig, bis Sie sich hinreichend davon überzeugt haben, ob diese zutreffend oder falsch sind und in welcher Form sie sich in Ihre Technik integrieren und anwenden lassen. Eine falsche Richtlinie oder ein falsches Dokument wird Sie bestenfalls Zeit und Mühe kosten, weil Sie sich auf einer falschen Fährte befinden, schlimmstenfalls wird es sich nachteilig für den Patienten bzw. auf Ihre Beziehung zu ihm auswirken.

56. Die afghanische Brille

Ich komme nochmals auf einen Faktor der Therapie zurück, den ich bereits betont habe, nämlich die Beobachtung. Jeder Therapeut beobachtet den Patienten sowohl automatisch wie auch aufgrund seiner Schulung, aber wir wollen versuchen, diese Beobachtung durch eine weitere Dimension zu ergänzen, die darin besteht, Kontakt zum Essentiellen Sein des Patienen zu bekommen, diesen aufrechtzuerhalten und zu vertiefen.

Damit Ihre Beobachtung fruchtbar ist und Positives hervorbringen kann, d. h., damit Sie zu einer objektiven, der Wahrheit entsprechenden und brauchbaren Beobachtung des Patienten gelangen können, ist ausschlaggebend, daß Sie das richtige Handwerkszeug bzw. die richtigen Referenzpunkte verwenden. Begehen Sie nicht den Fehler Nasrudins wie im Fall der nassen Katze, eine Entscheidung auf der Basis einer einzelnen Beobachtung zu treffen!

In Afghanistan stattete ich einmal einem kleinen Dorf in meinem Teil des Landes einen Besuch ab; man war dort sehr glücklich, mich zu sehen. Es sind einfache Leute, die nicht viel Abwechslung haben, und solange ich dort nicht regelmäßig hinkomme, stellt dies für sie eine erfreuliche und abwechslungsreiche Erfahrung dar, was bedeutet, daß sie mich betrachten, um zu sehen, wie ich gekleidet bin und wie ich im Vergleich zum letzten Mal, als sie mich sahen, aussehe.

Zur Zeit meines Besuchs in dem Dorf trug ich zum ersten Mal eine Lesebrille mit Halbgläsern. Als ich nun nach einigen Tagen einen Spaziergang am Abend unter den Maulbeerbäumen machte, saßen, wie es in Dörfern üblich ist, dort unter den Bäumen kleine Grüppchen von Männern. Sie hatten mich weder kommen hören, noch hatten sie meine Anwesenheit bemerkt, und so hörte ich, wie sie über mich sprachen:

»Wißt ihr, es sind so schlechte Zeiten über Aghas Familie gekommen, so daß er sich nur noch halbe Brillengläser leisten kann!«

Da kamen einige Kinder zu mir gelaufen, blickten an mir hoch und fragten: »Warum sind deine Gläser so?«

Ich antwortete: »Nun, als ich jünger war, habe ich viel gelesen, und am Anfang hatten sie noch die richtige Größe, aber dann haben sie sich nach und nach abgenutzt!«

57. Das gewisse Etwas

Nun, Beobachtung sollte aufgrund der richtigen Orientierungspunkte erfolgen, und wenn Sie eine klinische Diagnose stellen, sollten Sie selbst möglichst von ihr überzeugt sein.

Sie stellen sich auf das Essentielle Sein der Person ein, übertragen dieses Element und Gefühl der Zuversicht und Energie, das damit einhergeht, stimulieren und ermutigen bei der betreffenden Person einen weiteren sehr wichtigen Faktor, nämlich nicht nur den Überlebenswillen, sondern auch den Willen, auf all den Ebenen zu leben, derer ein menschliches Wesen fähig ist!

Indem Sie versuchen, die Granada-Therapie zu entwickeln, benutzen Sie nicht nur die professionelle Technik, die Sie gelernt und am Patienten erprobt haben, sondern Sie benutzen und übertragen diese unterschiedlichen Kontakte und Therapien auf den unterschiedlichen Ebenen des Seins Ihrer Patienten.

Gewiß kann die Energie auch als Folge einer taktilen bzw. greifbaren Situation zwischen Menschen kommuniziert werden, aber beschränken Sie den Kontakt mit Ihren Patienten nicht auf das Greifbare.

Durch die Geschichte hindurch bis auf den heutigen Tag heißt es von bestimmten Menschen, daß sie eine ganz bestimmte Eigenschaft hätten, die man zu beschreiben versucht, indem man sagt: »Diese Person hatte das gewisse Etwas!« Menschen, denen man dieses ›gewisse Etwas‹ nachsagt, das sie berühmt oder bemerkenswert hat werden lassen, haben entweder bewußt oder unbewußt eine Eigenschaft entwickelt, auf die sie sich dann konzentrieren können, nämlich mit sich selbst in Einklang zu sein.

58. Grenzen

Im therapeutischen Kontext sollten Sie einen zusätzlichen Faktor der Therapeuten-Patienten-Beziehung berücksichtigen, den Sie gewiß alle kennen und normalerweise auch berücksichtigen: Es gibt einen Punkt oder eine Linie zwischen Ihnen und dem Patienten, bei dem es sich nicht um eine Barriere oder Mauer handelt, sondern einfach um eine Linie, die vom Therapeuten oder vom Patienten gezogen wird. Lassen Sie uns diese Linie aus der Sicht des Patienten näher in Augenschein nehmen. Man kann sie als ›die Schwelle zum Privaten‹ bezeichnen, d. h. die Grenze der persönlichen, privaten Integrität. Diese Hemmschwelle oder Grenzlinie ist bei jedem verschieden, manchmal ist sie weiter gesteckt, manchmal enger. Ein Therapeut, der auf dem Gebiet der psychologischen Therapie arbeitet, wird regelmäßig an diese Grenzen stoßen.

In der psychologischen Therapie gibt es Schulen und Lehrmeinungen, die darauf bestehen oder zumindest vorschlagen, daß diese Hemmschwelle oder Grenzlinie vom Therapeuten durchbrochen werden sollte, um ihm zu ermöglichen, mit der betreffenden Person auf einer tieferen oder unterbewußteren Ebene als der ihres oberflächlichen Bewußtseins zu arbeiten. Dies kann eine wertvolle Haltung sein; aber auch sie ist vom Patienten wie vom Grad der Störung abhängig. Diese Störung kann sich aber auch aus einer Kombination ergeben, so daß sich sagen läßt, daß es nicht eine bestimmte festgelegte Haltung gibt, die ein Therapeut hinsichtlich dieser Grenzlinie einnehmen sollte. Es ist schon so, daß sie durchbrochen werden, daß tatsächlich eine Bresche geschlagen werden muß, und Sie müssen in der Regel entscheiden, wie, auf welche Art und Weise und unter welchen Umständen dies erfolgen soll.

Daß ein Patient ein bewußtes Gefühl von der Existenz dieser Grenze oder Grenzlinie haben kann und er möglicherweise jeden Versuch, sie zu durchbrechen, als einen Übergriff empfindet, ist bekannt. Solch eine Handlung kann auf ihn aggressiv, bedrohlich oder gefährlich wirken, so daß die Verteidigungsmechanismen in Kraft treten und sich die Person in sich selbst zurückzieht.

Ist es Ihnen erst einmal gelungen, diese Grenze oder Grenzlinie zu identifizieren, liegt es an Ihrem Können, zu befinden, welchen Stellenwert sie für den Patienten hat. Wird er sie bis aufs Blut verteidigen? Oder ist er unter der Voraussetzung, daß er Vertrauen in den Therapeuten oder die Therapeutin hat, bereit, ihm oder ihr zu erlauben, diese Grenzlinie allmählich zurückzudrängen?

Es hängt ganz offensichtlich von Ihrer eigenen Beobachtung, Einschätzung und Beurteilung ab, die Ihnen die Flexibilität Ihrer Technik anzeigen – unter Berücksichtigung des augenblicklichen psychischen Zustandes des Patienten. Der Verlauf dieser Grenze kann schwanken, und ein Therapeut wird das alles vermutlich registrieren, und wie auch immer er es nennen mag – ich bin sicher, es wird einen technischeren Begriff dafür geben, aber –, lassen Sie es uns hier als einen ›Stimmungswechsel‹ bezeichnen, der die Person mehr oder weniger aufnahmefähig oder mehr oder weniger feindselig sein läßt. Falls es zu Schwankungen kommt, kann es natürlich einen akuten psychischen Grund dafür geben, aber ein Therapeut sollte sich nicht am Kommen und Gehen der Schwankungen dieser Grenze ausrichten. Sie sollten einen breitgefächerten Kontakt auf verschiedenen Ebenen etablieren und diesen Widerstand sanft schieben, austesten und erspüren.

59. Der primitive Mensch

Welche Art von Schwelle beteiligt ist – denn es gibt verschiedene Arten von Hemmnis – hängt natürlich auch davon ab, ob es sich um einen weiblichen oder männlichen Therapeuten handelt, denn die Hemmschwelle eines Mannes gegenüber einer Frau unterscheidet sich grundlegend von der einer Frau gegenüber einem Mann. Natürlich kann der Therapeut eine Haltung einnehmen, die ihm erlaubt zu sagen: »Sehen Sie, Sie sind eine Frau, und ich bin ein Mann, aber vor allem sind Sie Patientin und ich Therapeut!«

Selbstverständlich kann man die Vertraulichkeit der Situation betonen, aber da die primitive Natur von Mann wie Frau auf einer primitiven Ebene auf das jeweils entgegengesetzte Geschlecht reagiert, stellt dies einen Faktor dar, der zu berücksichtigen ist. Es gibt im Essentiellen Sein eines jeden Individuums Aspekte, die als ›primitiv‹ zu bezeichnen sind, wie z. B. eine oberflächliche, körperliche oder auch eine tiefgehende Reaktion auf Kälte oder Gerüche. Irgendwo im Inneren Sein der Person, und zwar in einem sehr primitiven Teil dieses Seins, ist das Gefühl von Kälte mit Gefahr und Tod verbunden, denn um überleben zu können, mußte der primitive Mensch Schutz finden, wenn die Temperaturen fielen.

Heutzutage in unserer Zivilisation zieht man einfach mehr Kleider an oder dreht die Heizung höher, wenn Wolken aufziehen, es anfängt kalt zu werden oder zu schneien. So profitiert man von der Technologie, und dieser kleine, primitive Teil in einem ist zufriedengestellt. Dieser primitive Teil des Essentiellen Seins reagiert ebenso auf Geräusche wie auf deren momentane Lautstärke und auch auf den Charakter oder die Aussage der Geräusche, denn für das Überleben des primitiven Menschen war es essentiell, daß er unverzüglich auf Geräusche reagierte.

Der primitive Mensch konnte die Qualität eines Geräusches nicht analysieren. Er blieb nicht einfach vor einem trompetenden Tier stehen, um sich das anzuhören und zu sagen: »Das ist der Laut eines Mammuts! Ich frage mich, ob es ein schwarzes oder graues, ein altes oder ein junges ist. Ob es wohl glücklich ist?«, denn ein solcher Gedankengang wäre bereits sein Ende gewesen, und da er das wußte, war er eine Millisekunde nach diesem Ton bereits verschwunden.

Es geht hier um die Frage, was die Analyse der Lautstärke eines Geräusches für das Überleben bedeutet. Unser primitiver Mensch empfing und analysierte den Laut oder die Grundbedeutung des Geräusches simultan. Allerdings analysierte er weder die Musikalität noch die generelle Genauigkeit des

Tons eines trompetenden Mammuts, denn seine Musikalität war völlig bedeutungslos.

Was der primitive Mensch ebenso benötigte wie später der Therapeut, war die Analyse des Tons in der Konversation zwischen ihm und einem anderen, und er lernte dies durch Erfahrung und auch dadurch, daß er dies mit Änderungen der Stimmlage assoziierte und so zwei grundlegende Dinge ausmachen konnte: den freundlichen harmonischen Ton sowie den unharmonischen und feindseligen Ton.

Der primitive Mensch kannte weder Bücher noch eine andere Art Richtlinien, er lernte durch Erfahrung und durch Beobachtung seiner eigenen Erfahrungen, die schmerzhaft und manchmal sogar endgültig waren, oder auch durch Beobachtung des Grundcharakters einer Situation. In seinem Inneren, in seinem eigenen Sein, besaß er das Wissen davon, welcher Laut freundlich und positiv war und welcher negativ und aggressiv.

Um zu überleben, mußte er sehr schnell lernen. Stellen Sie sich vor, daß die Leute, mit denen Sie sich treffen oder sich unterhalten, Steinkeulen bei sich trügen – Sie müßten unabhängig vom visuellen Erfassen der Situation auch unverzüglich den Tonfall einordnen können, um angemessen handeln oder darauf reagieren zu können.

Diese Fähigkeiten haben sich im Laufe der Zeit zunehmend entwickelt, denn es gab mehr Lärm, mehr Dinge zu sehen, mehr zu analysieren, und die Menschen lernten, Hintergrundgeräusche zu ignorieren, um sich auf die Geräusche, den Anblick oder die Gefühle einer begrenzten und effektiven Situation zu konzentrieren. Sie lernten zu urteilen, und sie lernten zu filtern. Sie nahmen eine ständig anwachsende Menge an Signalen greifbarer, sichtbarer und hörbarer Natur auf. Sie begriffen, daß, wenn alle drei Arten von Signalen in einer Situation vorkamen, sie lernen konnten, sich auf die hervorstechenderen und nützlicheren zu konzentrieren, sie wiederzuerkennen und einzusetzen.

Dieses Wiedererkennen oder Erkennen sollte bemerkt, erweitert und fortentwickelt werden.

60. Das Geheimnis

Es gibt einen Zustand, der in jedermann existiert und der hier im Westen als Präkognition bezeichnet wird. Es hat ihn schon immer gegeben. Das Geheimnis der Existenz, des Kosmos und der Galaxis sowie die verschiedenen Geheimnisse des Lebens an sich haben immer schon, seit Geburt der Menschheit schon, existiert.

Bevor ein Kind körperlich in diese Welt geboren wird und bevor es ein von seiner Mutter unabhängiges Wesen wird, kennt dieses Kind das Geheimnis des Lebens, der Existenz, des Kosmos und der Galaxis. Wenn ein Kind mit diesem Wissen geboren wird, warum kennt dann nicht jeder ganz natürlich dieses Geheimnis und kann sich daran erinnern, es überprüfen und darüber sprechen?

Die Antwort darauf lautet, daß jeder Mensch eine Vertiefung unter seiner Nase hat, weil dorthin ein Erzengel in dem Augenblick vor der Geburt seinen Finger auf die Lippe des Babys legt. Deshalb schaut das Neugeborene seine Mutter nicht an und sagt: »Schau, das Geheimnis ist . . .!« Das Baby weiß darum und kennt das Geheimnis, kann aber nicht sprechen.

61. Engel und Schutzheilige

»Wie viele Engel gibt es?« – »Welches sind ihre Namen?« – »Wo sind sie?« – »Wann sind sie da, so daß man hingehen und sie befragen kann?« – »Wie ist die Hierarchie der Erzengel und Engel?«

Und soweit es Sie als Therapeuten anbelangt: »Welche Erzengel oder Engel haben eine spezielle Energie, Macht oder Autorität, an der Sie teilhaben und mit der Sie harmonisieren können?«

Womit wir bei einem weiteren, hochinteressanten Thema angelangt wären, nämlich der Existenz und Funktion der Erzengel und Engel. Allerdings werde ich Ihnen dies gewiß nicht beantworten, bis auf folgendes:

Ja, es gibt vier Erzengel. Ihre Namen sind nicht niederge-
schrieben, aber einige unter diesen vier sind zu allen kosmo-
logischen wie galaktischen Funktionen befähigt.

Ja, einer unter ihnen hat durch eine Kette, durch ein Netz-
werk, durch eine Hierarchie anderer engelhafter Wesen eine
spezielle Verbindung zum Heilvorgang.

Diejenigen unter Ihnen, die im Westen leben, sind vertraut
mit Gedankengängen, daß es z. B. einen Schutzheiligen für
den einen oder anderen Beruf gibt, wobei die Zuordnung auf
einer Art kollektiver Erinnerung, einem historischen Ereignis
oder einer Situation in der Vergangenheit beruht. Bei dieser
Auswahl ist manches recht akkurat getroffen, anderes eher zu-
fälliger Art; es gibt Zuordnungen, die auf kosmischen Realitäten basieren, sowie andere, die nicht dieselbe Qualität haben
und die einem Berufsstand zugeordnet oder von ihm adoptiert
wurden.

Gesetzt, es gibt in einer Gruppierung oder einer Gesellschaft
eine neue Aktivität; eine Disziplin, die vielleicht so neu ist, daß
sie traditionell nicht mit einem speziellen Engel oder Heiligen
assoziiert wird. Darauf wird ein komplizierter Prozeß durchlaufen, in dessen Verlauf eine Abordnung zum Bischof, zum
Kardinal oder zum Vatikan geschickt wird, damit ein Schutzpatron gegeben werden möge. Und nach dem, was im Vatikan
als angemessene Bedenkzeit mit Fasten und Beten – dessen bin
ich mir sicher – gelten kann, werden sie einen Schutzheiligen
bekommen. Und es bleibt zu hoffen, daß der Vatikan dabei
Richtlinien, Gesichtspunkte und Empfindungen berücksichtigt,
die für einen harmonischen Schutzheiligen sorgen werden!

Wenn die Existenz eines Engels oder Schutzheiligen eine
Form von Rückbestätigung und Garantie für einen Kontakt
sein kann, ist das hervorragend – und warum auch nicht. Es
gibt nichts, daß dagegen spräche; vorausgesetzt, diese Verbindung ist funktional und nicht abergläubisch.

Die mentale, theologische und taktische Gymnastik, die der
Vatikan bei der Entscheidung solcher Fälle vornimmt, ist tat-
sächlich ganz außergewöhnlich! Wer ist der Schutzpatron der
Computertechniker?

Es muß eine Verbindung zwischen dem jeweiligen Beruf und einigen Aspekten in der Eigenschaft des Schutzheiligen geben – und hoffentlich gibt es sie auch im Regelfall! Besteht also ein Kontakt der Eigenschaft des Schutzpatrons oder Engels zu der Disziplin, so wird diese Eigenschaft dann über die Disziplin zu den Leuten weitergeleitet, die in ihr involviert sind oder ihre Auswirkungen empfangen bzw. von ihr profitieren.

62. Harmonie und Zusammenklang

Auf allen kosmischen und galaktischen Ebenen – und dies gilt ebenso für die Ebene der Menschen – gibt es Harmonie und Zusammenklang. Harmonie erzwingt man nicht. Harmonie wird aufgebaut und aufrechterhalten. Wenn es sich offensichtlich oder per Definition um erzwungene Harmonie handelt, gibt es keinen harmonischen Zusammenklang, denn das Innere Sein dieser Person wurde zu einer Harmonisierung mit dieser feindlichen oder erzwungenen Vorgabe gedrängt, und das Ergebnis ist eine Situation voll Chaos und Angst.

Wenn der Zusammenhang und die Energie ständig auf eine flexible Art und Weise und im Fluß gegenwärtig sind, haben Sie eine Situation ›flexibler Unnachgiebigkeit‹. Nehmen Sie diese Energie, diesen Zusammenklang; benutzen Sie sie, und üben Sie sie aus.

In therapeutischen Situationen wird diese Harmonie, diese Energie durch Sie weitergeleitet, und etwas von dieser Energie verbleibt auch bei Ihnen, denn Sie sind ein Mensch und nicht einfach nur ein Kanal oder eine Leitung, durch die etwas hindurchgeht. Darüber hinaus gibt es noch eine Art Harmonie bzw. Energie, die Sie bekommen und die durch Sie hindurch zum Patienten oder zu einer anderen Person gelangt, weil Sie diese besondere und spezifische Art von Energie in diesem Moment selbst nicht brauchen oder weil Sie diese Quantität und Qualität bereits haben. In diesem Kontext gesehen fungieren Sie als eine Leitung oder ein Kanal. Somit kann die Energie durch Sie zu einer anderen Person oder einem Patienten weitergegeben werden, der sie benutzen wird und sich mit ihr harmonisieren sowie sie wiederum als Träger zum Nutzen einer weiteren Person weitergeben wird. Jedesmal, wenn Sie als Therapeut in der Tradition arbeiten, ist es Ihre Intention zu helfen, zu nützen, zu heilen, und indem Sie eine Qualität von Energie der Tradition verwenden, profitieren auch Sie selbst direkt davon und entwickeln sich.

Hier kommen wir wieder zurück auf die Harmonie, die Sie haben. Fühlen Sie sich wohl damit, empfinden Sie sie als etwas, für das Sie gearbeitet haben, das Sie erhalten haben, was Sie hoffentlich auch verdienen! Fühlen Sie die Zuversicht, die die Harmonie Ihnen gibt, und übertragen Sie Ihren Patienten wiederum diese Zuversicht oder Aspekte davon.

Fokussieren Sie Ihr Essentielles Sein, und stimulieren Sie bei Ihren Patienten den Willen, zu leben und zu genesen. Der Lebenswille, der Wille zur Genesung, ist bereits vorhanden, wenn auch möglicherweise tief verborgen oder auch bedeckt von allen möglichen Schichten von Konditionierung und anderem Ballast. Wenn Sie akzeptieren, daß der Lebenswille vorhanden ist, besteht der nächste Schritt darin, wie ich es nenne, einen positiven Kontakt herzustellen.

63. Die Granada-Therapie aufbauen

Aufgrund einiger Beobachtung habe ich den Eindruck gewonnen, daß Sie hinsichtlich der Granada-Therapie vorankommen. Ich bin relativ zufrieden, aber es gibt den einen oder anderen Aspekt, an dem Sie noch zu arbeiten haben.

Ich habe vorgeschlagen, daß Sie sich über Ihre unterschiedlichen Therapieverfahren untereinander austauschen und sie bis zu einem bestimmten Grad miteinander vergleichen, um herauszufinden, welcher Aspekt Ihrer eigenen Therapie in die Granada-Therapie übernommen werden könnte und wie die unterschiedlichen Aspekte sich untereinander ergänzen. Diese Aspekte Ihrer Disziplinen befinden sich nicht in Konkurrenz zueinander und beeinträchtigen sich auch nicht gegenseitig.

Es wird nicht verlangt, daß ein Therapeut all die anderen Therapieverfahren erlernt, die es unter Ihnen gibt, und sie dann alle gleichzeitig anwendet.

Ein Beispiel für eine unharmonische Verwendung verschiedener an sich nützlicher therapeutischer Techniken oder Diagnoseverfahren wäre folgende Situation in einer Klinik auf dem Planeten ›Coca-Cola‹: Ein Patient, der an abdominalen Schmerzen leidet, wird ins Krankenhaus aufgenommen, und der erste Befund lautet auf akute Blinddarmentzündung. Der Chirurg läßt die erforderliche Röntgenuntersuchung sowie weitere Untersuchungen vornehmen, berechnet dann das Horoskop des Patienten sowie sein eigenes und vergleicht die beiden, um alsdann noch die Tarotkarten zu Rate zu ziehen. Darauf trinkt er eine Tasse Kaffee, während sein Assistent den Patienten mit Aromaölen massiert.

Sobald der Chirurg seinen Kaffee getrunken hat, macht er für eine halbe Stunde ein *Dhikr* und prüft sein Sein, um alsdann in den Operationssaal zu gehen und dort Harmonie zu erzeugen, indem er Gitarre spielt und singt. Er anästhesiert den Patienten mittels eines martialischen Karateschlages und wohnt dann dessen Obduktion bei, um die Diagnose, die Todesursache, zu bestätigen, die nämlich kaum überraschend auf Peritonitis und ihre Folgeerscheinungen lautet.

In einem gewissen Umfang und hinsichtlich bestimmter Aspekte kann all dies wertvoll und nützlich sein. Die eine nützliche Sache war, sein *Dhikr* zu machen, und die zweite war, eine Tasse Kaffee zu trinken. Eine ›totale Therapie‹ dieser Art kann jedoch für den Patienten das Ende sein, und in professioneller Hinsicht trägt es nicht zur Reputation des Chirurgen bei.

Daher möchte ich Sie ermutigen herauszufinden, welchen Teil, welches Segment Ihrer Therapiemethode, das sich auf praktische und effiziente Weise verwenden läßt, Sie zum Aufbau der Granada-Therapie beisteuern können.

64. Krankheit

Was ist Krankheit?

De facto ist es ein physischer und organischer oder ein psychischer Zustand. Die Ursache kann mangelnde Balanciertheit des Essentiellen Seins der Person sein, die sich im physischen Körper widerspiegelt. Es kann auch daran liegen, daß sich beide Zustände im psychischen Make-up der Person widerspiegeln und ein Ungleichgewicht oder eine Dysfunktion in einem Teil des Körpers oder Geistes produzieren.

Ein Mangel an Balanciertheit in einem Organismus oder bei einer Körperfunktion erzeugt eine oberflächliche physische Auswirkung. Ein Aspekt davon wird als psychosomatisch bezeichnet. Bei einem Patienten, der Symptome zeigt, die Sie als psychosomatisch diagnostizieren, werden Sie sicherlich versuchen, die Analyseverfahren, die Sie gelernt haben, anzuwenden, um diesen Zustand zu behandeln.

Es kann durchaus der Fall sein, daß dieser äußeren Manifestation des psychosomatischen Zustandes mit den konventionellen psychotherapeutischen Disziplinen, die Sie erlernt haben, beizukommen ist. Aber ergänzen Sie als einen weiteren Faktor die Anerkennung und Einbeziehung des Essentiellen Seins der Person.

Gehen Sie nicht davon aus, daß Sie keinen Kontakt zu dem Essentiellen Sein dieses Patienten herstellen könnten. Es kann allerdings sein, daß es Ihnen durch konventionelle Mittel oder konventionelle Chirurgie nicht unbedingt gelingen wird, diesen Kontakt herzustellen. Somit sollten Sie versuchen, diesen tiefen Kontakt zu entwickeln und ihn gleichzeitig zu beobachten, so wie Sie möglicherweise auch eine körperliche Untersuchung bei dem Betreffenden durchführen. Falls Sie eine Untersuchung bei dem Betreffenden durchführen, versuchen Sie zuzulassen, daß auch Ihr Sein das Sein des Betreffenden untersucht oder mit ihm kommuniziert.

Beobachten Sie, ob Sie das Gefühl haben, daß eine gewisse Unbalanciertheit vorliegt. Denken Sie daran, daß dies ein Kontakt ist, der weiterbesteht – und nicht nach dem ersten

Eindruck beendet ist. Wenn Sie es auf dieser Ebene belassen würden, können Sie irrtümliche oder falsche Signale bekommen oder zu einer falschen Analyse richtiger Signale gelangen.

Das Essentielle Sein einer Person kann unter gewissen existenziellen Gegebenheiten leiden, es kann durcheinander sein oder in einem bestimmten Kontext erschöpft oder überdrüssig sein, oder es kann unter Energiemangel leiden. Versuchen Sie, soweit es Ihnen möglich ist, das Essentielle Sein in behutsamer Weise zu analysieren. Dadurch grenzen Sie die wichtigsten Punkte ein. Versuchen Sie diese Art des Abtastens einer Person zu entwickeln.

Sie werden kaum das Essentielle Sein einer Person dahingehend in Augenschein nehmen, ob ein Beinbruch vorliegt. Im Falle eines gebrochenen Beines ist es ratsam, auf Diagnoseverfahren für Knochenbrüche zurückzugreifen. Hat der Patient tatsächlich ein gebrochenes Bein, greifen Sie hoffentlich zu Gips, Schiene und Bandage – und nicht zu einem Päckchen Tarotkarten!

Blicken Sie weder auf Ihr eigenes Essentielles Sein noch auf das einer anderen Person mit einer Einstellung oder einem Verhalten, das auch nur annähernd als feindlich oder aggressiv zu bezeichnen wäre. In bezug auf das Essentielle Sein sollten Sie nicht im geringsten den Eindruck machen oder eine Haltung einnehmen, die in irgendeiner Weise als unangenehm oder fordernd angesehen werden könnte.

Krankheit erweist sich oft als Zustand mangelnden Antriebs, sich selbst zu helfen. Der menschliche Organismus, der menschliche Körper und seine damit verbundenen psychischen Mechanismen sind sozusagen ›hungrig nach Ausgewogenheit‹. Der Organismus weiß, daß er Balance braucht, und er möchte fit und gut beieinander sein. Dies ist verständlich; niemand möchte krank sein, man möchte fähig sein, sein ganzes Sein und seinen Lebenswillen aufzubieten.

So verbinden Sie sich mit diesem Sein oder Lebenswillen und rufen beim Patienten einen Vorgeschmack davon wach, was für ein Gefühl es ist, fit und gesund zu sein. Vielleicht ist ihm der Weg abhanden gekommen, wie er sich selbst einsetzen, wie er seinen eigenen Organismus einsetzen kann, um dieses Gleichgewicht aufrechtzuerhalten. Aber er hat nicht die Fähigkeit und das Können verloren, sich selbst zu helfen, und er wird es auch nicht verlieren.

Wenn er krank ist oder ein Bein gebrochen hat, benötigt er natürlich die technische Erfahrung eines Chirurgen oder von jemandem, der das Bein richten kann. Dann mobilisiert sich der Organismus selbst für den Heilungsprozeß.

65. Mit Objekten und Symbolen der Tradition arbeiten

Die postoperative Phase umfaßt nicht nur entsprechende Pflege, Massage und weitere Faktoren wie psychologische Beratung, allmähliche körperliche Bewegung sowie richtige Ernährung – alles erforderliche Faktoren, die Ihnen bekannt sind. Darüber hinaus ermutigen Sie den Patienten, einen weiteren Faktor mit einzubeziehen, indem Sie seinen Willen zu leben, zu genesen und gesund zu werden stimulieren.

In einem bestimmten Umfang und abhängig von der jeweiligen Persönlichkeit strukturiert der Therapeut üblicherweise sein Verhalten bzw. seine Haltung einem Patienten gegenüber aufgrund seiner Erfahrung und Praxis, und natürlich reagiert er auf eine bestimmte Haltung oder auf etwas, das der Patient ausstrahlt. Aber er läßt sich davon nicht kontrollieren oder überwältigen. Er strukturiert seine Haltung wie sein Verhalten, damit sich der Patient entspannen kann, sowie um einen tragfähigen Kontakt und eine harmonische Situation und Beziehung aufzubauen. Sie wissen, daß ich das Wort Harmonie immer wieder betone!

Bringen Sie den Kontakt mit dem Essentiellen Sein in die Situation mit dem Patienten ein. Sie können beispielsweise dafür sorgen, daß ein Emblem oder ein anderer Gegenstand der Tradition im Behandlungsraum oder in der Klinik vorhanden ist. Dieses Symbol korrespondiert mit Ihnen sowie mit der Situation, und auf den Patienten übt es einen Impuls aus, ob er es nun erkennt oder nicht.

Und vergessen Sie nicht, daß es sich um einen qualitativen Impuls handelt; Sie können ein Symbol verwenden, brauchen aber nicht gleich sämtliche Wände mit Symbolen vollzuhängen. Falls Sie das aber tun sollten, ist es gut möglich, daß ein Patient wegen ›all dieser fremden Dinge‹ oder weil sie ›aus einer anderen Kultur‹ sind, auf einer primitiven Ebene defensiv oder verwirrt reagieren und sich unwohl oder unter Spannung fühlen könnte.

Wenn man zum Beispiel dabei ist, einen tragfähigen Kontakt zu einem Patienten aufzubauen, und dieser kommentiert ein Symbol, können Sie, wenn Sie meinen, daß es für seine derzeitige Verfassung nützlich ist, ihm soviel oder sowenig darüber sagen, wie Sie wollen, abhängig von seiner Einstellung oder davon, auf welche Art er fragt oder welche Frage er über dieses spezielle Symbol stellt.

Wenn er fragt: »Was ist das?«, so werden Sie ihm hoffentlich nicht antworten: »Nichts, das Sie etwas anginge!«

Weiterhin können Sie sagen, daß Sie es irgendwo gekauft oder entdeckt haben, es auch abnehmen, zur Wand herumdrehen oder es fortnehmen und das Gespräch fortsetzen. Hinsichtlich seines Vorhandenseins oder Fehlens besteht für dieses Symbol eine flexible Verbindung zur Energie. Wenn Sie wissen, daß es da ist, können Sie sich mit ihm verbinden. Wenn Sie es abnehmen, weil es den Patienten erschreckt, oder es zur Wand drehen, um ihn zu beruhigen, so wissen Sie doch, daß es da ist. Weder beeinträchtigt es den tragfähigen Kontakt zwischen Ihnen und dem Symbol noch seinen Einfluß oder Impuls auf den Patienten.

Dies gilt für jedes Symbol oder jeden Gegenstand der Tradition. Ob es ein Gegenstand ist, ein Gewand, ein *Tasbih*, ein Kelim auf dem Boden, ein Stück Material auf Ihrem Schreibtisch oder was immer in dieser Art. Auch wenn diese Dinge in sich funktional sind und Energie erzeugen, übertreiben Sie es nicht bis zum sogenannten ›Overkill‹.

Die Harmonie mit dem Patienten wird vorwiegend durch

Sie persönlich hergestellt; und sein Vertrauen und seine Hoffnung wird durch eine vernünftige, zuversichtliche Haltung, die Sie ihm gegenüber haben, bestärkt.

Übertragen Sie gleichzeitig Zuversicht und Sympathie auf sozialer Ebene; zum Beispiel, wenn der Patient von all den gerahmten Diplomen, die Sie an der Wand hinter sich hängen haben, Notiz nimmt, denn er wird auf allen möglichen Ebenen nach einer positiven Haltung von Ihnen Ausschau halten. So nutzen Sie alle möglichen positiven Faktoren, die für den Patienten Zuversicht erzeugen, und übertragen Sie Zutrauen, Kontakt und Positivität sowohl auf den oberflächlichen wie auch auf den anderen Ebenen.

Ich rate Ihnen hinsichtlich Ihrer Therapieversuche, bestimmte unwesentliche Aspekte abzulegen. Versuchen Sie den essentiellen Teil Ihrer Therapieverfahren mit dem essentiellen Teil anderer Therapieverfahren zusammenzubringen.

66. Doktor Nasrudin

Eines Tages war Nasrudin auf Arbeitssuche und dachte bei sich: »Mit welchem erfolgversprechenden Job oder welcher Arbeit ließe sich ohne viel Aufwand viel Geld verdienen?«

So spazierte er durchs Dorf und beobachtete die Käufer beim Metzger, beim Bäcker und beim Obsthändler und achtete darauf, wieviel Geld diese einnahmen.

Er sagte sich: »Der Metzger macht eine Menge Geld, aber es bedeutet schon einige Mühe, die Tiere zu kaufen und zu schlachten. Bäcker und Obstverkäufer haben ebenfalls Probleme; sie müssen früh aufstehen, zum Markt gehen, die Ware kaufen, sie säubern und herrichten.

Vermutlich wäre es das beste, einen Teppichladen zu eröffnen, denn ich mag Teppiche und verstehe etwas davon. Und außerdem ist es sehr bequem, sich auf den Teppichstapeln auszustrecken und darauf zu schlafen!«

So kam er zu dem Entschluß, ein Teppichgeschäft zu eröffnen, und ging darauf in ein Café, um mit seinen Freunden Tee zu trinken. Er sagte zu ihnen: »Nun, wißt ihr, Handel ist etwas Wundervolles, und gute Objekte zu kaufen und verkaufen ist eine gute Sache, man kann ein gutes Einkommen daraus beziehen!«

Jemand sagte zu ihm: »Ja, aber weißt du, gesellschaftlich gesehen ist ein Beruf wie Arzt, Anwalt, Zahnarzt oder Architekt anerkannter und gilt als sehr viel bedeutender, so daß die Leute deine Meinung respektieren und zuhören, wenn du sprichst, und wenn du gut in deinem Beruf bist, kannst du obendrein ein gutes Einkommen verdienen.«

Als Nasrudin nach Hause ging, dachte er bei sich: »Doktor Nasrudin – das klingt gut!«

Am folgenden Tag ging er wieder in die Stadt, suchte Ärzte, Rechtsanwälte, Zahnärzte, Architekten und andere Leute mit derartigen Berufen auf und stellte fest, daß sie eine Menge Clubs hatten. Er ließ sich nun als Therapeut nieder und fragte an, ob er dort beitreten könne.

Darauf erhielt er folgende Antwort: »Das ist zwar eine gute Idee, an der nichts auszusetzen ist, aber es gibt ein beträchtliches Problem, das unserer Ansicht nach nicht das erforderliche Vertrauen im Patienten aufkommen läßt, denn in dem Rahmen hinter dir an der Wand hängt unglücklicherweise das Bild deines Esels!«

67. Selbstschutz und Abwehrkräfte

Ich möchte kurz auf ein paar Punkte eingehen, die sowohl mit Aspekten und Haltungen in der Tradition zu tun haben als auch mit Fragen, die mir unlängst gestellt wurden und deren Beantwortung für jeden wertvoll und nützlich sein kann.

Die erste Frage betrifft den Kontakt mit Patienten im Endstadium sowie deren Pflege und Behandlung. Zu dieser Kategorie kann man auch die Menschen zählen, die psychisch oder physisch ernsthaft gestört sind.

Wenn es um die normale Pflege und Fürsorge geht, kennen sich die meisten von Ihnen damit aus, was in technischer Hinsicht zu tun ist. Aber wie gehen Sie mit der Situation um, die in Ihnen selbst entsteht? Wenn Sie das Krankenhaus verlassen, bleibt der Patient dort; Sie aber gehen und nehmen die Gefühle und Empfindungen, die in diesem Kontakt entstanden sind, mit. Das kann durchaus schwierig und emotional beunruhigend sein; besonders dann, wenn man einen Kontakt der Sympathie mit diesem Individuum aufgebaut hat. Dies kann passieren, selbst dann, wenn Sie sich bemühen, einen gewissen Abstand zwischen sich und dem Patienten einzuhalten.

Auch wenn es anders wirken mag, so bleibt die Auswirkung der negativen oder emotionalen Situation, die im Therapeuten entsteht, nur an der Oberfläche. Sie kann sehr stark und sichtbar sein, aber ich bezeichne sie als oberflächliche Auswirkung, weil sie nicht bis in die tieferen Schichten des Seins einer Person vordringt.

Eine Person hat verschiedene Schutzmechanismen gegen diese Emotion oder Negativität. Einer besteht darin, daß sie in Kontakt mit der Tradition ist, sie wird durch den Einfluß, der von ihrem *Dhikr* oder *Sirr* erzeugt wird, geschützt und auf eine sehr greifbare und faßbare Weise durch ihr *Tasbih* und ihren Kristall.

Es gehört zu den Funktionen des *Tasbihs*, das Negative einer Person, die es benutzt, zu beseitigen. Die negative Ladung oder negative Energie verbleibt nicht im *Tasbih*, sie wird durch Kontakt zerstört. Dasselbe gilt für den Kristall. Das *Tasbih* oder der Kristall empfangen, identifizieren und zerstören sie. Daher kann man diese benutzen, wenn man durch einen Kontakt emotional beunruhigt ist, und gleichzeitig kann man für sich das *Dhikr* oder *Sirr* rezitieren.

Eine sogar noch einfachere Technik besteht darin, die Negativität über einen natürlichen Gegenstand, der mit der Erde verbunden ist, abzuleiten. Man kann dazu Stein oder Holz benutzen; eine Steinmauer oder eine Holzwand, und diese emotionale, nervöse, negative Ladung wird absorbiert.

Gewiß bleiben im visuellen oder gegenwärtigen Gedächtnis Spuren dieser Negativität. Diese Ladungen oder Impulse können größer oder kleiner sein, je nach dem eigenen Verhältnis zu dem Patienten und wie sehr man sich mit ihm identifiziert hat. Womit ich Ihnen weder rate, Ihre sehr menschlichen Gefühle von Sympathie aufzugeben oder zu ändern, noch ermutige ich Sie dazu, wie Stein zu werden; ich spreche lediglich über Negativität und zeige Ihnen Techniken, wie sich Negativität ableiten läßt.

Dieselben Techniken gelten, wenn jemand mit einem unheilbar kranken Patienten oder einer psychisch äußerst gestörten Person zu tun hat. Therapeuten können nicht nur die negative Ladung eines Patienten ableiten – sie sollten dies auch tun. Und sie können Positivität erzeugen und dem Patienten übertragen – und sollten dies auch tun.

Solche Taktiken und Techniken sind nicht nur nützlich, man sollte sich ständig darin üben und sie benutzen – ohne zu zögern und sich zu fragen, ob es richtig ist oder wann man es tun sollte.

Es ist sinnvoll, ständig im Kontakt zum Organismus zu sein, wobei ich in diesem Zusammenhang den kosmischen Organismus meine. Der kosmische Organismus ist nichts Abstraktes, er ist so weit, daß er die ganze Schöpfung umfaßt und daß die meisten Geschöpfe nur die Teile oder Einflüsse wahrnehmen, die unmittelbar auf sie einwirken. Ein derartiger Kontakt kann entwickelt werden, wenn auch mit Anstrengung.

Die Granada-Therapie, deren grundlegende Wahrheiten auf der Tradition beruhen, wird durch diejenigen geformt, die in allen Aspekten des Heilungsprozesses bewandert sind. Dies wird deutlich und unmißverständlich nach einem Pakt zwischen Patient und Therapeut verlangen; einem Pakt, der ein positives Verbindungsglied zwischen beiden schmiedet und durch den ein positiver Energiefluß weitergegeben werden kann, der von beiden auf das Problem gerichtet werden kann.

Dem Patienten muß gezeigt werden, wie er in Anbetracht dessen, daß seine geistige oder physische Krankheit bzw. Unbalanciertheit der Feind ist, die natürliche körpereigene Abwehr mobilisiert. So brutal und unnachgiebig der Feind auch sein mag, er kann besiegt werden, und er wird besiegt werden!

68. Auf den Körper hören

Wenn wir unsere Therapeuten darin bestärken, bestimmte Aspekte der Granada-Therapie zu verwenden, müssen sie auch wissen, was sie tun. Im derzeitigen Stadium wird es uns nicht möglich sein, daß wir Ihnen alle Aspekte in ihrem vollen Umfang zugänglich machen. Auch wenn nicht einmal sechzig Prozent möglich sein werden, können wir Ihnen doch zumindest eine Basis geben, auf der Sie aufbauen können und die Ihnen ermöglicht, die Techniken, die Methoden und die Energie der Tradition in Ihren eigenen therapeutischen Disziplinen anzuwenden. Ab einem bestimmten Punkt müssen Diskussion und Forschungsarbeit in die Praxis umgesetzt werden. Natürlich gibt es immer bestimmte Gebiete reiner Forschungsarbeit; um zum Beispiel ein Forschungsprojekt durchführen zu können, müssen Informationen angesammelt werden, aber selbst hierbei besteht das Ziel darin, Informationen zu besorgen, damit sie dann in der Praxis verwendet werden können. In unserem Fall bedeutet dies, daß es uns befähigt, die Granada-Therapie wissentlich anzuwenden, d. h., daß die Betreffenden wissen, daß Sie sie anwenden und was Sie im einzelnen dabei tun. Andererseits ist es sehr wohl möglich, daß im Verlauf einer Therapie oder Aktivität verschiedene Elemente der Tradition verwendet werden und Sie nicht genau sagen können, welche nun zum Erfolg geführt haben.

Abhängig vom physischen und psychischen Gesundheitszustand des einzelnen werden Sie ihn mit einer bestimmten Absicht und Haltung behandeln. Während oder nach der Behandlung sollten Sie sich einen genauen Überblick über das, was getan wurde, verschaffen, indem Sie sich selbst Fragen stellen wie: »Hat dieser spezielle Aspekt, den ich angewandt habe, angeschlagen? Hat er eine Besserung herbeigeführt?«

Denn wenn Sie verschiedene Aspekte und Techniken gleichzeitig anwenden, kann es Verwirrung geben. Deshalb befassen wir uns hier mit sehr spezifischen Angelegenheiten, und unsere Terminologie muß präzise sein. Eines der Hauptthemen dieses Kongressen heißt: ›Auf den Körper hören und der Umgang mit dem Essentiellen Sein‹.

Der menschliche Körper an sich ist nicht still. Wie jeder von uns weiß, sendet er physische Signale aus, die leicht meßbar sind, wie z. B. Pulsschlag, Körpertemperatur und Atemrhythmus; alles Signale, über die der Körper mit Ihnen kommuniziert. Ein Therapeut wird bei der Untersuchung seines Patienten auf diese herkömmlichen Signale achten. Und darüber hinaus gibt es weitere Untersuchungsmethoden, wie über Ultraschall, Röntgenuntersuchungen oder Kameras, die den Schlund hinunter geführt werden, um nur einige zu nennen.

Bei all diesen Untersuchungen handelt es sich im Grunde um Kommunikationsmethoden zwischen Arzt und Patient, die aber ebensogut zwischen einer Person und ihrem eigenen Sein stattfinden können. Schließlich sendet jeder Teil des menschlichen Körpers unentwegt über die Nervenimpulse Signale. Wenn bestimmte Nervenstränge einen Schmerz signalisieren, wird dieses Signal aufgenommen, die Quelle des Schmerzes identifiziert, und dann schauen wir nach der Ursache für diesen Schmerz. Es bedeutet, daß eine Kommunikation vermittels eines Signals stattfindet.

Was den physischen Zustand anbelangt, so gibt es im menschlichen Organismus ein nahezu perfektes Kommunikationssystem, was aber nicht heißt, daß Sie ausgeklügelte Diagnosetechniken wie Röntgenstrahlen, Ultraschall und dergleichen ignorieren sollen. Es geht lediglich darum, daß Sie daran arbeiten sollen, dieses natürliche Kommunikationssystem anzunehmen und weiterzuentwickeln.

Der Körper bzw. der Organismus ist sehr stark an der Gesundheit seines eigenen Systems interessiert – und das Essentielle Sein, das in diesem physischen Körper existiert, ist genauso interessiert an der Gesundheit dieses Körpers wie der Körper selbst. Auf den Körper hören bedeutet, daß man mit den herkömmlichen Untersuchungsmethoden beginnt, diese dann aber erweitert, indem man verstärkt das Fühlen und Spüren einbezieht.

69. Kommunikation mit dem Essentiellen Sein

Bestärken Sie den Organismus, bestärken Sie den Körper darin, sich mitzuteilen. Gleichzeitig müssen Sie aber auch das Essentielle Sein überreden und überzeugen, daß Sie tatsächlich auch hinhören und darüber hinaus zu tieferer Kommunikation bereit sind. Führt man diese Kommunikation verstärkt mit sich selbst, wird es einem gelingen, viele der geistigen Verwirrungen, über die die Menschen klagen, zu erkennen.

Auf einer tiefen Ebene ist das Essentielle Sein eine sehr private Angelegenheit. Zwar wurden auf den Gebieten von Psychologie und Psychiatrie Methoden entwickelt, mittels derer sich bestimmte verschlossene Bereiche öffnen lassen, trotzdem wird das Essentielle Sein zuweilen seine eigene Sphäre so stark verteidigen, daß eine Therapie den gegenteiligen Effekt haben kann. Aus diesem Grund ist es zum Beispiel wichtig, das Essentielle Sein davon zu überzeugen, daß Sie ihm tatsächlich zuhören und ihm wirklich helfen wollen. Diese Kommunikationsmethode kommt dann zum Tragen, wenn ein Essentielles Sein mit dem Essentiellen Sein eines anderen kommuniziert.

Wie überzeugen Sie Ihr eigenes Essentielles Sein oder das einer anderen Person davon, daß es so in Sicherheit ist, daß es Ihnen sein Geheimnis anvertrauen kann?

Sobald das Essentielle Sein einer Person mit dem Essentiellen Sein einer anderen Person in tiefe Kommunikation tritt, entsteht ein Bereich völliger Sicherheit; man spricht auf einer völlig anderen Sprachebene. Beide Essentiellen Seins besitzen den gleichen Wertmaßstab. In der Therapie ist diese Art des Kommunizierens am allerwertvollsten, denn sie spart Zeit, Anstrengung und Energie. Ein weiterer Vorteil ist, daß bei einer Kommunikation von innerem Sein zu innerem Sein eine bestimmte Energie ausgetauscht werden kann, die derart ist, daß sie das Essentielle Sein des Senders wie des Empfängers in Ordnung bringen und ändern kann.

Fast jeder hat schon einmal die Erfahrung gemacht, daß, nachdem er ein paar Minuten mit jemandem gesprochen hat, sich das Gefühl einstellt, daß da jemand ist, der einem helfen kann, der einem guttut, dem man vertrauen kann. So etwas passiert häufig durch eine Form von gedanklichem Kontakt – damit ist nicht Telepathie gemeint, sondern etwas viel Tiefergehenderes, Stärkeres und Wertvolleres. Dies kann sich zum Beispiel ereignen, wenn zwei Personen ein Thema gemeinsam studieren oder ein Gespräch miteinander führen – und plötzlich hat sich Harmonie eingestellt. Dies geschieht als eine Art unfreiwilliger Harmonie, die man aber auch selbst herstellen oder bewirken kann.

Dies kann sich zwischen Therapeut und Patient ereignen – unter der Voraussetzung, daß man Umstände schafft wie z. B. eine bestimmte Umgebung, Farbe – eben all die bereits erwähnten Faktoren im therapeutischen Kontext, die solch eine Art Kontakt begünstigen. Auch Ihre eigene Einstellung als Therapeut kann hilfreich sein; zum Beispiel, wenn Sie die Auffassung haben, daß Sie dieser betreffenden Person helfen wollen, glauben, dies zu können, und wissen, daß es möglich ist. Vergegenwärtigen Sie sich diese Absicht vor der Therapiestunde, und seien Sie sich dessen auch während Ihres Kontaktes während der Therapie bewußt. Sie müssen an sich selbst glauben!

Ein Patient, der therapiebedürftig ist, befindet sich psychisch wie körperlich in einem Zustand der Unbalanciertheit, und in diesem recht defensiven Zustand kann es leicht passieren, daß er Unruhe oder Spannung von Ihnen aufnimmt. Als professionelle Therapeuten verfügen Sie über Wissen, über Techniken und verstehen es, mit Patienten umzugehen. Auf den tieferen Ebenen jedoch forcieren Sie nicht, sondern leiten lediglich weiter – genauso wie bei einem *Dhikr* oder einer Übung in der Tradition.

Wenn Sie eine Übung oder ein *Dhikr* machen, tragen Sie vermutlich ein Gewand, sitzen in einer speziellen Position, und während Sie das *Tasbih* benutzen, wiederholen Sie ein Wort oder eine Wendung. Diese Ihre Absicht erzeugt oder beeinflußt das Umfeld und zieht Energie an. Während dieses Prozesses empfangen, produzieren und arbeiten Sie auf immer tieferen Schichten mit der vorhandenen Energie. Während Sie Ihre Übung oder ein *Dhikr* machen, befinden Sie sich in Kommunikation mit Ihrem Essentiellen Sein und zeigen ihm, daß Sie etwas für sich tun. In dieser Situation arbeiten Ihr physisches und Ihr Essentielles Sein harmonisch zusammen.

Wenn jemand ärztliche Behandlung braucht oder therapiebedürftig ist, dann weiß er das. Die Ursache für seinen körperlichen oder seelischen Zustand ist möglicherweise wohlverborgen, sogar vor ihm selbst. Das Essentielle Sein aber weiß exakt, wo die Unbalanciertheit und das Problem liegen, denn es empfängt und wacht über selbst die feinsten Signale jedes einzelnen Nervs. Eine Drüse, die nicht funktioniert, ein jedes Tröpfchen, der leiseste Anstieg von Blutkörperchen – das Essentielle Sein einer Person hat es binnen Bruchteilen von Sekunden registriert. Und wenn Sie eine Übung machen oder Energie produzieren, empfangen oder verarbeiten, weiß Ihr Essentielles Sein genauso über jedes Bruchteilchen Energie Bescheid.

Kontakt mit dem Essentiellen Sein herzustellen, aufrechtzuerhalten und weiterzuentwickeln ist eine beständige Aktivität. Es ist an Ihnen, Ihr Essentielles Sein bzw. das einer anderen Person davon zu überzeugen, daß Sie es sind, der über diesen Austausch wacht. Falls Sie das seltsam finden, da es doch der menschliche Körper ist, der das Essentielle Sein in sich birgt und somit wohl wissen sollte, daß der Körper über diesen Kontakt und diesen vertraulichen Austausch wacht, denken Sie daran, daß das Essentielle Sein auch Zeuge ist all der Mißbräuche, Dummheiten und was dergleichen das körperliche Sein und die sogenannte Intelligenz noch alles anstellen. Außerdem muß das Essentielle Sein sicher sein können, daß jedes Signal, das es aussendet, auch richtig verstanden wird und daß dann dementsprechend gehandelt wird.

»Welches Signal soll ich denn senden? Wovon und wie oft? Will mein Gehirn tatsächlich wissen, daß gerade zwei Blutkörperchen in meinem linken Fuß abgestorben sind und daß drei weitere in meinem rechten Arm nicht besonders gut beieinander sind?«

Die Antwort auf all diese Fragen ist recht einfach, denn Ihre

Kommunikation ist auf Notwendigkeiten, Dringlichkeiten und dem Bedürfnis, etwas zu wissen, gegründet und nicht auf dem Alles-oder-nichts-Prinzip. Das Essentielle Sein übernimmt nicht die niederen Funktionen, die der menschliche Organismus für gewöhnlich selbst ausführen kann. Es benutzt diese, aber auf andere Art und Weise. Wenn z. B. jemand Musik hört, deren Klang angenehm ist, erzeugt das in ihm eine gewisse Ruhe und Harmonie. Es ist bekannt, daß die Verwendung von Musik in der Tradition weit verbreitet ist, denn – wie man bei uns sagt: »Wir wissen, daß es Ohren innerhalb der Ohren gibt«.

Was wir uns von der Kommunikation mit dem Essentiellen Sein versprechen, ist, daß es uns wissen läßt, wann oder wie etwas zu tun ist bzw. wie es besser getan werden kann oder wie sich die herkömmlichen Gefühle auf andere Art und Weise empfinden oder analysieren lassen.

Viele dieser Methoden oder Angelegenheiten, die ich hier erwähnt habe, sind in der Therapie bereits wohlbekannt. Neu daran ist, daß Sie sich mit der Energie der Tradition viel präziser und konzentrierter auf das, was Sie tun, einstellen können. Aber sagen Sie nicht: »Ich bin in der Tradition, also werde ich Rückhalt bekommen!« Sagen Sie lieber: »Ich werde meine Arbeit tun, und es wird funktionieren. Ich werde schon dafür sorgen, daß es klappt!« Ebenso verhält es sich mit dem Hinhören, auch das verfeinert sich und wird präziser.

An diesem Punkt möchte ich Ihnen vorschlagen, darüber nachzudenken und untereinander zu diskutieren, wie Sie dies in Ihren eigenen Methoden und therapeutischen Richtungen anwenden können. Dem einen oder anderen mag das schwierig vorkommen, und vielleicht fragt er sich auch, wie er das bewerkstelligen soll, da er sich nicht ganz sicher ist, ob er sein Essentielles Sein kennt. Diese Frage wird oft an diesem Punkt gestellt, und die Antwort darauf lautet: Sie müssen darauf vertrauen, daß es da ist, es erfahren und es ausreichend kennenlernen. Das eigene Essentielle Sein in seinem vollen Umfang kennenzulernen ist eine Lebensaufgabe, und mehr als das. Während man sich um das eigene Sein bemüht, entdeckt man zunehmend mehr darüber. Warten Sie nicht auf den Punkt, an dem Sie sagen könnten, daß Sie Ihr Essentielles Sein ganz begriffen haben. Lernen Sie es besser kennen, damit Sie sich besser mit ihm verständigen können. Überzeugen Sie Ihr Essentielles Sein, daß Sie über es wachen, und bringen Sie es dazu, seine Geheimnisse mit Ihnen zu teilen. Überzeugen Sie es, daß Sie diese Geheimnisse sinnvoll nutzen – und ohne sich ihrer zu brüsten oder sie preiszugeben. Diese Entdeckungen, die so überraschend wie unerfreulich sein können, sind etwas sehr Persönliches, das Sie für sich behalten sollten, auch wenn Sie den Wunsch verspüren, sie einer Vertrauensperson mitzuteilen.

Denjenigen unter Ihnen, die die *Naqshbandi*-Regeln kennen, wird auffallen, daß dieses Thema auch dort behandelt wird. In der therapeutischen Situation gehen Sie noch einen Schritt darüber hinaus: Während Sie die ›Reise in sich selbst‹ unternehmen und sich selbst sowie Ihr Essentielles Sein besser kennenlernen, nehmen Sie Kontakt zu dem Essentiellen Sein des Patienten auf und harmonisieren sich mit ihm.

Zuhören und Reden sind beides aktive Vorgänge, die als Vorwand für Zeitvergeudung dienen oder auch sinnvoll angewandt werden können. Wir sind in der Tradition, um auf aktive, nicht auf passive Art und Weise zu handeln. Wenn jemandem ein Bereich bekannt ist, auf dem Arbeit erforderlich ist, gibt es für ihn keine Entschuldigung für Faulheit oder Untätigkeit.

Wenn es Ihnen gelungen ist, guten Kontakt mit dem Essentiellen Sein des Patienten herzustellen, wird dieser ähnlich variabel sein, wie sich ja auch Ihr Verhalten nach außen ihm gegenüber, also die Art, wie Sie mit ihm sprechen, ihn berühren oder behandeln, den Umständen entsprechend ändert. Manchmal werden Sie sanft mit ihm reden und ihn darin bestärken, etwas zu tun, ein andermal werden Sie forscher in Ihren Instruktionen sein. Ihre Haltung ändert sich entsprechend der Situation, die Sie ständig beobachten.

Genauso erfolgt eine Aktivität nach einem ähnlichen Muster, aber mit einem deutlichen und wertvollen Unterschied:

Wenn Sie erst einmal an der Oberfläche eine vernünftige und professionelle Beziehung mit dem Patienten hergestellt haben, versuchen Sie, im selben Moment auch den Kontakt von Sein zu Sein herzustellen. Dazu können Sie einen Text, eine Farbe oder einen Gegenstand der Tradition benutzen, den Sie anfassen können oder der physikalisch im Raum vorhanden ist. Auf gewisse Weise wird dieses Objekt, diese Farbe oder dieses Buch eine Strömung durch Ihr Essentielles Sein aussenden und Kommunikation mit dem Essentiellen Sein des Patienten bewirken.

Diese Verbindung bleibt während des Verlaufs der Therapiesitzungen bestehen. Wenn der Therapeut einen Kontakt zwischen der Farbe bzw. dem Gegenstand, sich selbst sowie dem Patienten hergestellt hat, ist es nicht erforderlich, daß er das beständig kontrolliert oder erneuert. Der Patient braucht sich des Gegenstandes, des Instrumentes oder der Farbe nicht bewußt zu sein. Für Sie genügt es, wenn Sie sich dessen bewußt sind. Sie wissen, wie es funktioniert, und können es weitergeben.

70. Das Energiereservoir

Ein weiterer wichtiger Faktor, der zu dem bereits erwähnten Thema der ›Kommunikation in der Form des Zuhörens und Redens‹ gehört, ist die Beobachtung. Es ist selbstverständlich für jeden Therapeuten, daß er, um zu einer Diagnose zu gelangen und auch um in seiner Behandlung Fortschritte feststellen zu können, vor der Behandlung wie auch danach sorgfältige Beobachtungen durchführt.

Ich empfehle, in diese Beobachtungen einen bestimmen Aspekt mit aufzunehmen, nämlich eine Beobachtung vom Standpunkt anderer therapeutischer Richtungen aus. Vielleicht kommt Ihnen das recht schwierig vor, weil Sie praktischer Arzt oder Psychiater sind und sich nun fragen, wie Sie es anstellen, einen Patienten mit den Augen des Chirurgen oder Diätassistenten zu betrachten. Oder falls Sie sich jetzt fragen, ob von

Ihnen verlangt wird, all die anderen Disziplinen auch zu erlernen – die Antwort darauf lautet natürlich nein, denn dies wäre sowohl verwirrend aus auch zu zeitaufwendig.

Mein Vorschlag ist, daß Sie zu dem Reservoir an Wissen, das hier unter den anwesenden Therapeuten vorhanden ist, Verbindung aufnehmen und diese aufrechterhalten. Wir haben unsere Berichte, Arbeitspapiere und Archiv-Materialien, die verfügbar sind, aber ich meine ein anderes Reservoir, eine andere Quelle dieses Wissens und dieser Erfahrung: Seit 1982, seitdem wir mit der Entwicklung der Granada-Therapie begonnen haben, habe ich ein spezielles Energiereservoir eingerichtet, das von den Therapeuten der Tradition genutzt werden kann. Um den Kontakt zu diesem Reservoir herzustellen und davon zu profitieren, müssen Sie wissen, glauben und fühlen, daß es vorhanden ist.

»Aber wie soll ich das bewerkstelligen? Ist es, wie eine Telefonnummer zu wählen oder ein Fax zu bekommen?«

»Nein.«

Wenn Sie sich in der bestimmten Lage oder der therapeutischen Situation, in der Sie sich befinden, Ihre Intention vergegenwärtigt haben, richten Sie Ihre Aufmerksamkeit auf dieses Reservoir und stellen dazu Kontakt her. Das ist weder Magie, noch heißt es, daß Ihnen ein vollständiges Bild übermittelt wird, wie z. B. das unmittelbare neurologische und anatomische Wissen jedes einzelnen der hier anwesenden Therapeuten.

Alles, was Sie zu wissen und durch diesen Kontakt zu erfahren brauchen, ist, wie sich das in dem Reservoir enthaltene Wissen auf die vorliegende Situation oder Ihren derzeitigen Patienten anwenden läßt.

Wie gewinnen Sie Zugang zu diesem Wissen, und in welcher Form arbeitet die Energie, die aus diesem Reservoir stammt? Auf der Ebene feiner Andeutungen. Nicht kategorisch: »Sie werden jetzt folgendes tun...!«, sondern in Form eines Gefühls oder einer Andeutung, die besagt, daß Sie diese Methode oder jenen Aspekt befolgen sollten.

Bevor Sie mit Ihrer therapeutischen Tätigkeit beginnen, sei

es auf dem Gebiet der konventionellen oder auf dem der ganzheitlichen Medizin, wiederholen Sie sich Ihre Intention. Dann warten Sie nicht auf eine plötzliche Eingebung, sondern beginnen Ihre Tätigkeit und führen sie so gut aus, wie Sie können – und wenn Sie den Kontakt aufgenommen haben, sollten Sie spüren, daß die Energie zu Ihnen kommt. Aber warten Sie nicht ab, bis sich das Gefühl einstellt, denn manchmal ist es offensichtlicher als ein anderes Mal – fahren Sie einfach mit Ihrer Tätigkeit fort.

Möglicherweise beginnen Sie mit einer bestimmten Tätigkeit, machen dann aber, sei es aufgrund von Wissen, Erfahrung oder Intuition, mit einem anderen Faktor oder einer Abwandlung der momentanen Technik weiter. Vergessen Sie nicht, daß Sie ständig auch ein Auge auf sich selbst haben und sich selbst ebenso beobachten und prüfen wie die Beziehung zwischen Ihnen und dem Patienten!

Die Intensität des Kontaktes variiert ebenso von Situation zu Situation wie die Energiemenge, die Sie erhalten. Auch die Qualität und die Art der Energie, die Sie erhalten, variiert entsprechend der Zeit, der Situation und dem Patienten. Schließlich sind die Faktoren einer Patienten-Therapeuten-Situation jedesmal und in jeder Hinsicht ein wenig unterschiedlich: Die Zeit ist anders; das Heute unterscheidet sich vom Gestern, der Patient ist ein wenig anders, und ebenso auch Sie.

Dies bedeutet, daß es immer leichte Abwandlungen hinsichtlich der Art der Energie oder der jeweiligen Tätigkeit gibt. Die Art und Menge der Energie stellt sich von selbst ein, und zwar auf exakt dieselbe Art und Weise, wie Ihnen die Energie der Tradition zugänglich ist, wenn Sie ein *Dhikr* oder eine Übung machen: Sie richtet sich genau danach, wie gut Sie sie nutzen können.

Beobachtung ist wichtig, denn Sie beobachten die Situation, den Patienten und sich selbst von so vielen Seiten wie nur möglich. Selbstbeobachtung ist wichtig, aber nicht in selbstkritischer oder abwehrender Weise, sondern zuversichtlich: »Wie gut mache ich es?« Machen Sie sich bewußt, daß die Energie da ist, daß sie benutzt werden kann und daß Sie sie nutzen können. Geben Sie dieses Gefühl der Zuversicht auf konventionellen Wegen an den Patienten weiter, und erhalten Sie gleichzeitig die Kommunikation von Ihrem Essentiellen Sein zu seinem Essentiellen Sein aufrecht.

Um jeglichem Mißverständnis vorzubeugen, will ich betonen, daß Sie, wenn Sie mit diesem Energiereservoir in Kontakt sind, weder plötzlich ›ein anderer‹ sind noch zu einer Art Marionette oder Instrument werden. Sie sind Sie selbst – allerdings funktionieren Sie ein kleines bißchen besser.

Dieses Energiereservoir wurde eingerichtet, und Teil Ihrer Aufgabe ist es, diesem Reservoir Techniken, Aspekte und Details hinzuzufügen. Dies geschieht durch Ihre therapeutischen Meetings und auch als Individuum, wenn Sie sich Ihre grundlegende Intention wiederholen und als Absicht hinzufügen, daß Sie wollen, daß diese Erfahrung, Technik oder Methode in das Reservoir an therapeutischem Wissen aufgenommen wird.

Die Energie, die in diesem Reservoir vorhanden ist, hat zwei verschiedene Qualitäten. Eine nennen wir farblos, d. h. eben ohne Farbe oder Spezifizierung, was bedeutet, daß sie für jede Therapieform verwendet werden kann. Die andere Form der Energie ist farbig, was bedeutet, daß sie gemischt und spezifisch ist. Ihre Funktion besteht darin, Sie bei Ihrer speziellen Therapie zu bestärken und Ihnen durch feine Andeutungen zu zeigen, daß sie anwesend ist.

Was bedeutet das Vorhandensein dieses Reservoirs? Es bedeutet, daß jeder Therapeut zugleich auch Repräsentant all der anderen Therapien der Tradition ist, d. h., daß er für all jene steht, die er bereits kennt, wie auch für die, die er nicht kennt. In der gegebenen Situation wird dann die gesamte Energie durch die jeweilige Person in einem bestimmen Augenblick wie durch einen Kanal übertragen. Daran ist nichts dramatisch, es treten dadurch auch keine ›plötzlichen und unerwarteten‹ Heilungserfolge ein, aber es bedeutet, daß Ihnen in der therapeutischen Situation ungezählte Handlungsmöglichkeiten zur Verfügung stehen. Das soll Sie aber nicht in Verwirrung stürzen oder Sie von dem abbringen, was Sie tatsächlich am besten können. Wenn Sie Chirurg sind und einen

Blinddarm zu operieren haben, wäre es uneffektiv, wenn Sie es in dem Fall mit Techniken aus der Osteopathie versuchten.

Offen zu sein und Zugang zu haben zu all diesen Techniken ist etwas anderes als sich verwirren zu lassen, weil es Ihnen ›zu viele‹ Techniken sind. Aus diesem Grund ist es auch so notwendig, daß Sie sich untereinander soviel wie nur möglich über Therapiemethoden austauschen. So ist es zum Beispiel für einen Chirurgen nicht nur nützlich, sondern absolut notwendig, über präoperative wie postoperative Methoden Bescheid zu wissen.

Als Therapeut haben Sie eine weitere Aufgabe, die ein wenig über den Rahmen Ihrer professionellen Funktion hinausgeht: Da Ihr Kontakt mit der Tradition auch Auswirkung auf Ihre Familie und die Gesellschaft hat, ist Ihre gesellschaftliche Wirkung und Verantwortlichkeit ebenfalls von Bedeutung. Sie müssen in der Lage sein, auf jede erdenkliche Frage, ob Sie Ihnen nun von Patienten oder anderen Personen gestellt wird, zu antworten.

Ich weise deshalb darauf hin, weil die Mehrheit der Personen, die in der einen oder anderen Form therapiebedürftig sind, eine erhöhte Wahrnehmung hat. Diese Wahrnehmung basiert auf ihrem Selbsterhaltungsdrang, und sie sind sehr schnell dabei, eine positive Qualität beim Therapeuten zu erkennen. Es ist gut möglich, daß der Patient es so formuliert: »Ihre Gesprächsführung, Ihre Methoden oder Techniken sind etwas anders als die, die ich bisher kennengelernt habe«, denn in diesem Moment ist die Wahrnehmung sehr scharf. Und abhängig von Ihrer Antwort kann er ermutigt werden und Kraft bekommen oder tief erschreckt werden. Wenn Sie nun jemand fragt, können Sie es ihm, da Sie ihn kennen, auf eine Art und Weise erklären, die ihm Mut macht und ihn nicht ängstigt. Zum Beispiel können Sie ihm ganz einfach sagen, daß Ihre Techniken etwas anders sein mögen, da Sie beabsichtigen, ihn zu heilen.

Wenn Sie in vernünftigem Maß Vertrauen zu sich selbst haben – kein übertriebenes Selbstvertrauen, sondern das Gefühl, daß Sie zum Wohlergehen dieser Person beitragen können –, dann sollten Sie das auch auf allen möglichen Ebenen ausstrahlen. Es ist auch wichtig, daß Sie stets ein Auge auf Ihre eigenen Gefühle und Ihr Tun haben – auf eine zuversichtliche und nicht auf feindselige oder kritische Art und Weise. Denn auch durch wohlwollende Beobachtung wird positive Energie übertragen, während durch Kritik und Zweifel negative Impulse übertragen werden. Der Kontakt und die Beziehung zum Patienten sollten auf bestimmten positiven Grundfaktoren aufbauen, die im Verlauf der Therapie abhängig vom Zustand des Patienten und entsprechend der Signale, die Sie erhalten, modifiziert werden können.

Dies ist ein etwas schwieriges Gebiet, denn nicht immer ist es angebracht, daß Sie dem Patienten erklären, daß Sie Zugang zu einer speziellen Energie haben, denn es könnte ihn verschrecken oder verwirren. Trotzdem sollten Sie ihm vermitteln, daß er mit etwas Neuem und Nützlichem in Kontakt kommt; z. B. können Sie ihm sagen, daß es sich um eine sehr reine, unmittelbare und spezifische Therapie handelt, die das Ergebnis beträchtlicher Studien und Diskussionen ist. Aber wie Sie ihm das letztendlich vermitteln, hängt von der jeweiligen Person ab. Es ist an Ihnen, den Patienten zu überzeugen, daß Sie an ihm ebenso als Mensch interessiert sind wie auch daran, ihn zu heilen. Er hört zu, sein Essentielles Sein hört zu. Sie reden, Ihr Essentielles Sein spricht zu ihm. Das Wort, das Sie zu jedem Zeitpunkt und in jeder Phase einer therapeutischen Situation im Sinn haben sollten, ist ›wachsam‹. Seien Sie wach und aufmerksam für das, was andere sagen und was Ihr Essentielles Sein sagt. Seien Sie wach und aufmerksam dafür, wieviel und welche Form von Energie Sie zurückbekommen. Seien Sie wach und aufmerksam für Ihre eigenen Beobachtungen. Alle diese Wahrnehmungsbereiche sollten in Form einer umgekehrten Pyramide zusammengefaßt werden und sich in Aktivität und Handeln verwandeln.

Es ist an Ihnen, die Granada-Therapie auszuüben, denn es handelt sich um keine abstrakte Theorie, und sie funktioniert nicht in einem Vakuum.

71. Präzision

Sie sind Teil der therapeutischen Situation und haben Zugang zu einem Reservoir an therapeutischer Energie, das von der Tradition zur Verfügung gestellt wird. Stellen Sie sich dies als ein Dreieck oder eine Gleichung vor. Als Eckpunkte des Dreiecks haben Sie den Therapeuten, den Patienten sowie an der Spitze des Dreiecks die Tradition.

Eine Gleichung ist per Definition etwas Überschaubares, Handhabbares, das eine festgelegte und starre Form hat. Um umfassend von dieser verfügbaren, zusätzlichen Energie profitieren zu können, müssen Sie zunehmend in klaren und präzisen Begriffen denken, denn es handelt sich um eine präzise Energie, die auch nur auf präzise Weise verwendet werden kann. Die Gleichung besteht aus dem Therapeuten plus dem Patienten plus der Methode plus der Energie und sollte als Ergebnis allseitigen Nutzen – oder Gesundung – bringen. Das Ergebnis der Gleichung $A+B+C=X$ hängt davon ab, wie effektiv Sie funktionieren und wie gut der Patient auf Ihr Funktionieren reagiert. Wenn Ihre Arbeitsweise aber dergestalt ist, daß Sie mit einem ungefähren A plus einem präzisen B plus einem auf Hörensagen beruhenden C rechnen, wird das nicht funktionieren. Sie werden auch nur ein ungefähres Ergebnis bekommen, das den Aufwand nicht lohnt. Das mag ein wenig verrückt klingen, aber es sind ganz übliche Gedankengänge, wie sie bei vielen Menschen ablaufen.

Wenn es erforderlich ist, daß Sie eine sehr verfeinerte Art von Energie benutzen, müssen natürlich Ihre Aufmerksamkeit wie auch Ihre Methoden von derselben Präzision sein – oder zumindest nahezu.

Es ist bekannt, daß der wichtigste Faktor in der therapeutischen Situation weder der Therapeut noch die Methode ist, sondern der Patient. Aber selbstverständlich sind Therapeut und Methode nicht unwichtig, denn der Therapeut (bzw. die Therapeutin) hilft sich selbst, wenn er (oder sie) eine wertvolle und anwendbare Methode benutzt, denn die positive Energie und Absicht wirken sich auch auf weitere Situationen aus, die mit dieser therapeutischen Situation verknüpft sind. Sobald eine Funktion oder Aktivität der Tradition zum Tragen kommt, ist ihr Einfluß fühlbar und nachhaltig.

72. Die Kooperation des Patienten

Sie brauchen Ihren Kontakt zur Tradition vor dem Patienten nicht zu verbergen. Wenn Fragen kommen, geben Sie ihnen ruhig Erklärungen zum Thema Therapie in der Tradition; was nicht heißt, daß Sie sich in endlosen Erläuterungen zu ergehen brauchen, um gleich ›alles‹ zu erklären, denn jemand, der krank oder therapiebedürftig ist, befindet sich gewöhnlich in einem nervösen oder auch unbalancierten Zustand. Während Sie versuchen, vor ihm zu verbergen, daß Sie eine Technik der Tradition anwenden, weil Sie es für nicht erforderlich halten, mit ihm darüber zu sprechen, vermutet er vielleicht, daß Sie ihm etwas Grundlegendes vorenthalten.

Nehmen Sie bestimmte Aspekte der Tradition, anhand derer Sie grundlegende Ideen erklären können, wie z. B., daß es nicht nur um den Betreffenden als Patienten geht, sondern um den Therapeuten und den Patienten und die Gesamtaktivität. Zeigen Sie ihm, daß Sie auf seiner Seite sind, daß Sie bei ihm sind, und identifizieren Sie sich mit ihm. Jeder Therapeut weiß um den Wert, den die Beziehung zum Patienten hat, wenn sich der Patient mit der Behandlung identifizieren kann und begeistert ist. Aber darüber hinaus wollen Sie ihn auch in Kontakt mit positiver Energie bringen, die er dann selbst benutzen kann.

Als Therapeut sollten Sie ruhig so viele Umstände wie möglich provozieren oder kreieren, in denen – natürlich der jeweiligen Situation entsprechend – Techniken und Methoden der Tradition angewendet werden können. Darüber hinaus gibt es einen weiteren, ausgesprochen persönlichen Faktor: von ›Person zu Person‹, von ›Sein zu Sein‹, der die Verbindung mit dem Energiereservoir hinzufügt.

73. Das Essentielle Sein erwacht

Wie jeder, der in einem psychologischen oder psychiatrischen Bereich tätig ist, weiß, passiert es häufig, daß ein Patient eine andere oder sogar verschiedene andere Persönlichkeiten zeigt. Ebenso ist es möglich, daß jemand, besonders wenn es sich um eine psychisch gestörte Person handelt, eine überaus starke Persönlichkeit präsentiert, so daß man glauben könnte, daß dies sein tatsächliches Sein sei.

Will man nun eine Beziehung zu dem Essentiellen Sein einer Person aufbauen, wie soll man in so einem Fall wissen, welches nun das richtige Essentielle Sein ist?

Die Antwort darauf ist einfach, denn glücklicherweise können Sie wirklich nicht diese Wahl oder diese Entscheidung auf der bewußten Ebene treffen. Sie existiert nicht auf der bewußten Ebene, da Sie ja auch nicht mit dem Essentiellen Sein auf konventionelle Weise kommunizieren wollen.

Die Kommunikation von Sein zu Sein erfolgt in einer völlig anderen bzw. unbekannten Sprache, in der es weder absichtliches Mißverstehen noch Betrügereien geben kann, denn sie findet auf einer anderen Wellenlänge statt und nicht in der Form des gesprochenen Wortes oder der Sprache, wie man sie normalerweise hört. Es handelt sich tatsächlich um eine Wellenlänge, um zwischenmenschliche Kommunikation, deren Grundlage der Bezug auf eine gemeinsame Wellenlänge ist. Unter ›gemeinsamer Wellenlänge‹ ist zu verstehen, daß es keinen Unterschied gibt hinsichtlich der Wellenlängen von Brasilianern, Argentiniern, Deutschen oder Franzosen.

Besser – oder genauer – ausgedrückt, handelt es sich um eine Harmonie und nicht um eine Welle, denn wäre es so ineffizient wie eine Welle, könnte es zu Unterbrechungen kommen. Bei einer Note oder einer Tonfolge handelt es sich aber um etwas so Festgelegtes, daß Fehlermöglichkeiten ausgeschlossen sind, denn wenn Sie vom hohen C reden, weiß jeder Musiker auf der ganzen Welt exakt, was gemeint ist, nämlich das hohe C und nicht etwas, das ein bißchen darunter oder darüber liegt.

So überträgt und empfängt die Kommunikationsharmonie des Essentiellen Seins auf einer exakten Frequenz und identifiziert sein Gegenüber. Diese Kommunikation und diese Empfangsmöglichkeit oder diese Harmonie sind ein grundlegender und funktionaler Teil des Essentiellen Seins, der, wird er nicht richtig und angemessen benutzt, über Generationen hin in einem Ruhezustand verbleiben kann, aber selbst in diesem Ruhezustand bleibt er aufnahmefähig für ein Signal in der richtigen Harmonie.

Dies ist ein Grund dafür, weswegen wir sagen, daß die Menschen in der Tradition ›wach werden‹. Sie werden wach, und je mehr dieser Vorgang erfolgt, um so vertrauter wird er und um so nutzbringender kann er eingesetzt werden. Das Essentielle Sein kann nicht überstrapaziert, abgenutzt oder mißbraucht werden, denn es ist durch eine Anzahl von Filtern geschützt, die verhindern, daß negatives oder mißbräuchliches Material hineingelangt.

Information und Energie können diesem Essentiellen Sein auf bestimmte Weise zugeführt werden: indem Sie ihm Informationen oder Energie, die es als nützlich identifiziert, anbieten. Das setzt natürlich voraus, daß Sie sich mit Energiequellen wie mit Quellen nützlicher Information in Kontakt bringen. Und andersherum wird Ihnen dann das Essentielle Sein, das erkannt hat, daß Sie aufwachen, auch die Richtung weisen, in der Sie diese Information oder Energie bekommen können.

74. Die Shattari-Methode

Es gibt auch Möglichkeiten, mittels derer ein Lehrer dieses Essentielle Sein – um es in konventionellen Worten auszudrücken – ›zwangsernähren‹ kann. Ein Grund, weshalb er das tun könnte, wäre, die Kapazität des Betreffenden zu erhöhen. Diesbezüglich bin ich von einigen der hier Anwesenden über eine Methode, von der sie gelesen haben, befragt worden und die die ›Shattari-Methode‹ oder auch die ›schnelle Methode‹ genannt wird. Diese Methode gibt es tatsächlich, aber bevor Sie sich darum bewerben, hören Sie sich folgende Geschichte an:

»Es gab einen sehr bekannten Shattari-Sheikh, der von einem Schüler aufgesucht wurde, der ihn fragte:

›Würden Sie mich als Schüler der Shattari-Methode akzeptieren?‹

Der Sheikh erwiderte darauf: ›Nun, warum nicht – aber du solltest Zeit bekommen, dich zu bedenken. Geh und setz dich in diesen Raum da drüben, bis ich dich rufe.‹

Der Mann ging, setzte sich in den Raum und blieb dort zwei oder drei Tage lang, bis schließlich der Diener kam und sagte: ›Der Sheikh erwartet Sie im offiziellen Empfangssaal.‹

Der Mann war sehr glücklich, denn er dachte, es würde eine wundervolle Erfahrung werden, zumal sie im offiziellen Empfangssaal des Sheikhs stattfinden würde. So kleidete er sich in seine besten Gewänder und ging hinein. Nachdem er diesen Empfangssaal mit seinen enormen Ausmaßen betreten hatte, erblickte er den Sheikh, der auf einem Stapel Teppiche saß. Der Boden des Raumes war über und über mit Asche bedeckt, und im ganzen Raum waren glühende Kohlen verteilt.

Der Student fragte den Diener: ›Aber wie kann sich denn der Sheikh in diesem Raum voller Asche und glühender Kohlen wohl fühlen?‹

›Nein, nein‹, entgegnete der Diener. ›Das ist keine Asche, das sind die Überreste all der Studenten, die es nicht geschafft haben!‹«

Die Geschichte berichtet nicht, ob der Student nun seine Bewerbung aufrechterhielt oder nicht.

75. Der Videofilm

Als ich unlängst in den USA war, besuchte ich meine Cousins und deren Kinder. Einer meiner Cousins besaß einige Videotapes von Meetings, auf denen ich zu hören war. Nachdem wir uns den Film angeschaut hatten, sagte eines der kleinen Mädchen, sie war ungefähr vier Jahre alt, zu mir:

»Agha, du veränderst dich sehr, wenn du außerhalb deines Landes bist!«

Und ich sagte: »Nun, das kann schon sein, denn ich werde älter und verliere mein Haar!«

»Nein, nein, das ist es nicht«, fuhr sie fort, »immer wenn wir dich auf dem Video sehen, hast du so eine lange Nase!«

Darauf habe ich ihr versprochen, daß ich nächstes Mal eines von diesen kleinen Ansteckmikrofonen benutzen würde.

Sie sehen, jede Beobachtung ist relativ.

Beobachtung ist relativ, denn Diagnose und Analyse des Zustands eines Patienten können offensichtlich von der eigenen Therapiemethode beeinflußt sein, was völlig in Ordnung ist. Es geht nicht darum, daß Sie Ihre Ausbildung ignorieren sollen, sondern daß Sie sie ergänzen, daß Sie das Level erhöhen und daß Sie hinsichtlich Ihrer Beobachtungen verschiedene Sichtweisen zulassen.

76. Vom Handeln

Wenn Kommunikation und Kontakt zum Essentiellen Sein des Patienten fest etabliert sind, liegt darin in der Tat der Schlüssel zur Behandlung. Dies trifft nicht nur im Fall des Patienten zu, sondern hat dieselbe Gültigkeit für das Essentielle Sein eines jeden Menschen – ob er Therapeut ist oder nicht. In welchem Zustand jemand auch ist, sei er nun körperlich erkrankt, geistig verwirrt oder depressiv, das Essentielle Sein des Betreffenden weiß genau, was nicht in Ordnung ist.

Auch wenn man weiß, daß etwas falsch ist – ehe man etwas dagegen tun kann, muß es Kommunikation geben und dann erst die Tat. Wenn ich Kopfweh habe und sehe eine Schachtel Aspirin, reicht das noch nicht, um die Situation zu lösen. Ich muß erst etwas tun, daß diese Schachtel und ich zusammenkommen; d. h., ich muß eine Entscheidung fällen, eine Bewegung ausführen und handeln.

Genau das ist es, was das Essentielle Sein Ihnen mitzuteilen versucht. Es versucht, Sie zum Handeln zu bringen, aber Ihr

Bewußtsein muß in der Lage sein, seine Signale zu empfangen und sie dann auch noch richtig zu analysieren oder zu deuten. Auch hier muß die Kommunikationsharmonie zwischen Ihrem Essentiellen Sein und Ihnen nicht nur richtig hergestellt sein, sondern auch ständig benutzt werden, um – wie wir es nennen – die Leitungen ›durchlässig‹ zu halten. Das gehört zum Thema ›Sich selbst kennen‹. Diese Kommunikation hat für Sie Gültigkeit, für den Therapeuten und zwischen Therapeut und Patient.

Die Techniken sind vorhanden, die Disziplin ist vorhanden, die Energie ist vorhanden, und der Therapeut fungiert in dieser Formation als Katalysator.

77. Vom Umgang mit Negativität

Die *Naqshbandi*-Regeln sollten jedem in der Tradition bekannt sein, sie sollten studiert werden, und man sollte sich ihrer bewußt sein. Als jemand, der therapeutisch tätig ist, werden Sie jedoch bestimmte Regeln entdecken, die sich besonders für eine Anwendung in Ihrem Tätigkeitsbereich eignen.

Eine Regel, die in diesem Zusammenhang besonders wertvoll ist, heißt *Safar dar Watan* – ›Im eigenen Land reisen‹ – und bedeutet, in sich selbst zu reisen.

Für all diejenigen, die mit psychologischer oder psychiatrischer Therapie zu tun haben, ist diese Regel besonders nützlich, denn sie kommen meist mit Leuten in Kontakt, die ein beträchtliches negatives Potential oder eine negative Ladung haben, und sobald der Therapeut selbst auch nur die leiseste Beunruhigung oder Furcht hat, ist es nachvollziehbar, daß sich ihm selbst möglicherweise etwas von dieser Negativität überträgt.

Diese Angst oder Beunruhigung kann sich verstärken, wenn sich der Therapeut nicht sicher ist, ob, wenn er sein Essentielles Sein mit dem Essentiellen Sein dieser Person in Kontakt bringt, diese Negativität seinem eigenen Essentiellen Sein nicht vielleicht gefährlich werden könnte.

Das Essentielle Sein und das Bewußte bzw. das Körperliche Sein sind zweierlei. Was das Essentielle Sein anbelangt, läßt sich mit absoluter Sicherheit sagen, daß Negativität unter keinen Umständen auf der Ebene des Essentiellen Seins von einer Person an eine andere übertragen werden kann. Ich betone, daß es keine Möglichkeit gibt, in der solch eine Kommunikation auf einer negativen Basis stattfinden könnte.

Was das Bewußte bzw. das Körperliche Sein des Therapeuten anbelangt, gibt es die Möglichkeit, ein gewisses Maß an Negativität zu empfangen. Aber glücklicherweise ist solch eine negative Ladung, wenn sie übertragen wird, geringfügig und unbedeutend. Außerdem kann dies auch nur dann stattfinden, wenn es zuvor eine Überidentifikation mit dem Patienten gab. Wenn solch eine Übertragung stattfindet, hat sie nur eine begrenzte und oberflächliche Wirkung, ähnlich einer elektrostatischen Aufladung bei einer Person.

Wenn sich das so verhält oder wenn zu befürchten ist, daß dieser Fall als Folge einer therapeutischen Sitzung eingetreten ist, kann man genau das unternehmen, was jeder in der Tradition tut, der mit negativer Energie in Berührung gekommen ist und sie loswerden möchte: Der beste und positivste Weg ist es, das *Tasbih* zur Hand zu nehmen; es wird die Negativität aufnehmen und sie zum Boden ableiten. Weder hält das *Tasbih* Negativität, noch wird es negativ. Wenn gerade kein *Tasbih* da ist, kann man genausogut mit den Händen über die Arme streichen, so als wolle man sich Schweiß abwischen, und dann ein natürliches Material berühren, wie z. B. ein Stück Holz oder einen Stein. Dies wird jede negative Ladung entfernen und erden.

Hierbei handelt es sich nicht um Aberglauben, sondern um die Anwendung einer Technik, deren Relikte man im Westen sehen kann, wenn jemand auf Holz klopft, damit es ihm Glück bringt. Irgendwie ahnt man, daß man diese Aufladung loswerden muß, und das natürlichste Material, das man überall leicht finden kann, um es zu berühren, ist Holz. Für den Fall, daß kein *Tasbih* und auch kein natürliches Material, das man anfassen könnte, verfügbar ist, gibt es eine dritte Möglichkeit: Sie nutzen Ihren Kontakt zur Tradition, indem Sie Ihr *Dhikr* sagen, denn Ihr *Dhikr* oder Ihr *Sirr* ist eine weitere Verbindung, eine weitere Brücke zwischen Ihnen, mir und der Tradition.

Die Kommunikation mit dem Patienten sollte ebenso wie die Verbindung, die der Therapeut zum Patienten hat, sorgfältig hergestellt und überwacht werden. Dies ist Ihnen ebenso bekannt, wie Sie über die Gefahren Bescheid wissen, welche Risiken wie z. B. Überidentifikation in sich bergen. Aber um sicherer und zuversichtlicher sein zu können, daß sich diese Beziehung nicht in eine negative Richtung entwickelt, können Sie eine weitere Technik anwenden. Diese Technik ersetzt nicht die Techniken, die Sie in Ihrer Ausbildung gelernt haben. Sie besteht ganz einfach darin, daß Sie sich vor jeder Therapiesitzung vor sich selbst Ihre Absicht wiederholen und sie sich während der Sitzung ab und an vergegenwärtigen.

Jedesmal, wenn Sie das tun, setzen Sie einen Filter zwischen sich, den Patienten und die Situation. Dieser Filter bedeutet kein Hindernis für die Kommunikation, sondern er ermöglicht ein sinnvolles Feedback vom Patienten, während er negative oder verwirrende Impulse stoppt oder verhindert.

Während der Arbeit mit einem Patienten gibt es sicherlich unterschiedliche persönliche Gefühle, die man durchläuft: Ungeduld, Frustration, Ärger, Kummer – die ganze Bandbreite menschlicher Emotionen, die in Ihnen hochkommen oder aus der Situation selbst entstehen und die von diesen Filtern auch nicht verhindert werden.

Wenn negative oder verwirrende Impulse auftauchen, liegt es bei Ihnen, wie Sie damit umgehen. Wenn Sie sich aber in dem, was Sie tun, sicher sind und Sie die Möglichkeit einer negativen Kontamination nicht beunruhigt, steht Ihnen das Quantum an Energie, das Sie sonst benötigen würden, um sich wegen dieser Möglichkeit zu beunruhigen – obwohl es sich dabei nur um ein verhältnismäßig kleines Quantum handelt – zusätzlich zur Verfügung und kann auf Ihre persönlichen Gefühle oder Reaktionen verwandt werden.

78. Zielsetzung

Zur Durchführung einer nützlichen Aktivität in der Tradition müssen Sie sich Ziele setzen, die realistisch sind und dem allgemeinen Wohl dienen sollten. Es ist durchaus möglich, daß es in der konventionellen Medizin wie auch in der Psychiatrie und der holistischen Medizin Leute gibt, die sich vorgenommen haben, Steine zu psychoanalysieren oder die Verhältnismäßigkeit des Stammaufbaus eines Baumes zu analysieren. Nun, wir sind hier im Westen, und so wird ihnen ein Platz in der Geschichte sicher sein oder zumindest ihrem vielbändigen Werk in allen öffentlichen Büchereien. Aber was ist ihr Beitrag für die Menschheit?

Haben Sie stets erreichbare Ziele vor Augen, und strecken Sie sich jedesmal ein bißchen mehr. Es ist Ihre Aufgabe, sich selbst in der Tradition voranzubringen, wie auch, was die Therapie der Tradition anbelangt, weiterzukommen.

79. Ya Shifa

Um ein Rad in Schwung zu bringen, benötigt man Startenergie. Bezogen auf den Kontakt von einem Essentiellen Sein zum anderen in einer therapeutischen Situation haben wir eine ähnliche Situation vorliegen. Ist der anfängliche Anstoß in der richtigen Art erst einmal erfolgt und die Kommunikation in Schwung gesetzt, bleibt sie automatisch in Gang. Von dem Beiklang, den das Wort ›automatisch‹ hat, denn es suggeriert leicht etwas Mechanisches, einmal abgesehen, läßt sich die Kommunikation auf alle Fälle leichter, d. h. mit weniger Energie als der anfänglich benötigten, fortführen. Gleichzeitig wird die Intensität der Kommunikation kontinuierlich erfaßt und kann den Erfordernissen der jeweiligen Situation entsprechend verstärkt oder abgeschwächt werden.

Ihnen ist das *Dhikr* oder die Wendung *Ya Shifa*, wie wir sie in der Tradition benutzen, bekannt. Wie alle Attribute Gottes, die wir in der Tradition verwenden, umfaßt auch das Wort

Shifa nicht nur ein Wort, sondern ein umfassendes Konzept. Indem Sie diese Wendung oder Formel wiederholen, bestätigen Sie die Existenz einer Quelle der Gesundheit und des Heilens, und indem Sie dies bestätigen, nehmen Sie eine spezielle Verbindung mit dieser Quelle auf.

Sobald Sie diese Bestätigung im Kontext Ihrer therapeutischen Tätigkeit abgelegt haben, fungieren Sie als Reflektor zwischen dieser Quelle und dem Patienten. Diese Energie, die Sie dann beide empfangen und reflektieren, ist wie ein Brennstoff – und wie jeder Brennstoff wird sie in einen Mechanismus hineingegeben, so wie z. B. Glucose dem Körper zugeführt wird, um verbrannt zu werden.

Sie verwenden diese Bestätigung als eine Möglichkeit, Ihre Kapazitäten und Ihr Potential zu heilen zu erhöhen. Sie werden Teil der heilenden Funktion. Benutzen Sie sie aber nicht isoliert für sich, sondern als festen Bestandteil Ihrer Therapiemethode. Wenn Sie einen Patienten nach dem anderen kurz hereinrufen, um über sie ein: »Ya Shifa – der Nächste, bitte!« zu sprechen, mag das allenfalls eine interessante Technik zur Massenabfertigung abgeben, aber es hieße, sich selbst etwas vorzumachen.

Das *Ya Shifa* stellt eine außerordentlich starke Basis dar, auf die Sie bauen können. Haben Sie es erst einmal als eine Basis akzeptiert, bleibt es nicht dabei, es wird Ihre gesamte therapeutische Tätigkeit durchdringen. Wenn Sie etwas über das Gesamtkonzept von *Ya Shifa* lesen, es studieren und darüber nachdenken, wofür es steht, werden Sie bewußt als auch unbewußt Situationen entdecken, in denen Sie diese Aspekte verwenden können. Ihnen werden Situationen begegnen, in denen Sie eine Wahl zu haben scheinen, wohingegen die Leute sagen werden, daß es ›durch Zufall‹ passiert sei.

80. Träume und Visionen

Sie werden durch die Arbeit mit dem *Ya Shifa* keine Traumgesichte oder Visionen bekommen, und selbst wenn Sie welche hätten, würden Sie Ihrem Patienten oder Ihrer Patientin nicht erzählen, daß Sie sie aufgrund einer Vision oder eines Traumes, den Sie einmal hatten, behandeln. Das würde Ihnen auch nicht unbedingt den besten Ruf einbringen.

Wenn jemand eine besonders lebendige visuelle Erfahrung oder Traumerfahrung macht und die Erinnerung daran ausreichend ist, handelt es sich um etwas, das bis ins Detail in Augenschein genommen werden sollte.

Es wurden zahlreiche und umfangreiche Werke über Traumdeutung verfaßt – von Freud und Jung wie von etlichen anderen –, die jede nur mögliche Betrachtungsweise abdekken. Nur sollten Sie beachten, daß die allererste Prüfung einer visuellen Erfahrung oder einer Traumerfahrung nicht unbedingt abwehrend, aber doch mit einer kritischen und argwöhnischen Haltung erfolgen sollte.

Möglicherweise stellt sich bei dieser Prüfung heraus, daß der Traum ignoriert oder als unwesentlich abgetan werden kann. Vielleicht hatten Sie am Vorabend zu schwer gegessen, vielleicht hatte es aber auch mit der Beerdigung zu tun, an der Sie neulich teilgenommen haben. Hält er aber den allerersten kritischen Fragestellungen (›Wurde er durch etwas hervorgerufen, das ich gegessen habe?‹) stand, kann er auf andere Weise weiter überprüft werden:

Enthielt er erkennbare und positive Elemente der Tradition? Falls er ein oder mehrere dieser Elemente enthält, wie lassen diese sich den Neunundneunzig Namen zuordnen? Enthielt er einen Vorschlag, einen Hinweis oder einen Befehl? Läßt er sich auf positive Weise mit meiner Therapierichtung verbinden oder in mein Leben integrieren?

Wie zu so vielen verschiedenen Themen gibt es auch hierzu eine Mullah-Nasrudin-Geschichte:

81. Nasrudins Traum

Eines Tages reiste Nasrudin mit einem Gefährten durch die Wüste Gobi. Es war sehr heiß, und bald war ihnen das Wasser ausgegangen. Beide waren schrecklich durstig, ihre Gaumen waren wie ausgetrocknet, und halb halluzinierten sie schon.

So beschlossen sie, sich frühzeitig schlafen zu legen, um am nächsten Morgen dann zeitig aufzustehen und ihre allerletzte Flasche Wasser zu teilen. Danach wollten sie versuchen, zur nächsten Oase zu gelangen.

Am nächsten Morgen erwachten beide recht früh. Da entdeckte Nasrudins Gefährte, daß die Flasche leer war. Seine Kehle war so trocken, daß er Nasrudin nur noch ankrächzen konnte:

»Warum hast du das Wasser ausgetrunken? Wie konntest du nur so etwas tun?«

Nasrudin sagte: »Wie du weißt, sind wir beide Derwische und haben geschworen, den Anweisungen unserer Meister zu folgen! Und vergangene Nacht hatte ich einen Traum. Ich hatte eine Vision, wie Maulana Rumi zu mir sprach:

›Nasrudin, trink dein Wasser, trink deinen Teil jetzt!‹«

Da sagte der andere Derwisch zu ihm: »Ja, aber er sagte, daß du deinen Anteil vom Wasser trinken solltest! Wieso hast du denn dann die ganze Flasche leergetrunken?«

»Nun«, sagte Nasrudin, »das war unvermeidlich, denn mein Anteil war im unteren Teil der Flasche!«

Sie sehen, Träume können relativ sein!

82. Die Auswahl der Techniken

Während Sie in der therapeutischen Situation bestimmte Techniken der Tradition im Hinblick auf den Patienten anwenden, wenden Sie sie gleichzeitig auch auf sich selbst an.

Es liegt auf der Hand, daß es Situationen gibt, in denen Sie mehrere dieser Techniken anwenden können, und wieder andere Situationen, in denen Sie nur begrenzt die Auswahl haben. Zu Beginn einer therapeutischen Situation können Sie darüber befinden, welche Techniken Sie anwenden werden, um dann im weiteren Verlauf zu schauen, ob Sie der Technik, mit der Sie begonnen haben, noch weitere hinzufügen werden.

Sie setzen diese Fertigkeiten oder Techniken ganz selbstverständlich und flexibel ein, denn wenn Sie sich vor Therapiebeginn für eine bestimmte Technik entschieden haben, die Situation sich aber nicht dementsprechend entwickelt und Sie nicht sorgfältig genug vorgehen, könnten Sie versucht sein, die Situation mit mehr und mehr Techniken zu befrachten.

Genauso kann es auch passieren, daß Sie mit der Technik, für die Sie sich entschieden haben, beginnen, dann aber während der Therapie feststellen, daß Sie mittlerweile ganz andere Techniken verwenden. Das sollte Sie nicht erschrecken oder in Verwirrung stürzen, denn wenn Sie anfangs mit der richtigen – oder zumindest ansatzweise richtigen – Intention in die Situation hineingegangen sind, werden Sie, wie auch die Situation selbst, die richtigen Maßnahmen anziehen. Das bedeutet auch nicht, daß Sie die Kontrolle über die Situation verloren haben; es bedeutet, daß etwas in Ihnen oder etwas in der Situation eine spezielle Vorgehensweise hervorgerufen hat.

83. Tonfall und Wortwahl

Sie alle wissen um die Möglichkeit, durch Wortwahl oder Tonfall eine Situation zu beeinflussen und einen tragfähigen psychischen Kontakt herzustellen; es handelt sich um Techniken, die jeder benutzt. Es geht hier auch weniger darum, eine Änderung Ihres Tonfalls oder einen möglichst harmonischen und bestätigenden Grundton zu produzieren, sondern eher darum, was Sie in welchem Tonfall sagen.

Bei der Therapie ist es üblich, Worte wie ›Heilung‹, ›Genesung‹ oder ›sich besser fühlen‹ zu gebrauchen und diese in möglichst bestätigendem Tonfall und bestätigender Weise auszusprechen. Gebrauchen Sie diese Wendungen ruhig, denn sie werden von Ihnen erwartet, und der Patient oder die Patientin möchte Bestätigung. Wenn Sie aber mit dem Patienten sprechen und versuchen, ihn mit diesen Wendungen zu bestätigen, so wird er Ihnen nicht wirklich zuhören – obwohl er sie von Ihnen erwartet. Es handelt sich bei ihnen einfach um die üblichen Vorbemerkungen oder Einleitungen, die die Leute erwarten und die sie mit ihrem Bewußten Sein und ihrem Verstand verstehen können und zu schätzen wissen.

Lassen Sie im Verlauf eines Gesprächs ein paar sogenannte Schlüsselworte fallen, und verwenden Sie diese auch in den Kommentaren, die Sie abgeben. Bei diesen Schlüsselworten handelt es sich um positive und starke Aspekte im Gesamtkonzept von Heilung und Genesung. In einem Gespräch sagen Sie vielleicht zu Ihrem Gegenüber: »Sie sehen heute besser aus!«, aber ›besser‹ heißt eben nicht ›gut‹ oder ›richtig‹ oder ›ausgeglichen‹. Im Gespräch sollten elementare Themen vorkommen, wie z. B. ›gut‹, ›richtig‹ oder ›Fortschritte machen‹, damit das Essentielle Sein des Betreffenden es aufgreifen kann. Sie führen dem Essentiellen Sein ständig etwas Positives zu oder bieten es ihm an, denn es befaßt sich mit positiven Extremen; relativierende oder vergleichende Worte will es nicht.

Das mag recht elementar klingen, aber schließlich ist ein Großteil des Essentiellen Seins fundamental, elementar und einfach. Wenn Sie grundlegend Positives anwenden, wie z. B. die oben erwähnten Worte, wird das Essentielle Sein verstehen, daß Sie auf erwachsene Weise zu ihm reden, daß Sie seinen Begriffshorizont respektieren.

Es ist ein Unterschied, ob Sie einem Kind zureden oder einen Erwachsenen etwas lehren oder ihn unterrichten, denn wenn Sie zu einem normalen Erwachsenen sagen: »Iß dein Gemüse auf, damit du groß und stark wirst!«, wird er Sie entweder für verrückt oder für einen Gemüseverkäufer halten. Wenn Sie aber zu einem vernunftbegabten Erwachsenen sagen: »Wie Sie wissen, ist aus gesundheitlichen Gründen eine vernünftige und ausgewogene Diät erforderlich, und Gemüse enthält wichtige Stoffe . . .«, wird er es zu schätzen wissen, denn er merkt, daß Sie davon ausgehen, daß er intelligent genug ist, um das zu verstehen.

Dies ist eine weitere Technik, mit der Sie die Beziehung zwischen Ihrem Essentiellen Sein und dem der anderen Person herstellen und vertiefen können. Das ist auch deshalb erforderlich, weil auch umgekehrt die Signale vom Essentiellen Sein des anderen auf dieser positiven Grundlage zu Ihnen zurückkommen werden.

84. Wachsamkeit

Das Essentielle Sein weiß genauestens und minuziös um den jeweiligen Zustand, den Körper und Geist Ihnen signalisieren, und Ihrem Bewußten Sein sendet es Signale auf ebenso einfache wie raffinierte Weise. Das ist logisch, und möglicherweise handelt es sich hierbei um eines der wenigen logischen Dinge im Menschen, denn das Essentielle Sein hat ein Interesse daran, daß der Körper von guter Beschaffenheit und in gutem Zustand ist.

Es kennt seine Signale und weiß sowohl, welcher Art sie sind, als auch, auf welche Weise sie kommuniziert und verstanden werden können. Es kann auch wählen, wie Ihnen etwas signalisiert wird, sei es durch eine körperliche Veränderung, eine körperliche Manifestation oder z. B. auch über eine Reihe eindringlicher Ideen, die Ihnen immer wieder in den Sinn kommen.

An dieser Stelle sind wir wieder bei den *Naqshbandi*-Regeln angelangt: ›Sich selbst kennen‹. Sich selbst zu kennen heißt auch, die Signale zu kennen.

Bei einigen dieser Signale handelt es sich um körperliche Signale, die der betreffenden Person nicht nur bereits bekannt sind, sondern die auch ganz offensichtlich sind, wie z. B.: »Immer wenn ich Eier esse, laufe ich blau an!« Hierbei handelt es sich um ein nicht besonders subtiles Zeichen verhältnismäßig starker Unverträglichkeit von Eiern, und für die Diagnose brauchen Sie bloß in den Spiegel zu schauen.

Darüber hinaus gibt es Signale nicht so offensichtlicher Art, die ständig wiederkehren. Sie können schnell kommen und ebenso wieder vergehen, vielleicht, weil der Betreffende nicht wachsam ist.

Wachsam zu sein bedeutet nicht, vierundzwanzig Stunden am Tag vor dem Spiegel zu verbringen, um zu sehen, wenn man blau anläuft. Wachsamkeit ist ein Zustand des Erfassens, der kontinuierlich in einem besteht. Dieser Zustand sollte gefördert werden, denn wenn das Essentielle Sein ein wichtiges Signal übermitteln möchte, wird dies wieder und wieder gesendet.

85. Dhikr

Wenn Sie die *Naqshbandi*-Regeln auf sich anwenden, trägt das dazu bei, daß Sie sich mit einer gleichbleibenden Bewußtheit wahrnehmen. Eine bekannte Methode, um dies zu verstärken, ist das *Dhikr*, in das man auch den Patienten einschließen kann.

Die optimale Körperposition für die Durchführung eines *Dhikrs* ist das Sitzen in der ›klassischen‹ oder wie wir sie nennen ›miteinander verbundenen‹ Position, bei der die Hände auf den Knien ruhen, während man dabei entweder auf einem Stuhl sitzt oder mit gekreuzten Beinen auf dem Boden. Auf diese Weise gibt es keine ›losen Enden‹, die Energie kann innerhalb der betreffenden Person zirkulieren und entweicht nicht. Wenn eine Person beim *Dhikr* in dieser Position sitzt, fließt die Energie in der Person und wird ein Teil von ihr.

Der Patient weiß davon nichts und muß auch nicht unbedingt davon wissen. Sie können ihn ganz einfach in Ihr *Dhikr* einbeziehen, indem Sie unabhängig von der jeweiligen Position – es kann im Sitzen wie im Stehen erfolgen – den Patienten mit Ihrer linken Hand berühren, während Sie Ihre rechte auf Ihrer linken Schulter zu liegen haben. Dies kann sehr unauffällig passieren, z. B. wenn der Therapeut oder Arzt den Puls des Patienten fühlt. In einer Situation wie dieser wird der

Patient an den Energiekreislauf Ihres *Dhikrs* angeschlossen. Um einen möglichst effizienten Energiefluß zu gewährleisten, ist es hilfreich, wenn Sie sich Ihre Intention wiederholen, was man normalerweise vor dem *Dhikr* tut, und Sie fügen ihr hinzu, daß Sie den Patienten in den Energiefluß einbeziehen möchten. Verwenden Sie hierbei in bezug auf Energie Vokabeln wie ›fließen‹ und nicht Worte wie ›geben‹ oder ›nehmen‹ oder ›austauschen‹. Das entscheidende Wort hier ist: fließen.

Bedenken Sie dies und auch, daß Sie diese Technik durch weitere ergänzen können, wie z. B. Tonfall und Wortwahl, indem Sie bestätigende und positive Worte gebrauchen. Prüfen Sie die verschiedenen Aspekte der Techniken, die Sie verwenden – sei es der Einsatz von Musik, Tonfall oder Farben –, indem Sie sich mit der Frage auseinandersetzen: »Welches ist die grundlegende Eigenschaft dieser Technik?« Wenn die Anwendung einer dieser Techniken kein so optimales Ergebnis hervorgebracht haben sollte, wie Sie es sich erhoffen, dann versuchen Sie, auf die ihr zugrundeliegende Komponente oder ihr Grundelement zurückzukommen, um dort vielleicht einen anderen Aspekt zu finden, den Sie verwenden können.

86. Computer

Es gibt kaum eine Aktivität, der man nachgeht, ohne dabei zu klassifizieren, zu sortieren und zu arrangieren. Man hat ein Ablagesystem, bei dem man anhand bestimmter Stichworte nach Kategorien ordnet. Bis zu einem bestimmten Punkt ist das auch notwendig, darüber hinaus aber wird es zum Selbstzweck und ist keine Hilfe mehr, sondern ein Hindernis. Man hat sein Ablagesystem und legt A unter A und B unter B ab, was nützlich und logisch ist, solange man nach alphabetischen Gesetzmäßigkeiten vorgehen kann, denn wenn man den Anfangsbuchstaben kennt, braucht man einfach nur nachzuschlagen, um es zu finden.

Dies ist die übliche Vorgehensweise, die ab einem bestimmten Punkt aber nicht mehr sinnvoll ist, denn irgendwann fängt man an, Subkategorien von Subkategorien anzulegen, und bald gibt es die Sektion 2a der zweiten Subkategorie, und der Punkt, an dem es mirakulös wird, wenn man überhaupt noch etwas findet, ist nicht mehr fern. Deshalb beginnt man mit der Einführung sogenannter Querverweise, und wenn es irgendwann auch damit zu kompliziert geworden ist, gibt man einfach alles in den Computer ein. Dann braucht man nur noch die Themen, um die es gerade geht, einzugeben, und die Informationen erscheinen auf dem Bildschirm oder werden ausgedruckt.

Die westliche Zivilisation und Philosophie hat das menschliche Gedächtnis neu erfunden. In gewissen Bereichen und von einer bestimmten Art Effektivitätsdenken aus gesehen sind Computeraufzeichnungen und Datenbanken absolut sinnvoll. Die Gefahr hierbei liegt auch nicht, wie in der Science-fiction behauptet wird, darin, daß eines Tages die Computer die Welt ›übernehmen‹ werden, sondern darin, daß die Menschen entweder werden – oder nicht werden und beginnen, bestimmte Dinge, die von innen kommen, zu ignorieren.

Wählen Sie sich in der größten elektronischen Datenbank der Welt ein, und geben Sie ›Essentielles Sein‹ ein – dabei wird allenfalls herauskommen: ›Falscher Zugang‹.

Deshalb sollte, auch wenn technische Fortschritte im Computerbereich ein Gewinn sind, nicht zugelassen werden, daß sie bestimmte tiefere menschliche Fähigkeiten ersetzen.

87. Eigenschaften

Unterschiedliche Menschen haben unterschiedliche Bereiche, von denen einige entwickelter sind als andere, was nichts mit Nationalität, Geschlecht oder der geographischen Herkunft zu tun hat. Dasselbe gilt gleichermaßen auch für unterschiedliche Völker. Im Kontext der Tradition bedeutet das, daß Sie diese unterschiedlichen Eigenschaften in den unterschiedlichen Menschen erkennen und damit arbeiten können.

Es ist sicherlich möglich, daß sich einige dieser weniger ent-

wickelten Kapazitäten weiterentwickeln und auf ein entspre-
chendes Level bringen lassen; in der Tradition streben wir das
an, wenn ein signifikanter Mangel an bestimmten Eigenschaften vorliegt. Wenn eine Gruppe von Leuten – unabhängig von
geographischen Gegebenheiten – harmonisiert ist, profitieren
sie untereinander von ihren unterschiedlichen Eigenschaften,
indem diejenigen, die auf einem bestimmten Gebiet weiter
sind, den anderen helfen können, auf diesem Gebiet auch
weiterzukommen. Die Gleichung wird aufgehen, denn diejenigen, die nicht so weit sind, werden nicht in diesem Zustand
gehalten, sondern ihnen wird vorangeholfen.

Dies ist der Grund dafür, weshalb versucht wird, so viele
Menschen mit unterschiedlichen Eigenschaften wie möglich
in derselben Aktivität zu involvieren.

Ganz zu Anfang, als ich Ihnen den Vorschlag unterbreitete,
mit der Entwicklung einer Therapie zu beginnen, habe ich
auch vorgeschlagen, daß Sie Ihre unterschiedlichen therapeutischen Richtungen untereinander vergleichen, um herauszufinden, wie Sie voneinander lernen können und ob sich Teil-
bereiche Ihrer eigenen Therapieverfahren mit denen anderer
verbinden lassen.

Auf dieselbe Weise wird beispielsweise auch dadurch, daß
Leute wie Sie mit unterschiedlichen Kapazitäten zusammengekommen sind, eine bestimmte Strömung und Bewegung innerhalb der Gesamtgruppe bewirkt. Um deren Fluß zu verbessern, brauchen Sie mehr Kontakt, mehr Korrespondenz und
mehr Gedankenaustausch. Denken Sie aneinander und auch
füreinander – allerdings nicht auf eine Weise, daß Sie jemand
anderem das Denken abnehmen.

Wenn jemand von Ihnen auf einen Artikel oder eine Situation stößt, die für andere hier interessant sein könnte, dann
denken Sie an sie – machen Sie eine Kopie davon und schik-
ken Sie sie ihnen zu, sei es mit oder ohne Kommentar.

88. Forschung

Wir müssen den Bereich unserer therapeutischen Forschungsarbeit erweitern und vertiefen.

Gelegentlich liest man in Zeitungen oder Fachzeitschriften,
daß über ein bestimmtes Thema geforscht wurde, und die Ergebnisse – falls es überhaupt welche gibt – sind unklar oder
katastrophal. Und oft genug heißt es dann, daß sich die Forschungen über Jahre hingezogen haben, ohne daß schlüssige
Ergebnisse vorzuweisen wären.

Erfährt man dann, welche Koordinaten dabei verwendet
wurden, wird einem klar, wieso es nicht zu schlüssigen Ergebnissen kommen konnte. In den meisten Fällen liegt es daran,
daß bestimmte Seinsaspekte der betreffenden Person nicht
mitberücksichtigt wurden, denn hinsichtlich des Seins gibt es
Faktoren, die nicht gemessen und geprüft werden können,
und somit sind sie für die westliche Forschung auch nicht existent.

Daher schlage ich Ihnen eine andere Vorgehensweise vor:
Lesen Sie so viele Berichte wie möglich, und – ob das Ergebnis
nun schlüssig ist oder nicht – schauen Sie, ob es nicht einen
Faktor gibt, den Sie oder einer der Therapeuten einer anderen
Richtung beitragen und ergänzen könnte.

89. Realität

Wenn eine Gruppe aus ganz unterschiedlichen Menschen zusammengesetzt ist, so hat das viele Funktionen. Eine davon ist
so simpel, daß sie oft übersehen wird: Wenn Menschen aus
verschiedenen Richtungen gemeinsam in einer Gruppe sind,
werden sich Situationen ergeben, in denen der eine einem anderen, der nicht seiner Richtung angehört, einen Aspekt aus
seinem Fachgebiet erläutert – um dann festzustellen, daß er
diesen Punkt ebenso auch für sich selbst dabei erklärt.

Während auf der bewußten Ebene eine Klärung stattfindet,
wächst auf der tieferen Ebene von Sein zu Sein die Harmonie,

denn dort findet auf der Ebene elementarer und grundlegender Realitäten ein Austausch statt.

Die Erörterung einer Frage wie: »Was ist Realität?« geht über diesen Rahmen hier hinaus. Was aber die Frage der Realität im therapeutischen Kontext anbelangt, läßt sich ein Grundfaktor finden: Der ausschlaggebende Aspekt der Realität für den Therapeuten ist das Fokussieren von harmonischer Energie. Der Therapeut fungiert dabei als Instrument und zugleich als eine Sammellinse, die die Energie auf einen Punkt konzentriert.

Um wirksame Entwicklung einleiten zu können, müssen Sie auf das ausgerichtet sein, was Sie fokussieren! Ist Ihr Fokus auf die theoretische, praktische oder offensichtliche Ursache der Krankheit gerichtet? Ist Ihr Fokus generell auf den Patienten ausgerichtet?

Es ist zu hoffen und auch erforderlich, daß die Energie, die Sie fokussieren, eine positive und heilsame Qualität hat. Und wenn die aufnehmende Ebene des Patienten das Essentielle Sein ist, wird dieses die Energie anziehen und sich ihr sogar als Empfangsort anbieten. Sobald die Energie von diesem Rezeptor als heilsam und positiv identifiziert wurde – in der Regel ist er in der Lage dazu –, wird er alles tun, um sie anzuziehen und zu assimilieren.

90. Probleme

Ein Thema, auf das ich Ihre Aufmerksamkeit lenken und das ich zur Diskussion stellen möchte, handelt von verschiedenen erforderlichen und sinnvollen Aspekten in der therapeutischen Arbeit mit Kindern und Jugendlichen. Ich gebrauche hierbei absichtlich das Wort ›Aspekte‹ oder ›Situationen‹ und nicht ›Probleme‹, denn wir sollten im Benennen von Situationen so präzise wie möglich sein. Alle Probleme sind Situationen, aber nicht alle Situationen – oder Aspekte – sind Probleme.

Klassifizieren Sie nicht automatisch etwas als ein ›Problem‹, denn dies birgt bereits einen Hauch negativer Klassifizierung.

»Ich bin in einer Situation, die dergestalt ist« oder »Es liegt die folgende Situation vor« zeugt von einen besseren Betrachtungsweise als zu sagen: »Ich habe ein Problem!«

Eine vernünftige Überprüfung der jeweiligen ›Situation‹ wird zeigen, ob es tatsächlich ein Problem gibt oder nicht. Bemühen Sie sich um eine positive Einstufung, wo immer es möglich ist.

91. Dankbarkeit und Bescheidenheit

In der Tradition legen wir bei unseren Aktivitäten großen Wert auf Bescheidenheit. Dies beschränkt sich nicht auf die Unterdrückung von Stolz oder Arroganz, denn Bescheidenheit beruht vorwiegend auf einem Gefühl von Dankbarkeit, denn für seine Begabung oder Fähigkeiten sollte man dankbar sein, ob man nun als Therapeut oder auf einem anderen sozialen Gebiet tätig ist.

Selbstverständlich kann man mit Stolz und Zuversicht auf persönliche Fähigkeiten, die man entwickelt hat, blicken, aber dies sollte stets eng mit einem Gefühl von Dankbarkeit für die simple Tatsache, daß einem diese Möglichkeit bzw. Fähigkeit gegeben wurde, verbunden sein.

Mit der Dankbarkeit sollte automatisch auch Bescheidenheit einhergehen, denn wie weit man auch fortgeschritten sein mag, wie intelligent und klug man auch immer sein mag – im Vergleich zum Ursprung seines Wissens und Könnens ist man nichts.

Es liegt auf der Hand, daß jemand, der einer therapeutischen Tätigkeit nachgeht, eine Haltung der Bescheidenheit und Dankbarkeit haben sollte. Dankbarkeit gegenüber der Quelle allen Heilens – um etwas zu vermeiden, das ich hier mangels eines besseren Ausdrucks als ›Höhen-‹ bzw. ›Tiefenunterschied‹ zwischen Therapeut und Patient bezeichnen möchte. Die Bezeichnung ›hoch‹ oder ›tief‹ trifft nicht ganz zu, denn sie impliziert eine physikalische Differenz. Man kann es auch anders formulieren, nämlich daß das Gleichgewicht des Therapeuten für gewöhnlich doch hoffentlich ein wenig besser ist als das des Patienten.

Darüber hinaus verhindert das Dankbarkeitsgefühl seitens des Therapeuten auch schon geringste Anflüge von Dünkel oder Arroganz – natürliche Regungen, die auch leicht in Minimaldosierung vorkommen können: »Da ist jemand, der Behandlung braucht; ich kann ihn behandeln, ich bin Therapeut – also bin ich im Moment im herkömmlichen Sinne besser dran als er.« Dieser Gedanke taucht plötzlich auf und geht einem durch den Sinn – zu Recht. Denn es ist völlig legitim, sich zu sagen: »Im Augenblick fühle ich mich besser als er sich – Gott sei Dank!«

Jede therapeutische Situation muß in hohem Maße von Humanität geprägt und durch starke und präzise Energie gestützt sein – beides muß vorhanden sein, da es sich gegenseitig ergänzt und stärkt.

Selbstverständlich braucht ein Profi, als Therapeut ebenso wie als Ingenieur, als Architekt oder anderer professionell Ausgebildeter, ein öffentliches Image, das man sich aufbaut und vorzeigt. Dies ist in einer Welt der Konkurrenz erforderlich, denn als ein Profi wird er mit Sicherheit zeigen müssen, daß er auf seine eigenen Fähigkeiten vertraut. Allerdings sollte dies für die Öffentlichkeit aufgebaute Image, wie es von einem Profi benutzt wird, nicht mit der Person selbst verwechselt werden oder den Betreffenden selbst beeindrucken, was nicht ausschließt, daß man sich selbst Mut zuspricht. Man prüft sich, man fühlt, daß man sich etwas zutraut, und sagt sich, daß man etwas kann.

Man geht in dieser Art vor, weil es so gefordert wird, aber gleichzeitig bewahrt man sich diese wertvolle, wichtige und sensible Eigenschaft namens Bescheidenheit.

92. Ernährungsfragen

In der Tradition bereiten wir im Besonderen auch einen Weg für junge Leute. Selbstverständlich kann jeder in der Tradition Kindern einen echten und starken Kontakt vermitteln, seien es nun seine eigenen Kinder oder andere; alle Kinder kommen auch mit dem therapeutischen Bereich in Kontakt.

Lassen Sie uns diesen Kontakt grob in zwei Bereiche unterteilen: den äußerlichen, oberflächlichen und körperlichen Bereich sowie den tieferen Bereich, in dem auch die Energie aus der Tradition angewendet und übertragen wird.

Fragen zu Ernährung, Umweltverschmutzung und gesundheitlicher Betätigung werden zunehmend Gegenstand öffentlichen Interesses. Manche dieser Interessen werden kommerziell benutzt; um die eine oder andere zweifelhafte oder absonderliche Diät zu verkaufen; Diäten zum Abnehmen, Diäten zum Zunehmen und all deren Varianten.

Es geht um ein Interesse, das besonders bei den jungen Leuten vorhanden ist, denn junge Leute gehen nach der Mode, nicht nur, was Kleidung und Kultur anbelangt, sondern auch nach Moden wie denen des Gesundheitsbewußtseins.

In zunehmendem Maß wird Aufmerksamkeit auf Ernährungsfragen gerichtet. Jeder hat die große Modewelle der Naturkost mitbekommen, die vor einigen Jahren die USA überschwemmte und die Leute veranlaßte, nur braunen Reis zu essen und ihr eigenes Getreide und Obst anzubauen, denn man war überaus besorgt wegen der Phosphate und anderer Stoffe, die dem Boden beigemischt wurden. Auf die eine oder andere Weise brachte man Hersteller und Farmer dazu, weniger chemische Düngemittel zu verwenden – obwohl sie meiner Meinung nach immer noch zuviel davon benutzen.

Bei der derzeitigen Debatte geht es aber wohl mehr um die Frage von Zusatzstoffen wie Konservierungs-, Geschmacks- und Farbstoffe, die den Nahrungsmitteln beigemischt werden und die bekanntermaßen bei manchen Leuten ernsthafte Reaktionen auslösen können.

Frage: Was kann man dagegen tun?

Antwort: Nun, die jeweiligen Zusatzstoffe sollten per Verordnung deklariert werden müssen, und wenn Sie etwas kaufen, achten Sie darauf, Produkte mit bestimmten Inhaltsstoffen zu meiden oder zumindest die Menge der Zusatzstoffe, die Sie zu sich nehmen, zu steuern bzw. zu kompensieren, denn manche dieser Zusatzstoffe rufen Symptome hervor, die für Vitaminmangel oder körperliche Fehlfunktionen gehalten werden könnten. Daher ist es wichtig, auf dergleichen zu achten, ohne es gleich zu einer Obsession werden zu lassen.

In diesem Zusammenhang eine kurze Anmerkung, was Spurenelemente, nämlich Eisen, Zink, Jod, Kupfer, Mangan, Chrom, Selenat und Molybdänit anbelangt, die für eine richtige und balancierte Funktionsweise des Körpersystems unerläßlich sind. Von entscheidender Wichtigkeit bei der Einnahme von Spurenelementen ist die chemische Zusammensetzung, in der sie angeboten werden, ihre Aufspaltung in Aminosäuren nämlich, d. h., daß die Spurenelemente von Aminosäuren eingekapselt sind.

93. Drogentherapie

Auf welche Weise kann ein Aspekt der Granada-Therapie dieses wachgewordene Interesse der jungen Leute nutzen? Abgesehen davon, daß man eine richtige und ausgewogene Ernährung nur befürworten kann, gibt es leider ein anderes bedeutendes Phänomen auf dem Gebiet des Mißbrauchs, wobei die beiden Hauptbereiche Alkohol sowie andere Drogen sind.

Jeder von Ihnen, der mit Therapie zu tun hat oder zumindest im sozialen Bereich tätig ist, weiß, daß Probleme vermutlich eher größer werden, als daß sie verschwinden. Und da es um viel Geld geht, werden manche Drogen immer ausgeklügelter und billiger. Damit läßt sich das Problem in drei Bereiche unterteilen: vorbeugende erzieherische Maßnahmen, Behandlung des abhängigen Patienten und Nachbehandlung. Es gibt ein paar Zentren, in denen wir Alkoholismus und Drogenmißbrauch behandeln sowie Nachbehandlungen durchführen.

So bin ich auch der Auffassung, daß die Behandlungsmethoden und Aktivitäten in Girasol, dem Zentrum für Drogenentzug, mehr Publizität erfahren sollten, denn was in Girasol geschieht, kann sehr wohl als Modell für andere Länder dienen. Wobei ich davon ausgehe, daß Sie automatisch über jede heilsame Behandlungsmethode oder Technik, die von Ihnen angewendet wird, Aufzeichnungen anfertigen, um den Informationsaustausch mit vergleichbaren Zentren in anderen Ländern zu gewährleisten.

In anderen Ländern tut sich da natürlich auch etwas, so zum Beispiel erfuhr ich unlängst von einem katholischen Priester, der mit dem Aufbau solch einer Anlaufstelle für Süchtige begonnen hatte, die er von der Straße geholt hatte, und zwei, drei Jahre lang zog er bettelnd von Tür zu Tür, um Geld zusammenzubringen, damit er sie ernähren und ihnen helfen konnte. Inzwischen hat er allerdings eine Art Anerkennung durch die Regierung bekommen.

Die Girasol-Methode läßt sich durchaus kostengünstig für weniger entwickelte Länder, die ähnliche, wenn nicht gar schlimmere Probleme mit Drogenabhängigkeit haben, übernehmen. Dabei handelt es sich in erster Linie nicht um eine humanitäre Geste, sondern es geht um das ernstzunehmende Drogenproblem in Europa. Zur selben Zeit, wie man in Europa versucht, diesbezüglich etwas zu unternehmen, wäre es sinnvoll, wenn andere Regierungen, die dieses Problem ignorieren oder sogar durch die Drogen Einkünfte beziehen, ihre eigenen Drogenabhängigen behandeln, so daß sich eine Art drogenfreie Zone um Europa bilden kann.

Vielleicht ist dies eine utopische Idee, aber dieses ernstzunehmende Problem wird vermutlich solche Ausmaße annehmen, daß man drastische Maßnahmen wird ergreifen müssen. Ist dieser Punkt dann erst einmal erreicht, wird man viele Millionen Dollar oder Pfund ausgeben müssen. Ich erzähle Ihnen hier nichts Neues, aber an einem bestimmten Punkt werden die am stärksten betroffenen Länder nicht umhinkommen, sich zusammenzusetzen, um nach innenpolitischen Lösungen zu suchen.

Jedes Therapieverfahren, das in Girasol angewendet wird, umfaßt alle therapeutischen Aspekte von Körperarbeit, Musik und Ionisation bis zur Ernährungsweise usw. Und doch wird versucht, diese Therapieverfahren so kompakt und konzentriert wie nur möglich zu halten, so daß sie sich als Basis eignen, die überall ohne große Kosten oder Schwierigkeiten etabliert werden kann. Hierin liegt der Unterschied der Girasol-Methode zur Granada-Therapie, auch wenn erstere selbstverständlich Teil der Granada-Therapie sein kann.

Für den Augenblick aber möchte ich Ihr Augenmerk darauf lenken, wie mit Hilfe psychologischer Präsentation über vorbeugende Maßnahmen informiert werden kann. Mir ist bekannt, daß es dergleichen bereits gibt. Kampagnen in der Art von ›Drogen nehmen ist nicht schick‹ oder ›Rauchen schadet Ihrer Gesundheit‹ haben gewisse Publizität erlangt. Trotzdem möchte ich gerne anregen, daß Sie sich über die Durchführung einer solchen Kampagne Gedanken machen, allerdings unter Einbeziehung eines weiteren Faktors, nämlich der Energie der Tradition, die dafür zur Verfügung steht. Ein solches Projekt wäre eine Möglichkeit, diese verfügbare Energie den jungen Leuten über Therapeuten zu vermitteln, ohne daß man zwecks Übertragung der Energie Wege der Publikmachung über Poster oder Fernsehreklame zu beschreiten bräuchte, was zumindest im Augenblick ohnehin schwierig bis ineffizient wäre. Die Übertragung der Energie kann auch über die Eltern, die in der Tradition sind, an ihre eigenen Kinder, die ihrer Brüder und Schwestern sowie an andere Kinder der Familie erfolgen.

Zum Beispiel können bestimmte Abbildungen, Symbole und Farbkombinationen benutzt werden, um die Aufmerksamkeit der Jugendlichen von Drogen und Alkohol abzulenken. Wenn Sie aber diese Symbole oder Farben in die Zeitung setzen oder ins Fernsehen bringen, würden sie nicht wirken, denn um auf eine Person wirken zu können, brauchen sie das, was wir als ›Auslöser‹ bezeichnen.

Sind diese Farben und Symbole nun an dem Ort vorhanden, an dem Sie junge Leute mit Drogen- oder Alkoholproblemen empfangen oder behandeln, kann der ›Auslöser‹ in Kraft treten, denn die Farben und Symbole sind verbunden mit einer therapeutischen Situation und Umgebung bzw. einem heilsamen Kontext. Verbleibt das Symbol oder die Farbe jedoch im Abstrakten, kann diese Verbindung nicht zustande kommen.

Nutzen Sie diese Sensibilisierung und Bewußtheit der jungen Leute, unterweisen Sie sie, unterhalten Sie sich auf ihrer Ebene mit ihnen, haben Sie ein Auge auf sie, und korrigieren Sie sie. So wurde es auch früher schon gemacht. Und nutzen Sie diesen zusätzlichen Faktor der Energie, der Ihnen zur Verfügung steht.

94. Moderne Zeiten

In vielen öffentlichen Bereichen wachsender politischer Freiheit lassen sich so offensichtliche Phänomene wie die Grünen oder das Bewußtsein für natürliche Ernährungsweise programmatisch zusammenfassen. Es ist eine Bewegung, die sich in der ganzen Welt aufbaut. Aber wenn Sie ihr auf den Grund gehen, werden Sie feststellen, daß sie in ihrem Kern nichts anderes ist als das Realisieren, daß es ein individuelles und ein kollektives Sein gibt.

Verständlicherweise wollen junge Leute modern sein und ›dabei‹ sein. So müssen wir ihnen etwas anbieten, das modern ist und ›dabei‹ ist. Hier kommen wir in den Bereich des Marketings. Was unser Produkt aufrechterhält, ist die Energie. Es handelt sich um ein wohldurchdachtes Produkt, das aber auch zeitlos ist, denn wenn es auf einmal heißt: »Aber das ist ja der Schnee vom letzten Jahr!«, können wir uns hinsetzen und ein Update herausbringen.

Aber es gibt auch noch eine andere Möglichkeit, denn bei einem guten Produkt ist es nicht erforderlich, jedes Jahr Farbe, Form und Größe zu ändern. Es genügt, jeweils unterschiedliche Aspekte hervorzuheben. Und da jeder einzelne Aspekt nur ein weiterer Aspekt der Realität ist, gibt es keine stärkeren oder schwächeren Aspekte.

Hinzu kommt, daß, wenn das Produkt tatsächlich sorgfältig

durchkonstruiert ist, die jungen Leute dabei bleiben werden, denn es bleibt modern. Bei solch einem Produkt oder Programm handelt es sich lediglich um Variationen des Grundthemas.

95. Kosmische Einflüsse

Wer weiß, was er tut und womit er umgeht, kann durchaus im Rahmen verschiedener Therapien Gebrauch von bestimmten Faktoren machen, die nach gängiger Auffassung mysteriös und unpräzise sind. Dabei ist es in der Regel besser, wenn ein Therapeut, der sich diese Faktoren zunutze macht, dies nicht dem Patienten anvertraut. Besonders deswegen schon nicht, weil einige dieser Faktoren in Verruf geraten sind, da vor nicht allzu langer Zeit mit ihnen Mißbrauch betrieben wurde.

Der Planet Erde ist Teil der Galaxie, Teil des kosmischen Systems, und so sind natürlich die Lebewesen, die auf diesem Planeten existieren, bestimmten Einflüssen unterworfen. Einflüsse dieser Art können zyklischer Natur sein, sie lassen sich aber auch an bestimmten Punkten lokalisieren.

Und genau dies kann Anlaß zu Problemen oder Zweifeln geben, weil man meinen könnte, daß es um etwas geht, das im Westen gemeinhin als Astrologie bezeichnet wird – und man kann eine mögliche Beunruhigung oder Sorge des Patienten über dergleichen durchaus nachvollziehen. Verständlicherweise möchte er seinen Blinddarm nicht mittels Astrologie entfernt bekommen.

96. Nasrudins kosmische Apotheke

Nasrudin war auf der Suche nach einem neuen Job und fragte seine Freunde, welche Art Beruf er ergreifen solle.

Sie antworteten: »Nun, Nasrudin, du bist tüchtig und verstehst eine Menge von den medizinischen Wirkungen der Heilkräuter – du könntest eine Apotheke eröffnen!«

Nasrudin ging nach Hause und dachte darüber nach. Schließlich sagte er sich: »Ja, ich glaube, das ist eine gute Idee, ich glaube, ich kann das!« Es verhielt sich aber so, daß Nasrudin zu der Zeit gerade einmal wieder eine seiner Phasen durchmachte, in denen er sich wünschte, prominent und wichtig zu sein. Und so dachte er auch: »Ich will nicht einfach bloß ein Kräutergeschäft oder eine Apotheke aufmachen, ich werde etwas richtig Großes aufziehen, etwas, das einschlägt!«

Er kaufte einen Laden, brachte Regale und Schränke an, und als er sich daranmachte, ihn von außen zu streichen, stellte er ein Gerüst auf, verhängte es mit großen Laken und arbeitete dahinter. Weder ließ er zu, daß jemand sehen konnte, welchen Namenszug die Apotheke erhalten würde, noch, wie er die Außenwand anstrich.

Nach etlichen Tagen dann verteilte er schließlich Flugblätter, auf denen stand:

Die große Eröffnung findet morgen früh um 9.00 Uhr statt!

Daraufhin kam natürlich jeder, die Einheimischen wie auch alle Leute aus den umliegenden Dörfern. Sie standen vor dem neuen Laden und warteten. Um neun Uhr kam Nasrudin heraus und entfernte die Tücher vor der Ladenfront.

Dort prunkte nun ein riesengroßes Schild, auf dem groß geschrieben stand:

Nasrudins kosmische und galaktische Apotheke
Unter Einwirkung und im Einklang mit planetarischen Einflüssen!

Viele Leute waren sehr beeindruckt, und er machte ein gutes Geschäft an diesem Tag. Am Abend kam der Schullehrer zu ihm und sagte:

»Also offen gesprochen, Nasrudin, diese Behauptungen, die du da aufstellst, sind ein wenig zweifelhaft!«

»Nein, nein!« entgegnete Nasrudin. »Jede meiner Behauptungen, die ich über den planetarischen Einfluß gemacht habe, ist absolut zutreffend: Wenn die Sonne aufgeht, mache ich meine Apotheke auf, und wenn die Sonne untergeht, schließe ich!«

Wie Sie sehen, gibt es unterschiedliche Interpretationen

darüber, inwieweit uns planetarische Auswirkungen beeinflussen oder wieviel uns von diesen Einflüssen erreicht bzw. wieviel wir davon gebrauchen.

97. Die galaktische Ordnung

Der Versuch einer detaillierten Erklärung dieser Art Einflüsse auf das Individuum ginge weit über diesen Rahmen hier hinaus; es gibt jedoch bestimmte Kombinationen planetarischer Aspekte, die Einflüsse auf bestimmte Gebiete oder Gemeinden ausüben können. Einfachheitshalber kann man diese Einflüsse in zwei unterschiedliche Bereiche einteilen: die positive und stimulierende Art von Einfluß und die anderen Einflüsse, die nicht negativer Natur sind, aber doch einen Störfaktor darstellen können.

Das läßt sich auf einer so einfachen wie offensichtlichen und alltäglichen Ebene nachvollziehen: Wenn die Sonne früh am Morgen in einem bestimmten Winkel steht, geht das mit einer bestimmten Ruhe und Stille sowie einer bestimmten Art Licht einher. Wenn die Sonne dann im Laufe des Tages höher steht und intensiver wird, kann ein gewisser Spannungsfaktor hinzukommen. Beim Sonnenuntergang schließlich gibt es eine unbestimmte Zeitspanne der Stille mit einem ganz speziellen Licht. Dies ist eine sehr einfache und klare Beobachtung, die sich an der Oberfläche, körperlich und sehr grundlegend, wahrnehmen läßt.

Im galaktischen wie im planetarischen System ist die allergrößte Disziplin hinsichtlich der Rotationen und Umlaufbahnen der Planeten unabdingbar – die galaktische Ordnung. Diese Rotationen und Umlaufbahnen sind in hohem Maß voraussagbar, so daß – vorausgesetzt, es gibt diesen Einfluß auf bestimmte Bereiche – sich dieser unter Umständen voraussagen lassen müßte.

Bekanntermaßen haben die alten Chinesen und Ägypter eingehende Studien des Planetensystems betrieben, aber die einzigen, denen es gelang, mögliche voraussagbare Einflüsse zu entschlüsseln, waren die Araber, denn sie entwickelten Instrumente, mittels derer sich Planetenrotationen und -konstellationen sehr genau messen ließen. Um Bestätigungen dieser Beobachtungen zu erhalten, errichteten sie Observatorien in verschiedenen Teilen der Welt, von wo aus Informationen an sie zurückkamen, die verglichen werden konnten.

Nun, uns allen ist die Seite in den Zeitungen oder Zeitschriften wohlbekannt, auf der es heißt: »Erfahren Sie von Tante Carmen, was Ihre Sterne heute sagen«. Darauf folgt dann die Vorhersage, daß Jupiter im Schützen steht und Merkur in der Küche oder sonstwo. Und allein der Gedanke, daß jede meiner kleinsten Bewegungen von Jupiter persönlich, dem Schützen oder von was auch immer verfolgt wird, kann zu einem Quell großer Befriedigung werden – ein harmloser Zeitvertreib, den Sie alle kennen.

Aber wenn es dann um einen Planeten in der kosmischen Ordnung geht und die Vegetation, das Tierleben, Flüsse und andere Faktoren diese Ordnung befolgen, ist es wohl nicht ungewöhnlich, wenn man Fragen stellt wie: »Welchen Einfluß übt dies auf die Menschen aus? Und wenn sie auf entscheidende Weise beeinflußt werden, wie kann man die Funktionsweise dieses Einflusses verstehen? Und schließlich: Wie läßt sich auf dem Gebiet der Therapie von solch einem Einfluß profitieren, sei es, daß man sich mit diesem Faktor verbindet, oder daß das Bewußtsein daraus Nutzen zieht, um die Gesundheitsprobleme eines Patienten besser zu verstehen?«

Es gibt einige Bücher zu diesem Thema, die das entsprechende Wissen enthalten. Einige sind übersetzt und zugänglich; andere wurden auszugsweise übersetzt – vielleicht sind Ihnen diese mittelalterlichen Kräuterbücher bekannt, in denen Anweisungen stehen, welche Pflanzen oder Kräuter gesammelt oder geschnitten werden sollen, wenn der Mond im Schützen steht oder unter einer anderen Konstellation.

Sollten Sie in derselben glücklichen Lage sein wie ich und im Besitz der Originalfassung, aus der diese Auszüge stammen, werden Sie Gelegenheit haben festzustellen, daß solch eine Anweisung darin begründet ist, daß spezielle Kräuter von bestimmten planetarischen Situationen profitieren und eine bestimmte Energie adsorbieren, die von der betreffenden Person aufgenommen werden kann.

Um es anders auszudrücken: Wenn sich jemand, um eine solche Pflanze zu sammeln, an den bestimmten Ort begibt, an dem sie wächst, empfängt er diese Energie, so daß er die Pflanze dann auch nicht mehr zu essen braucht.

Der eigentliche Grund, warum dies in solcher Form vermittelt wird, liegt darin, daß die meisten Leute eben Menschen sind, und Menschen besitzen nun mal den sehr menschlichen Faktor Gier. Stünde nun da, daß eine ganz bestimmte Energie an einem bestimmten Ort zu einer bestimmten Zeit vorhanden ist, würden sie sich, mit Eimern und Kübeln, Sackkarren und Schachteln bewaffnet, dorthin aufmachen, um diese Energie zu horten. Daher handelt es sich hier darum, die Menschen vor sich selbst zu schützen.

Was den Einfluß planetarischer Umstände auf gewisse Gebiete anbelangt, so hängt dies gewöhnlich von bestimmten geophysikalischen, geologischen und geodätischen Gegebenheiten ab. Es kann eine Situation geben, in der all diese Faktoren zusammentreffen und dazu noch ein Fluß durch dieses Gebiet fließt, der entweder als der für die Situation erforderliche Katalysator fungieren kann oder – das ist genausogut möglich – der die Energie in diesem Gebiet sammelt und an einen anderen Ort transportiert.

Nun, wie kann jemand, der mit Therapie zu tun hat, von diesem Wissen profitieren oder es nutzen? Dazu brauchen Sie sich kein großes und leistungsstarkes Teleskop anzuschaffen. Es genügt, sich – so wie man das mit jeder Art von Energie oder Impuls tut – für diese empfänglich zu machen und sich in einen aufnahmefähigen wachen Zustand zu versetzen, was natürlich voraussetzt, daß man akzeptiert, daß solche Einflüsse existieren. Und wie bei vielen anderen Energien, so trägt auch hier eine Bestätigung ihres Vorhandenseins dazu bei, daß sie für Sie arbeiten.

Mit Bestätigung in dieser Form zu arbeiten ist eine weitere Technik oder Methode, die Sie in Ihrer Therapie anwenden

können und die Ihre eigene Therapierichtung ergänzt – ohne
daß Sie Ihre therapeutischen Maßnahmen etwa nach planetarischen Konstellationen ausrichten müssen.

98. Timing

Wie jede andere Aktivität braucht auch die therapeutische eine
bestimmte Form, bestimmte Voraussetzungen und bestimmtes
Handwerkszeug. Besonders in der therapeutischen Situation,
in der es um den Menschen geht – um Menschen, die unter
körperlichen oder geistigen Störungen leiden –, ist es absolut
erforderlich, daß Situation, Umfeld und Handwerkszeug stimmig sind, und wichtiger noch, daß diese Elemente auf richtige
Weise gemeinsam mit der Energie verwendet werden. Dies gilt
für die chirurgische wie die medizinische oder psychologische
Situation.

Gehen Sie so sorgfältig wie möglich mit den Faktoren Zeit-
planung und Aufmerksamkeit um. Pünktlich zu sein ist nicht
nur eine Frage der Höflichkeit, es ermöglicht mir auch, vom
Beginn einer Aktivität an eine Dynamik ohne Unterbrechung
aufrechtzuerhalten.

Was das Timing anbelangt, ist mir bei einigen Therapiegrup-
pen hier gelegentlich mangelnde Präzision aufgefallen. Manche Meetings fangen dann eben etwas früher oder später an,
manche Leute kommen etwas früher oder später oder platzen
gar mitten ins Meeting hinein. Was den Zeitfaktor anbelangt,
ist Präzision in der Tradition unerläßlich, und es gibt keinen
Grund für schlechtes Timing.

Wenn eine Aktivität zur rechten Zeit beginnt, hilft mir dies
dabei, die betreffende Gruppe zu fördern. Ich achte auf die
Zeit und den richtigen Zeitpunkt, zu dem ein Meeting stattfinden sollte. Geringfügige Abweichung hinsichtlich des Beginns
will ich nicht ausschließen, aber ich bin nicht gewillt, ständig
auf Zuspätkommende Rücksicht zu nehmen, welches auch
immer der Grund für ihre Verspätung sein mag.

Wenn die Mehrzahl der Anwesenden rechtzeitig da ist und

bereit anzufangen, bedeutet jeder Zuspätkommende eine Störung der vorhandenen Situation. Wir befassen uns mit präzisen Aktivitäten; lassen Sie uns diese Präzision steigern.

Seien Sie sorgfältig, was die eingangs erwähnten Faktoren Zeitabstimmung und Konkurrenz anbelangt. Jede Methode und jedes Instrument, das Sie in Gang setzen oder in Gebrauch haben, verliert seinen Rhythmus oder seine Effizienz, wenn es zu einer Beeinträchtigung dieser beiden Faktoren kommt. Benutzen Sie die verfügbare Energie präziser, indem Sie auf Ihr Timing und Ihren eigenen Zustand achten, denn ich verfüge nicht über diese therapiespezifische Energie, um sie zu verschwenden oder fortzuwerfen. Ich habe darauf hingearbeitet, daß es Situationen gibt, in denen diese Energie zur Verfügung gestellt werden kann, und ich möchte keine Umstände sehen, die mich zwingen würden, sie zurückzunehmen.

99. Gemeinsames Verstehen

Auf einigen Meetings der *Hakim* ist mir ein gewisser Mangel an Harmonie bzw. ein gewisser interner Aggressionsspiegel aufgefallen. Das Meeting einer Therapeutengruppe ist dazu gedacht, Gedanken auszutauschen oder Vorschläge einzubringen, wie eine spezielle Therapie einer anderen von Nutzen sein kann. Spielen da Faktoren wie Rivalitäten oder Autorität mit hinein, verhindert dies, daß die Energie frei fließen kann.

In gewisser Weise ist es durchaus möglich, daß ein Individuum aus der Gruppe die Diskussion dominiert. Diese Dominanz beruht vielleicht auf größerer Therapieerfahrung, aber dennoch sollte die Teilnahme einer Person daran gemessen werden, wieviel Harmonie sie in die Gruppe bringt.

Daß einige der hier Anwesenden etwas absonderlichen und wundersamen therapeutischen Richtungen nachgehen, weiß ich selbstverständlich auch zu schätzen. Manch einer mag auch noch daran arbeiten, selbst Kompetenz in einer dieser ein klein wenig anderen Therapien zu erlangen. Wenn solch eine Person nun in therapeutischer Hinsicht noch nicht so erfahren ist, ist sie vielleicht zu schüchtern oder zögert, ihre eigenen Ideen und Theorien einzubringen. Trotzdem hat bereits ihre Teilnahme an solch einem Meeting schon eine Funktion, und die betreffende Person sollte nicht nur die Gelegenheit bekommen, den anderen zuzuhören, sondern auch die, den einen oder anderen Aspekt ihrer eigenen Therapierichtung darzustellen und zu erläutern. Vorrang aufgrund von Erfahrung oder akademischen Graden und Diplomen hat gewiß einen Stellenwert, allerdings sollte solche Erfahrung auch zu einem beträchtlichen Maß an Aufgeschlossenheit führen.

Einigen, die sich mit Therapieverfahren befassen, die noch nicht ganz fertig entwickelt sind und die sie noch studieren, benutzen und weiterentwickeln müssen, fehlt es an Erfahrung. Das heißt auch, daß sie Fehler machen und Zeit verschwenden werden. Eine der Funktionen einer Therapeutengruppe besteht darin, daß man versucht, einander dabei zu helfen, Fehler zu vermeiden und keine Zeit zu verlieren. Daher sollte die Erfahrung, die ein Therapeut mit einem bestimmten Therapieverfahren gesammelt hat, anderen, die gerade erst beginnen, eine Theorie zu entwickeln, zugänglich gemacht werden, indem man miteinander kommuniziert und beide Seiten eine Energie gemeinsamen Verstehens entwickeln.

Was das gemeinsame Verstehen oder Lernen anbelangt, so haben verschiedene Individuen auch unterschiedliche Geschwindigkeiten. Es gibt Leute, die lesen ein Buch und können es danach auswendig. Für andere ist Lesen, Lernen und Sich erinnern die reinste Tortur, und wieder andere lernen am besten, wenn sie es sehen und es dann selbst in die Tat umsetzen.

Am Verständnis davon, wie man lernt, teilzuhaben heißt, an einer Lehre teilzuhaben und sich gegenseitig zu helfen. Die Kunst dabei besteht auch darin, zu begreifen, wie der andere begreift. Wenn jemand, der die Fähigkeit besitzt, jedes Detail in einem Buch, das er ein einziges Mal gelesen hat, zu behalten, nützt es nichts, daß er diese Erfahrung mit jemandem teilt, der nur durch Zusehen und Tun lernen kann. Würde er von einer solchen Person befragt, wie sie etwas lernen kann, hilft es nicht, ihr zu raten: »Lies einfach dieses Buch, dann lernst du es!«, sondern, indem er versucht, ihr zu erklären, wie sie zu diesem Wissen, nach dem sie sucht, Zugang finden kann.

Die eigentliche Fragestellung hier lautet: Wie schafft man es, eine Situation oder einen Zustand in sich selbst zu erzeugen, der Wissen anzieht?

Wenn bei einem Therapeutenmeeting Umfeld und Atmosphäre stimmig sind, ist der Energiekreislauf, der die Verbindung zwischen den Einzelnen herstellt, in Kraft gesetzt, und der Fluß von Wissen und Energie wird gelegentlich auch das Diskussionsthema beeinflussen oder die Art und Weise, in der die Diskussion oder das Meeting abläuft.

Frage: Soll auf den Meetings ein spezielles Therapieverfahren diskutiert werden? Soll das Meeting mit einer Reihe kurzer Präsentationen von verschiedenen Therapeuten beginnen oder mit einer kurzen Zeit des Schweigens, um zu sehen, welches Thema hochkommt?

Antwort: Wenn ich über verfügbare therapeutische Energie spreche, so handelt es sich um etwas, das bereits vorhanden ist und darauf wartet, benutzt zu werden. Es wartet darauf, eine Situation zu beeinflussen, so daß Sie im Umgang mit dieser Energie vertrauter werden und lernen können, das Ausmaß ihrer Präsenz zu spüren.

100. Maximieren und Optimieren

Sie werden sich an unser Konzept des Maximierens erinnern, das ich hier weiterführen möchte, und zwar vom Maximieren zum Optimieren. Maximieren bedeutet, soviel echte und notwendige Anstrengung wie möglich zu erbringen – in anderen Worten: Zeit, Information und Energie zu einem größtmöglichen Ausmaß zu gebrauchen, aber ohne Hast oder Spannung. Es ist möglich, aufmerksam zu sein, ohne angespannt zu sein.

Ist es Ihnen gelungen, Ihre Aktivitäten zu maximieren, dann optimieren Sie sie, was hier bedeutet, den besten Gebrauch von etwas zu machen. Beim Maximieren brauchen Sie Energie, Erfahrung und Informationen. Beim Optimieren fokussieren Sie dies alles; z. B. auf einen Patienten, eine Situation, einen Ort oder auch auf eine Aktivität, mit der Sie sich zur Zeit gerade befassen und auf die Sie sich dann voll und ganz konzentrieren, und ergänzen Sie diese um weitere Faktoren. Der gravierende Unterschied zwischen Maximieren und Optimieren besteht darin, daß beim Maximieren eine größere Energie verwendet wird. Optimieren erfordert subtilere und feinere Energie: In der jeweils vorliegenden Situation setzen Sie all Ihre Fähigkeiten ein und prüfen sorgfältig, wie Sie diese steigern und ihnen weitere hinzufügen könnten. Dabei geht es nicht ums Hinzufügen um des Hinzufügens willen, sondern darum, Feinheiten hinzuzufügen, so wie man seiner Mahlzeit noch Pfeffer und Salz hinzufügt.

Dies läßt sich am Beispiel des Chirurgen beim Operieren veranschaulichen. Um seine Arbeit tun zu können, muß er eine möglichst distanzierte Haltung einnehmen. Ihm steht das chirurgische Instrumentarium zur Verfügung, und er hat die Unterstützung von Assistenten. Dem kann er aber noch mehr hinzufügen: Er kann die Situation durch eine weitere Dimension ergänzen, indem er sein Essentielles Sein einbezieht. Trotz seines Involviertseins muß er – wie jeder andere Therapeut oder Techniker auch – etwas distanziert sein. Involviertsein besteht normalerweise in einem Gefühl für den Patienten, aber eben nicht in einer Überidentifikation mit dem Patienten als Person. Es sind andere Kommunikationsverbindungen, die Sie zum Patienten öffnen. Sie stellen eine Beziehung zum anderen auf der Ebene von Sein zu Sein her, um dann von diesem Punkt aus in sehr präziser Weise zu optimieren; Sie schauen sich die Situation auf relaxte und distanzierte Weise an und fragen sich dann: »Was kann ich hier hinzufügen, das in dieser Situation vernünftig und von Nutzen ist, sei es, um meine eigene Rolle zu verbessern, oder der anderen Person zu helfen, ihr von Nutzen zu sein oder sie zu unterstützen?«

Es braucht nichts Großartiges, es können kleine Dinge sein, die vielleicht auch zur einen Hälfte von Ihnen und zur anderen vom Patienten kommen. Es kann sich bei diesen kleinen Dingen, die zuzufügen Sie für nützlich halten, z. B. um Klang,

Musik oder Ionisation handeln; es kann etwas Materielles sein oder auch ein Gedanke oder ein Gefühl, das Sie aussenden. Das hängt von der jeweiligen Situation ab, und dazu brauchen Sie auch keine lange Bedenkzeit oder müssen darüber grübeln, was Sie noch alles hinzufügen könnten. Sie werden nicht umhinkommen zu entscheiden, was gebraucht wird und was zu ergänzen ist, denn es ist unvermeidlich, daß dies auf Ihrer Einschätzung und Entscheidung beruht.

101. Co-action und Interaktion

Sie werden sich an den Begriff der Co-action erinnern. Co-action kann die Aktivität einer Gruppe in der Tradition wie auch eine Situation zwischen Therapeut und Patient kennzeichnen. Zum Zweck der Klarheit benutzen wir einige Symbole. Das erste besteht aus einem Kreis mit zwei Punkten, die für die Funktion stehen.

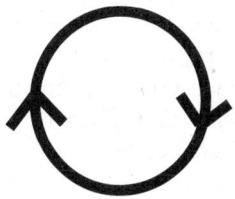

Diese Funktion ist zweifacher Art; es gibt zwei Punkte, die sich auch als Pfeile bezeichnen lassen und die den Fluß der Aktivität oder Bewegung aufzeigen. Falls Sie der Auffassung sein sollten, daß ein Kreis per Definition auf sein Kreisrund beschränkt sei. Dieser Kreis hier repräsentiert eine Situation sowie weitere Situationen, die mit ihr verbunden sind, auch wenn diese ihre eigenen Co-action-Kreise haben. Was also in dieser Situation geschieht, ist eine Intensivierung der Aktivität. Sie wird als Kreis dargestellt, weil sie bestimmte präzise Grenzen setzt.

Das folgende Diagramm ähnelt dem ersten insofern, als daß es ebenfalls einen Kreis darstellt und daß es für eine Co-action-Situation steht. Dabei handelt es sich um eine sogenannte Interaktion, einen beidseitigen Energieaustausch, einen Austausch der Absicht, der auch in diesem Fall von einer Grenze umgeben ist, so daß die Energie und die Aktion nicht schwächer werden oder verlorengehen.

Co-action und Interaktion können beide gleichzeitig stattfinden. Haben Sie eine Situation oder einen Kontext der Co-action hergestellt und die Bezugspunkte, die Sie hierbei benutzen werden, festgelegt, dann gehen Sie weiter in die Situation hinein und beginnen die Interaktion. Die Interaktion zwischen Therapeut und Patient als zwei Individuen muß schrittweise aufgebaut werden. Ihnen ist bekannt, daß diese schrittweise Interaktion nicht nur, um das jeweilige Problem zu identifizieren aufgebaut wird, sondern auch wegen des Feedbacks, das vom Patienten zurückkommt.

In der Granada-Therapie stellen wir aber eine andere Art von Interaktion her. Dies ist möglich, denn obwohl der Therapeut bestimmt all die üblichen Untersuchungen, Checks und Studien des Patienten durchführt, wird er, sobald er sich ein genaueres Bild verschafft hat, tiefere Gefühle und einen tieferen Sinn in die Beziehung zu diesem Patienten hineinbringen.

102. Fokus und Funktion des ganzen Seins

Welche Botschaft also übermittelt das Essentielle Sein des Patienten?

Wie Sie wissen, können besonders bei geistig verwirrten Patienten leicht falsche Signale übermittelt werden, sei es, daß sie das absichtlich tun oder daß es aufgrund ihrer geistigen Verfassung passiert. Ihr spezielles Können als Therapeut besteht nun darin, die tatsächlichen Signale des Essentiellen Seins von den falschen, die von Konfusion oder Unbalanciertheit herrühren, zu unterscheiden. Hier sind wir beim Hauptthema dieses Kongresses: Fokus und Funktion des ganzen Seins.

Eine der Funktionen der Aktivitäten und Übungen der Tradition ist es, das eigene Sein zunehmend besser kennenzulernen, und wenn ich über die ›Funktion des ganzen Seins‹ oder den ›Fokus des ganzen Seins‹ spreche, muß der Therapeut oder die betreffende Person selbst beurteilen, wieviel ihres Seins sie in die jeweilige Situation hineingibt.

Dem Arzt steht eine große Auswahl an Medikamenten zur Verfügung, die er verschreiben kann, aber er wird sie gewiß nicht alle auf einmal verschreiben. Genauso sollte ein Therapeut, nachdem er die Situation erfaßt hat, entscheiden, in welchem Umfang er sein Sein in den jeweiligen Kontext hineingibt. Es handelt sich hierbei in gewissem Sinne um eine objektive Einschätzung und Beurteilung dessen, was zu erfolgen hat.

Man kann versucht sein, sich mit seinem ganzen Sein, soweit man es kennt, zu involvieren oder zu engagieren, aber wie Sie wissen, wird ein geistig gestörter Patient versuchen, Sie mehr und mehr hineinzuziehen. Sie sollten sich in angemessenem Umfang engagieren.

Inwieweit soll der Therapeut den Patienten oder die Patientin darin bestärken, sich selbst an der Behandlung zu beteiligen?

Sicherlich geben Sie dem Patienten Ratschläge und schlagen ihm vor, was er tun sollte – das nennt man formale Behandlung. In der Granada-Therapie durchlaufen wir auch den formalen Prozeß, denn der Patient erwartet das. Trotz all dem zielen wir im Grunde darauf hin, eine tiefere und subtilere Kommunikation mit diesem Patienten aufzubauen. Nachdem diese subtilen Verbindungen hergestellt sind, bestimmt der Therapeut in dem Sinne die Situation, daß er – oder sie – die Kontrolle über das Maß an Engagement hat.

Auf diese Weise ist der Therapeut durch die formale Situation geschützt. Der Patient kann nach Medizin verlangen, nach mehr Zeit und Aufmerksamkeit, aber der Therapeut muß in der Lage sein, auf einem tieferen Level der Beziehung die tiefere Kommunikation zu kontrollieren. Bekanntermaßen gibt es Patienten, die soviel Medizin, Zeit und Aufmerksamkeit, wie sie von Ihnen nur bekommen können, nehmen werden.

Was also auf einer tieferen Ebene vom Therapeuten ausgeht, muß unbedingt kontrolliert werden, damit es nicht zu einem gänzlichen Verströmen seiner Energie kommt.

Es gibt eine wohlbekannte Redensart in der Tradition: ›Sprich mit den Leuten entsprechend dem Maß ihres Verständnisses‹. Es ist nicht gut zu sagen: »Dies ist eine erwachsene Person, sie hat die Universität besucht und sollte wohl in der Lage sein zu begreifen.« Der andere will als jemand Besonderes behandelt werden und hat auch jeden guten Grund, dies zu wollen.

Es ist richtig und allgemein üblich, daß ein Therapeut die Botschaft übermittelt: »Als Therapeut bin ich an Ihrer Gesundheit und Ihrem Wohlergehen interessiert!« Dieses Gefühl kommt von Ihrem Sein und wird zu dem Ihres Patienten übermittelt. Auf einer oberflächlicheren Ebene erzeugt es Vertrauen gegenüber dem Therapeuten, auf einer tieferen installiert es unterschiedliche Kommunikationslinien, die – hoffentlich – nicht dem konditionierten Intellekt des Patienten unterworfen sind.

Sie reden mit dem Patienten auf konventionelle und formelle Art und Weise, diskutieren sein Problem und behandeln ihn mittels verschiedener herkömmlicher Methoden, aber auf einer tieferen Ebene spenden Sie ihm nicht nur Trost, sondern senden positive Energie und gute Gedanken aus. Sie bestärken ihn darin, daß es zu schaffen ist, daß er es tun kann, und vermitteln ihm auch die Botschaft, daß die Co-action zwischen ›dir und mir‹ Positivität erzeugen kann. Anfangs spürt der Betreffende dieses Positive erst bruchstückweise, aber bereits über diese Fragmente wird dem Essentiellen Sein eine ermutigende Botschaft übermittelt, was dem Patienten allmählich das

Gefühl gibt, daß durch die Zusammenarbeit mit dem Therapeuten etwas bewirkt wird und daß darüber hinaus er auch etwas in sich selbst bewirken kann.

Wer mit Menschen, die geistige oder psychische Probleme haben, zu tun hat, weiß, daß, was ihnen als erstes abhanden kommt oder als erstes geschwächt wird, ihr Selbstvertrauen ist; ihr Vertrauen in ihre Arbeit, in ihren Körper, in ihren Organismus und in ihre Gedanken.

Unglücklicherweise halten sie dann auch meist noch regelrecht Ausschau nach Beweisen für diese Schwäche, um sich darin zu bestätigen, daß sie keinen Job durchhalten, keinen Gedanken zu Ende bringen oder dies oder jenes nicht können. Wenn es so grundlegend an Selbstvertrauen mangelt, kann der Therapeut über konventionelle Methoden versuchen, den Betreffenden zu bestärken. Aber auch in solchen Fällen sollte er eine ermutigende Botschaft oder Energie auf einer tieferen Ebene aussenden, die darüber hinaus auch dazu anregt, Verschiedenes zu hinterfragen, wie z. B.: »Bin ich wirklich so ineffizient? Habe ich mich tatsächlich angestrengt, um dies oder jenes zu tun? Bin ich tatsächlich völlig verloren, verwirrt oder am Boden zerstört?«

Wenn Sie diese Fragen offen und förmlich stellen, wird als Antwort darauf ein »Ja« oder »Nein« kommen, und Sie werden Beispiele aufgezählt bekommen, wie dem Patienten dies oder jenes mißglückt ist. Aber innerlich kennt er die Antworten, und möglicherweise muß er sich die Fragen so lange selbst stellen, bis die wirklichen Antworten darauf kommen.

103. Optimieren

Mit ›Optimieren‹ bezeichnen wir eine Technik, die wir bei Aktivitäten in der Tradition verwenden, die aber auch für die therapeutische Situation von Wert sein kann; eine Möglichkeit, diese Technik anzuwenden, besteht z. B. darin, Details zu ergänzen. Auch wenn jemand krank ist oder sich in einer unbalancierten körperlichen oder geistigen Verfassung befindet, können Sie ihn dazu ermutigen, positive oder nützliche Dinge beizutragen.

Sie selbst versuchen zu optimieren und auch andere dazu zu ermutigen; daß auch darüber gesprochen wird, ist nicht unbedingt erforderlich. Das Ergänzen von Details ist ein Aspekt beim Optimieren, wobei es aber wie gesagt nicht darum geht, wahllos irgend etwas hinzuzufügen. Wenn Sie sich der vorliegenden Situation bewußt sind und mit ihr sowie mit ihrem Kontext in Kontakt stehen, können Sie einfach hier und dort ein Fragment ergänzen, das dazu beiträgt, die Situation zu verbessern oder zu erleichtern.

In der Hoffnung, keine Schwierigkeiten mit den Damen zu bekommen – aber sie wissen nun mal ganz instinktiv, wie man optimiert! –, möchte ich Ihnen dies am Beispiel vom Badezimmerspiegel erläutern:

Sie stehen vor dem Spiegel, blicken hinein und wissen genau, wo es gilt, ein bißchen hinzuzufügen, aufzutragen oder zu verbessern. Ein paar Minuten für das linke Profil, ein paar Minuten für das rechte Profil, und dann die Wangen. Dann folgt ein kritischer Blick zwecks Überprüfung, ehe dann die Frisur gerichtet wird. Manchen Leuten, Ehemännern zum Beispiel, kommt es vor, als brächten die Damen Stunden damit zu! Und ganz besonders lange braucht es, falls man selbst ins Badezimmer hinein möchte, sei es, weil man sich rasieren muß, oder aus einem triftigen anderen Grund. Ist es dann soweit, ist das Ergebnis zweifelsohne wundervoll. Und um sicherzugehen, daß es auch tatsächlich wundervoll ist, gibt es für den letzten Check noch einen extra Spiegel direkt an der Ausgangstür.

Hierbei handelt es sich eindeutig um eine sehr natürliche Art instinktiver Optimierung: Details werden hinzugefügt, ein bißchen hier, ein bißchen dort ergänzt, und am Ende noch ein wenig Parfüm. Die Damen haben eine bestimmte Vorstellung, wie es werden soll, oder sie haben sich von einer Zeitschrift zu dem heutigen Ausgehen anregen lassen. Das bedeutet also auch, daß sie bei ihrem Tun ein spezielles Ziel, einen speziellen Fokus vor Augen haben.

Gleichermaßen verhält es sich mit jeder zwischenmenschlichen oder therapeutischen Situation. Der Therapeut reagiert, aber auf sinnvolle, positive Weise und nicht automatisch so, wie der Patient es sich wünscht. Man hat ein Gefühl dafür, was die Situation erleichtern oder verbessern könnte. Bei dem Aspekt, den man ergänzt, kann es sich z. B. um eine bestimmte Farbe, Musik, einen Tonfall, eine Haltung oder sogar eine bestimmte Kleidung handeln. Ihr Ziel ist es, auf eine Situation in einem bestimmten Kontext einzuwirken, wobei den Details, die Sie einbringen können, auch deutlich Grenzen gesetzt sind.

Sie optimieren eine Situation zu Ihrem Nutzen und zum Besten der anderen Person, was bedeutet, daß Sie die Situation sowohl unter dem Gesichtspunkt, was Sie erreichen wollen, betrachten als auch vom Standpunkt des Patienten aus. Wenn Ihr Kontakt mit einem Patienten lang genug besteht, d. h. einige Tage, Wochen oder Monate, lernen Sie natürlich allmählich auch seine üblichen Vorlieben und Abneigungen kennen: ob er gerne eine Tasse Kaffee oder ein Glas Mineralwasser mag, ob er es mag, daß Sie rauchen oder nicht rauchen. Sie bekommen das ganz automatisch mit und können leicht ein therapeutisches Umfeld kreieren, in dem er sich zu Hause fühlt, so daß er ganz bewußt und deutlich erkennen kann, daß Sie wollen, daß er sich wohl fühlt, und um sein Wohlergehen bemüht sind.

Wenn Sie dafür sorgen, daß er sich wohler fühlt und somit auch empfänglicher wird, vermindern Sie auch seine Anspannung. So benutzen Sie verschiedene Arten der Beobachtung: Sie achten ganz automatisch in der üblichen Weise darauf, ob der Patient sich wohl fühlt oder ob z. B. Anzeichen von Nervosität oder Steifheit auftreten. Und gleichermaßen achten Sie auf Signale, die er von einer tieferen Ebene aussendet, um dann wenn möglich darauf zu antworten. Laden Sie ihn zu verbaler wie auch handlungsgemäßer Co-action mit Ihnen ein.

104. Fusion

Wir verwenden in der Tradition ein weiteres Diagramm, das man für therapeutische Situationen in petto haben sollte:

$$|+|=$$

Es handelt sich um eine typische Gleichung in der Art, wie sie hierzulande üblich ist, nämlich, daß eins und eins zwei ergibt – aber nicht so in der Tradition. Wenn Sie in irgendeinem von mir geschriebenen Text oder einer Formulierung in bezug auf Tradition dieses Symbol sehen, bedeutet das, daß es sich um eine wichtige Gleichung aus der Tradition handelt:

$$\underline{|+|=\qquad}_c$$

Dies hier ist eine Art Abkürzung für das Wort *Adad*, das Formel oder Formulierung bedeutet:

$$\underline{\qquad}_c$$

Diese graphischen Beschreibungen oder Diagramme sollten nicht als magische Symbole gesehen werden; sie zeigen auf, daß eine Aktion stattfindet. Was aber magisch ist, ist, daß in unserer Rechnung eins plus eins acht ergibt:

$$\underline{|+|=\wedge}_c$$

Nun, es handelt sich hierbei um eine arabische Acht, und die vollständige Formel sieht so aus:

$$\underline{|+|=A}_c$$

In der Addition scheint auch ein A enthalten zu sein, aber es ist keines, sondern es ist die arabische Acht. Weiterhin stehen da zwei Einsen und ein Plus. Die beiden Einsen stehen für zwei Individuen, und was bei uns zählt, ist das positive Potential in jedem Individuum, also *eins plus plus eins plus*. Vereinfacht läßt sich festhalten, daß statt *acht plus plus acht oder acht plus plus* es sich um eine Acht mit zwei Pluszeichen handelt – das läßt sich auch besser behalten. Wird das nun miteinander in einer vollständigen Formel verbunden, damit es auch ›im Fluß‹ ist, sieht es folgendermaßen aus:

$$|+_+|+ \; = \; \cancel{A} \rightarrow A$$

Dieses Zeichen wird von uns als das Symbol für Fusion bezeichnet. Fusion steht hier für Zusammenkommen, nicht als bloße Idee oder abstraktes Konzept, sondern als ein Zusammenkommen auf immer weiteren Ebenen, das sich unendlich weiterführen läßt.

Um beim Beispiel von zwei Individuen zu bleiben, ist das, worauf wir – hoffentlich – zählen können, das positive Potential in jedem Individuum. Es kommt Kontakt zustande, und dann ergänzt man Weiteres; aber nicht um des Sammelns und Hinzufügens willen. Man prüft den Kontakt, und dann benutzt man ihn. Es geht um Fusion in Aktion und nicht im Abstrakten.

Diese Fusion läßt sich auch anders erklären; diejenigen unter Ihnen, die sich an Ihren Chemie- und Physikunterricht erinnern, werden sich eines Experimentes mit Anode und Kathode entsinnen. Bekanntermaßen funktionieren Anode und Kathode nicht auf abstrakte Weise; diese befinden sich in einer Lösung, welche erst die Wechselwirkung zwischen diesen ermöglicht. Manchmal benutzen wir auch die Analogie von zwei Individuen, die wie Anode und Kathode die Tradition als Lösung benutzen, in der sie operieren.

Die Energie der Tradition kann nur dann sinnvoll funktionieren, wenn sie wissentlich dirigiert wird. Wissentlich meint, von seinem inneren Gefühl ausgehend und unter diesen Umständen und in diesem Kontext besagte Details, die auch geringfügiger Art sein können, hinzuzufügen, um dann ihre Wirkung bzw. das Feedback zu analysieren.

Zu glauben, ich würde diese Faktoren oder Details aufeinanderhäufen, ist ein Irrtum. Es geht mir um den korrekten Gebrauch dieser Details, Instruktionen oder Punkte, die alle in der Tradition entwickelt wurden. Und bei jedem dieser Details, die ich hier erläutere oder deren Verwendung ich anrege, handelt es sich um ein notwendiges Detail, das, wenn es korrekt gebraucht wird, zur Verbesserung von Situationen beiträgt.

105. Von Herz zu Herz

Dadurch, daß Sie mit Leuten arbeiten, die den Methoden und Techniken, die Sie verwenden, nicht unbedingt ablehnend gegenüberstehen, sie aber doch möglicherweise nicht recht verstehen, kann es im Verlauf der Therapie generell zu Problemen kommen, da der eine oder andere hinsichtlich bestimmter Dinge, die Sie tun, oder Haltungen, die Sie einnehmen, kritisch eingestellt ist.

Das braucht nicht wirklich ein Problem zu sein, denn schließlich ist es nicht erforderlich, daß Sie nach außen etwas zeigen, das andere möglicherweise als unorthodoxe Methoden bezeichnen würden, denn nach außen hin folgen Sie den üblichen und akzeptierten Techniken, innerlich aber übertragen Sie die Energie der Tradition. Vorausgesetzt, Sie sind sich dieser Tatsache bewußt, werden Sie die Energie auch übertragen.

Hinsichtlich der Situation in der Klinik oder im Krankenhaus wird oft die Frage gestellt, wie man das bei den vielen Patienten, um die man sich dort kümmern muß, bewerkstelligen soll. Das läßt sich anhand des einfachen Beispiels einer Lampe erläutern, denn jeder, der an ihr vorbeigeht, bekommt unabhängig davon, ob das wenige Sekunden oder mehrere Minuten dauert, etwas von ihrem Licht oder Impuls ab. Möglicherweise verspüren Sie persönlich den Impuls, mehr Zeit mit einer bestimmten Person zu verbringen, was aber wegen der großen Anzahl von Leuten nicht geht. Und falls es sehr viele Menschen sind, nach denen Sie zu schauen haben, kann sich dieses Gefühl durchaus verstärken, aber lassen Sie das nicht zu, denn es kann zu Frustrationen führen, die Sie dann verleiten zu denken: »Es gelingt mir nicht, genügend Leute intensiv genug zu erreichen!« Begreifen Sie, daß jede Person, mit der Sie zu tun haben, durch Sie einen bestimmten Impuls erhält. Auch wenn Sie diese Person später dann vielleicht regelmäßig oder zumindest öfter sehen, den Impuls haben Sie bereits an sie weitergegeben, und so ist es an ihr, diesen Kontakt fortzusetzen und zu nutzen – oder ihn nicht zu erkennen bzw. zu ignorieren.

Sie sind dort, um den Kontakt anzubieten, aber auch dieser beruht wieder auf Gegenseitigkeit, denn es ist an der anderen Person, den Kontakt anzunehmen und darauf einzugehen, wenn es ihr ein Bedürfnis ist. Oder aber, sie identifiziert ihn nicht und läßt zu, daß er wieder abflaut. Jemand, der den Kontakt, d. h. das, was Sie ausstrahlen, richtig identifiziert, wird dem sicherlich nachgehen, denn: ›Herz spricht zu Herz‹, wie wir sagen.

Natürlich ist es möglich, daß die andere Person den Kontakt auf konventionelle Weise einschätzt oder rationalisiert. Dann sagt sie vermutlich etwas in der Art wie: »Es war nett! Und er (oder sie) war engagiert und interessiert«, und man kann dann eine Art medizinisch-sozialen Kontakt aufrechterhalten. Genausogut ist es aber auch möglich, daß der andere das identifiziert, was wir als ›wirklichen und tiefen‹ Kontakt bezeichnen. Das klingt dann möglicherweise so: »Er (oder sie) war so engagiert und nett, und dann war da noch was anderes!« Oder er verschleiert und rechtfertigt es auf andere Weise. Es kann sich um ein wirkliches Gefühl handeln oder aber auch um pure Phantasie, und die sollte man bekanntermaßen nicht nähren, denn in dem Moment, in dem Sie sich auf die Phantasien des anderen einlassen, tanzen Sie nach seiner Pfeife, wie es heißt.

Wenn Sie feststellen, daß eine Kommunikationsebene mit

der anderen Person besteht, achten Sie auf Ihre Reaktion, auf Ihr Feedback. Wenn Sie sicher spüren, daß das Feedback positiv ist, können Sie auf eine positive Weise reagieren.

Frage: Wenn man es mit einer großen Anzahl von Patienten zu tun hat, kann das Gefahren oder Probleme mit sich bringen?

Antwort: Nein. Denn Menschen, die eine innere Sicherheit haben und in Harmonie mit ihrem Essentiellen Sein sind, senden beständig ein positives Signal aus, ohne daß dies ihr Sein strapazieren würde.

Frage: Kann es passieren, daß ein Therapeut, der Kontakt zu vielen Leuten mit beträchtlicher negativer Ladung hat, negativ beeinflußt wird?

Antwort: Diese Frage wurde bereits gestellt, und ich beantworte sie nochmals: nein. Denn wenn man einen bestimmten Grad an positiver innerer Sicherheit besitzt, kann das Negative einer anderen Person einen nicht beeinflussen. Es trifft zu, daß es bei einem Patienten, der sehr negativ ist, länger braucht, bis ein tragfähiger psychischer Kontakt hergestellt ist, aber eine sogenannte ›negative Gefahr‹ für die erstere Person oder den Therapeuten existiert nicht, denn in der Tradition ist man zu einem bestimmten Grad vor dem Negativen geschützt.

Jeglicher vom Patienten kommender Negativität wohnt etwas inne, das als ›negative Projektion‹ bezeichnet wird und als solche auch schnell vergeht, trotzdem sollte Ihre Identifikation mit dem Patienten bestimmte Grenzen wahren. Darüber hinaus gibt es in einem Kontext oder einer Situation beträchtlicher Negativität weitere unterstützende Möglichkeiten wie z. B. die Anwendung bestimmter Wendungen oder Worte. Um es deutlich zu sagen: Als Therapeut ist es Ihre Aufgabe herauszufinden, um welche Art von Negativität es sich handelt, und dann eine auf dem Feedback des Patienten basierende Entscheidung zu treffen wie z. B., ob das Positive möglicherweise in einem anderen Bereich sinnvoller verwendet werden kann.

106. Abwehrmechanismen und Therapieresistenz

Ihre Reaktion ist beides zugleich: ein Geheimnis und ein Trick. Ein Geheimnis, weil Sie nicht Ihre ganze Taktik preisgeben, und ein Trick, weil Sie die andere Person dahin bringen möchten, daß sie glaubt, sie wäre selbst darauf gekommen. Was den Trick anbelangt, so ist es ein löblicher, besonders dann, wenn es sich um jemanden mit psychischen Störungen handelt. Wenn er zu Ihnen kommt, hat er oder sie meist schon etliche Therapien freudianischer, jungianischer oder sonstiger Art hinter sich und hat infolgedessen etwas entwickelt, was wir Panzerung nennen.

Dies zu überwinden kann schwierig, zuweilen sogar sehr schwierig sein, aber hier besteht der Trick oder die Fertigkeit darin, selbst nicht als ›Therapeut‹, sondern als ›Mensch‹ aufzutreten – womit ich nicht im geringsten meine, daß es einen Unterschied zwischen Therapeuten und menschlichen Wesen gibt (obwohl dies gewiß Stoff zu einer fruchtbaren Diskussion gäbe).

Die schwierigsten Fälle im Kontext psychologischer Störungen sind jene, die eine Therapieresistenz entwickelt haben. Ihr Können und Ihre Fertigkeit als Therapeut besteht darin, diese Leute anhand ihrer Reaktionen zu identifizieren und ihnen eine Therapie zu präsentieren, die gar nicht nach Therapie aussieht. Bitten Sie sie, Ihnen hinsichtlich ihres Problems zu helfen. Laden Sie sie dazu ein, sich auf einen Prozeß von Coaction einzulassen.

Nun, die betreffende Person ist zu Ihnen gekommen und ist offen. Sie sind der Therapeut, und so beabsichtigt die Person auch nicht, etwas zu tun, sondern möchte, daß Sie ihr sagen, was sie tun soll. Deshalb sagt sie in etwa: »Wenn ich mir selbst hätte helfen können, hätte ich das längst schon getan. Sie helfen mir, deshalb ist es an Ihnen, sich zu bemühen!« oder: »Sie möchten, daß wir uns die Arbeit teilen? Na gut, dann zahle ich aber auch nur die Hälfte Ihres Honorars!« In dem Fall müssen Sie dann vielleicht darüber nachdenken, ob Sie Ihr Honorar nicht rechtzeitig vorher erhöhen . . .

Tatsache aber ist, daß Sie nicht die Energie des Patienten benutzen, sondern daß Sie ihn einladen, seine Energie mit Ihrer zusammenzutun, so daß eine einzige Energie daraus wird. Deshalb sollten Sie auch in der Lage sein, ihm gleich von Anfang an klar und deutlich zu sagen: »Ich glaube, ich kann Ihnen helfen, aber dazu bedarf es, daß ich Ihre Energie mit meiner zusammenbringe, so daß Sie, wenn Sie schließlich fortgehen, sich von mir ablösen können und vollständig, wirklich, gesund und ausgeglichen sein können, ohne daß Sie sich dazu noch auf mich beziehen müßten.« Sie helfen ihm, ein Sein zu schaffen, das von Ihnen nicht abhängig ist.

Natürlich kann und sollte der Patient erst einmal mit Ihnen in tragfähigem psychischem Kontakt sein, Sie sollten für ihn verfügbar sein und der stabile Punkt, auf den er sich jederzeit beziehen kann. Was die Fähigkeit, alleine zu gehen, anbelangt, handelt es sich um eine Vorstellung, die für viele Menschen furchtbar ist, und ganz besonders für jemanden mit psychischen und anderen Problemen. Daher definieren Sie, abhängig vom Patienten und seiner Verfassung, was Sie mit ›alleine‹ meinen. ›Allein‹ kann ›einsam‹ bedeuten, aber ebenso auch ›auf eigenen Füßen stehen‹ oder im Extremfall auch ›verlassen‹. Denn wenn ein Patient von Ihnen zu hören bekommt: »Sie werden auf sich selbst gestellt sein!«, antwortet er Ihnen möglicherweise: »Ich will aber gar nicht mit mir alleine sein!«

107. Sicherheit

Im therapeutischen Kontext geht es um Haltgeben, nicht um Abhängigkeit. Versuchen Sie, dem Patienten ein Gefühl der Sicherheit zu vermitteln. Auf der bewußten Ebene können Sie ihm das Bedürfnis nach Sicherheit erklären, mit ihm darüber reden und ihm bestätigen, daß sie existiert. Abhängig von seiner Verfassung kann dieser Halt Minuten, Stunden oder Tage bestehen bleiben. Aber mit Sicherheit wird die Zeit kommen, wo er sich alleine fühlt, und wenn er diese kalte Einsamkeit verspürt, wird er mit hoher Wahrscheinlichkeit in Panik geraten.

Wie lassen sich überhaupt Menschen in diesem Zustand erreichen? Indem Sie eine Botschaft aussenden, die Sicherheit vermittelt. Sie können hundertmal sagen: »Ich bin an Ihrer Gesundheit und Ihrem Wohlergehen interessiert!« Sie können das hinschreiben und unterzeichnen, glauben wird er es deshalb noch lange nicht. Er fürchtet um seine körperliche oder psychische Gesundheit und seine Belastbarkeit, und was er braucht, ist, daß man ihm etwas Wesentliches sagt, etwas, das ihm ein positives Signal gibt: »Es wird alles gut werden!«

Es muß etwas Positives sein, das Sie selbst fühlen; etwas, dessen Sie sich auch sicher sein müssen, denn Sie überreden ihn nicht, Sie reden ihm nicht gut zu – Sie sagen es ihm einfach. Ihr eigenes Gefühl von Sicherheit, des Sich-sicher-Seins, muß dem anderen in vielleicht nur wenigen Sekunden übertragen werden können. Es gibt einen ganz einfachen Weg, diese Welle positiver Energie zu übertragen: Wenn Sie sie spüren – übertragen Sie sie! Dieses Gefühl ist unabhängig von Fähigkeit, Intelligenz oder Verfassung. Es überträgt sich auf einer so elementaren Welle, daß der Betreffende unabhängig davon, was seine psychische oder körperliche Verwirrung sein mag, ein Gefühl von Ruhe, Wärme und Freundschaft empfangen wird. Solche Empfindungen sind dermaßen elementar und wichtig, sie können nicht künstlich erzeugt sein. Entweder sie sind da – oder nicht.

108. Entscheidungen

Wählen Sie als Einstieg einen breitgefächerten Zugang, um dann das sogenannte Grundproblem zu fokussieren. Dabei ist es erforderlich, daß Sie Entscheidungen treffen bzw. Urteile fällen. Es gibt bestimmte Situationen, in denen man möglicherweise damit zögerlich umgeht und sich fragt, ob man das überhaupt kann, welche Richtlinien man zugrunde legen sollte, ob es die rechte Zeit dafür ist oder welche Gefühle dabei zugrunde gelegt werden.

An einem bestimmten Punkt muß man eine Entscheidung treffen. Beurteilungen lassen sich nicht für immer hinausschieben. Ein Großteil Ihres Könnens und Ihrer Fertigkeit besteht darin, in der Lage zu sein, Entscheidungen zu treffen.

Wenn Sie die Problemstellung identifiziert und eine Entscheidung getroffen haben, fokussieren Sie das Problem. Wenn Sie das mit ebendieser Entschiedenheit tun, um die Sie bitten und die Sie anstreben, bekommen Sie auch das Backup, um weitermachen und Lösungen ausarbeiten zu können. Dies gilt nicht nur für den Patienten, sondern auch für den Therapeuten. Sie können unmöglich mit einem Instrument vertraut umgehen, solange Sie sich nicht damit vertraut gemacht haben. Aber je vertrauter Sie damit sind, desto positiver und sinnvoller können Sie es einsetzen. Benutzen Sie es nicht nur mit Enthusiasmus, gehen Sie auch sicher damit um.

Die therapeutische Situation ist wie eine Gleichung, zu der auch der Patient seinen Teil beitragen muß. Ihr Anteil besteht darin, ihm eine Vorgehensweise zur Verfügung zu stellen, ihm diese zu erklären und ihn zu ermutigen, diese anzuwenden. Indem Sie dies tun, unterstützen Sie ihn beständig – allerdings: Ehe Sie sich Ihrer selbst nicht sicher sind noch dessen, was Sie benutzen, lassen Sie es lieber sein.

Sie können den Patienten einbeziehen, nicht nur, indem Sie ihm sagen, was Sie tun, sondern auch, indem Sie ihm helfen, es selbst zu tun. Indem Sie das tun und jeden Faktor, der zur Verbesserung der Situation beitragen kann, einbeziehen, optimieren Sie Ihren eigenen Beitrag wie auch den des anderen. Was Sie anzubieten haben, ist ein Ausweg aus den Problemen und keine Sofortlösung, aber dies hängt wie bereits erwähnt auch von der anderen Person ab. Da die Menge und Intensität der Energie, die der Patient einbringt, von seinem körperlichen oder psychischen Zustand abhängt, werden Sie, was die Coaction anbelangt, möglicherweise mehr hineingeben müssen, vielleicht sogar mehr als die Hälfte. Aber indem Sie dem Patienten Mut machen, verstärken Sie seine Teilnahme.

Dies kann ein etwas heikler Punkt sein, denn möglicherweise werden Sie vom Patienten zu hören bekommen, daß er zu Ihnen kommt, um geheilt zu werden, und er erwartet, daß Sie sich darum kümmern und nicht etwa er selbst. An diesem Punkt spielt ein diplomatischer Aspekt – oder, wenn Sie so wollen, auch ein Trick – mit hinein. Solange Sie Ihr angestrebtes Endergebnis stets im Hinterkopf haben, ist auch stets ein gewisses Maß taktischen Manövrierens dabei. Gerade aber dieses angestrebte Endergebnis sorgt für seinen Antrieb, ermutigt ihn und bringt auch Ihre eigene Energie in diese bestimmte Richtung.

Sie sollten ein breites Spektrum an Techniken zur Verfügung haben und diejenigen Techniken, die Sie selbst erprobt haben und als wertvoll beurteilen, auch anwenden.

Sie können sowohl verbal kommunizieren als auch über Diagramme. Es gibt Menschen, die man als ›verbal‹ orientiert bezeichnen kann, zu denen man ständig reden muß, und es gibt als ›visuell‹ orientiert zu bezeichnende Menschen, die auf Diagramme reagieren.

Und wie immer, so gibt es auch hier eine Nasrudin-Geschichte zur Verdeutlichung!

109. Nasrudin als Weinbauer

Es machte den Anschein, daß Nasrudin eine sehr glückliche Hand beim Weinanbau hatte und sich besonders mit dem Heranziehen und der Pflege von Weinstöcken auskannte. Er besaß auch eine Anzahl sehr alter Weinstöcke, die ihm hohe Erträge einbrachten.

Er hatte einen Nachbarn, dessen Weinstöcke gleich nebenan standen und die er zu allen möglichen passenden und unpassenden Zeiten zu beschneiden pflegte. Er säbelte an ihnen herum, wie es ihm gerade in den Sinn kam, so daß er seinen Weinberg bald arg zugerichtet hatte.

Nasrudin dachte bei sich: »O je, das ist schrecklich! Ich wünschte, er würde seine Weinstöcke wenigstens zur richtigen Zeit und in der richtigen Weise beschneiden, dann stünde es schon besser mit dem Weinberg!« Und so sagte er sich: »Ich werde ihm einen Rat geben und ihm ein wenig helfen.«

Er stellte sich an die Gartenmauer, hielt Ausschau nach seinem Nachbarn und rief:

»Hallo!« Der Nachbar aber nahm gar keine Notiz davon.

Darauf blieb Nasrudin nun einige Tage dort an der Gartenmauer stehen, und jedesmal, wenn der Nachbar aus seinem Haus kam und sich ans Beschneiden machte, sagte er: »Ehem!« Der Nachbar aber schnitt völlig unbeirrt weiter.

Da dachte Nasrudin bei sich: »Er geht jeden Nachmittag auf ein Schwätzchen ins Teehaus, also werde ich es so einrichten, daß ich dort sitze, wenn er kommt. Dann werde ich das Thema Weinanbau anschneiden und ihm einige gute Vorschläge machen!«

So ging er nun ins Teehaus, saß dort herum, und als der Nachbar hereinkam und ihn sogar anblickte, sagte Nasrudin: »Hallo!« zu ihm, der Mann aber nahm keinerlei Notiz von ihm.

Nasrudin sagte sich: »Nun, ich werde nicht einfach aufgeben!« und: »Für dieses Phänomen muß es doch irgendeinen Spezialisten geben!« So beschloß er, sich diesbezüglich in der nächstgrößeren Ortschaft umzuhören. In dem Städtchen gab es eine ganze Straße mit Therapeuten, die alle ihre Schilder ausgehängt hatten: Aromatherapeuten, Knochentherapeuten, Zahntherapeuten, Ohrtherapeuten – eben alle Arten von Therapeuten, die man sich nur vorstellen kann!

Ganz am Ende erblickte er das große neue Schild eines neurolinguistischen Therapeuten. »Aha, das ist ein ganz Neuer – und ganz modern! Den werde ich konsultieren!«

So suchte Nasrudin den Neurolinguisten auf und erklärte ihm die Situation. Dieser hörte ihm aufmerksam zu und achtete sehr genau auf jedes Wort, das Nasrudin benutzte und wie er es benutzte und sagte dann zu ihm: »Dein Nachbar ist ein visuell orientierter Mann! Das macht fünf Dirhams!«

So gab Nasrudin dem Mann die fünf Dirhams, ging nach Hause und besorgte sich eine große Rolle Papier, etwa drei

Meter lang, und darauf schrieb er in großen Buchstaben:
»Keine hundert Meter von hier gibt es einen Mann, der nicht
weiß, wie man Weinstöcke beschneidet!«

Diese Papierfahne befestigte er so in seinem Garten an zwei
Pfählen, daß sie zum Garten seines Nachbarn hinzeigte.

Es dauerte zwei oder drei Tage, da klopfte der Nachbar an
Nasrudins Tür und sagte:

»Nasrudin, ich glaube, du willst mir etwas sagen!«

110. Angstreduktion

Angst ist ein so weitverbreiteter und bekannter Faktor, und bei
der Mehrzahl aller Menschen, die die Dienste eines Therapeuten in Anspruch nehmen, ist dieser Faktor in mehr oder weniger starker Ausprägung vorhanden. Ihre Angst kann aus ihrem
psychischen oder körperlichen Ungleichgewicht resultieren
und dazu führen, daß ihre Phantasie überhandnimmt, so daß
sie fürchten, viel kränker zu sein, als sie es tatsächlich sind.

All das ist offensichtlich, und Sie alle wissen, wie Patienten
ihre Angst zeigen. Selbstverständlich wird der Therapeut versuchen, die Betreffenden zu trösten und zu beruhigen, so daß
ihre Ängste auf ein normales, nachvollziehbares und vernünftiges Maß zurückgehen.

Mir geht es in diesem Zusammenhang um folgende Fragestellungen: Wie kann der Therapeut fokussieren? Wie kann er
das ganze Sein einbeziehen und von da aus weiter optimieren?

Wie bereits ausgeführt, beginnen Sie, indem Sie einen tragfähigen psychischen Kontakt zu dem Patienten bzw. der betreffenden Person herstellen, um dann auf einer tieferen Ebene
etwas, das sich als ›gute Schwingungen‹ oder ›positive Gefühle‹ bezeichnen ließe, zu übertragen. Diese werden anfangs
allgemeinerer positiver Art sein, allmählich aber wird sich der
Fokus dann auf die spezielle Angst des Betreffenden richten.

Diejenigen von Ihnen, die sich mit Therapien psychisch gestörter Menschen befassen, werden folgende Beobachtung ge-

macht haben: Sobald man versucht, eine spezielle Grundangst zu analysieren oder zu spezifizieren, entdeckt man eine Menge Überschneidungen, denn die Angst, die der Patient zeigt, ist mit einer oder mehreren weiteren seiner Neurosen verquickt. Diese spezielle Neurose produziert nicht unweigerlich ein identifizierbares Angstsignal, so daß es an Ihrem Können liegt, die Signale, die Sie empfangen, zu sichten.

Solche Signale zu identifizieren, zu sichten und Lösungen zu finden kann zeitaufwendig sein. Manchmal ist die Zeit dafür vorhanden, manchmal aber auch nicht. Wenn Zeit da ist, können Sie parallel vorgehen: Sie können Ihre herkömmliche Methode anwenden, um zu identifizieren, zu erklären und um den Patienten durch seine Neurose hindurch zu geleiten, während Sie ihm gleichzeitig Impulse und Energien positiver Art übertragen.

Wenn Sie die Zeit nicht haben, oder wenn sich der Betreffende in einem Zustand beträchtlicher Angst befindet, machen Sie Gebrauch von einer Technik, die das ganze Sein der Person umfaßt, ohne notwendigerweise abzuwarten, bis die ursächliche Angst oder ihr Ursprung erkannt wird.

Um das ganze Sein zu fokussieren, müssen Sie wissen, worauf Sie den Fokus richten. Auch hier geht es wieder um Details. Unter der Voraussetzung, daß Sie sich Ihres professionellen Könnens sicher sind und auch grundlegend damit zufrieden sein können, tun Sie einen eingehenden Blick auf sich, um dann ohne allzuviel Ehrgeiz das Positive, von dem Sie wissen, daß Sie es haben, mit der anderen Person zu verbinden. Hierbei handelt es sich nicht um eine Art Expreß-Methode, sondern um eine Technik, die von gewissen Umständen diktiert werden kann.

In sich selbst haben Sie hoffentlich Gebiete von gewisser Beständigkeit entwickelt. Diese können Gefühle wie Wohlbefinden, Glück, Liebe oder Wärme sein. Bringen Sie all diese Aspekte, die positiver Natur sind, zusammen, und fokussieren Sie sie.

In der konventionellen Medizin ist es üblich, daß der Arzt bzw. der Therapeut den Patienten bestimmten Testuntersuchungen unterzieht und ihm verschiedene Aspekte des Behandlungsverfahrens erläutert. Dies ist sowohl notwendig als auch höflich und hat dazu den Effekt, daß es in gewissem Maß die Angst oder Furcht des Patienten beruhigt. Aber Ihnen allen ist bekannt, daß man darüber hinaus ab einem bestimmten Punkt in bezug auf den Patienten auf eine sogenannte ›instinktive‹ Weise reagiert oder handelt.

Durch Beobachtung oder durch Berührung identifizieren Sie bestimmte Dinge, die geschehen oder beim Patienten gerade vorhanden sind. Wenn Sie das erkannt haben, brauchen Sie nicht auf Ihre Lehrbücher zurückzugreifen, um nachzusehen, was diese spezielle Sache auf organische Weise signalisiert – Sie handeln oder reagieren auf instinktive Weise.

Dieser instinktiven Ebene können Sie eine weitere hinzufügen. Wenn Sie erkennen, daß es verschiedene Bewußtseinsebenen gibt, und das akzeptieren können, müssen Sie auch einräumen, daß der andere ebenfalls über diese Ebenen verfügt. Vielleicht denkt und existiert er nur auf einer oder zwei sehr einfachen und grundlegenden Ebenen, so daß Sie es vielleicht für schwierig halten, mit ihm auf anderen Ebenen zu kommunizieren, weil er nicht aufnahmefähig zu sein scheint. Dies sollte Sie aber nicht davon abhalten, im Verlauf der Therapie oder Behandlung auf diesen verschiedenen Ebenen einen tragfähigen Kontakt zu ihm aufzubauen.

Tun Sie nicht etwas und warten dann, bis das Feedback kommt. Wenn Sie einmal den Patienten auf verschiedenen Ebenen angesprochen haben, wird auf diesen verschiedenen Ebenen jedes Feedback und jede Antwort aufgenommen und jeder weitere tragfähige Kontakt oder jedes weitere Signal fortwährend ausgetauscht.

Da Furcht eine sehr starke Emotion ist, gilt offensichtlich und unglücklicherweise: Furcht nährt Furcht. Furcht wird nicht freiwillig genährt, sondern zum Beispiel durch die Einbildungskraft.

Jemand hat Furcht vor einer bestimmten Sache oder Situation. Es gelingt ihm zwar, diese Furcht zu identifizieren oder zumindest annähernd zu definieren, dann aber, da man negativ optimieren kann, optimiert er diese Furcht. Dann kommt die Einbildung hinzu, und er malt sich aus, was da alles geschehen könnte – das läßt sich ad infinitum fortführen.

Hat jemand irrationale Ängste, so ist es, wie das Wort bereits besagt, sehr schwierig, sich mit ihm zusammenzusetzen und ihm zu erklären, daß diese Ängste der Grundlage entbehren.

Wenn Sie nun herausfinden, daß solch eine grundlose oder eingebildete oder irrationale Angst vorliegt, fokussieren Sie sich, und konzentrieren Sie Ihre Bemühungen auf diesen Bereich. Irrationaler Angst, wie zum Beispiel der ›Angst vor dem Unbekannten‹, kann man begegnen, sie läßt sich sogar ausgleichen, wenn sich der Therapeut auf eine Weise verhält, daß das Sein der betreffenden Person beginnt, sich diese Furcht näher anzuschauen, und sich daraufhin hoffentlich von ihr distanziert.

Wenn Sie zu jemandem, der Angst hat, sei sie nun irrationaler oder anderer Art, einen engeren Kontakt aufgebaut haben, ist das erste, was zu tun ist, daß Sie über Sprache, Berührung oder Ihr Verhalten die Tatsache vermitteln, daß Sie verstanden haben, daß ein gewisses Maß an Angst vorhanden ist.

Denn seltsam genug, und ich bin sicher, daß dies jedem Therapeuten schon einmal vorgekommen ist: Die Angst schützt sich selbst, denn sie übt eine Art Kontrolle über die Person aus, und genauso wie bei allem anderen auch, das eine gewisse Autorität besitzt, will sie nicht aufgegeben werden.

Wenn durch Ihr Reden und Tun deutlich wird, daß Sie gegen die Angst vorgehen, wird sie Abwehrmechanismen aufbauen und sich in Form noch weit größerer Ängste manifestieren. Und während man dasitzt und versucht, zu dem Betreffenden mit ruhiger Stimme zu sprechen und ihn zu beruhigen, erstellt er im stillen für sich gerade seine Liste aller Ängste dieser Welt.

Daher besteht der Trick oder die Technik darin, daß Sie mit einem bestimmten Maß an Angst rechnen bzw. es vorhersagen – aber sagen Sie bloß nicht zu dem Patienten: »Sie haben

Angst, nicht wahr!«, denn vielleicht hat er welche, vielleicht aber auch nicht. Zumindest wird er sonst leicht auf die Idee kommen, daß er allen Grund dazu habe . . .

Sie gehen also von der Annahme aus, daß Nervosität, Furcht und Angst vorhanden sind, und senden der Person eine Welle des Zutrauens. Sie können versuchen, die Angst dazu zu bringen, sich auf verschiedenen Ebenen zu zeigen. Falls sie das tut und Sie im Vorfeld Kommunikation mit dem Betreffenden auf ebendiesen Ebenen etabliert haben, können Sie sich über seine Angst ein Bild machen. Er wird darauf reagieren, und während Sie mit der Behandlung oder Aktivität in der üblichen Form fortfahren, senden Sie ihm auf einer tieferen Ebene bestimmte Impulse, darunter auch Impulse sehr einfacher und elementarer Art.

Wenn Sie als Feedback nun einen Impuls bekommen, der auf einen bestimmten Angsttypus hindeutet, können Sie mit einer so einfachen wie wirksamen Fragestellung vorgehen: »Was bist du? Was ist deine Funktion hinsichtlich dieser Person? Kraft welcher Autorität übst du Einfluß auf diese Person aus?« Es gibt ein altes Sprichwort: ›Die Angst klopfte an die Tür, der Glaube öffnete – und da war nichts da!‹

Das können Sie dem Betreffenden natürlich sagen und ihn auf der formal-äußeren Ebene ermuntern, aber Sie müssen auch seine innere Aufgewühltheit in Betracht ziehen, die von der Angst und dem Negativen erzeugt und genährt werden. Dies wird aufgehoben, sobald Sie Positives mit dem Negativen in Verbindung bringen. Aber es ist an Ihnen, positiv zu sein und das auszusenden. Und falls Sie sich dabei selbst nicht ganz sicher sind oder nicht ganz überzeugt sein sollten, kann es passieren, daß Sie in lächerliche Situationen geraten. Das kommt vor. Unglücklicherweise sind Menschen ab und an lächerlich. Vielleicht haben Sie damit begonnen, Fragen nach Art der oben genannten zu stellen, finden sich am Ende dann aber selbst involviert und im Dialog mit dieser Angst – und überlegen an diesem Punkt vielleicht, ob es nicht an der Zeit sei, selbst einen Therapeuten aufzusuchen . . .

Selbstverständlich sollen Sie keine echten Dialoge mit der

Angst beginnen. Sie wollen ja auch keine Antwort auf Ihre Fragen, die rein rhetorischer Art sind und im Grunde dazu dienen, kritische und mißbilligende Untertöne in der Art von: »Wer bist du denn überhaupt? Legitimiere dich doch, wenn du kannst!« auszudrücken.

Indem Sie zu der anderen Person allmählich Kontakt auf verschiedenen Ebenen herstellen, gelangen Sie in den Bereich von Co-action, was bedeutet, daß Sie sie ermutigen und ihr signalisieren: »Gemeinsam können wir etwas tun!« Oberstes Ziel ist, daß diese Person dann, wie es heißt – und diese Wendung läßt unterschiedliche Interpretationen zu –, in der Lage ist, ›allein zu laufen‹, und zwar in dem Sinn, daß sie keine Abhängigkeit von Ihnen entwickelt.

Deshalb sollten Sie sich mit ihr immer wieder auf Co-action unter verschiedenen Umständen einlassen, wobei Sie sie ständig beobachten und bewerten, um herauszufinden, inwieweit Sie allmählich Ihre Unterstützung reduzieren können, was Sie allerdings nicht so tun, daß es offensichtlich ist, sondern indem Sie den Betreffenden spüren lassen, daß er selbst es ist, der tätig ist.

111. Vom Nutzen der Begabung

Wenn Sie mit dem ›Fokus des ganzen Seins‹ arbeiten, schließt dieser Prozeß unweigerlich auch Ihre eigene Erfahrung, Ihre Ausbildung und Ihr Gefühl in bezug auf den Patienten oder die Situation ein. Es geht hier aber noch um einen weiteren Faktor, den hinzuzufügen sinnvoll wäre. Einen Faktor, den manche Menschen in sich entdeckt haben und zu ihrem Vorteil nutzen und weiterentwickeln. Manchmal allerdings erkennen sie ihn auch nicht oder ignorieren ihn – es handelt sich um die Begabung.

Es handelt sich hierbei nicht unbedingt um eine erlernte Fähigkeit. Jemand kann zum Beispiel musikalisch begabt sein oder eine Begabung für Bewegung oder Tanz haben. Es gibt viele unterschiedliche Talente.

Art und Ausmaß der Begabung sind bei jedem unterschiedlich. Wird eine Begabung früh genug erkannt, fühlt sich der
Betreffende natürlich dazu hingezogen, sein jeweiliges Talent
zu nutzen, sei es für Musik oder Tanz – eben zu dem, auf das
ihn sein Talent hinführt. Wenn es stark genug ist und früh genug erkannt wird, kann er damit vielleicht Karriere machen.

Wenn es sich um sein Haupttalent handelt, wird sich das
auch daran zeigen, daß er dem konsequent nachgeht. Es
kommt aber auch vor, daß jemand einen Beruf ausübt oder einer Aktivität nachgeht, die nicht mit seinem herausragenden
Talent einhergeht, was bedeutet, daß er nicht die Möglichkeit
hat, sein spezielles Talent bei seiner Arbeit oder in seinem Beruf zu nutzen, es weiterzuentwickeln und sich darin zu üben.
Handelt es sich um eine echte, natürliche Begabung, so wird
sie immer einen Weg finden, zum Vorschein zu kommen und
sich in Erinnerung zu bringen – auf sanfte, nicht auf aggressive
Weise. Außerdem gibt es auch noch das, was ich als ›zweit-
rangiges Talent‹ bezeichne.

Wenn es jemandem nicht möglich ist, seine Haupt- oder
zweitrangige Begabung mit seinem Beruf zu verbinden, ist es
immer noch vorteilhafter, es als Nebenstudium oder Hobby
auszuüben, als es zu unterdrücken, zu mißachten oder in den
Hintergrund zu drängen.

Frage: Wie kann ich meine Begabung, die ein Teil meiner
selbst ist, für meine berufliche Tätigkeit oder mein Hobby nutzen? Wie beides miteinander verbinden? Wie bringe ich es in
eine Therapie ein, ohne daß es ein Fremdkörper ist?

Antwort: Es sollte auf homogene Weise integriert werden –
wenn Sie es fühlen, wenn Sie es können und es Ihnen von
Nutzen ist. Ein Beispiel, wie es nicht geht, wäre, zu sagen:
»Ich bin Brasilianer und spiele gerne Drums. Also nehme ich
meine Drums mit in die Therapiesitzung zum Spielen.« Das
wäre zudringlich. Außerdem sollten Sie, falls Ihre Patienten
auch Brasilianer sind, darauf gefaßt sein, daß auch sie ihre
Drums dabei haben, und Sie können sich leicht in eine Situation nicht enden wollender Nutzlosigkeiten verstrickt finden.
Sagen Sie sich lieber: »Ich bin Brasilianer, und Trommeln ist

meine Lieblingsbeschäftigung. Ich habe ein gewisses Rhythmusgefühl und eine natürliche Begabung auf diesem Gebiet.« Der entscheidende Faktor ist hier der Rhythmus. Davon ausgehend könnte man auch sagen: »Ich habe eine natürliche Begabung für Körperrhythmen; wie kann ich damit zur therapeutischen Situation beitragen? Falls das möglich ist, trägt es dann dazu bei, die Situation zu verbessern, oder verhält es sich nur so, daß ich mich selbst durch die Rhythmik besser fühle?«

Vorausgesetzt, diese Talente sind tatsächlich vorhanden, lassen sie sich sowohl auf positive wie auf negative Weise betrachten, und ich schlage vor, Sie tun beides. Positiv, indem Sie sich sagen: »Ich habe diese Begabung, die ich gerne nutzen und einbringen würde, aber ist diese meine Affinität, die ich umsetzen möchte, rein persönlicher Art?« Sollte dies der Fall sein, bedeutet dies für die therapeutische Situation, daß es, auch wenn Sie sich Ihres Talentes erfreuen mögen, insofern unproduktiv ist, als es lediglich einen Teil Ihrer selbst glücklicher und zufriedener macht.

Wenn Sie jedoch der Auffassung sind, daß Sie eine Begabung oder Fähigkeit besitzen, sei sie nun rhythmischer Art, ein Gespür für eine bestimmte Sache, ein Gefühl oder eine Kommunikation, die Ihrer Meinung nach von Nutzen sein kann, dann lautet die Frage an diesem Punkt »Wie und wann?« und dann »In welchem Ausmaß, wie tiefgreifend?«.

Ich spreche über das Haupttalent wie auch über das zweitrangige Talent. Man kann mehrere unterschiedliche Talente haben, und wenn es jemandem gelingt, die richtige Situation zu konstruieren, kann er diese Talente auf eine Art und Weise einbringen, daß sie sich gegenseitig ergänzen, wobei sie vorher nicht Ihre Talente einzeln durchzugehen brauchen und grübeln, welche Sie nun einbringen. Das führt nur zu weiteren Konfusionen. Wenn Sie in eine Situation hineinspüren, sollte sich aus ihr heraus die Antwort ergeben, sie sollte bereits in der Situation enthalten sein.

Das Wort, das ich hier benutze, ist ›konstruieren‹, und zwar im Sinne von ›eine Situation konstruieren‹. Auch hinsichtlich der Beziehung zu einer anderen Person sollten Sie versuchen zu optimieren, was ebenfalls bedeutet, der Situation etwas hinzuzufügen.

Es ist fast so, wie eine Bühnenausstattung aufzubauen, denn wenn Sie auf verschiedenen Ebenen die bewußte und unbewußte Aufmerksamkeit von jemandem haben, senden Sie ihm gegenüber etwas aus. Die Leute nehmen Details auf bewußten wie unbewußten Ebenen wahr, und sind sie erst einmal davon überzeugt, daß die Situation und das Umfeld positiv, angenehm und sicher sind, werden sie Anteil nehmen und zuhören. Um aufzunehmen, was gerade gesagt oder getan wird, benutzen sie ihre normalen Fähigkeiten. Trotzdem konzentrieren sie sich nicht völlig auf das, was Sie tun oder sagen, denn ein bestimmter Teil ihres Seins ist von Furcht, Angst und anderem eingenommen. Wenn Sie so wollen, ist ein Teil oder ein Aspekt ihres Seins in eine negative Situation oder gar einer Serie negativer Situationen involviert.

Sie haben vor, die Aufmerksamkeit anzusprechen, damit Sie sich auf das richtet, was wirklich geschieht. Dazu können Sie verschiedene einfache Handlungen bzw. Tricks, wenn Sie so wollen, verwenden. Schließlich ist ein bestimmter Teil ihres Seins und ihrer bewußten oder unbewußten geistigen Aktivität in Banalitäten verwickelt, auch wenn sie für den Betreffenden keinesfalls banal sind. Wenn Sie ihm nun vorschlagen, daß er seine Aufmerksamkeit statt auf diese kleinen Besorgnisse auf Ihre Person und auf das, was Sie sagen, richtet, wird er sich ernsthaft darum bemühen, aber trotzdem wird ein Teil seines Primitiven Seins noch immer mit anderem beschäftigt sein.

Wenn Sie sich dem Patienten nun mit Ihrem ganzen Sein zuwenden, wie gelingt es Ihnen dann, ihn so zu bestärken, daß auch er sich Ihnen mit seinem ganzen Sein zuwendet? Auch auf die Gefahr hin, Sie zu enttäuschen: Mir ist kein schneller Weg dahin bekannt. Denn hierbei ist gerade der Zeitfaktor ausschlaggebend. Der Patient hat sich um diese primitiven Komplexe organisiert und sich darauf fixiert, und es ist der Faktor Spannung, der alles zusammenhält. Es handelt sich dabei nicht um Spannung körperlicher, intellektueller oder gar geistiger Art, sondern um Spannung auf einer wesentlich primitiveren Stufe. Im Umgang mit primitiven Dingen braucht man nicht notwendigerweise auch primitive Methoden anzuwenden, aber man wird doch auf sehr einfache, grundlegende Art kommunizieren müssen.

Dies können Sie parallel zur aktuellen Therapie oder Aktivität, die Sie mit dieser Person durchführen, tun. Mittels Ihres Essentiellen Seins reichern Sie diese Therapiesituation durch zusätzliche Speise an und übertragen diese auf die Person. Falls sich jetzt der eine oder andere von Ihnen sagt, daß er selbst gar nicht so primitiv sein kann und auch gar nicht weiß, wie er auf einer primitiven Stufe kommunizieren soll – nun, es wird ja nicht von Ihnen erwartet, daß Sie ihn anknurren wie ein Hund oder überhaupt in diese Richtung denken. Sie sollen ihm gegenüber lediglich menschlich und natürlich empfinden. Wie der Patient es dann aufnimmt, was er daraus macht und wie er es analysiert, ist Teil seines Problems. Aber es muß auf eine sehr einfache, natürliche und menschliche Art und Weise erfolgen, denn sonst hat diese primitive Eigenschaft oder dieses Primitive Sein allen Grund, sich zu Wort melden, und dann heißt es: »Das ist alles zu hoch für mich. Ich begreife all diese großen, langen Worte nicht!«

Wenn dieser primitive Teil spürt, daß eine warme und natürliche Welle von jemandem kommt, wird er diese Welle auf seine eigene natürliche und primitive Art prüfen und bewerten, und zwar als erstes und am vordringlichsten, ob es sich um etwas Feindliches oder Aggressives handelt. Wenn dieser primitive Teil nach und nach eine positive Beziehung zu den Signalen empfindet, die ihn erreichen, wird sich mit der Zeit die Bedeutung dieser Komplexe, Fixierungen oder Probleme vermindern, ihre Bedeutung für die jeweilige Person abnehmen.

Das ist ein allmählicher und sanfter Prozeß, der Zeit braucht, aber es ist eine erforderliche Aktivität, ein erforderlicher, parallel verlaufender Vorgang, denn wie gebildet und kultiviert jemand auch sein mag, es gibt Gelegenheiten, da wird auch er auf das Primitive zurückfallen, um sich dort rückzuversichern: »Wie fühle ich mich?«. Wie sehr man sich auch einreden mag, daß man gebildet, intellektuell und mehr noch ist, man wird sich von Zeit zu Zeit auf einer primitiveren Ebene rückversichern, und wenn es nur für den Bruchteil einer Sekunde ist: »Fühle ich mich in Sicherheit? Fühle ich mich bedroht? Ist alles in Ordnung?«, und wenn daraufhin signalisiert wird, daß die Situation nichts wirklich Gefährliches oder Feindliches hat, dann ist alles gut. Kommt aber das Signal, daß Gefahr im Verzug ist, tritt ein Verteidigungsmechanismus in Kraft.

Bei den Signalen, von denen hier die Rede ist, handelt es sich um minimale Spuren oder sehr leise Zeichen. Aber vergessen Sie nicht: Wenn wir optimieren, streben wir danach, mehr und mehr Situationen in uns selbst zu produzieren und diese auch mehr und mehr bei anderen Leuten zu provozieren, bei denen es immer weniger Hindernisse und Barrieren gibt und immer mehr Punkte, in denen man übereinstimmt und zusammenkommt. Auf diese Weise kommt Ihre Maximierung zustande, denn Sie optimieren verschiedene Funktionen gleichzeitig. Und dies wiederum erzeugt sowohl in Ihnen selbst Harmonie als auch in bezug auf die Situation.

Seine Begabung zu erkennen, weiterzuentwickeln und zu benutzen stellt ein zusätzliches Werkzeug dar, das auch hier wieder ergänzend eingesetzt werden sollte, nicht allein als Folge eines gedanklichen Umpolens: »Nachdem ich diese eine Methode benutzt habe, werde ich jetzt mal dieses oder jenes Talent einsetzen!«

Wenn Sie Ihre Begabung einbringen, sollte dies im Einklang mit Ihrer Intention, Ihrem Impuls, Ihrer Ausbildung und Ihrer Methode erfolgen.

112. Vom Nutzen des Essentiellen Seins

Seit Beginn der Therapie-Kongresse haben Sie mit dem Konzept des Essentiellen Seins zu tun, und genaugenommen bereits seit Beginn Ihres Kontaktes zur Tradition. An dieser Stelle möchte ich erneut auf dieses Konzept des Kontaktes mit dem

Essentiellen Sein verweisen, aus dem einfachen Grund, weil dieses Essentielle Sein nur langsam reagiert und nur langsam Vertrauen faßt. Seine stärkste und elementarste Motivation liegt in der Verteidigung. Wie die Bezeichnung schon andeutet, liegt es in den tiefen Schichten der Person und schützt sich, indem es sich verbirgt.

Wenn Sie nun gleich zu Beginn sagen würden: »Wir werden uns nun mit dem Essentiellen Sein befassen, um es verstehen zu lernen«, hieße das, das Essentielle Sein offen zu präsentieren, ohne seine natürlichen Verteidigungsbestrebungen zu berücksichtigen. Das bedeutet nicht, daß es sich nur widerstrebend erkennen ließe oder sich dem Gebrauch widersetzte. Wenn es widerstrebt, dann nur, weil es sich selbst und auch die betreffende Person schützen möchte. Daher muß man es ermutigen und überzeugen, und es muß sich auch wohl fühlen.

Wenn dem Essentiellen Sein ermöglicht wird, zunehmend effektiver zu arbeiten, produziert es etwas, das wir als eine ›Dynamik‹ bezeichnen, wobei es auch hier ein Sprachproblem gibt, denn es ist davon abhängig, was der einzelne darunter versteht. ›Dynamik‹ kann für eine konstante und sogar euphorische Aktivität stehen. In unserer Terminologie aber bezeichnet es etwas, das zu gleichen Teilen agiert und reagiert, das mit anderen Worten auf Situationen und Umstände reagiert, das Bezug herstellen und reagieren will. Es erkennt, was es brauchen kann.

Eines unserer Diagramme, das Co-active-Diagramm, zeigt eine Aktivität und eine Bewegung an, deren Richtung durch die Pfeile vorgegeben wird:

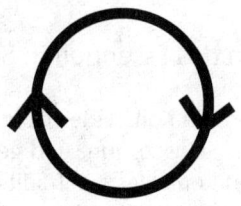

Hierbei handelt es sich nicht um eine Art von Bewegung, die dem Gesetz der Schwerkraft unterliegt und bei der z. B. etwas, das man fallen läßt, herunterfällt. In diesem Fall stellt Bewegung das Resultat eines Bewegungsimpulses dar, der sich, nachdem er initiiert wurde, fortsetzt.

Das Diagramm mag aussehen, als stelle es einen leeren Kreis oder freien Raum dar, aber in unserem Beispiel ist dieser Kreis nicht völlig leer, denn er umfaßt einen Umstand oder eine Situation in seinem Innern. Er beinhaltet die Aktivität, die Energie und die Stimulation, die ihn in Bewegung versetzen. Er kann für einen bestimmten Umstand oder eine bestimmte Situation stehen, die wir uns isoliert anschauen wollen, so als stünde sie einzeln für sich da. Zugleich handelt es sich aber auch um eine graphische Darstellung, die für viele gleichartige Situationen steht, die die Form einer Kette bilden, in der sie alle untereinander verbunden sind.

Jede Situation und jeder Kontext dieser Art erfordert den Einsatz von Energie oder von Technik, und durch ihre Art der Bewegung, den aufgebauten Impuls, verbindet sie sich mit einer angrenzenden Situation oder einem Zusammenhang und beeinflußt diese. Es gibt bestimmte Zusammenhänge und Situationen, die offensichtlich eine größere Absicht und mehr Widmung seitens des Seins erfordern, damit sie ihren Zweck erfüllen können. Somit wird auch ganz offensichtlich das Maß an Absicht und Energie, das Sie in verschiedenen Situationen einsetzen, variieren.

Ihnen wird vielleicht aufgefallen sein, daß vieles von dem, was ich hier in einem therapeutischen Kontext anführe, für Sie als Individuum dieselbe Gültigkeit hat wie in Ihrer Funktion als Therapeut. Das ist sehr nützlich, denn wenn Sie all dies auf sich selbst anwenden und sich im Umgang damit üben können, werden Sie damit so vertraut, daß Sie es auch auf andere Menschen anwenden können. Und es ermöglicht Ihnen, zunehmend präziseres Feedback in deren eigenen Worten zu erhalten, was heißt, daß sie auf eine bestimmte Situation reagieren. Wenn vom anderen eine Reaktion auf eine bestimmte Situation kommt und Sie wissen, wie Sie selbst in einer vergleichbaren Situation reagiert haben, können Sie sich eine klarere Vorstellung davon machen, was er unter der individuell unterschiedlichen oberflächlichen Reaktion tatsächlich empfindet.

Ein weiteres Diagramm bezeichnet ebenfalls Bewegung und Aktion:

Warum aber wird es mit einem Kreis drumherum dargestellt? Wenn Energie, Bewegung und Entwicklung vorhanden sind, könnte dies nicht eine unendliche Bewegung sein? Warum ist sie eingegrenzt? Es wird deshalb so dargestellt, weil der Kreis den zeitlichen Rahmen der Aktivität repräsentiert, der sogar nur eine Millisekunde oder Sekunde währen kann. Es handelt sich hierbei um eine herkömmliche Art und Weise, eine Funktion auf graphischem Wege darzustellen.

Damit eine Aktion in einem bestimmten Kontext oder einer bestimmten Situation erfolgen kann, müssen bestimmte Voraussetzungen erfüllt sein, damit das Ergebnis dieser Situation sich auf weitere Situationen im Umkreis übertragen und sich mit ihnen verbinden kann.

113. Die Ölfleck-Technik

Die meisten unter Ihnen sind mit der ›Ölfleck-Technik‹ vertraut: Man nimmt ein Stück Papier, auf das man einige Öltropfen spritzt, und nach einer gewissen Weile wird man feststellen, daß sie sich über das Blatt verteilen und zusammenlaufen. Anfangs lassen sie sich noch als individuelle Einheiten betrachten, jede isoliert für sich und getrennt von den anderen. Wenn sie sich dann aber miteinander verbinden, bringt jeder Ölfleck bzw. jeder Faktor die Erfahrung mit sich, wie er gereist ist und wie und warum er mit den anderen zusammenkam.

Existiert ein Antrieb, ein Beweggrund für ihr Zusammentreffen? Ob und wie sie zusammenkommen, hängt in großem Maße von der Beschaffenheit des Materials ab, auf das Sie den Tropfen fallen lassen. Wenn Sie das Öl auf eine metallische Oberfläche tropfen lassen, ist es höchst wahrscheinlich, daß die einzelnen Flecke auf nahezu zufällige Weise zusammenkommen werden.

In diesem Beispiel steht das Material oder der Stoff, auf den die Tropfen fallen, für die Tradition. Und die Tradition arbeitet durch Menschen, denn es ist ihre Funktion, mit und für Menschen zu arbeiten. Wenn man Energie gebraucht, weiterverteilt oder zugänglich macht, muß ihre Verbreitung auch so erfolgen, daß sie benutzt werden kann und all die unterschiedlichen Eigenschaften und Aspekte zusammenkommen und sich gegenseitig ergänzen können.

Die Auffassungsgabe des Menschen und seine Fähigkeit, Energie aufzunehmen und anzuwenden, ist unbegrenzt. Jegliche Beschränkung wird ausschließlich von den Umständen auferlegt. Will man aus den Disziplinen der Tradition Vorteil ziehen, sie nutzen und von ihnen profitieren, bedeutet es nicht nur, diese Disziplinen zu akzeptieren, sondern sich auch selbst zu mühen und eine Anstrengung zu erbringen. Sie könnten jetzt einwenden, daß dies unnötig kompliziert klinge, denn wenn das Sein etwas erst einmal als nützlich identifiziert hat, sollte doch keine weitere Anstrengung nötig sein, um Nutzen daraus zu ziehen. Dies läßt aber die Frage nach der Art und Weise, wie es vor sich gehen soll, außer acht.

114. Dynamik I

Das Konzept der Existenz einer Energie kann sowohl ermutigend wie erschreckend sein. Vor allem kann es allerlei Reaktionen bei den Leuten hervorrufen, und wenn Sie ihnen nun erklären, daß die Nutzung der Energie durch die menschliche

Dynamik erfolgt, so wird dies das Problem kaum lösen! Es wird sich daraufhin auch niemand aufmachen, um sie zu nutzen, denn das Wort ›Dynamik‹ wird Begeisterung, Angst, Haß und Schrecken wecken, um nur einige der möglichen Emotionen zu nennen. Aufgrund dieser Reaktionen bleibt einem auch nicht die Möglichkeit zu sagen: »Wir werden jetzt mit Dynamik arbeiten!«, denn bei dieser Ankündigung würden wohl einige im Nu unter dem Tisch verschwunden sein, um nur ein Beispiel aus einem breiten Spektrum möglicher Reaktionen herauszugreifen.

In Anbetracht der Tatsache, daß man es, sowohl was die Art der Konditionierung als auch, was deren Ausmaß anbelangt, mit unterschiedlich konditionierten Menschen zu tun hat, setzt man die verschiedensten möglichen Kniffe ein – ich zumindest tue das. Und ich bringe meine Tricks und Kniffe stets auf den neuesten Stand, so daß Sie sie nicht bemerken werden. Vielleicht sage ich: »Seien Sie unbesorgt wegen der Dynamik. Ich sorge schon für die Dynamik. Sie hören einfach bloß zu!« Das mag zwar nach einer perfekten Kombination klingen, tatsächlich aber besteht Gegenseitigkeit, und es hält sich die Waage: Auch wenn Sie sich über das komplizierte Konzept der ›Dynamik‹ nicht den Kopf zu zerbrechen brauchen, zumal Agha sich ja darum kümmert, sind Sie dennoch in die Dynamik einbezogen.

Wenn man – was Sie ja sind – in die eine oder andere Coaction involviert ist, werden Sie die Existenz einer Energie oder Dynamik solange, wie diese Funktion ausgeführt wird, spüren. Da das Bedürfnis, diese Dynamik zu nutzen, tief und natürlich ist, ist man an etwas beteiligt – einer Situation oder einer Aktivität –, und dabei entdeckt man eine zusätzliche Eigenschaft oder ein zusätzliches Talent. Sie selbst entwickeln dabei einen bestimmten Impuls, sei es in Ihnen oder im Rahmen dieser Situation. Und da Sie sich verbessern, die Situation oder der Kontext sich verbessert, fühlen Sie sich zufrieden, wohl und angenehm. Sie haben ein gutes Gefühl dabei und fühlen sich wohl. Und es ist nicht erforderlich, daß Sie innehalten und sich fragen: »War das jetzt die Dynamik?«, denn durch Ihr Tun und Ihre Aktivität beziehen Sie soviel aus der Dynamik, wie Sie nur nutzen können.

Gleiches zieht Gleiches an. Ich bin nicht so dumm, jemandem eine Frage zu stellen in der Art von: »Haben Sie gestern die Dynamik benutzt?«, denn damit provoziert man leicht eine ganze Lawine unnötiger Reaktionen, und der andere wird den vorherigen Tag minuziös durchgehen und sich fragen, was er jedesmal gefühlt oder nicht gefühlt hat oder vielleicht hätte fühlen sollen. Somit stelle ich derartige Fragen auch nicht, denn schließlich will ich nicht, daß sich andere Leute dann selbst solche Fragen stellen. Dies wäre unproduktiv.

115. Stille Genugtuung und andere Konzepte

Es gibt ein bestimmtes individuelles Gefühl, das wir mit der Wendung ›stille Genugtuung‹ bezeichnen. Warum das Wort ›still‹, das Ruhe und Stille beinhaltet, und warum ›Genugtuung‹, was Befriedigung und Zufriedenheit ausdrückt? Und warum beides in dieser Kombination? Einfach deshalb, weil das Wort Genugtuung im Sinne von Befriedigung beziehungsreich ist. Genugtuung kann z. B. auch einen Beigeschmack von Selbstzufriedenheit haben, im Sinne von: »Hier will ich aufhören, ich bin angelangt!«

›Stille Genugtuung‹ bedeutet, daß Sie still in sich zufrieden sind und nicht die Notwendigkeit verspüren, es jedermann zu erzählen, es haarklein zu zerpflücken oder endlos zu analysieren. Das Wort ›still‹ impliziert, daß man still und ungestört in sich selbst ruht.

Versuchen Sie sich diese verschiedenen Ideen und symbolischen Darstellungen einzuprägen. Benutzen Sie sie nicht nur als isolierte Objekte, sondern auch als Muster für Ihr Sein, Ihre Gedanken und Ihr Verhalten. Es handelt sich um Komponenten, die zusammenpassen und über die Zeit hinweg harmonisch funktionieren. Es gibt sie schriftlich und graphisch auf Papier dargestellt, aber sie sind nicht bloß Tinte auf Papier, sie existieren in einem viel weiteren Sinn und sollten in Ihnen wirken können.

Es handelt sich dabei nicht um unabhängige oder individuelle Konzepte in dem Sinne, daß Sie sie isoliert für sich nehmen könnten und fragen: »Wo genau funktioniert das denn jetzt in mir? Sollte das so sein? Wann sollte es denn funktionieren?« Es funktioniert und wird funktionieren, aber Sie müssen es dazu auffordern und einladen zu wirken. Schließlich kann auch ich hier nur deshalb wirken, weil Sie mich dazu eingeladen haben und wollen, daß ich es tue!

116. Einheit

Was den Faktor Einheit anbelangt, bin ich stets recht insistent, und ich brauche Ihnen hier kaum den Wert von vereinter Anstrengung, vereintem Denken und vereintem Gebrauch der Energie zu wiederholen. Durch gemeinsames Arbeiten, durch Co-action, lernen Sie, erfahren Sie und üben Sie sich darin. Teil der Einheit zu sein und daran zu arbeiten ist ein und derselbe Kontext.

Wenn Einheit durch ein gemeinsames Vorhaben und dieselbe Ausrichtung im Handeln gegeben ist, ist dies sehr nützlich, positiv und kann sehr klar sein, aber doch ist es erst die Hälfte des Aspektes Einheit. Auf der anderen Seite ist das Prinzip der Einheit ein fundamentaler Aspekt der Tradition, und die Wichtigkeit, diese Einheit zu nutzen, wird von mir wieder und wieder erklärt. Die andere Seite der Gleichung kommt von Ihnen: Wie können Sie die Einheit verwirklichen? Einheit im angestrebten Ziel, Einheit im Fühlen und Einheit in der Aufmerksamkeit.

Durch eine Diversifikation der Aktivitäten werden Sie dies nicht erlangen, und mit Sicherheit auch nicht, wenn es zu Reibungen kommt. Reibereien werden durch Rivalitäten, Eifersucht und mangelnde Aufmerksamkeit fürs Detail hervorgerufen. Mangelnde Einheit wird durch falsche Haltung erzeugt. Eine Haltung, die in verschiedenen Gruppen vorkommt und in der ich ein Hindernis für die Einheit sehe, zeigt sich darin, wenn es heißt – zwar nicht in meiner Gegenwart, aber es ist mir zu Ohren gekommen: »Ich bin in der Hakim-Gruppe!«. Dazu kann ich nur sagen, daß dies von meiner Seite aus überhaupt nichts zu sagen hat. Genausogut könnte es sich um eine Gruppe von Dichtern, Musikern oder Tänzern handeln. Es hat sich ergeben, daß es in verschiedenen Gruppen eine große Anzahl von Therapeuten gibt, und so habe ich Energie erzeugt und diese auf den Bereich der Therapie ausgerichtet.

Die Tradition verfügt über therapeutische Techniken, Energien und Verfahren, trotzdem ist die Tradition keine Therapie. Und ich möchte von niemandem mehr den mit Stolz und Überheblichkeit geäußerten Satz »Ich bin Mitglied einer Hakim-Gruppe!« zu hören bekommen. Erlauben Sie mir zu beurteilen, wer im Kontext der Tradition niedriger- oder höherstehender ist. Ob Sie nun praktizierender Therapeut, Musiker oder Dichter sind – wenn Sie gut darin sind, werde ich Ihnen auf Ihrem Weg den Rücken stärken.

Gewiß berührt die Funktion eines Therapeuten einen wichtigen Bereich im Leben der Menschen. In der Medizin geht es um Leben und Tod. Auch wenn Sie in der Tradition sind, sollte Ihre Haltung auf gemeinsames Handeln und Fühlen gerichtet sein.

Ich werde mit Sicherheit nicht bestreiten, daß einer Person, die studiert hat und für eine Position qualifiziert ist, verdientermaßen Achtung oder eine bestimmte Position zusteht, aber lassen Sie jeglichen Anspruch auf Über- oder Unterlegenheit beiseite. Man kann zu Recht sagen: »Ich bin in der Tradition und bin auch in der Hakim-Gruppe«. Ich erwähne dies nicht aufgrund persönlicher Vorlieben oder Abneigungen, sondern um die Entwicklung bestimmter Haltungen zu verhindern. Bestimmte Haltungen können Gegenreaktionen provozieren, und auch wenn wir ›in der Welt und nicht von der Welt‹ sind, geraten wir sonst in dasselbe alte Muster von Anspruch und Gegenanspruch, Überlegenheit und Unterlegenheit, Eifersucht, Angriff und dergleichen. Es ist völlig ausreichend, wenn Sie sagen: »Ich bin Arzt, Krankenschwester, Therapeut oder

Lehrer. Ich bin glücklich damit und versuche, es weiterzuentwickeln, aber ich schreie das nicht gleich in die ganze Welt
hinaus. Ich habe eine innere Genugtuung, an der ich weiterar-
beite.«

Ein weiteres Hindernis auf dem Weg zu Einheit, echter Harmonie und Kommunikation besteht in ›Geheimnissen‹ im
Sinne von ›Ich weiß etwas, was du nicht weißt‹ – ein vertrau-
tes Kinderspiel. Es gibt Geheimnisse, und ich habe Dinge ge-
heimer oder vertraulicher Art zu erzählen, und gelegentlich
tue ich das auch. Ich kann an Leute ganz persönliche Aktivitäten vergeben sowie Dinge, die nur für sie gelten. Wir sollten
aber nicht in die Falle von Rivalität oder Konkurrenz geraten.
Es sind hier achtzig bis neunzig Therapeuten anwesend – angenommen, es würde eine Gruppe von achtzig bis neunzig
Dichtern oder Musikern aufgebaut werden. Werden diese auf
harmonische Weise funktionieren, oder werden sie ihre eigene Wichtigkeit an dem Gewicht der von ihnen publizierten
Bände bemessen? Hier begeben wir uns auf das Gebiet der Rivalitäten, und das ist etwas für Kinder. Dies mögen Punkte
sein, die man erkennt, und obwohl man sie dann verleugnet
und nicht wahrhaben will, manifestieren sie sich in bestimmten Zusammenhängen und entwickeln eine spaltende Wirkung.

117. Pünktlichkeit

Möchte jemand eine andere Person in der Tradition beurteilen
oder einschätzen, so sollte dies aufgrund bestimmter sichtbarer
Dinge erfolgen, wie z. B., ob sie regelmäßig an den Übungen
teilnimmt oder ob sie pünktlich kommt. Dies sind einige
Punkte unter zahlreichen anderen.

Annahmen wie die, daß eine bestimmte Disziplin oder
Pünktlichkeit einer gewissen Flexibilität anheimgestellt wäre
oder ein bestimmtes Detail davon abhinge, wie man es empfindet oder interpretiert, sind unzutreffend. Details sind Details, und Funktion ist Funktion. Wenn eine bestimmte Person

gewohnheitsmäßig zu einer Übung oder Aktivität zu spät kommt, sollte sie eher von zu Hause losgehen. Und es gäbe auch absolut keinen Grund für mich, hier zu sitzen und über Details zu reden, wenn es von Ihnen ignoriert oder als unwichtig eingestuft würde.

Sind Absicht und Impuls vorhanden, lassen sich die erstaunlichsten Dinge bewerkstelligen: Falls Sie Raucher sind, kein Geld haben und der nächste Tabakladen zehn Meilen entfernt ist – ich garantiere Ihnen, Sie werden bis ans Ende der Welt gelangen, um das Geld aufzutreiben, und dann rechtzeitig vor Ladenschluß im Tabakladen sein!

Jemand ist motiviert und fokussiert seine Absicht auf der Grundlage des Verstehens, das er erreicht hat. Wenn jemandes Absicht und Motivation nicht deutlich genug sind, widerspricht es der Disziplin der Tradition, ihn unter Druck zu setzen. Sie sollten Ihre eigene Antriebskraft bzw. Ihr eigener Impuls sein: »Ich möchte zu einer bestimmten Zeit an einem bestimmten Ort sein, und ich verstehe den Grund dafür. Also konzentriere ich mich mit meinem ganzen Sein darauf.«

Ich könnte Briefe schreiben oder drohen und würde damit vermutlich erreichen, daß Sie sagen: »Wenn ich das nicht mache, wird etwas Fürchterliches passieren!« Doch im Grunde wäre das Ganze lächerlich, denn Sie würden zu Recht sagen: »Wir sind aus freien Stücken diese Aktivität eingegangen, und nun wird uns gedroht!«

Der Impuls muß also aus der Person selbst kommen. Es wird Ihnen nichts nützen, wenn Sie wartend vorm Telefon sitzen und sich sagen: »Eigentlich ist es Zeit für die Übung, aber ich will lieber noch abwarten, ob Agha nicht anruft und mich auffordert, hinzugehen!«

Ich helfe Ihnen auf dem Weg, ich werde Ihnen vorschlagen, was Sie tun können, ich werde Ihnen Energien sowie Dinge, die zu tun sind, verfügbar machen. Die Vereinbarung, die wir getroffen haben, lautet, daß ich es zur Verfügung stelle, Sie aber Gebrauch davon machen müssen. Wenn Sie das, was Ihnen zugänglich ist, nicht gut und sinnvoll nutzen und nicht den größtmöglichen Vorteil aus dem, was angeboten wird, ziehen, so bestrafen Sie sich dadurch selbst. Ich verspreche Ihnen weder den Himmel, noch drohe ich Ihnen mit der Hölle!

118. Launen

Ein Faktor, den ich unter dem Gesichtspunkt der Optimierung in Betracht ziehe und der eine derartige Ursache für Konfusion darstellen kann, daß er zu einer Behinderung wird, ist der willkürliche Faktor ›Laune‹. Daß dieser Faktor beachtet werden muß, liegt daran, daß man ganz offensichtlich zu bestimmten Zeiten eine bestimmte Laune hat. Es handelt sich daher um einen konkreten und greifbaren Faktor, den man zu einem bestimmten Zeitpunkt erfährt.

Natürlich ist es für jemanden, der sich in einer glücklichen, behaglichen und ausgeglichenen Verfassung oder Stimmung befindet, leichter, etwas Positives zu tun oder zu denken oder auf positive und nützliche Weise zu handeln. Wenn sich aber die Stimmung des Betreffenden als Ergebnis von Problemen auf einem dieser Gebiete in negativer Hinsicht verändern sollte, kann seine Reaktion auf einen positiven Umstand oder eine positive Situation ganz beträchtlich beeinflußt sein. Gerade in einem Kontext oder einer Situation, in der ungewiß ist, in welche Richtung sie sich entwickelt, spielt der Stimmungsfaktor eine wichtige Rolle. Das ist jedem, der mit Therapie zu tun hat, bekannt.

Was Sie deshalb anstreben sollten, für sich selbst und für den Patienten, ist das, was wir ›die Laune fokussieren‹ nennen. Sie mögen sich jetzt sagen, daß dies ein Widerspruch in sich ist, da Fokus per se eine gewisse Präzision beinhaltet, es aber um einen Gemütszustand oder eine körperliche oder geistige Verfassung geht, die möglicherweise vage oder von unterschiedlichen Emotionen beeinflußt ist.

Es gibt zwei Arten, mit einer vagen Situation oder einem vagen Kontext umzugehen: Sie können ihn ignorieren und darüber hinweggehen, indem Sie erklären, daß er in keinem Zusammenhang steht, bedeutungslos ist und ohne jeden Einfluß. Falls Sie es allerdings mit einem Patienten zu tun haben sollten, hinter dessen Launen sich bestimmte Komplexe verbergen, wird er dies, wie Sie selbst wissen, als Angriff auf sich werten und seinen jeweiligen Zustand verteidigen, so daß Sie es plötzlich mit etwas zu tun bekommen, das nicht mehr vage, sondern im Gegenteil sehr konkret ist.

Benutzen Sie für sich selbst wie auch für den Patienten denselben Trick: Greifen Sie einen bestimmten Aspekt dieser Laune heraus und richten Ihre Konzentration darauf, worauf es zu etwas wird, das Sie als Individuum mit der Energie der Tradition in Augenschein nehmen, um eine Lösung zu finden.

Die Beziehung zwischen Ihnen und dem Patienten beinhaltet, daß Sie beide nach einer Lösung Ausschau halten und sich gegenseitig dabei unterstützen. Ihr Können im Umgang damit läßt sich zu etwas verdichten, was ich eingangs bereits erwähnt habe: zu einer bestimmten Haltung nämlich.

Achten Sie also auf den Stimmungsfaktor bei sich selbst wie bei Ihren Patienten. Selbstverständlich lassen Sie nicht zu, daß er dominiert, aber Sie übergehen ihn auch nicht, sondern benutzen eine Technik, die seinen Einfluß mindert.

119. Zur Funktion und Anwendung von Farben

In der Tradition arbeiten wir mit zahlreichen Farben, wobei wir zwischen Grund- und Pastellfarben unterscheiden. Wenn wir eine bestimmte Farbe verwenden oder ihre Verwendung empfehlen, so liegt dem zugrunde, daß diese Farbe eine Bedeutung, eine Eigenschaft, einen Nutzen und einen Zweck hat.

Empfehle ich einer Person, die sich mit mir und der Tradition in Einklang befindet, eine bestimmte Grundfarbe, so kann dies eine erstaunliche, manchmal sogar schockierende Wirkung haben. So z. B. beinhaltet die Grundfarbe Blau zahlreiche bedeutende Elemente. Empfiehlt man nun jemandem dieses kräftige Blau, kann es, auch wenn es keinen Schock auslöst, so doch verwirren, beunruhigen oder zum Analysieren anregen, denn die Person, die die Farbe betrachtet und mit ihr arbeitet, erhält eine Resonanz.

Wenn ich nun eine Farbe einführe, so beginne ich mit ihrem Pastellton – eben so, wie man, um jemandem eine Sprache beizubringen, mit dem Abc beginnt und dann so lange übt, bis der Gebrauch der Sprache oder der Farbe verstanden wurde.

Die Grundfarben wirken auf grundlegende und starke, ihre Pastelltönungen auf subtile und sanfte, sich dabei jedoch weiterentwickelnde Weise, da sie sich gegenseitig komplementieren und miteinander in Beziehung stehen.

Ruft nun so ein Pastellton ein bestimmtes Gefühl oder einen Gedanken hervor, wird der Pastellton einer anderen Farbe eine Art Antwort darauf produzieren, indem er bei der betreffenden Person Harmonie zwischen den Farben erzeugt.

In der Tradition verwenden wir Farben auf der Grundlage, daß jede Grundfarbe nicht nur einen Farbton repräsentiert, sondern auch eine Energieform, ein Wort oder einen Klang. Somit harmonisieren und interagieren Farben in der gleichen Weise wie Klänge oder Worte, die ein Gefühl von Harmonie wachrufen.

Grundfarben können auch dafür verwendet werden, bestimmte Situationen zu beschreiben oder auch sie zu charakterisieren. Wenn Sie sich bewußt mit Farben befassen oder in der Therapie mit Farben arbeiten, werden Sie wissen, daß Menschen und Situationen durch bestimmte Grundfarben beeinflußt werden können. In verschiedenen Ländern und Kulturkreisen rufen bestimmte Grundfarben bestimmte Gefühle hervor.

Wie versiert Sie mit Farben umgehen können, sei es in der Therapie oder auch hinsichtlich Ihrer eigenen Person, hängt nicht nur von Ihrem Wissen über Farben und deren jeweiligen Funktionen ab, sondern auch davon, wie vertraut Sie mit diesen Farben und deren Anwendung sind.

Die in Kapitel 104 dargelegte Gleichung läßt sich auch im

Kontext der Farben anwenden. Eine mögliche Form davon wird in folgendem Diagramm dargestellt:

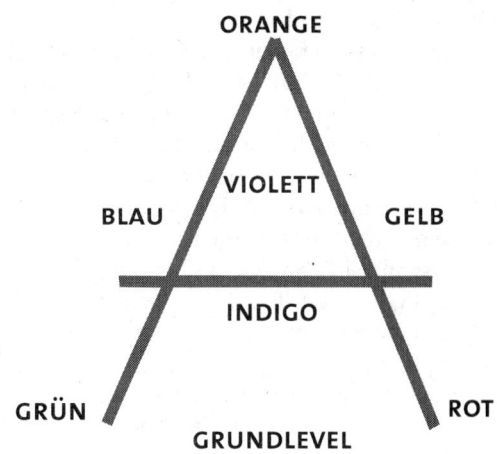

Nehmen wir an, es handle sich hier um ein Gebäude, und es gäbe ein sogenanntes Grundlevel. Wie in der Tradition üblich, nehmen wir auch hier die dem Uhrzeigersinn entgegengesetzte Richtung und haben demzufolge die Reihenfolge: Rot, Gelb, Orange, Blau und Grün und im Innern des ›Gebäudes‹ im oberen Teil Violett, im unteren Indigoblau. Dies sind die Grundfarben. Im Abstand zwischen Rot und Gelb sind alle Pastelltöne von Gelb und Rot enthalten, und gleichermaßen zwischen Gelb und Orange, zwischen Gelb und Blau und zwischen Blau und Grün.

Dies ist ein funktionierendes Diagramm, denn jede Farbe steht in Kommunikation mit einer anderen, produziert eine Reaktion und eine Energie. Die verschiedenen Grundfarben repräsentieren Worte, Töne und Eigenschaften, denn da der Zeitfaktor ebensowenig statisch ist wie die Energie, verändert sich, wenn diese zum Beispiel von Rot in Gelb übergeht, damit auch die Tönung und die Intensität.

Gleich, ob die Farbanwendung nun für Sie selbst oder für einen Schüler gedacht ist, oder ob sie in der Beziehung zwischen Therapeut und seinem Patienten zum Tragen kommen soll: Welche Farbe Sie nun in der jeweiligen Situation oder im jeweiligen Kontext verwenden, dafür gibt es keine einheitliche Handhabung, sondern es bedarf einer entsprechenden Anpassung. Denn bedenken Sie, daß vor allem in einem selbst durch bestimmte Farben bestimmte Reaktionen hervorgerufen werden. Eine Rolle spielt auch hier der Bereich der Stimmungen und Launen, aus dem die Vorliebe für oder die Abneigung gegen eine Farbe herrührt, durch die wiederum bestimmte Gefühle oder Reaktionen hervorgerufen werden. So ist z. B. die so subjektive wie tiefsitzende Reaktion des Autofahrers auf die Farbe Rot im allgemeinen die, daß er anhält, weil sie ›Halt‹ bedeutet, während seine Reaktion auf die Farbe Grün darin besteht, daß er fährt.

Jemand, der sich mit einer der Farben aus dem Spektrum zwischen Rot und Orange befaßt, denkt möglicherweise auch eher daran, daß solch ein Rot- oder Orangeton ja für die Sonne steht, und dies kann ihm ein Gefühl von Wärme, Licht und Behaglichkeit vermitteln.

Was den Umgang mit Farben anbelangt, trägt man also sowohl dem eigenen Gefühl für die jeweilige Farbe Rechnung als auch dem, was jemand anderer möglicherweise über diese Farbe denkt oder wie er auf sie reagiert. Geht es um die Anwendung einer Farbe für einen selbst, legt man seiner Beurteilung das eigene persönliche Gefühl bzw. seine eigene Reaktion zugrunde. Handelt es sich um eine Farbanwendung bei einer anderen Person, bekommt man ein Feedback und benutzt die Co-action und sein eigenes Gefühl hinsichtlich der Reaktion des oder der Anderen.

Daß einige der Grundfarben unbewußt oft mit bestimmten Objekten, Konzepten oder Situationen assoziiert werden, ist kaum zu vermeiden. So kann z. B. die Farbe Rot Auslöser für eine Reaktion wie auf Gefahr oder Feindseligkeit sein oder auch eine Form von ›Halt‹ symbolisieren, wenn auch auf einer sehr äußerlichen und reaktiven Ebene.

Für das Essentielle Sein einer Person allerdings ist es äußerst schwierig, mit Nervosität oder Feindseligkeit auf die Farbe Rot zu reagieren, denn in unserem Essentiellen Sein – wie auch in unserem physischen System – ist das Wissen verankert, daß unser eigenes Blut rot ist, und somit folgt aus einer rein anatomischen Bewertung, daß Rot gut bedeutet – und auch: je roter, desto besser.

Es gibt auch Wertungen von Farben, die ganz automatisch kommen und die man – in einem vernünftigen Rahmen – in seine Überlegungen miteinbeziehen kann: ›Er hat rote Augen, also hat er getrunken‹ oder: ›Sie hat grüne Augen, sie ist wundervoll!‹ oder: ›Blaue Augen bedeuten, dieser Mensch ist hell und klar‹ oder: ›Gelbe Augen deuten auf Gelbsucht hin‹.

Auch auf dem Derwischgewand befinden sich die unterschiedlichen Farben sowohl untereinander als auch mit dem Träger des Gewandes in Aktion und Interaktion, denn Sie sind der Träger des Gewandes. Die Farben wirken hier dahingehend, daß sie den Impuls zu dem, was Sie gerade tun oder lesen oder hören, beeinflussen bzw. verstärken. Sie sollten weder versuchen, Kontrolle darüber auszuüben, wann welche Reaktion zu erfolgen hat, noch sich darauf versteifen, daß Ihnen ›heute nur nach Gelb zumute ist‹. Es ist Ihre freie Entscheidung, dieses Gewand zu tragen, zu dem Sie eine bestimmte Beziehung haben. Sie ziehen es an und laden die Farben ein, mit Ihnen zu reagieren.

Entscheidend ist, wenn Sie das Gewand benutzen und es tragen, daß Sie sich dadurch nicht nur in Beziehung zu ihm setzen, sondern auch zu seinen Farben, indem Sie sie zur Coaction mit Ihnen einladen. Und wenn Sie mit den verschiedenen Farben oder Schattierungen auf verschiedenen Ebenen gemeinsam reagieren, können Sie gleichzeitig mit ihnen vorgehen. Entscheidend ist, daß Sie sie einladen und zulassen, auf keinen Fall aber forcieren.

In der Tradition verwenden wir häufig die Farbe Schwarz; sowohl in zahlreichen Diagrammen als auch bei verschiedenen Aktivitäten. Auch wenn Sie vielleicht einwenden, daß Schwarz nach der üblichen westlichen Sichtweise aber doch für Mysteriöses stehe, für Dunkelheit oder ›das Unbekannte‹ schlechthin – in der Tradition bedeutet Schwarz Weisheit.

Was nicht bedeutet, daß man etwa alles schwarz sieht, sondern, daß Sie in der Lage sind, die Farbe schwarz zu visualisieren, und zwar ohne dabei Ihren hochgeschätzten Intellekt einzuschalten: »Das da, das ist Schwarz!«, und wenn Sie dem etwas nachhelfen wollen, können Sie vielleicht sagen: »Es ist hellschwarz oder dunkelschwarz, sehr schwarz oder nur ein wenig schwarz«, aber der Intellektualisierung der Farbe Schwarz sind Grenzen gesetzt, gerade so, wie auf der anderen Seite es sich mit der Farbe Weiß verhält, die ja alle Farben enthält.

»Warum haben wir in der Tradition dann nicht alle entweder ganz schwarze oder ganz weiße Gewänder?«

Einfach deshalb, weil Sie den Gebrauch aller Farben zwischen Weiß und Schwarz lernen sollen. Diese Farben anzuwenden bedeutet nicht, sie zur Schau zu stellen oder gar die Räume Ihrer Wohnung in verschiedenen Farben zu streichen und sich dann in die entsprechenden Räume zu setzen, um sich zu unterschiedlichen Zeiten zu verschiedenen Farben in Beziehung zu setzen. Sondern richten Sie Ihre Gedanken auf eine Farbe, visualisieren Sie sie, und fühlen Sie dann, was von dieser Farbe zurückkommt. Es hat eine bestimmte Funktion, daß man sich auf diese Weise mit einer Farbe befaßt und sein Denken, Fühlen und Wahrnehmen auf sie richtet, denn dies läßt die Gleichung aufgehen. Gewiß gibt es Situationen, in denen sich Ihnen eine Farbe nicht gerade aufdrängt, aber dennoch zugegen und für Sie deutlich wahrnehmbar ist. In diesem Fall versuchen Sie dann eben nach und nach auf behutsame und entspannte Weise für sich selbst herauszufinden, was über diese Farbe gesagt wurde oder wofür diese Farbe in der Tradition steht.

Wenn sich eine Farbe bei Ihnen nun von selbst einstellt, so heißt das nicht notwendigerweise, daß die Farbe Ihnen bedeutet, etwas zu tun oder Sie zu etwas nötigt, wie z. B. dazu, irgendeine Funktion wahrzunehmen, die mit der Farbe in Verbindung steht. Aber sie mag Ihnen als Hinweis oder Bestätigung dienen, daß etwas geschehen ist oder eben geschieht. Ist es einem gelungen, eine spezielle Farbe zu identifizieren, reagiert man darauf zu Recht mit einer Art stiller Genugtuung.

Wenn Sie sich in der Natur umsehen, werden Sie feststellen, daß alle Farben gewöhnlich auf eine natürliche und normale Weise in Harmonie zueinander auftreten. Nehmen Sie zum Beispiel eine Rose: Es gibt Sorten, deren Blüten außen heller sind und zum Zentrum hin leicht dunkler werden. Die Anziehungskraft der Rose entspringt ihrem Zentrum, denn von dort rührt der Duft her, der die Bienen und andere Insekten anlockt, die die Blüte bestäuben oder sich die Blütenpollen aus ihrem Zentrum holen.

Wieder haben Sie es mit Pastelltönen zu tun, welche sich außen herum befinden und sich nach innen zu einer spezifischeren Farbe verdichten. Man kann verschiedene Bezugspunkte verwenden, verschiedene Standpunkte haben und sich mit allen möglichen Büchern und anderen Dingen befassen, doch gleichwohl strebt man seinem Fokus im Zentrum zu.

Aus der Distanz läßt sich die Rose natürlich in ihrer Ganzheit betrachten: Sie können ihre zarte Besonderheit, ihre Schönheit, ihre Form würdigen. Dann können Sie diesen Gesamteindruck vertiefen: Riechen Sie ihren Duft. Dabei handelt es sich nicht bloß darum, daß nun noch ein weiterer Sinn – der Geruchssinn – hinzu kommt, sondern dies stellt auch den Beginn der Co-action mit der Blume dar. Später dann kommen weitere Details wie Größe, Form oder Gestalt der Blume, die Art ihres Wachstums und ihres Inhaltes oder die Frage nach ihrer Essenz. All die Schattierungen einer Grundfarbe von ihren Pastelltönen bis hin zur nächsten Grundfarbe zu verwenden ist nicht einfach bloß eine Disziplin der Art, bei der eins auf zwei auf drei und so fort aufbaut, sondern es heißt auch zu erkennen, daß dies einen Impuls beinhaltet, der im Abstrakten nicht existiert.

Wenn Sie dem Muster dessen, was ich hier ausgeführt habe, folgen, werden Sie erkennen, daß es sich bei dem Faktor, der diesem Prozeß – oder Impuls – hinzugefügt ist, um den Faktor Mensch handelt. Und so lange, wie etwas im Abstrakten verbleibt, können Sie damit nicht in Co-action treten. Dreht es sich um etwas Abstraktes, können Sie allenfalls vermuten, daß es existiert, aber sicher sein können Sie sich nicht.

Therapeut: Wie verbinde ich mich mit etwas Abstraktem, oder wie benutze ich es?
Agha: Ein Weiser, der sein Wissen nicht umsetzt, gleicht einem mit Büchern beladenen Esel.

Therapeut: Wo könnte ich weitere Informationen über Farben bekommen?
Agha: Es gibt keine speziellen Farben, die mehr von Nutzen wären als andere – ausgenommen die natürlichen Farben. Bei natürlichen Farben handelt es sich um Farben aus der Natur, ob es nun die Farbe Grün ist, die eine beruhigende Wirkung ausübt, oder Terrakotta oder das Blau des Himmels.

Bei knalligen, beunruhigenden Farben fühlt man sich unter Umständen etwas nervös, denn dies sind keine Farben, die man wiedererkennen kann, denn Bäume, Pflanzen, Berge etc. haben natürliche Farben. Und da es aber nun üblicherweise Menschen sind, die auf diesem Planeten geboren werden, sind ihnen diese Farben vertraut. Handelt es sich aber um psychedelische Farben, so wird das vielleicht nicht unbedingt wahrgenommen, aber tief drinnen fühlen sie sich nicht richtig an.

Daher ist es außerordentlich nützlich, sich an natürliche Farben zu halten, denn um welches Therapiegebiet auch immer es geht, Sie brauchen ihre Kooperation, denn sie entspannen. Ich trage verschiedene Farben und sehr oft auch Weiß. Das dient nicht dazu, Sie zu beruhigen, sondern kommt daher, daß ich in den Bergen geboren wurde und wir dort viel Schnee haben, und die Farbe des Schnees ist Weiß – ob Sie es glauben oder nicht.

120. Nasrudins Optimismus

Nasrudin hatte eine Eigenschaft, die ich gut verstehe, auch wenn ich sie nicht unbedingt mit ihm teile, Optimismus nämlich.

Eines Tages fand er sich ohne Geld, und da er auch kein Einkommen hatte, war er gänzlich abgebrannt. Er machte bei seinen Freunden die Runde und fragte sie:

»Was kann ich tun, um an etwas Geld zu kommen? Wie kann ich mir ein Einkommen verschaffen, wie ein Geschäft oder einen Handel aufziehen?«

Und wie es gewöhnlich eben ist, bekam er jede Menge Ratschläge, aber kaum Hilfestellung. Schließlich dachte er bei sich:

»Ich will nicht um Rat fragen; ich werde mich in der Stadt umschauen und verschiedene Situationen studieren, um dann eine Entscheidung zu fällen.«

So ging er an einem Tag in ein Lokal und beobachtete die Leute, den folgenden Tag verbrachte er im Teehaus, wo er die Leute beobachtete, und nachdem er in dieser Weise fünf oder sechs Tage zugebracht hatte, sagte er sich:

»Mir ist eine Idee gekommen, und ich weiß jetzt, wie ich Millionen machen kann! Jeder in dieser Stadt ißt Joghurt zum Frühstück sowie zum Mittag- oder Abendessen, ja zu fast jeder Zeit. Einige machen den Joghurt zu Hause selbst, andere kaufen ihn, ich aber werde ein Joghurtmonopol errichten!«

Das war die Idee, aber bekanntermaßen gibt es gelegentlich leichte Unterschiede zwischen der Hoffnung und dem, wie die Dinge dann tatsächlich sind. Nasrudin jedenfalls ließ sich nach seiner großen Entdeckung für zwei, drei Wochen nicht mehr im Ort blicken.

Eines Tages nun entdeckte jemand, der in den Bergen wanderte, Nasrudin, wie er am Ufer eines Sees von beachtlicher Größe saß, neben sich eine Schüssel mit Joghurt, den er löffelweise in den See gab. Der Mann fragte:

»Nasrudin, wie geht es dir? Was um alles in der Welt tust du da?«

»Schhh«, sagte Nasrudin. »Ich mache aus dem ganzen See Joghurt!«

Der Mann erwiderte: »Es gibt da eine ganz herkömmliche Art, Joghurt zu machen: Du besorgst dir Milch, in die du etwas alten Joghurt hineingibst, dann deckst du die Milch zu und sorgst für eine bestimmte Temperatur. So wird sie zu Joghurt!«

»Ja, ja«, sagte Nasrudin und fuhr damit fort, den Joghurt Löffel um Löffel in den See hineinzugeben.

So fragte ihn der Mann: »Wie lange machst du das denn schon, Nasrudin? Seit wann bist du hier?«

»Zehn oder zwölf Tage«, gab er zur Antwort, »aber stör' mich nicht!«

»Schau doch, Nasrudin«, sagte der Mann, »dies wird niemals Joghurt werden!«

Worauf Nasrudin sagte: »Aber einmal angenommen, es würde klappen!«

Das ist, was man Optimismus nennt!

121. Die Verbindung zum Lehrer

Ein Faktor, auf den ich hier näher eingehen möchte, steht nicht in einem direkten Bezug zur Therapie, hat aber mit Verstehen oder Haltung zu tun.

Gestern dachten einige von Ihnen, sie könnten mich möglicherweise zu einer bestimmten Zeit an einem bestimmten Ort treffen. Sie waren so freundlich, ihr Interesse daran zu bekunden, ob ich nun tatsächlich dort war oder nicht, oder wo ich statt dessen war, oder was ich wohl getan habe.

Ob ich nun an dem einen oder anderen Ort bin oder nicht, ob Sie mich dort nun entdecken, oder ob da ein Schild steht ›Er ist da!‹: Ich schlage Ihnen vor, was ich Ihnen seit Jahren vorschlage: Akzeptieren Sie mich als anwesend, ob Sie mich nun sehen oder nicht, ob ich nun tatsächlich da bin oder nicht!

Vom Standpunkt der Sufitradition aus gesehen handelt es sich hierbei um einen sehr realen Faktor, und wenn Sie Barrieren oder Begrenzungen schaffen, sei es wegen der Entfernung, der Zeit oder anderer Faktoren, hindern Sie mich daran, mit Ihnen zu arbeiten. »Er ist weit weg!« – »Wir haben ihn seit Jahren nicht gesehen!« – »Ich schreibe, aber er antwortet niemals!« Dies sind konventionelle Barrieren. Ich bin so weit von Ihnen entfernt oder so nahe, wie Sie es zulassen.

Um in der Tradition voll und ganz funktionieren zu können, ist es erforderlich, ein gewisses Maß von etwas zu haben, das sich als Genugtuung bezeichnen ließe – ein sinnvolles und normales menschliches Bedürfnis, solange es nicht zu einer Obsession wird: »Wie weit habe ich mich bereits entwickelt?« – »Auf welcher Entwicklungsstufe bin ich?« – »Kann ich das checken oder nachprüfen?«, denn im allgemeinen bedeutet dies: »Wie kann ich mich darüber beunruhigen?« Entsinnen Sie sich daran, daß wir einen Handel abgeschlossen haben: Sie tun die Arbeit und denken, das Sich-Sorgen-Machen überlassen Sie mir. Ich sage damit nicht: »Denken Sie nicht nach« oder: »Kümmern Sie sich nicht um Details oder andere Vorkommnisse«. Ich entlasse Sie nicht aus dem Denken – obwohl, einigen unter Ihnen fällt es leichter als anderen!

Wenn Sie sich die unterschiedlichen Diagramme und Muster anschauen, wird Ihnen auffallen, daß sie alle eine Bewegung, einen Impuls und eine Handlung veranschaulichen. Nun, jede sinnvolle Handlung ist kalkuliert, und zwar in dem Sinne, daß sie, wenn sie harmonischer und ausgewogener Art ist, ein positives Ergebnis produzieren wird.

Falls es nur um Handeln um des Handelns willen geht, gerät man leicht in eine angestrengte Lage: »Ich muß doch irgend etwas tun!« – »Tue ich denn irgend etwas?« – »Sollte ich gerade etwas tun?« Daher ist es wichtig, seine eigene Haltung zu betrachten und zu überprüfen. Wie jemand einen Kontext oder eine Situation sieht, was jemand diesbezüglich fühlt oder tut, kann entsprechend der jeweiligen Analyse oder Betrachtungsweise unterschiedlich sein. Also gehen Sie, so wie auch bei den Naqshbandi-Regeln, ein wenig aus der Situation heraus, und betrachten Sie diese so objektiv wie möglich. Dies ist schnell, deutlich und präzise, und es sollte bei Ihnen auf einer tieferen Ebene erfolgen.

Nutzen Sie Ihre Beobachtungsgabe, sei es, um sich selbst zu beobachten oder um zu beobachten, wie andere Menschen auf Sie reagieren; dies produziert eine Funktion. Denn wenn Sie Ihre eigenen tiefen Gefühle oder das Feedback, d. h. in anderen Worten, wenn Sie das Signal von einem anderen Menschen oder aus einer anderen Situation haben, haben Sie zwar eine Abfolge von Bewegungen, aber keinen flüssigen Bewegungsablauf.

Zuweilen produziere oder provoziere ich Situationen, die seltsam scheinen; seltsam in dem Sinne, daß sie vielleicht nicht recht mit dem zusammenpassen, was die Leute von mir oder von sich erwarten. Kurz und einfach: Ich tanze zu meiner eigenen Melodie und nicht zu der von irgend jemand anderem.

Wenn ich merke, daß eine Situation oder eine Person sich in Richtung automatischer oder unproduktiver Aktivität entwickelt, dann unterbreche ich den Rhythmus und beginne von neuem, wie Sie es tun sollten, wenn Sie eine Übung machen und feststellen, daß Sie in eine Art monotonen oder mechanischen Zustand fallen. Etwas zu stoppen bzw. mittendrin zu unterbrechen ist nicht dasselbe, wie etwas zu zerstören. Wenn man sich selbst betrachtet und beobachtet, tut man das nicht in besonders kritischer Art und Weise und um Fehler zu finden, sondern mit der Überlegung, wie Sie sich selbst oder die Situation verbessern können.

Es gibt verschiedene Möglichkeiten, eine Situation zu verbessern. Sie können Alltagssituationen oder Situationen im Beruf betrachten, analysieren, werten und im Rahmen der gegebenen Bedingungen darauf reagieren.

Was die Arbeit an sich selbst anbelangt, so haben Sie vielleicht das Gefühl oder die Auffassung, daß es Ihnen nicht gelingen will, so effizient und korrekt zu arbeiten, wie Sie es gerne täten. Vielleicht sagen Sie: »Ich finde es schwierig, eine Übung zu machen, weil meine Aufmerksamkeit abschweift!« oder: »Ich werde von verschiedenen anderen Faktoren gestört!«

Diese Beunruhigung, Besorgnis oder Ängstlichkeit läßt sich mittels eines Faktors abstellen, den ich für positiv und nützlich erachte, nämlich: mich. Jemand, der ein Problem mit einer Übung der Tradition hat oder eine damit verbundene Sorge, sollte sich bewußt machen, daß, sobald er die Übung beginnt, ich mit ihm bin. Dieses Wissen sollte dabei helfen, jede vorhandene Verwirrung oder Besorgnis zu beenden, denn Sie können sich einfach vor Augen halten, daß es nicht nur Ihre Wenigkeit ist, die damit befaßt ist. Sie können sich mit Recht sagen: »Ich führe diese Aktivität gemeinsam mit Agha durch, und er ist da, um mir dabei zu helfen!«

Wenn Sie diesen Faktor akzeptieren und davon Gebrauch machen, haben Sie etwas, um zu beginnen, etwas, auf das Sie Ihre Aktivität aufbauen können. Wenn Sie bewußt und tief fühlen, daß ich mit Ihnen bin, entwickelt sich daraus für Sie auch ein überaus positiver und tragfähiger Kontakt zu sich selbst, denn welche Vorbehalte oder Barrieren Sie auch zwischen sich und Ihrem eigenen Selbst errichten mögen, wie z. B. »Ich verstehe mich selbst nicht!« oder »Ein Teil von mir ist negativ und feindselig!« – weder akzeptiere ich diese Auffassung, noch glaube ich daran, selbst wenn sie gemeinhin geteilt wird.

Sollte nun aber diese Situation des ›einen Ichs‹ und des ›anderen Ichs‹ – in anderen Worten: das Positive und das Negative – tatsächlich existieren und es zu einer Art Tauziehen, einer Art Rivalität zwischen diesen beiden Selbsts oder Seins kommen, warum dann nicht mich als Schiedsrichter nehmen?

Ich interferiere, ich interveniere, und ich bin bei allem, was Sie tun, involviert. Ich gehe nicht auf aggressive Weise vor, aber ich frage Sie auch nicht um Erlaubnis. In aller Bescheidenheit: Sollten Sie mich als Schiedsrichter betrachten und, da es um mehr geht als ein einfaches »Ja, warum denn nicht?«, auch tatsächlich als einen solchen akzeptieren, werden Sie entdecken, daß ich bei diesem Konzept durchaus von Nutzen sein kann – wenn auch nicht, weil ich einen unparteiischen

Urteilsspruch zwischen ›dem einen‹ und ›dem anderen Selbst‹ fällen würde, denn ich bin durch und durch parteiisch in einer Richtung, und das ist die positive Richtung. Sollte sich ein Anflug von Negativität zeigen, werde ich abpfeifen und sie vom Feld werfen!

In jeder Aktivität, die Aspekte einer sinnvollen Funktion in sich birgt: Machen Sie ganz einfach Gebrauch von mir! Schließlich verhält es sich auch im sogenannten konventionellen Leben oder in konventionellen Aktivitäten so, daß Sie sich das für Sie effizienteste und am besten geeignete Instrumentarium aussuchen. Ich bin ein versierter Profi, und wenn Sie für eine Situation im Kontext der Tradition einen Profi brauchen, nutzen Sie mich! Ich bin kein Klempner, und ich werde auch kaum Ihr Auto reparieren, d. h., ich könnte es tun, aber dies würde Sie ein Vermögen kosten!

Wenn Sie sich auf einer tieferen Ebene, in einem wesentlichen Bereich, aufhalten, halten Sie üblicherweise danach Ausschau, wie die Situation, in der Sie sich gerade befinden, verbessert werden kann. Und wenn Sie sich sorgfältig genug dabei umschauen und selbst entsprechend ausgeglichen und entspannt sind, werden Sie feststellen, daß ich in der Situation bei Ihnen bin.

Je mehr Sie und ich zusammenarbeiten und Sie mich in Situationen nutzen, desto eher werden Sie – ob nun allmählich oder schnell, das hängt von Ihnen ab – herausfinden oder überrascht entdecken, daß, ob Sie nun eine Aktivität oder eine Übung in der Gruppe oder allein ausführen, ich dort anwesend sein werde. Wenn Sie versuchen, mich aus welchem Grund auch immer zu stoppen oder eine Barriere zwischen Ihnen und mir zu errichten, so kann und werde ich mich über diese Barriere hinwegsetzen – wenn Sie es so wollen!

Es gibt keinen wirklichen Grund und keine gültige Entschuldigung dafür, in einem sinnvollen Kontext und auf funktionale Weise nicht von mir Gebrauch zu machen. Das klingt jetzt vielleicht nach einer Einladung, mich zu jeder Tages- und Nachtzeit anzurufen oder Briefe zu schicken – aber das tun Sie schließlich ohnehin.

Seit einer Reihe von Jahren habe ich versucht, Gruppen in verschiedener Hinsicht zu unterrichten: Ich erkläre, ich zeichne Diagramme, ich besuche Sie, ich rede zu Ihnen und treffe mich mit Ihnen. Zählen Sie auf mich, verlassen Sie sich auf mich, nutzen Sie mich, und schließen Sie mich in Ihren Aufgabenbereich ein. Dies soll Sie aber nicht glauben machen, daß Sie nun die Hände in den Schoß legen könnten, denn: Agha wird das schon richten.

Hinsichtlich mancher Situationen oder Probleme werde ich auch kompensierend eingreifen, und ich werde stets bereit sein, Sie in positiven Situationen zu unterstützen. Ich werde das Ausmaß Ihrer nützlichen Aktivität verdoppeln oder verdreifachen. Und wenn ich dies tue – und ich kann es tun –, wird ein positiver Impuls installiert, der aufrechterhalten werden kann. Ich helfe Ihnen dabei, ihn aufrechtzuerhalten; ich möchte, daß Sie ihn aufrechterhalten, aber ich brauche ein gewisses Feedback – nicht zu meiner Beruhigung, sondern damit ich erfahre, ob Sie verstanden haben. Dazu brauche ich Sie nicht alle ständig zu kontrollieren, und ich brauche auch keine Anrufe, in denen Sie mir erzählen, was Sie gerade tun, denn im großen und ganzen weiß ich, was vor sich geht.

122. Nasrudin, die Katze und das Fleisch

Es gibt gewisse Ähnlichkeiten zwischen Nasrudin und mir. Wir teilen gewisse Fähigkeiten und gewisse Standpunkte. Einen Aspekt, den ich nicht mit ihm gemein habe, ist, wie einige von Ihnen im Laufe der Jahre vielleicht bemerkt haben, seine Eßlust. Ich sage damit nicht, daß der Spaß am Essen gut oder schlecht sei, ich weise lediglich darauf hin, daß er seine Einstellung zum Essen hat und ich die meine.

Es heißt, daß Nasrudin einmal beschlossen hatte, ein richtiges Festmahl zu halten. So ging er auf den Bazar und kaufte zwei Kilo Fleisch. Er brachte das Fleisch nach Hause und ließ es dort liegen, während er seinen Geschäften nachging.

Als er fort war, kam seine Frau herein, und sie war gierig,

wie es die Menschen zuweilen sind. Sie sah das Fleisch, kochte es und aß schnell alles auf.

Als er um die Mittagszeit in Erwartung des Mahls nach Hause kam und sie dort sitzen sah, satt und glücklich, fragte er: »Wo bleibt das Mittagessen? Was ist mit dem Essen?« Und sie entgegnete: »Ehem, die Katze hat alles aufgefressen!«

»Aha«, sagte er und ging eine Waage holen. Die Katze setzte er auf die eine Seite der Waage, auf die andere legte er ein Zweikilogewicht, und beides hielt sich die Waage. So sagte er: »Nun, wenn das die Katze ist, wo ist dann das Fleisch? Und wenn das das Fleisch ist, wo ist dann die Katze?«

Nun, ich habe nicht vor, Sie zum Essen anzuhalten oder davon abzuhalten, sondern es geht darum, daß Dinge eine Struktur haben können.

123. Struktur

In einer beruflichen Situation, wie z. B. bei Ihrem Job oder Ihrer Arbeit, sind Sie höchstwahrscheinlich in eine Struktur eingebunden; Sie gehen morgens zur Arbeit, und nachmittags kommen Sie zurück.

In ähnlicher Weise läßt sich sagen, daß es in der Tradition eine gewisse Organisation gibt, bestimmte Dinge, die zu tun sind, bestimmte Arten, sie zu tun, und bestimmte Art und Weisen zu empfinden. Es wird von Ihnen nicht verlangt, einfach ›Befehle zu befolgen‹, sondern daß Sie die Vorschläge, die Ihnen gemacht werden, auch verstehen. In diese vorgeschlagenen Techniken und Strategien müssen Sie Ihrerseits Anstrengung hineingeben, damit etwas dabei herauskommen kann, sonst verbleiben Sie im Abstrakten: ›Wir sollten dies tun! Wir sollten jenes glauben!‹, und es bleibt eine trennende Distanz.

Um auf eine sinnvolle und positive Weise zu beginnen, die Natur oder die Struktur der Tradition zu verstehen, können Sie z. B. sagen: »Ich möchte gerne verstehen, denn ich kann besser funktionieren, wenn ich es verstehe!« oder: »Aufgrund meiner Konditionierung brauche ich es, daß ich die verschiedenen Aspekte dieser Struktur verstehe!«

Im Grunde wäre es mir lieber, wenn die Leute nicht versuchen würden, sich durch alles hindurchzuarbeiten, um auch jeden Aspekt der Struktur zu begreifen. Die Auffassung, daß, solange man etwas nicht versteht, man auch nicht damit umgehen könne, ist nicht richtig. Die Verbindung, die eine Person zur Tradition hat, ist nicht abhängig davon, was sie fühlt oder wie sie es analysiert. Sie kommt aus freien Stücken zur Tradition und – hoffentlich – ohne Bedenken und ohne daß ihr Versprechungen oder Drohungen gemacht wurden.

Es ist verständlich, daß sie wissen möchte, wie diese als Sufitradition bezeichnete Angelegenheit denn nun funktioniert. Ebenso verständlich ist, daß es aufgrund von Konditionierungen für sie nicht leicht ist, sich zu sagen:»Angenommen, ich bekäme sozusagen einen Vorgeschmack davon und ohne daß ich dazu die umfassende Funktion zu verstehen bräuchte!« oder: »Ich selbst bin ein Teil der Struktur und werde dazu beitragen, indem ich meinen Teil an dieser Struktur weiterentwickle!«

Manche aber sagen: »Wie kann ich etwas bewerkstelligen, wenn ich es nicht verstehe? Ich möchte genau wissen, was zu tun richtig ist, und zwar im richtigen Moment und auf die richtige Art, so daß ich und die anderen Freunde davon profitieren können. Und damit ich dies tun kann, ist es zweckmäßig, daß ich die gesamte Struktur verstehe!« Wer sagt das?

Man kann sich die Struktur der Tradition auch einbilden und sie dann so kompliziert machen, wie man sich einbildet, daß sie es sei. Aber man kann sie sich auch einfach anschauen und sagen: »Ich bin darin, und ich möchte darin sein; es entspricht meinem Gefühl, und Agha wird mir sagen, was zu tun ist!«

Irgendwo zwischen diesen beiden Einstellungen gibt es eine weitere, und zwar die, daß jemand beginnt, ein Gefühl oder ein Gespür dafür zu bekommen, was diese Struktur, die als Tradition bezeichnet wird, sein könnte. Und während sich der Betreffende damit befaßt herauszufinden oder auszuarbeiten, was diese Struktur nun ist, während er sich bei Aktivitäten im Rahmen der Tradition betätigt, erarbeitet er sich eigentlich ein

Verständnis der Struktur, und zwar in dem Sinne, daß er zum Beispiel ein Verständnis für die eigene Verantwortung gegenüber sich selbst wie auch gegenüber den anderen Mitgliedern seiner derzeitigen Gruppe oder gegenüber all denen, die im weiteren Sinne in der Tradition sind, entwickelt.

Vor dieser Verantwortung braucht man keine Angst zu haben, denn bei ihr handelt es sich um einen Weg, der einem ermöglicht, sich besser auf seine Funktion als Lebewesen zu konzentrieren und auf dem einen oder anderen Gebiet, zu einem bestimmten Zeitpunkt an einem bestimmten Ort, zu funktionieren.

Das Gefühl, das einem sagt, wann und wie man funktionieren sollte, kommt aus einem inneren Instinkt, man folgt nicht einfach nur einem Befehl. Die Energie und die Qualität der Tradition unterstützt die Person, die ihre Verantwortung herauszufinden sucht, danach verlangt und sie gebraucht. Zuerst und vor allem anderen kommt die Verantwortung gegenüber sich selbst, aber diese Verantwortung kann man nicht wirklich fühlen und ausbauen, ehe man nicht begriffen hat, was sie bedeutet, worin ihre Qualität besteht.

Der Begriff ›Verantwortung‹ deckt eine große Anzahl von Umständen ab; wir, die in der Tradition lehren, sind für die Menschen in der Tradition verantwortlich, aber wir können nur funktionieren, wenn die Menschen in der Tradition effizient vorgehen. Wir funktionieren durch die Struktur der Tradition auf Gebieten, die die Leute verstehen können, und falls sie nicht präzise und genau verstehen, gibt es Wege, Aktivitäten und Funktionen, durch die sie ermutigt werden, präziser zu denken.

Zum Beispiel gibt es in der Tradition eine Struktur im Hinblick auf Autorität. Die Autorität kommt von den Leuten, die in der Tradition sind, einzeln wie kollektiv, denn sie haben sich entschieden und einen bestimmten Lebensweg gewählt.

124. Die Verbindung zur Tradition

Sie suchen nach einer Nahrung, die ihr Sein ernährt, und sie entwickeln Harmonie mit der Tradition und ihren Aktivitäten. Mit ihrer Verbindung und ihrem Enthusiasmus in vernünftigem Rahmen arbeiten sie in der Tradition, und die Einflüsse und Energien der Tradition arbeiten durch sie.

Um angemessen Gebrauch von der Energie machen zu können, muß diese Person sehr stark in Kontakt mit sich selbst sein sowie in Harmonie mit den jeweiligen Umständen oder der Situation, in der sie sich gerade befindet. Es geht hier auch um etwas, das, auch wenn es recht offensichtlich ist, doch der wiederholten Beschreibung bedarf: die richtige Sache zur richtigen Zeit. »Wie aber weiß ich, was die richtige Sache ist? Welches ist die richtige Zeit?«

Unterscheiden Sie diesbezüglich zwischen ›Zeit‹ und ›Aktivität‹. Wenn Sie in Harmonie mit der Situation sind, sollte das Element der Zeit klar sein. Wenn Sie mit sich selbst in Harmonie sind, wird sich was auch immer Sie gerade tun oder welche Taktik oder Aktivität Sie auch einbringen, im Grunde selbst projizieren; es wird sich Ihnen von selbst vorschlagen und anbieten.

Es geht um Handlungsfluß, um fließendes Handeln. Sie sollten nicht in die Situation geraten, daß Sie wissen, was vor sich geht, aber auf eine Idee warten. In der Welt hat man gewöhnlich nicht die Zeit zu warten. Wenn Sie gefragt werden, was Sie essen möchten, und dann anfangen zu denken und drei Stunden brauchen, bis Sie eine Antwort herausgebracht haben, wird Ihr Essen kalt sein.

Auf einer tieferen Ebene des Seins bedeutet das nicht, daß aus der augenblicklichen Situation automatisch folgt, was Sie unverzüglich tun sollten. Wenn Sie in Harmonie und in Kontakt mit Ihrem Sein wie auch mit der Situation sind, wird sich die Handlung von selbst ergeben. Um sich aber zu manifestieren und zu zeigen, ist es für die Energie erforderlich, eine Art Garantie zu bekommen, ein deutliches Gefühl von Ihrer Seite, daß sie, wenn sie sich zeigt, korrekt verwendet wird. Versetzen Sie sich in einen aufnahmefähigen Zustand, lassen Sie zu, daß die Energie funktioniert – oder nicht funktioniert. Sie können sie nicht bekommen, um sie dann ohne Sinn zu gebrauchen. Die Energie wird Sie nicht in dem Sinn kontrollieren, daß sie Ihr gesamtes Tun dominiert, und auf gewisse Weise müssen Sie ihr Ihre Verfügbarkeit auch signalisieren. Das passiert aber nicht, indem Sie ein Formular ausfüllen oder viele Worte machen.

Sie können der Energie auch durch den Kontakt von Sein zu Sein signalisieren, daß Sie sie verwenden können und wollen und darauf vorbereitet sind, auch wenn Sie vielleicht nicht genau wissen, auf welche Weise oder in welcher Form oder in welchem Grad Sie in der Lage sind, sie zu verwenden. Vielleicht sind Sie sich sogar nicht einmal ganz sicher, ob Sie es können, aber Sie möchten es vermuten. Ehe diese Verfügbarkeit, diese Offenheit nicht vorhanden ist, können Sie nicht mit sich selbst arbeiten.

125. Der vermeintliche Kampf

Sollte es aufgrund der Konditionierung oder aus anderen Gründen zu einem Zusammenbruch der Kommunikation mit Ihnen selbst kommen, werden Sie diese Hürde zu überwinden haben – falls Sie ›mit sich selbst zu kämpfen‹ haben sollten, kann sich das als Ursache von Konflikten und Konfusionen auswirken. Aber es ist nicht nötig, mit sich selbst zu kämpfen, und Sie sollten es auch nicht tun.

Wenn Sie jemanden zum Kämpfen benötigen, kämpfen Sie mit mir. Mit sich selbst zu kämpfen produziert Konfusion, Kummer und Schwierigkeiten – und Sie werden verlieren. Wenn Sie mit mir kämpfen, ist es kurz und heftig, und Sie werden zwar auch verlieren, weswegen ich Ihnen das auch nicht unbedingt empfehle und hoffe, daß Sie es nicht brauchen – aber ich empfehle Ihnen eindringlich, das Sein zu spüren und Gebrauch davon zu machen, statt es zu bekämpfen.

Ich versichere Ihnen, daß es wirklich keine Notwendigkeit zu diesem großen ›Krieg mit mir selbst‹ gibt. Die Leute stellen sich vor, daß es diesen großen Krieg gäbe, und die Gesellschaft sowie der westliche Intellekt können sie in diesem Denken bestärken. Und natürlich kann dieser andere Teil in einem, dieser blockierende Aspekt oder dieser negative Teil, nur gerade so groß werden, wie man es zuläßt.

Aber angenommen, Sie sind der Auffassung, daß dieser Aspekt, dieser Teil von Ihnen oder dieses ›andere Ich‹ droht, Ihnen Probleme zu machen und Sie zu dominieren, als wäre es als ein alternatives Ich vorhanden, als solches wahrnehmbar und greifbar: Wenn dieses alternative Sein, dieses zusätzliche Problem, das Sie beunruhigt, da sein sollte, greifen Sie es sich heraus, und schauen Sie es sich an: Es ist nichts, was so unvorstellbar und komplex wäre, daß Sie es nicht fokussieren könnten. Und wenn Sie es sich herausgreifen, betrachten und fokussieren, beginnen Sie seine Schwächlichkeit zu verstehen – nicht seine Stärke, sondern seine Schwächlichkeit.

Eine Pflanze sitzt unmittelbar über dem Erdreich, und solange, wie Sie sie nicht herausziehen und näher in Augenschein nehmen, können Sie nicht wissen, ob sie Wurzeln hat oder nicht. Dies gilt genauso für eine Situation oder ein Gefühl: Wenn Sie es hervorziehen und im Gesamtkontext betrachten, dann haben Sie eine Chance, seine Funktion und gewiß auch seine Kraft und Stärke auf vernünftige Weise zu analysieren. Und falls Sie dabei herausfinden sollten, daß es tief in Ihnen ist, können Sie einen Prozeß zur Anwendung bringen, der auf Ihrem eigenen Wissen über sich basiert. Denn die Kunst besteht darin, Ihre Kenntnis über sich selbst mit der Energie der Tradition zusammenzubringen, damit daraus eine Kraft entsteht.

Weder kontrollieren Sie die Energie, noch werden Sie von ihr kontrolliert. Sie stellen funktionale Co-action her.

126. Das Konzept der Dynamik

Wir haben auf diesem Kongreß unter anderem Themen wie Co-action, Interaktion und auch die Dynamik der Fusion, repräsentiert durch eine graphische Darstellung, behandelt. Der innere Kreis des Diagramms repräsentiert ein Konzept, den Verlauf der Co-action. Sie werden bemerken, daß ich diesem Diagramm weitere Kreise hinzugefügt habe, denn Co-action findet in einer Situation statt, in einem Sachverhalt, aber sie kann ebenso auch andere Begleitumstände beeinflussen, seien sie aus der Vergangenheit oder in der Zukunft:

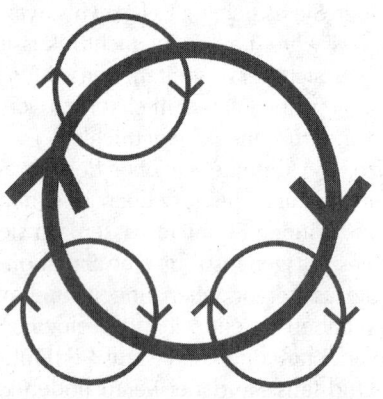

Bei einer speziellen Co-action-Situation wird das Ziel dieser Co-action, der Fokus, durch ein Dreieck oder eine Pyramide repräsentiert. Bei der Co-action zielen Sie darauf hin, etwas zu erreichen, aber das heißt nicht, daß Sie dabei von anderen Umständen getrennt bzw. nicht mit ihnen verbunden wären. Es ist eine Frage des Umfangs der Co-action. Die Kreise des Diagramms repräsentieren andere Aktivitäten, und es können sehr viele von ihnen gleichzeitig auftreten, allerdings unter einem speziellen Umstand, zu einer speziellen Zeit – dies stellt den Fokus der Aktivität dar. Nach erfolgter Co-action, nachdem der Fokus gerichtet und ein gewisses Maß an Erfolg erzielt wurde, kann das Zentrum oder der Fokus in eine Richtung auf einen der anderen Umstände verschoben werden. So ist es auch ein Momentum, das Sie aufbauen. Wenn eine interaktive Situation vorliegt, wie sie durch dieses Diagramm repräsentiert wird, sind auch die Energie und die Aktivität innerhalb dieses Ereignisses im Fluß:

Aufgrund der Darstellungsweise im Diagramm nehmen Sie vielleicht an, daß die Begrenzung eines Ereignisses gemeint sei, und wenn die eine Energie einen anderen Weg nimmt als die andere Energie, würden beide dann zusammenprallen oder versuchen, daraus auszubrechen? Nein, denn innerhalb des Kontextes erreichen sie ein hohes Maß an Wirksamkeit und sind ›im Fluß‹, bewegen sich aber nicht ins Unendliche und verschwinden.

Verbinden Sie jetzt die zwei Konzepte oder Faktoren, dargestellt in zwei Diagrammen, damit sie besser funktionieren und besser genutzt werden können. Diese hier funktionieren, sie unterstützen und ergänzen sich gegenseitig bei ihrer Aktivität:

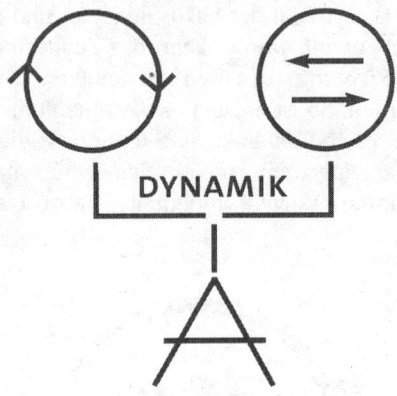

DYNAMIK

Zum Beispiel kann es sich bei der einen um eine körperliche, bei der anderen um eine geistige Situation handeln. Werden diese auf einem Gebiet, dem der Dynamik nämlich, zusammengebracht, ist das Ergebnis dieser Operation dann die Verschmelzung beider, wobei die beiden Aktionen mittels einer Taktik, einer Technik oder Handlung zu einer Fusion oder einer nützlichen Funktion zusammengeführt werden. Zu diesem Konzept der Dynamik zählt auch das Optimieren dieser beiden Faktoren, welche die Dynamik hervorgebracht haben. Es läßt sich sogar sagen, daß diese beiden Konzepte im Grunde das ›Rohmaterial‹ darstellen, und die Dynamik und die Optimierung bewirken, daß dieses Rohmaterial verfeinert und geläutert wird, wodurch die Verschmelzung beider entsteht. Dies stellt dieses Diagramm dar, das hier sensibles, positives und nützliches menschliches Material darstellt.

Die betreffende Person versteht, daß es so etwas wie eine Verschmelzung geben kann und daß sie in so einer Situation bewußter wird und besser verstehen lernt. Sie hat dieses Ziel; in verschiedenen Formen, zu unterschiedlichen Zeiten – der Zeitfaktor kann Minuten, Sekunden oder Jahre betragen.

Wenn Sie diese Funktionsweisen anwenden, sollten Sie zu einem Verstehen, zu einem Gefühl oder einem Grad an Bewußtsein kommen. Eine Person in der Tradition sollte stets verschiedene Taktiken und Techniken anwenden.

127. Spuren des Seins

Wenn ich sage, daß die Bewegung oder der Faktor Zeit manchmal nur Sekunden dauert, manchmal Minuten oder Jahre, so deshalb, weil Verstehen manchmal mit so einem bestimmten Gefühl, einem Durchbruch oder einem Licht einhergeht. Manchmal geschieht es auch aufgrund einer Lektüre oder einer Übung, die man gerade gemacht hat – und danach hat man ein gutes oder glückliches Gefühl. Man hat also die Faktoren genutzt und ist an einem bestimmten Punkt des Empfindens angelangt. Diese Empfindungen sind, was wir ›Spuren des Seins‹ nennen. Ist Ihnen ein Durchbruch gelungen, haben Sie einen Kontakt zum Bewußtsein hergestellt und ein gewisses Glück gespürt, eine Wärme, eine gewisse Genugtuung; erinnern Sie sich daran! Erinnern Sie sich daran, wie es sich angefühlt hat, welchen Klang, welchen Geschmack und welche Farbe es hatte. Es ist eine klare und deutliche Demonstration dafür, daß sich Ihnen eine Entwicklung signalisiert.

Wenn Sie dieses Gefühl haben, dieses Signal bekommen, erinnern Sie sich daran, wenn Sie das nächste Mal etwas lesen oder hören oder eine Übung machen, und versuchen dann, an diesem Punkt der Erinnerung wieder anzusetzen. Es ist etwas, das Sie bereits erreicht und erfahren haben, und wenn es Ihnen gelingt, Ihr bewußtes wie Ihr unbewußtes Gedächtnis einzusetzen, um diese Gefühle zu halten, d. h. all diese verschiedenen Spuren, die Ihnen in verschiedenen Situationen begegnet sind und die Sie erfahren haben – dann machen Sie sich daran, etwas aufzubauen.

128. Glück

Wenn Sie etwas aufgebaut haben, damit es benutzt wird, wäre es dumm, ineffizient und lächerlich, es nicht zu benutzen. Wenn Sie ein Haus gebaut haben, streichen Sie es, möblieren es und entwickeln dann ein Gefühl, einen tragfähigen Kontakt zu diesem Haus – Sie lassen es nicht einfach leerstehen. Sie gehen hinein, Sie leben darin, sind glücklich darin – Sie werden zu einem Teil von ihm.

Wenn Sie ein Auto kaufen, lernen Sie, wie man fährt, wie man lenkt, wie man schaltet, und Vorgänge wie das Starten eines Wagens, das Schalten und das Lenken werden Ihnen geläufig, weil Sie sich ständig darin üben. Sie erleiden nicht jeden Morgen aufs neue dieselben Ängste und Qualen, die Sie erlebt haben, als Sie zum erstenmal Auto gefahren sind. Sie wissen, wie man die verschiedenen Instrumente und Funktionen des Autos nutzt und an welchem Punkt Sie Genugtuung oder Freude aus dem Fahren beziehen.

Sie haben sich Erfahrung aufgebaut, auch wenn Sie anfangs beim Fahrenlernen gelitten haben. Manchmal fahren Sie aus Spaß, ein andermal scheint der Verkehr auf der Straße ohne Ende. Manchmal sind Sie entspannt, haben Zeit und fahren, weil Sie es gerne wollen, weil es sich gut anfühlt und befriedigend ist.

Auf genau dieselbe Art und Weise sollten Sie sich mit den Aktivitäten der Tradition vertraut machen, um sich daran zu gewöhnen und sie so zu benutzen, wie Sie es gelernt haben. Es geht auch darum, wie Sie diese Aktivitäten nutzen. Jeder Text, jedes Musikstück, jede Farbe und jede Übung dient als Abrundung von etwas anderem. Wenn Sie beabsichtigen, eine Übung zu einer bestimmten Zeit auszuführen, formulieren Sie zu Beginn, was Sie da tun oder warum, und tragen Sie dann durch Ihre Haltung, durch Musik oder Farbe zu dieser Aktivität bei, um die Situation zu optimieren.

Während einer Aktivität positiver Art sollten Sie nicht ständig prüfen, ob die Situation auch richtig ist und Sie selbst harmonisch oder entspannt sind; denn die Entspannung sollte instinktiver und innerlicher Art sein bzw. Sie sollten die innere Genugtuung haben, daß es eine nützliche und gute Situation ist.

Niemand kann Ihnen sagen, was ein Glücksgefühl ist, und Sie finden es auch in keinem Lehrbuch erklärt. Etwas erreicht zu haben sollte Befriedigung, Glück und Gelassenheit aufkommen lassen; Sie sind entspannt oder fühlen sich wohl in

Ihrer Haut. Wenn Sie nun ständig den Grad Ihres Glücklich-seins oder Ihrer Befriedigung testen und ausloten, dann prüfen Sie diese Empfindung, statt sie zu genießen. Falls Sie sich fragen müssen, ob Sie einen bestimmten Grad ständiger Zufriedenheit oder beständigen Glücks erreicht haben, benutzen Sie den falschen Maßstab, denn Sie befragen sich, statt zu fühlen und wahrzunehmen.

Genugtuung und Zufriedenheit mit sich selbst läßt sich erreichen. Was Sie an dieser Genugtuung hindert, sind Faktoren wie Spannung, Ihnen von der westlichen Gesellschaft auferlegte Konditionierung sowie eine ganze Reihe von Maßstäben oder Konditionierungen, die Sie sich selbst auferlegen: »Ich entsinne mich, daß die einzige Zeit in meinem Leben, während der ich glücklich war, die und die war; zu dem und dem Zeitpunkt, unter den und den Umständen und an dem und dem Ort« . . .

Soll das heißen, daß man nun darauf warten soll, daß genau dieselbe Situation und dieselben Umstände eintreten, damit man sagen kann: »Diese glücklichen Umstände sind nun wieder eingetreten – deshalb bin ich glücklich«? Vielleicht wird es möglich sein, diese Umstände wieder zu erzeugen, und wenn das jemandem gelingt, wird er sicherlich glücklich sein können – was aber, wenn er dem Glück bestimmte Bedingungen gesetzt hat: »Ohne daß dieser und jener Faktor vorhanden ist, kann ich nicht glücklich sein«? Was aber geschieht, wenn etliche dieser Faktoren sich der eigenen Kontrolle oder Fähigkeit, sie wieder zu erzeugen, entziehen? Dies würde dann wohl bedeuten, daß die betreffende Person nun ständig danach Ausschau hält, sie aber vielleicht niemals mehr findet!

Der vornehmliche Zweck dieses Kongresses ist es, therapeutische Aktivitäten zu studieren, aber, da bin ich mir sicher, Sie alle werden es verstehen und zu schätzen wissen, daß solche Techniken und Dynamiken, die Sie bei Patienten anwenden, ebenso auch bei Ihnen selbst angewendet werden sollten.

Falls nun einige unter Ihnen denken sollten: »Deutet das darauf hin, daß wir alle therapiebedürftig sind?«: Sie brauchen eine Quelle der Therapie, eine Form der Therapie, und Sie brauchen einen Therapeuten. All diese Faktoren können – abhängig davon, wie Sie das fühlen oder wie Sie darüber denken – in mir vorhanden sein.

129. Die Techniken erweitern

Seit vielen Jahren befassen Sie sich nun mit der Entwicklung der Granada-Therapie, und Sie sind es gewohnt, daß ich vor Kongreßbeginn das Thema bekanntgebe, aber dieses Mal werde ich jeden Morgen ein anderes Thema vorgeben – aus dem einfachen Grund, weil ich mehr Flexibilität in Ihre Aktivitäten einbringen und fördern möchte.

Von Anfang an habe ich vorgeschlagen, daß Sie Ihre unterschiedlichen Therapien zusammenbringen, um daraus eine Therapie entstehen zu lassen. Ich bin überzeugt, daß Sie daran gearbeitet haben, aber ich habe einen Einwand, eine Kritik bzw. eine Beschwerde, wenn auch keine allzu kritische; es handelt sich auch eher um eine Beobachtung als um Kritik.

Mir ist die Tendenz aufgefallen – auch wenn sie verständlich ist –, das eigene Therapieverfahren anzuwenden und diesem dann etwas Energie der Tradition hinzuzufügen, d. h., jemand, der auf einem therapeutischen Gebiet tätig ist, sei es im psychologischen, medizinischen oder einem verwandten Bereich, folgt dem, was er in seiner Ausbildung gelernt hat, und bringt dabei – günstigenfalls – Aspekte der Tradition mit ein. Das ist gewiß von Wert, aber ich möchte Sie gerne dazu ermutigen, mehr und mehr zu ergänzen und auch die Therapieverfahren, die Sie verwenden, durch Hinzufügung weiterer Verfahren zu ergänzen.

Der Grund, weshalb ich dies vorschlage, ist, daß ein Therapeut, ein Psychologe oder ein Mediziner während der Behandlung auf so viele Therapieverfahren wie möglich zurückgreifen kann, ohne daß er in bezug auf sein ursprüngliches Therapieverfahren, in dem er ausgebildet wurde, durcheinandergerät. Wenn ein Arzt einem Patienten, der ihn aufsucht, weil sein Blinddarm operiert werden muß, statt dessen empfiehlt, einen Kurs in Neurolinguistik zu belegen, so wäre das, milde ausgedrückt, unproduktiv.

Bei medizinischen Notfällen oder im Falle einer erforderlichen Operation veranlaßt der Therapeut stets das Offensichtliche und Notwendige zuerst. Allerdings gibt es da wie gesagt Abstufungen, wie z. B. die präoperative, die operative und die postoperative Situation. Bei psychisch gestörten Patienten gibt es vergleichbare Schritte: Sie bereiten eine Person auf die Behandlung vor, Sie leiten die Behandlung ein, und dann helfen Sie ihnen, in die Normalität zurückzukehren. Auch hier sind es drei Stufen.

Wir haben unter uns Vertreter aller Arten von Therapien, und es ist an Ihnen zu entscheiden, welche Therapien zusammengebracht werden können und wie das umgesetzt werden kann. Sie sollen sich dabei nicht überschlagen, vermeiden Sie – auch wenn man dieses Wort bei Therapeuten nicht benutzen sollte! – einen ›Overkill‹ (»Diese Person leidet unter diesem oder jenem, daher werde ich Neuro-sonstwas anwenden, Oligo geben sowie Entspannung, Auf-und-ab-Hüpfen und Auf-dem-Boden-Sitzen verordnen«), denn dieser Patient ist dann möglicherweise schon gestorben, und das wäre ganz und gar nicht gut für Ihren Ruf!

Wenn der Patient eine erkennbare und offensichtliche Krankheit hat, wenden Sie als Profi selbstverständlich das übliche und konventionelle Behandlungsverfahren an. Aber besonders wenn es sich um ein psychisches Problem handelt, sollten Sie versuchen, Ihre normale und herkömmliche psychiatrische oder psychologische Therapie zu erweitern, wodurch die Funktionalität Ihrer Ausbildung aber keinesfalls aufgehoben, sondern erweitert wird.

130. Streß

Für heute schlage ich vor, daß Sie sich über einen Faktor Gedanken machen, der sehr präsent ist, nämlich Streß. Nicht nur, was die Behandlung von Streß bei Patienten anbelangt, sondern auch hinsichtlich der stets gegenwärtigen Möglichkeit, daß ein Therapeut unter Streß gerät.

Eine Frage, die in diesem Zusammenhang häufig gestellt wird, lautet: »Laufe ich als Therapeut Gefahr, daß sich bei der Behandlung eines sehr gestörten Patienten Streß, Verstörung oder Negativität auf mich übertragen?«

Die Antwort darauf ist ein kategorisches Nein.

Eine Person, ein Therapeut in der Tradition ist dadurch, daß er in der Tradition ist, geschützt. Unter Umständen identifiziert er sich mit dem Patienten, und als menschliches Wesen, das er ist, empfindet er unter Umständen hinsichtlich des Patienten Beunruhigung, Trauer oder Besorgnis; aber Negativität, die der Patient vielleicht hat, geht beim Therapeuten nicht tief. Das sollte man sich immer wieder klarmachen und ins Gedächtnis rufen. Denn wenn man selbst beunruhigt oder nervös ist, weil vielleicht Negativität übertragen werden kann, kann dies die eigene positive Funktion herabsetzen, und man ist nicht mehr hundertprozentig einsatzfähig.

Sagen Sie sich bei der Behandlung: »Diese Negativität, diese Krankheit oder dieses Problem wird sich nicht auf mich auswirken!« Das heißt nicht, daß man gegenüber dem Patienten gefühllos oder unmenschlich ist, sondern es geht um die eigene Bestätigung: »Ich kann das, und es ist möglich!«

Aufgrund des Tempos im Westen wird Streß mehr und mehr zu einem Thema. Die Menschen arbeiten härter und schneller, haben mehr Ziele zu erfüllen, sind ständig angespannt und stehen unter Druck. Das schlägt sich auch bei der Behandlung nieder, und besonders, wenn es um psychische Probleme geht.

Daher empfehle ich Ihnen allen, zu versuchen, in Ihren Behandlungsmethoden einen streßvermindernden Faktor einzuführen. Sagen Sie jetzt nicht: »Das ist doch einfach, damit haben wir sowieso ständig zu tun, wenn jemand mit einem Problem kommt, ihm zu sagen: ›Entspannen Sie sich! Machen Sie sich keine Sorgen!‹« – und daraufhin sagt der Patient dann: »Oh, vielen Dank!« und kaut weiter auf seinen Nägeln. Woraufhin Sie dann immer noch die Möglichkeit haben, ihm eine Handvoll Tranquilizer zu geben.

Was Sie zu tun haben, ist, zu seinem Denken vorzudringen. Das hat weder mit Hypnose zu tun, noch wird er zu einer Marionette. Dringen Sie so in sein Denken vor, daß der positive Einfluß, den Sie auf ihn richten, zu seinem Denken wird, nicht nur Ihr Denken bleibt. Denn unglücklicherweise sind die meisten dieser Spannungssituationen das Endprodukt einer geistigen Auseinandersetzung des Patienten, die ihm vom Tempo der Lebensumstände oder durch den Arbeitsdruck in seinem Job aufgezwungen wurde. Wenn er also in einer Streß- bzw. Spannungssituation lebt, wird er einen sogenannten Spannungs- oder Streßfaktor entwickeln. Ihre Fertigkeit muß nun darin bestehen, dieses gedankliche Streßmuster zu verringern, wobei es nicht den einen Weg gibt, der für alle Patienten taugt, denn jeder Mensch ist anders, und Sie können nicht einfach ein und dieselbe Technik anwenden. So läuft es darauf hinaus, die jeweilige Person kennenzulernen, um herauszufinden, auf welche Weise Sie ihr Denken manipulieren können – und genau das ist das Wort dafür.

131. Kooperation von Therapeuten und alternative Heilverfahren

Ich verliere nicht die Geduld, ich bin nicht ärgerlich, aber ich bin auch nicht übermäßig glücklich, denn als ich vor einigen Jahren mit der Granada-Therapie begonnen habe, habe ich Ihnen bedeutet, daß ich im Hinblick darauf Zusammenarbeit begrüßen würde.

Diese Kooperation bedeutet weder, daß jemand auf seine eigene Technik zu verzichten braucht, noch daß er diesbezüglich Kompromisse eingehen muß. Worum ich Sie aber gebeten hatte, war, die Therapien, in denen Sie ausgebildet sind, mit anderen Therapieverfahren zusammenzubringen, was nicht heißen soll, daß ein qualifizierter Therapeut sein Therapieverfahren zugunsten so einer Fusion aufgeben sollte, sondern daß er das Therapieverfahren, das er beherrscht, mit anderen therapeutischen Verfahren zusammenbringt.

Mir ist aufgefallen, daß es leider Therapeuten gibt, die einer Therapie strikt anhängen und anderen Therapeuten keinen Zugang zu ihrer Aktivität gestatten. Dabei versteht es sich von selbst, daß, wenn beispielsweise ein praktischer Arzt eine spezielle Therapie, einen chirurgischen Eingriff oder eine sonstige medizinische Aktivität für angezeigt hält, das auch ausgeführt werden sollte. Ich empfehle nicht, einer Person, die eines medizinischen oder chirurgischen Eingriffs bedarf, statt dessen Bach-Blütentherapie zu geben – auch wenn dies durchaus eine interessante Sache ist –, denn was wir wollen, ist eine komplementäre Therapie z. B. für die vorbereitende Phase vor einer Operation und die Rekonvaleszenz danach.

Ich bedaure sehr zu sehen, daß manch einer hinsichtlich seines therapeutischen Verfahrens so strikt ist. Sicherlich mag es Bereiche geben, die keine Flexibilität zulassen, aber genauso gibt es auch Bereiche, auf denen Flexibilität durchaus möglich ist. Meine Empfehlung an jemanden, der so strikt an einem bestimmten Therapieverfahren, sei es nun ›schopenhauerianisch‹, freudianisch, jungianisch, adlerianisch oder was auch immer, festhält und davon auch nicht abgeht, lautet nicht, daß solch eine Therapiedisziplin nutzlos sei, sondern daß er nicht strikt an diesen Disziplinen ohne Möglichkeit für ergänzende Therapien festhalten möge.

Besonders auf dem Gebiet der Psychologie kann man – und sollte man – über seine Ausbildung hinaus auf Alternativen achten, wobei es nicht darum geht, die eigene Ausbildung, die ja für viele Bereiche von Wert ist, zugunsten von Alternativen aufzugeben, sondern sie mit Alternativen zu bereichern. Schauen Sie sich einfach danach um, welche anderen Therapieformen verfügbar sind, aber erzwingen Sie nichts.

Die wichtigste Person in der Therapie ist der Patient. Somit obliegt es Ihrer Verantwortung, sich umzutun, damit Sie die Frage beantworten können: »Wie kann ich diesen Patienten am besten behandeln?« Nichts ist unmöglich, auch wenn einige therapeutische Aspekte anders oder ungewöhnlich sein mögen. Doch empfehle ich nicht, wenn ein Patient mit einem bestimmten Syndrom zu Ihnen kommt, zu sagen: »Einen Moment bitte, ich muß in meine Kristallkugel schauen, um zu sehen, was sich tun läßt!«

Es versteht sich von selbst, daß das Ziel die Heilung des Patienten ist. Dazu setzt man seine Ausbildung, sein Talent und sein Können ein, man tut das Maximale, sollte aber gleichzeitig in der Lage sein, auch verschiedene ergänzende Alternativen in Betracht zu ziehen. Das nennt man schlicht ›einen Rückhalt haben‹. Damit ist nicht gemeint, daß Sie nun meinen, Ihre Ausbildung sei fundiert genug, so daß Sie es sich leisten könnten zu experimentieren – nein. Sagen Sie sich lieber: »Ich will im Rahmen meines Könnens und meiner Fähigkeiten mein Bestes tun, aber wodurch könnte man das noch ergänzen?« Es ist nicht ein Eingeständnis der Unzulänglichkeit der eigenen Therapie, sondern man macht sich Gedanken und versucht etwas zu finden, was ergänzenderweise zur Behandlung beiträgt.

Das Spektrum der verfügbaren Therapien ist enorm, aber es gibt keine perfekte Therapie. Sicherlich kann ein Therapeut helfen, und er wird nicht das schnellste, sondern das positivste und nachhaltigste Heilverfahren anstreben. Man kann durchaus eine zeitweilige Verbesserung erreichen, aber Ihre Aufgabe sollte es sein, eine dauerhafte Heilung zu erreichen.

132. Neurolinguistik I

Bei uns sind, wie gesagt, alle Arten an Therapien vertreten, und einige sind recht erstaunlich! Erstaunlich, denn ich begreife sie nicht – aber wenn sie funktionieren, verwenden Sie sie! Da gibt es z. B. die Neurolinguistik, was ich erstaunlich finde – nicht, weil ich dagegen wäre, sondern weil doch jeder Mensch in der Regel mit einem Sinn für Neurolinguistik auf die Welt kommt! Ein kleines Kind bereits bemerkt den Tonfall, die Einstellung, die Körperhaltung, und es erkennt die Worte, die man ihm gegenüber benutzt.

Mit äußerster Bewunderung (was eine Lüge ist), stelle ich nun fest, daß man dies ›verwissenschaftet‹ hat. Meine Bewunderung dafür hält sich in Grenzen, und nicht, weil ich dem mit Ablehnung gegenüberstünde oder es für negativ hielte. Neurolinguistik kann nützlich und von Wert sein, aber es ist, und sollte das auch sein, auf Beobachtung gegründet. Die Fähigkeit eines jeden von uns, eines jeden Arztes und eines jeden Therapeuten, besteht im Diagnostizieren, was auf Beobachtung gegründet sein sollte – ohne die Neurolinguisten angreifen zu wollen.

Hat ein Arzt mittels Beobachtung erst einmal herausgefunden, an welcher Krankheit der Patient leidet, so kann jeder Idiot in einem Buch nachschlagen und dann sagen: »Hydrophobie . . . also geben wir ihm Zyanid oder was auch immer!« Zu dieser Beobachtung bedarf es keines Magiers. Der Grund, weshalb ich eine gewisse Bewunderung für diese mehr oder weniger neue Technik hege, ist, daß sie auf Beobachtung gegründet ist.

Es bedarf keines Magiers, um feststellen zu können, daß ein Patient z. B. verspannt oder nervös ist. Ein weiterer Aspekt der Beobachtung kommt durch die jeweilige Tonlage und das Stimmvolumen hinzu. Wenn ein Patient heult und schreit, könnte das als Anzeichen dafür gewertet werden, daß er ein Problem hat. Wenn seine Wortwahl ein Übermaß an Emotionen ausdrückt, kann dies als ein weiteres Anzeichen gelten.

Ich kritisiere die Neurolinguistik nicht, aber was ich allen Therapeuten sage, ist, daß Beobachtung das Allerwichtigste ist. Jeder gute Therapeut wird den Patienten beobachten, ob das nun für fünf Minuten oder eine halbe Stunde ist, und auf seinen klaren Beobachtungen basierend, wird er ein Behandlungsverfahren oder eine Form von Aktivität vorschlagen, die für den Betreffenden sinnvoll ist.

133. Energie

Die Frage ist nicht, ob ein Therapeut viel von seiner eigenen Energie für den Patienten aufbringen und verwenden muß, denn zuweilen kann ein Therapeut das Gefühl haben, daß er bei der Behandlung einer Person mit einem medizinischen oder psychologischen Problem Energie verliert; oder zumindest denkt er, daß es so sei, und meint dann, daß seine Kapazitäten geschwächt oder seine Technik beeinträchtigt werden könnte, weil er durch die Negativität dieser Person Energie verlieren würde.

In Wirklichkeit ist das aber nicht so, denn als jemand, der in der Tradition ist, haben Sie das Zutrauen und den festen Glauben, daß Sie die Energie der Tradition empfangen. Falls also ein Therapeut das Gefühl hat, Energie zu verlieren, weil der Patient negativ ist: Wenn sich der Therapeut seiner eigenen Energie sicher ist, verliert er sie auch nicht! Wenn aber dieses Gefühl schwach ist, dann ist es theoretisch möglich, daß Sie von der Negativität des Patienten beeinflußt werden könnten – theoretisch, nicht in der Praxis.

Wenn Sie einen Patienten behandeln – und wenn ich das Wort ›behandeln‹ verwende, so meine ich dies in medizinischer, psychologischer, in jeder Hinsicht –, müssen Sie begreifen – und nicht nur begreifen, sondern auch deutlich spüren –, daß Sie im Besitz der Energie der Tradition sind, und unabhängig davon, wie krank oder wie gestört die Person ist, ändert es nichts an Ihrer Absicht. Gleich, auf welche Weise, mittels welcher Methode ich diese Energie der Tradition an Sie weitergebe, sei es nun durch Reden, durch Berührung oder einen Blick: sie weiterzugeben ist meine Funktion, was so positiv wie umfassend ist. Ich kann die Energie, die mir zur Verfügung steht, auf Sie übertragen, und Ihre Funktion als Therapeuten ist es, diese Energie an Ihre Patienten weiterzugeben.

Die Art und Weise, wie Sie diese Energie vermitteln oder benutzen, hängt natürlich individuell vom Patienten ab. Es ist nicht effizient, bei jedem Patienten dieselbe Methode anzuwenden. Sei es in medizinischer oder in psychologischer Hinsicht: Es ist an Ihnen zu beurteilen, welches der beste Weg ist, auf diesen speziellen Patienten Energie zu übertragen oder ihm zu vermitteln.

Hier zeigen sich Ihre Fähigkeiten – oder deren Fehlen –, denn es geht nicht nur darum, das Problem, das die betreffende Person hat, zu diagnostizieren, sondern auch darum, den Patienten gut zu kennen, was überhaupt die effizienteste Art und Weise ist, ihn zu behandeln. Es geht nicht nur darum, daß Sie ihn mittels Ihres eigenen therapeutischen Verfahrens behandeln, sondern auch darum, auf welche Weise die Energie dem Therapieverfahren, mit dem Sie arbeiten, hinzugefügt werden kann. Denn natürlich gibt es Patienten, die auf das Verfahren, mit dem Sie sie behandeln, reagieren, Patienten, die auf ein sanftes Verfahren reagieren, und andere wieder, die auf härtere Methoden reagieren. So besteht Ihr Können zur Hälfte darin, die Methode herauszufinden, mittels derer Sie die Behandlung plus die Energie vermitteln können.

Wir haben heute den Vortrag eines Freundes zu hören bekommen, in dem die verschiedenen Möglichkeiten beschrieben wurden, wie sich beispielsweise Paranoia erkennen läßt, und in welchem eine deutliche Erklärung dafür gegeben wurde. Der kritische und allerwichtigste Punkt ist die Diagnose. Wie ganz aufrichtig und sehr zutreffend formuliert wurde, wird eine Person, die ein psychisches Problem hat, den Therapeuten manipulieren, ob nun durch das Erheischen von Aufmerksamkeit oder etwa mittels dieser Art Einfälle, wie sie Kinder benutzen, um Aufmerksamkeit zu bekommen. Ein Therapeut muß die Situation beherrschen. Ich bin überzeugt davon, daß Sie alle vertraut damit sind, aber in dem Moment, in dem der Patient anfängt, Sie zu manipulieren, ist die Situation zwar nicht verloren, aber Sie spielen eine Partie Schach mit ihm.

Für eine Person, die psychisch gestört ist, ist dies ein Spiel, für Sie aber ist es ein Beruf. Somit können Sie auf zwei verschiedenen Ebenen involviert sein. Der Patient ist leicht oder schwer gestört, und für gewöhnlich sind Sie als Therapeut weniger gestört. Wenn Sie sich nun auf diese vertrackte Schachpartie einlassen, kann die Therapie dadurch nicht nur sehr lange dauern, sondern die Gefahr liegt auch darin, daß manchmal der Therapeut nach der Pfeife des Patienten tanzt.

Daher vermitteln Sie ihm nicht nur Ihre Kompetenz, was Ihre Technik und Therapiemethode anbelangt, sondern schließen auch den Energiefaktor mit ein. Denn es ist die Energie der Tradition, die ich Ihnen geben kann und die Sie dann wiederum an Ihre Patienten weitergeben können, die dieses Spiel ganz einfach beendet.

Es gibt keine vorhersehbare Zeit, weder einen bestimmten Tag, Zeitpunkt noch Ort, um diese Energie zu benutzen, sondern im Bewußtsein und der Gewißheit, daß Sie die Energie haben, halten Sie nach dem rechten Augenblick Ausschau. Im Grunde heißt das, wach zu sein, denn der Patient wird Ihnen diesen Moment nicht zeigen und Ihnen auch nicht mit der Aufforderung, ihm die Energie in diesem Moment zu geben, die Tür öffnen. Ihr fachmännisches Können besteht darin, diesen Moment zu spüren oder ›zu riechen‹, und das setzt voraus, daß Sie den Patienten kennen, und auch, daß Sie wissen, wieviel spezielle Energie zu diesem Zeitpunkt zu verwenden ist.

Sie werden fragen: »Es gibt so viele verschiedene Arten von Energie; welche soll ich in diesem Moment benutzen?«

Wenn Sie von mir, von der Tradition, verschiedene Arten von Energie empfangen, und Ihnen der Umgang mit diesen verschiedenen Energien vertraut ist, werden Sie die richtige Energieart zum rechten Zeitpunkt finden; sie wird sich Ihnen auch bemerkbar machen.

Ich bin überzeugt davon, daß Sie klug sind und über intellektuelle und andere Fähigkeiten verfügen, aber weder, um hier die rechte Wahl zu treffen, noch dazu, daß sich die Energie bemerkbar macht, ist – für Sie glücklicherweise – Nachdenken erforderlich. Ich sage damit nicht, daß Sie nicht in der Lage dazu wären – obwohl, manchmal frage ich mich das schon . . .! Wenn Sie verschiedene Qualitäten und Quantitäten an Energie von mir erhalten, werden Sie merken, daß Sie nicht die Wahl haben. Aber es verhält sich auch nicht so, daß Sie dies auf die eine oder andere Weise einschränkt. Wenn der tragfähige Kontakt mit dem Patienten hergestellt ist, dann ist das keine Zauberei. Etwas in Ihnen, in Ihrem Inneren Sein, sagt Ihnen: »Ich werde das jetzt tun!« Ob es sich dabei nun um etwas Konventionelles oder Unkonventionelles handelt –

denken Sie besser nicht darüber nach, denn ich versichere Ihnen, je mehr Sie darüber nachdenken, desto mehr wird es Sie verwirren, bis Sie am Ende dann gar mit Ihrem Patienten die Plätze tauschen müssen. Eine der wichtigsten Funktionen des Lehrers ist es, den Menschen verschiedene Qualitäten und Quantitäten an Energie zugänglich zu machen, sei es, indem man, wie ich es nenne, ›ewig redet‹, Menschen anschaut, sie anfaßt oder tief und auf sehr positive Weise über sie nachdenkt. Aber das ist nur die erste Stufe. Darauf folgt, ihnen Intuition zu vermitteln: »Welche Energie oder welche Art von Energie empfange ich denn?« Sie brauchen nicht unbedingt deren Quantität zu bestimmen und ihr ein Etikett aufzukleben: ›Energie Nr. 1‹ oder ›Energie Nr. 2‹. Etiketten aufzukleben ist eine westliche Obsession.

Ich versichere Ihnen, daß unter der Voraussetzung, daß Ihnen nun diese verschiedenen Arten und Qualitäten von Energie bei der Behandlung eines Patienten zur Verfügung stehen und Sie diese Energie, die durch mich erhältlich ist, aufgenommen und absorbiert haben, sich die richtige Energie für diesen Zeitpunkt von selbst manifestieren und an die Oberfläche kommen wird – und nicht etwa deshalb, weil die betreffende Person von mir zu einer Marionette gemacht worden wäre.

Die Übertragung von Energie ist eine komplizierte Angelegenheit, die es aber nicht erfordert, daß Sie darüber nachdenken oder grübeln, was da zu tun sei, wo es doch so kompliziert ist. Also, tun Sie, was ich Ihnen sage, und wir haben keine Probleme.

Ich habe keine Bewunderung übrig für Leute, die intellektualisieren. Intellektualisieren ist eine Art Zeitvertreib. Ich weiß, was ich tue, nicht nur hinsichtlich des therapeutischen Kontextes, sondern auch hinsichtlich anderer Bereiche der Tradition. Meine Funktion ist es, Energie, die Sie benutzen können, weiterzugeben, sei es durch konventionelle oder unkonventionelle, durch überraschende oder erschreckende Mittel – das kümmert mich wenig. Ich bin nicht daran interessiert, beliebt zu sein. Natürlich hilft es, wenn die Leute finden, ich sei verhältnismäßig vernünftig, freundlich, höflich und nett.

Aber gemocht zu werden, beliebt oder gar Mr. Wonderful zu sein, das ist so ziemlich das letzte meiner Probleme.

Die Energie ist da, sie steht zur Verfügung, und es ist meine Pflicht, sie zu vermitteln, zu übertragen und weiterzugeben. Und welche Methode auch immer ich benutze – ich mache es gut!

Ich schlage vor, daß Sie wieder Arbeitsgruppen bilden und diesmal über das Thema ›Wie kommuniziere und übertrage ich diese Energie?‹ diskutieren, aber nicht in denselben Gruppen wie letztes Mal, denn wenn so eine Gruppe von fünf bis sieben Leuten öfter zusammenkommt, um bestimmte Themen zu diskutieren, kommt es leicht vor, daß sich die einzelnen an die Einstellungen oder Meinungen der anderen gewöhnen. Ändern Sie nicht Ihr Denken, aber nutzen Sie die Gelegenheit zu einem frischen Gedankenaustausch, bilden Sie neue Arbeitsgruppen, und diskutieren Sie über den Gebrauch der Energie sowie über Möglichkeiten, sie anzuwenden und mit Ihren Patienten auszutauschen. Es ist offensichtlich klar, daß den meisten unter Ihnen, um Patienten zu bestätigen oder zu trösten, Techniken zur Verfügung stehen, so daß sie nicht auf Chloroform zurückzugreifen brauchen, sondern einen tragfähigen Kontakt, eine Übereinkunft mit dem Patienten aufbauen.

Vielleicht beschließt jemand von Ihnen, Tango-Therapie anzuwenden, aber das Problem dabei wird sein, daß Sie erst Tangounterricht geben müssen, ehe Sie mit der Therapie beginnen können. Und zudem müssen Sie sich die richtige Jahreszeit aussuchen, um eine Rose für den Tango aufzutreiben, denn Sie können nicht Tango ohne Rose tanzen!

134. Flexibilität

Jeder Therapeut, Arzt oder Psychologe ist es gewohnt, bestimmte festgelegte Thechniken zu verwenden – und warum auch nicht. Aber ziehen Sie in Betracht, daß es der Person – und besonders dann, wenn sie psychisch gestört ist – nicht gefallen wird, gesagt zu bekommen, was sie tun soll. So liegt es an Ihrem Können, den Patienten mit einer Therapie vertraut zu machen, die er auch als eine solche identifizieren können sollte – denn schließlich sind Sie der Therapeut, und er kommt zu Ihnen, weil er Therapie braucht –, zusätzlich aber müssen Sie Ihre Therapie so verändern, daß Sie sie einerseits korrekt ausführen, andererseits ihm aber den Eindruck vermitteln, es sei seine Idee gewesen.

Dies heißt nicht, daß die Therapie, die Sie anwenden, dadurch abgeschwächt würde, sondern, ganz im Gegenteil, es bedeutet eine Bereicherung der Therapie. Denn schließlich kommt der Patient zu Ihnen, weil er ein psychisches Problem hat. Er schaut zu Ihnen auf und verläßt sich darauf, daß Sie ihm helfen, sonst käme er ja auch gar nicht zu Ihnen.

Sie benutzen nun nicht nur die Energie, die Sie aus der Tradition erhalten, sondern bringen ihn auch dazu, seine eigene Energie zu aktivieren. Das ist nicht einfach, denn wenn Sie ihm sagen: »Zu fünfzig Prozent helfe ich Ihnen, und zu fünfzig Prozent helfen Sie mir dabei!«, wird er antworten: »Nun, ich habe keine fünfzig Prozent! Deshalb komme ich ja zu Ihnen!«

Seien Sie deshalb schlau wie ein Fuchs. Denn wenn Sie einen Patienten mit einem festgelegten System konfrontieren und ihm erklären, was zu Anfang kommt und mit welchen Schritten es dann nach der jeweiligen Methode von Jung, Adler oder sonst jemandem weitergeht, wird er dem vielleicht nicht unbedingt mit Ablehnung oder Widerstand, aber doch mit einer gewissen Verteidigungshaltung begegnen: »Ich will nicht jungianisch, adlerianisch oder sonstwie werden; ich will einfach nur, daß man mir hilft!« Möglicherweise hat er von diesen Techniken, von denen er vermutlich schon gehört hat, bestimmte feste Vorstellungen, aufgrund derer er diese Techniken nicht unbedingt automatisch zurückweisen wird, vielleicht reagiert er auch nicht ängstlich, aber doch mit einem gewissen Mangel an Kooperation.

Wenn jemand nicht um seiner selbst willen, um der Gruppe, um des Patienten willen auf die bestmögliche Art und Weise funktioniert, macht mich das unglücklich. Und ich empfehle Ihnen, nicht mit mir zu tun zu haben, wenn ich unglücklich bin!

135. Kompetenz

Seit ich das erste Mal über die Granada-Therapie gesprochen habe, erkläre ich Ihnen deren Grundlagen. Die Versuchung ist hier natürlich groß, unter Bezugnahme auf die entsprechende Nasrudingeschichte zu sagen: »Sollen doch die, die intelligent genug sind und verstanden haben, es denen erklären, die es nicht verstanden haben!« Aber das ist hier nicht effizient genug.

Bereits damals habe ich sowohl darauf hingewiesen, daß die verschiedenen Therapien medizinischer, psychologischer oder anderer Art zusammenzubringen sind, damit eine Therapie daraus entwickelt werden kann, als auch, daß es dabei keine Konkurrenz in dem Sinne geben sollte, daß man meint, die eigene Therapie sei besser als eine andere. Aber zu meiner Enttäuschung gibt es immer noch ein gewisses Maß an Konkurrenz. Ich habe auch nicht aufgehört zu betonen, daß der Patient wichtig ist und nicht der Therapeut, was nicht heißt, daß der Therapeut unwichtig ist, aber zu heilen ist nun mal Ziel und Fokus des Therapeuten.

Ich habe erklärt, daß wir zusammenarbeiten sollten, damit Sie all die unterschiedlichen Therapien zusammenbringen können – so viele Therapien wie nur möglich, und wenn ich sage, so viele wie nur möglich, meine ich so viele wie nur möglich! –, um eine ergänzende Therapie zu entwickeln. Was das mangelnde Tempo der Entwicklung dieser Therapie anbelangt, bin ich etwas enttäuscht.

Falls eine Blinddarmoperation vorgenommen werden muß, empfehle ich keine Versammlung von Psychologen, Dr. Bach-Blütlern und so fort im Operationssaal, weil sie dem Chirurgen im Weg stehen werden. Aber es gibt Behandlungsphasen, bei denen Sie helfen können. Nachdem Sie einen Patienten zwei oder drei Sitzungen lang gesehen haben, sollten Sie zudem eine realistische Vorstellung davon haben, was sein Problem ist.

Wenn Ihre eigene Kompetenz – und ich gebrauche das Wort ›Therapie‹ im Sinne von ›Menschen heilen‹ – dergestalt ist, daß, nachdem Sie den Patienten ein- oder zweimal getroffen haben, Ihre Behandlungsweise und -methode nichts Zusätzliches erforderlich machen, dann fügen Sie auch nichts hinzu, nur um des Hinzufügens willen. Und ebenso andersherum, denn sollte ein Therapeut feststellen, daß der Patient einer weiteren Technik oder eines Backups bedarf, ist es vernünftig und angezeigt, daß der Therapeut in der Lage sein sollte, andere Therapeuten hinzuzuziehen. Womit nicht gesagt ist, daß Sie nun siebzehn weitere Therapeuten in Ihren Behandlungsraum setzen sollen, denn dann wäre der vermutlich überfüllt. Da Sie sich aber miteinander getroffen und die verschiedenen Therapien diskutiert und erläutert haben, können Sie sich überlegen, ob sich bei dem Therapieverfahren, das Sie gerade anwenden, nicht etwas ergänzen läßt, das Sie bei diesen Gelegenheiten kennengelernt haben. Selbstverständlich setzt dies nicht nur voraus, daß Sie Ihr eigenes Therapieverfahren richtig einschätzen, sondern auch gute Kenntnisse hinsichtlich anderer Verfahren haben, denn dies muß eine fachlich reife Entscheidung sein.

Diese Ihre fachlich reife Entscheidung impliziert eine Vertrautheit mit anderen therapeutischen Verfahren, die Sie benutzen und die Sie auch brauchen, um sie anwenden zu können. Einige dieser Verfahren scheinen überaus anziehend und interessant zu sein, nur – sosehr ich auch persönlich die Bach-Blütentherapie bewundere – ich halte es doch für unwahrscheinlich, daß ein Chirurg jemanden würde operieren wollen, der nur unter Bach-Blüten gesetzt wurde; man wird ihm zusätzlich wohl ein Anästhetikum verabreichen.

Sie können die Therapien ergänzend anwenden: ein Chirurg verfügt – hoffentlich – über chirurgische Fähigkeiten; zumindest verfügt er über anatomische Kenntnisse, was sehr hilfreich ist. Darüber hinaus nimmt er die Dienste eines Anästhesisten in Anspruch, was ein weiteres therapeutisches Gebiet ist

– und dann können Sie auch noch Dr. Bach anwenden, sei es prä- oder postoperativ oder während der Operation. Aber Sie verwenden nicht das eine anstelle des anderen. Wenn Sie schneiden müssen, müssen Sie schneiden und können nicht zu einer Flasche »Dr. Bach« greifen.

Gemäß Ihrer Erfahrungen und Ihres Dafürhaltens können Sie, auf welchem Gebiet der Heilung auch immer, mit Farben arbeiten; vor der Operation, währenddessen oder danach. In psychologischer Hinsicht können Sie in Ihrem Behandlungsraum mit Farben arbeiten, die die Betreffenden nicht ruhigstellen – denn dazu bräuchten Sie ihnen bloß auf den Kopf zu schlagen –, sondern mit Farben, die bewirken, daß sie sich ruhiger fühlen.

136. Zahnweh

Ich selbst habe einen medizinischen Grad. Die erste Erfahrung in meiner Ausbildung machte ich, als ich zehn Jahre alt und mit meinem Vater auf Reisen war.

Wir kamen zu einem Dorf, und die Leute dort kamen uns entgegen, um den Sirdar zu sehen. Unter ihnen war ein Mann, der stöhnend und klagend sein Gesicht mit beiden Händen hielt.

Dieser sagte zu meinem Vater – so ist es Brauch bei uns, auch wenn das kein besonders höfliches Ansinnen ist–: »Ich hab' solch schreckliche Zahnschmerzen, es ist ein Abszeß!«

So sagte mein Vater zu mir: »Geh und bring mir einen dicken Knüppel!« Und wenn er zu mir sagte: »Tu das!«, so tat ich es und fragte nicht »Warum?«, so wie Sie das tun. Er sandte auch noch einen Mann zum Schmied, damit er eine Kneifzange hole.

Ich brachte also diesen Stock, und mein Vater sagte zu dem Mann: »Setz dich hierher!«

Dieser Mann war ziemlich kräftig, und als die Zange kam, war es eine von der Art, mit der man die Nägel aus den Pferdehufen zieht.

Der Mann setzte sich also hin, und mein Vater sagte zu mir: »Stell dich hinter ihn, und wenn ich es sage, schlägst du ihn mit dem Knüppel so stark du nur kannst auf den Kopf!«

Also tat ich das, und als der Mann bewußtlos war, sagte mein Vater zu jemandem: »Halt seinen Mund auf!« und holte den Zahn heraus.

137. Atmen

Therapeut: Letztes Jahr erwähnten Sie die fünf inneren Sinne, und dann in Zürich sprachen Sie über die fünf inneren Zentren. Ist dies dasselbe?

Agha: Bei den fünf Zentren handelt es sich um elementare Zentren. Sie produzieren die fünf Sinne und sind, wenn Sie so wollen, auf bestimmte Weise einer Maschine vergleichbar, die sich nicht nur dreht, sondern etwas produziert. Es sind also diese elementaren Zentren, die die nützliche Energie generieren, die Sie verwenden können.

Dies ist einer der wichtigsten Gründe, weswegen wir bei den Übungen einen bestimmten Atemrhythmus empfehlen. Technisch gesehen ist es wichtig, daß durch die Nase ein- und durch den Mund ausgeatmet wird. Wir könnten einen Experten für Anatomie bitten, Ihnen zu erklären, wie die Atemwege verlaufen. Der eigentliche Grund aber ist der, daß beim Einatmen der Atem und damit der Sauerstoff das System durchläuft, wobei er diese fünf Punkte berührt und – da es sich um eine Übung handelt und die Person somit die Absicht hat, diese Übung in der Tradition positiv auszuführen – dabei diese Absicht, diese Energie mit sich trägt. Und wenn der Fokus des Betreffenden und seine Verbindung zu mir, zur Tradition, stabil ist, sowie die Absicht da ist, dann ist das Positive im Gange. Durch die positive Absicht und positive Energie, die diese fünf Punkte berühren, wird das Negative ausgekehrt.

Sie atmen langsam und ohne den Atem anzuhalten. Sie atmen ganz normal, aber eben langsam. Der Grund, weswegen das Ausatmen durch den Mund erfolgen soll, ist der, daß das

Positive hereinkommt und langsam arbeitet, das Negative aber schnell hinausgeht.

138. Positive Energie

Bei der Verwendung positiver Energie ist – nicht nur für Therapeuten – der Satz »Ich verfüge über positive Energie!« von entscheidender Bedeutung, aber dazu müssen Sie auch lernen, wie Sie diese Energie auf Ihren Patienten konzentrieren. Sie können ihm zwar verkünden: »Ich werde jetzt positive Energie bei Ihnen anwenden«, aber wenn er nun die Eigenschaft dieser Energie nicht kennt und auch nicht weiß, wie die Energie im Hinblick auf ihn arbeitet, verschwenden Sie zwar nicht unbedingt Ihre Zeit, aber Sie werden ihn jedoch kaum dazu bringen, daß er Ihnen hilft, ihm zu helfen.

Da Sie der Therapeut, der Arzt sind, hört man Ihnen höflich zu – aber aus ebendiesem Grund und weil man davon ausgeht, daß Sie Bescheid wissen. Wie aber soll der Patient die Verbindung zu der positiven Energie, die Sie ihm geben, herstellen? Denn wenn Sie sagen: »Ich werde jetzt positive Energie bei Ihnen anwenden«, ist es für ihn auch nichts anderes, als wenn Sie Aspirin verschreiben würden.

Was Sie also tun, ist, das Innere Sein des Patienten sehr präzise und klar zu fokussieren. Sie brauchen ihm das nicht zu erläutern oder Erklärungen abzugeben, denn wenn Sie ihm sagen: »Ich werde jetzt positive Energie bei Ihnen anwenden«, würden Sie die nächsten Tage, Wochen oder Monate damit zubringen, ihm zu erklären, was sein Inneres Sein ist.

Wie gehen Sie also vor? In der ersten oder zweiten Therapiesitzung nehmen Sie ihn mikroskopisch genau in Augenschein, und dann fokussieren Sie. Aber erklären Sie es nicht, tun Sie es einfach! Idealerweise sollte dann Ihre Absicht bzw. Ihre Energieübertragung bei ihm eine Reaktion hervorrufen.

Identifizieren Sie sein Problem dann nach der ersten oder zweiten Sitzung, und treffen Sie eine möglichst klare Beurteilung, denn dies ist bei einer psychisch gestörten Person notwendig. Und auch wenn Sie mit Ihrer Einschätzung nicht immer hundertprozentig richtig liegen, so wird die Fehlerquote doch recht gering sein, denn es ist Ihre Absicht, die Energie in den Bereich zu dirigieren, in dem das spezielle Problem liegt.

So haben Sie also die Absicht, Sie haben die Energie, Sie tun Ihre Pflicht, Sie haben einen tragfähigen Kontakt zu der betreffenden Person hergestellt, und ihr Inneres Sein wird die Energie, die Sie aussenden, anziehen. Das ist keine Zauberei, denn: Gleiches zieht Gleiches an.

139. Therapeutenprobleme

Wie ist es möglich, werden Sie sich nun fragen, daß eine Person, die psychisch gestört ist, diese Energie empfangen und auf ihr Problem lenken kann, und wie ist es möglich, daß jemand, der psychisch gestört ist, zu einer treffenden Beurteilung kommen kann – nun, das ist ganz einfach. Denn wie sehr jemand in psychischer Hinsicht verwirrt, gestört, beunruhigt und verängstigt sein mag: das, was wir das ›Syndrom‹ nennen – welches auch immer es sein mag –, es mag ihn verwirren und ängstigen, aber der Weg zu seinem Inneren Sein ist offen. Möglicherweise wirkt sich das Syndrom, die Besorgnis, die Angst, oder worunter er auch immer leiden mag, als eine Störung aus, aber nicht als eine Blockierung oder eine Mauer. Denn wie gesagt: Gleiches zieht Gleiches an. Wie verwirrt oder verrückt jemand auch sein mag, sein Inneres Sein ist immer noch wach und wird die Energie identifizieren, die Sie auf ihn fokussieren.

Geben Sie also niemals auf. Möglicherweise haben Sie Ihre eigenen Sorgen, Probleme, Syndrome und Verrücktheiten, und es ist möglich, daß dies in bestimmter Hinsicht die Energie, die Sie dirigieren können, verwässert. Wenn Sie beispielsweise sagen: »Ich bin doch Therapeut und behandle Menschen mit psychischen Problemen, wie kann das dann angehen? Denn wie soll ich diesen Menschen mit ihren Problemen helfen können, wenn ich doch selbst spinne?«, dann verwässert dies den Fokus der Energie. Es kümmert mich nicht, wie gestört oder verrückt Sie sind, denn halten Sie sich an die Tatsache, daß Ihr Inneres Sein es nicht ist. Glauben Sie also an sich selbst, glauben Sie an die Kraft und die Energie Ihres Inneren Seins.

Und wenn Sie noch so besorgt oder verwirrt sein wollen oder Symptome produzieren wollen, so können Sie trotzdem immer noch präzise und effizient funktionieren, denn gleich, wie verwirrt, besorgt oder von was auch immer Sie in Anspruch genommen sein mögen: Dieses Ihr Problem ist an der Oberfläche, aber es schwächt oder verwässert nicht die Energiekonzentration, die Sie brauchen und die Sie der betreffenden Person zu vermitteln haben.

»Ich behandle einen Patienten und bin nervös, besorgt, verwirrt, unsicher, ja vielleicht bin ich verrückt – was dann?«

Nun, was sollte Sie als Profi davon abhalten, Ihre Arbeit präzise zu tun? Vielleicht haben Sie selbst ein Syndrom, haben Sorgen oder sind verwirrt – Ihre Sorgen können Sie sich zu Hause machen. Solange Sie bei Ihrer Arbeit in der therapeutischen Situation sind, lassen Sie all die fixen Ideen, Verwirrungen, Verrücktheiten oder Syndrome, die Sie möglicherweise haben, draußen vor der Tür. Sagen Sie sich: »Ich kenne meine Fähigkeiten, ich kenne meine Technik, und alles, was meine Ausbildung oder mein Können beeinträchtigen könnte, was mich veranlassen könnte, meine Funktion als Therapeut ineffizient auszuüben, bleibt draußen.«

Wenn nun zum Beispiel bei einem Arzt oder Chirurgen, der kurz davor steht, eine Blinddarmoperation, eine Gehirn- oder Herztransplantation oder eine Beinamputation vorzunehmen, Sorgen, Zweifel oder Konfusionen derart überhandnehmen, daß er unsicher ist, Vorbehalte hat und sich zwingen muß, sich die Anatomie des Menschen zu vergegenwärtigen, ist anzunehmen, daß er wohl nicht operieren wird. Andernfalls könnte das nicht nur für den Patienten problematisch werden, sondern auch für den Arzt.

Wenn Sie therapieren, seien Sie sich also dessen bewußt, daß Sie gut ausgebildet sind und professionelle Arbeit leisten wollen, daß es Ihre Absicht ist zu heilen und Sie dabei den Rückhalt und die Energie der Tradition haben. Also seien Sie nicht verwirrt, zögern Sie nicht! Tun Sie es!

Die Übermittlung der Energie vom Therapeuten zum Patienten muß sehr präzise sein. So wie auch ich, wenn ich Ihnen Energie übermittle, dies entweder richtig tue oder gar nicht.

140. Prioritäten

Therapeut: Sie haben über psychische Probleme gesprochen. Wie aber verhält es sich, wenn der Patient auch körperliche Probleme hat? Macht das Änderungen hinsichtlich der Intention oder des Fokus der Energie erforderlich?

Agha: In einer Situation, in der sowohl psychische als auch physiologische Probleme vorliegen oder eine Mischung von beiden, müssen Sie als Arzt oder Therapeut Prioritäten setzen und danach gehen, welches Problem die größte Gefährdung für den Patienten darstellt. Danach gehen Sie das nächstgefährlichere, an und so fort – es bleibt zu hoffen, daß dieser Patient nicht zu viele Probleme hat! Auch wenn es darum geht, die jeweilige Priorität herauszufinden, können Sie auf die Energie der Tradition zurückgreifen.

Was die Quantität der Energie anbelangt, machen Sie sich keine Sorgen, wieviel Sie für die psychologische, wieviel für die ärztliche und wieviel für die chirurgische Behandlung benötigen werden. Dieser Gedankengang erscheint zwar logisch, ist aber insofern unlogisch, als die Energie der Tradition in unbegrenztem Maße und in unbegrenzter Qualität vorhanden ist.

Daher brauchen Sie sich die Energie, die Sie bekommen, auch nicht einzuteilen. In welcher Situation auch immer, sie steht hundertprozentig zur Verfügung. Denn nicht nur, daß das Maß der Energie unbegrenzt ist, weil auch Ihre Absicht, sie zu benutzen, konstant ist, sondern es gibt auch kein Auf und Ab. So können Sie auch nicht sagen: »Manchmal bekomme ich mehr Energie, dann kann ich es besser machen, und manchmal habe ich weniger Energie, dann geht es eben nicht so gut!« Nein, keinesfalls. Wenn Ihre Absicht klar und fest ist, bekommen Sie immer hundert Prozent.

141. Zum Stand der Dinge

Einige einleitende Worte zu Beginn dieses Kongresses – danach ist es an Ihnen, im Laufe der nächsten Tage all das, was Sie vorbereitet haben, im Plenum vorzutragen oder in kleinen Arbeitsgruppen zu diskutieren. Gelegentlich werde ich dazu kommen, um über bestimmte Themen zu reden, Akzente zu setzen oder Richtlinien zu geben.

Seitdem ich die Hakim-Gruppen initiiert habe, habe ich klargestellt, was ich damit bewirken möchte, und auch, daß ich der Entwicklung der Therapie keine zeitliche Grenze setze. Da diese Entwicklung spirituelle, organische und kosmologische Aspekte umfaßt, kann man zwar einen Zeitplan ins Auge fassen, ihn aber nicht endgültig festlegen.

Was ich beitragen kann und – so Gott will – auch weiterhin beitragen werde, ist, sozusagen ein Schäferhund zu sein, dessen Aufgabe bekanntermaßen darin besteht, hinter einer Schafherde herzulaufen, sie anzubellen und zusammenzuhalten. Wenn ich mich hier mit einem Schäferhund vergleiche, so macht Sie das nicht automatisch zu Schafen. Vielleicht wäre manch einer unter Ihnen auch gern ein Schaf – schließlich ist dies hier ein freies Land! Unter geographischen und sozialen Gesichtspunkten gesehen, mögen Sie zwar in demokratischen und freien Ländern leben, die Tradition aber ist wie gesagt nur insofern demokratisch, als Sie einfach tun, was ich sage, und wir so auch keine Probleme haben – zumindest Sie nicht, wenn, dann bin ich es, der die Probleme hat. Das ist in Ordnung.

Ich gebe also Ratschläge, mache Vorschläge und sehe zu, daß es vorangeht, aber ich mache mich Ihrethalben nicht verrückt, ich gebe Ihnen auch keine Befehle und schreie Sie nicht an – auch wenn die Verführung dazu groß ist. Daß ich dieses nicht tue, hat nichts mit meinem Charakter zu tun, sondern damit, daß ich das tue, was auch funktioniert – was nicht heißt, daß ich Kompromisse eingehe oder meine Haltung, meine Vorgehensweise oder meine Wertvorstellungen der Brillanz oder Dummheit der jeweiligen Zuhörerschaft anpasse. Wenn ich das täte, wäre ich ein Schauspieler.

142. Erfolgreich therapieren

Seit unserem ersten Kongreß habe ich immer wieder klargestellt, daß es mir um die Entwicklung der Granada-Therapie geht – einer Therapie, in die die in all den vielen verschiedenen Gruppen verstreuten therapeutischen Aspekte einfließen können, und es so möglich wird, den Nutzen daraus zu ziehen, da jeder therapeutische Aspekt, den jemand einbringt, dazu dient, die Therapie eines anderen zu ergänzen.

Leider kommt es aber unter Therapeuten verschiedener Richtungen zu einem gewissen Maß an Eifersucht und Geheimhaltung, was bedeutet, daß das Wichtigste außer acht gelassen wird. Denn nicht der Ruf der Therapeuten ist das wichtigste, sondern die Gesundheit des Patienten. Sicherlich wird auch das Ansehen des Therapeuten, dem es gelingt, mit seiner speziellen Methode ein positives und für den Patienten hilfreiches Ergebnis zu erzielen, wachsen. Ebenso wird der Therapeut in persönlicher wie beruflicher Hinsicht eine gewisse Genugtuung verspüren. Wenn Sie sich nun Ihrer selbst, Ihrer Techniken und Ihrer Therapiemethode sicher genug sind, können Sie weitere Faktoren, wie sie in den Gruppen in aller Welt zur Verfügung stehen, ergänzen, um so ein besseres Ergebnis zu erzielen – besser im Sinne von schneller, nachhaltiger, vielleicht sogar endgültiger Heilung für den Patienten.

Es ist eine besonders im Westen übliche Einstellung, daß es einem Therapeuten, welcher Therapierichtung auch immer, dem es gelungen ist, eine tatsächliche Heilung des Patienten herbeizuführen, gebührt, die Lorbeeren dafür einzuheimsen wie auch den guten Ruf, der ihm daraus erwächst. Das ist verständlich. Nur möchte er dann eben gern auch alleiniger Nutznießer sein und die Reputation mit niemand anderem teilen müssen. Ich meine nun nicht, daß er sein Licht unter den Scheffel stellen sollte; der Punkt, um den es mir geht und den ich oft schon wiederholt habe, heißt ›stille Genugtuung‹. Jeder Person, auf welchem Gebiet auch immer sie sich betätigt hat – und insbesondere, wenn es der therapeutische Bereich war –, die ein bestimmtes Maß an Erfolg, Fortschritt oder Verbesserung auf diesem Gebiet erzielt hat, steht diese sogenannte stille Genugtuung zu.

Was Genugtuung anbelangt, so gibt es da eine gewisse Bandbreite: Als Amerikaner zum Beispiel geht man ins Fernsehen und erzählt aller Welt, wie wundervoll man ist und daß man alles und jeden schon geheilt hat: »Kommen Sie zu mir! Die Stunde macht nur 500 Dollar! Ich gebe Ihnen dann noch ein bißchen Wasser – und Sie werden sehen, es wird alles gut!« Falls Sie nicht Amerikaner sind, tun Sie es eben auf andere Weise.

Das Geheimnis aber besteht darin, die Energie der Tradition in Ihr Fachgebiet einzubringen. Wenn dadurch nun eine wahrnehmbare und nachvollziehbare Verbesserung erzielt wird, warum sprechen wir dann von einer ›stillen‹ Genugtuung? Da Sie mit Ihrem Erfolg nicht ins Fernsehen gehen und sich auch nicht auf die Straße stellen, um lauthals zu verkünden, daß Sie einen Menschen von seiner Nikotinsucht geheilt haben, ist die Genugtuung nun mal stiller Art. Sie tragen diese Genugtuung still in sich. Sie wissen, daß Sie als ein Werkzeug fungiert und so zu der Besserung oder Heilung von jemandem beigetragen haben oder dazu, daß er gelernt hat, sich selbst zu helfen.

Aus dieser stillen Genugtuung heraus können Sie durchaus sagen: »Ich habe dieses oder jenes bewerkstelligt – indem ich meine Therapiemethode angewandt habe und auch mittels des einen oder anderen therapeutischen Aspekts, den ich von einem Freund aus Brasilien oder den USA übernommen habe.« Falls Sie sich dann aber darüber Gedanken machen, ob Sie Ihre Genugtuung nun auch mit der anderen Person teilen sollten, und versuchen, den Prozentsatz der ›Fremdbeteiligung‹ anteilig zu berechnen, kann das zu allem möglichen führen, vor allem aber kann das zu einer Manie werden. Was hierbei wieder außer acht gelassen wird, ist, daß es nicht um die Aufteilung des Verdienstes geht, sondern um den Zustand des Patienten.

Wenn Sie stille Genugtuung verspüren, so deshalb, weil Ihnen etwas gelungen ist, indem Sie Ihre eigene Therapiemethode angewandt haben und darüber hinaus noch eine oder zwei weitere. Und Sie hatten das Backup der Energie der Tradition. Also wiederholen Sie diese Methode – wenn auch selbstverständlich nicht in jedem Fall, denn die körperliche, geistige, emotionale, physiologische und psychologische Struktur ist bei jedem Menschen anders. Daher werden Sie jeweils unterschiedlich vorgehen, und es werden andere therapeutische Aspekte sein, die Sie hinzunehmen.

Stille Genugtuung ist sehr positiv und nützlich, denn im Rückblick wissen Sie sehr wohl, was die Besserung oder den Rückgang der Symptome bewirkt hat – gewiß war es nicht irgendeinem abstrakten Einfluß eines Ufos zuzuschreiben, und Sie wissen, daß Sie nicht auf das Auftauchen des nächsten Ufos warten müssen, um den nächsten Patienten behandeln zu können. Glücklicherweise, denn schließlich ist das Auftauchen eines Ufos nichts, was sich berechnen ließe.

Ihre stille Genugtuung tragen Sie in sich selbst. Sie wissen, was Sie bewirkt haben: Unter Verwendung Ihrer Methode und einiger modifizierter Techniken haben Sie einen durchdachten Plan entwickelt. Keinen Plan, an dem Sie starr festhalten, sondern einen, der auf Ihren Erfahrungen und Beobachtungen dieses betreffenden Patienten sowie Ihren Gesprächen mit ihm beruht, aufgrund derer Sie beurteilen können, welche Bereiche Sie beeinflussen oder betonen.

143. Therapien mischen

Obwohl ich seit einigen Jahren bereits vorschlage, die Therapien zu mischen, gibt es immer noch ein gewisses Zögern: »Als Therapeut dieser und jener Richtung lehne ich jegliche Eingriffe chemischer, pharmazeutischer und operativer Art ab . . .« Bereits zu Anfang habe ich Ihnen gesagt, daß, wenn wir in der Tradition sind und an einem gemeinsamen Ziel – der Entwicklung einer modifizierbaren, flexiblen Therapie – arbeiten, wir als Freunde doch keine Wände zwischen uns brauchen.

Wenn jemand von Ihnen, der zum Beispiel mit Shiatsu arbeitet, aber keine Zulassung als Arzt hat, einen Patienten mit Shiatsu behandelt, obwohl dieser ganz offensichtlich wegen einer Blinddarmentzündung operiert werden müßte, ist das unverantwortlich. Dergleichen ist für den Patienten nicht gut und für Ihren Ruf sicherlich auch nicht. Es ist eine Situation, in der Sie als Therpeut die Entscheidung treffen müssen, daß der betreffende Patient eine andere Form von Therapie braucht. Überlegen Sie, welche Therapie unter all den vielen Richtungen, die kennenzulernen Sie auf diesen Meetings Gelegenheit hatten, dazu geeignet ist, Ihre eigene Therapie in diesem Fall zu ergänzen – ohne daß es zu einem Konflikt kommt und ohne daß Sie hinsichtlich Ihrer eigenen Therapie Kompromisse eingehen müßten.

»Dies ist mein Tätigkeitsgebiet. Jenes aber ist ein ganz anderer Bereich!« – so ist es eben nicht. Sind Sie von Ihrer eigenen Therapie tatsächlich so überzeugt, daß Sie der Ansicht sind, sie funktioniere immer und unter allen Umständen? Oder sind Sie bereit einzuräumen, daß es bei der einen oder anderen Unausgewogenheit – und Krankheit ist Ungleichgewicht – doch etwas geben könnte, sei es Gymnastik oder Chemie, das sich ergänzen ließe?

Wenn bei Ihnen das Interesse des Patienten an oberster Stelle steht, dann sollten Ihnen alle Türen offenstehen. Dies ist allerdings keine Aufforderung dazu, nun mit einem Patienten durch alle Gruppen in Brasilien, Venezuela, Mexiko, Nordamerika, Italien, Spanien und so fort zu touren, um auch wirklich jede Therapie an ihm zu erproben. Nicht nur deshalb, weil diese Vorgehensweise sehr viel Zeit in Anspruch nähme und der Betreffende währenddessen sterben könnte, sondern weil sie auch unpräzise ist.

Suchen Sie sich also Aspekte aus verschiedenen Therapien, die miteinander harmonieren – ohne Konkurrenz, Heimlichkeiten und Eifersucht: »Überlaß ihn mir – ich werde ihn schneller kurieren!« Auf welcher Grundlage wollen Sie das bemessen? Maßstab sollte Ihr Gefühl und Ihr Rapport zum Patienten sein. Und wenn Sie – hoffentlich – Nutzen aus der Energie der Tradition gezogen haben, werden Sie feststellen, daß sich diese Energie manifestiert – daran läßt es sich auch messen. Sie wird in einem bestimmten Behandlungsbereich zutage treten, und man spürt, daß es richtig ist. Daran ist nichts Übernatürliches. Man nennt es Zusammenklang. Es ist wie Harmonie und Disharmonie: Wenn der Zusammenklang falsch ist – und das kann auch für den Zusammenklang in Ihnen selbst gelten –, ist es, als hörten Sie eine falsche Melodie, und dies hat eine Auswirkung auf Sie. Genauso verhält es sich in der Therapie: Wenn es Ihnen gelungen ist, daß die Energie unter bestimmten Umständen zum Tragen kommt, können Sie das Backup spüren.

Diskutieren Sie in den folgenden Tagen unser jetziges Thema Depression, das recht komplex und leider auch weit verbreitet ist. Depression ist ein weites Gebiet, und ihre auslösenden Faktoren sind so mannigfaltig, daß man sich nicht einfach auf einen speziellen Aspekt menschlicher Depression konzentrieren kann, um ihn dann zu eliminieren. Ob sie nun physiologisch, klimatisch, geistig, streß- oder familienbedingt oder anders gelagert ist, es geht dabei um die auslösenden Faktoren. Die meisten von Ihnen haben Ideen oder Erfahrung in der Behandlung von Patienten, die an Depressionen leiden. Wenn Sie sich nun während dieses Wochenendes mit diesem Thema befassen, so tun Sie dies – nicht in der Annahme oder Hoffnung, sondern tun Sie es – in der Gewißheit auf die Energie der Tradition, die Ihnen zwar nicht unbedingt sofortige

brillante Ideen eingeben wird, so daß Sie plötzlich die Heil-
methode finden, die aber doch der Motor für Ihre Funktion
sein kann.

144. Technik und Material

Da ich kein Therapeut bin, bin ich als Beobachter einzustufen,
und als solcher werde ich zeitweilig an diesem Therapeutenkongreß teilnehmen; aber ich kann Ihnen versichern, daß ich
mich in Ihre Diskussionen nicht einmischen werde. Dies
werde ich eher auf andere Weise tun, da ich gelegentlich über
verschiedene therapeutische Aspekte und zum Thema sprechen werde. Ich werde die Gelegenheit auch nutzen, um mit
Gruppen und einzelnen Personen hinsichtlich bestimmter
Aspekte ihrer Aktivitäten im Rahmen meines Plans für die
Gruppe hier zu sprechen.

Ihnen ist bekannt, daß ich Profi bin: Pragmatiker und Techniker. Ein wichtiger Teil meiner Lehrfunktion besteht darin, auf
bestimmte Mengen und Arten von Energie, die es Einzelnen
oder Gruppen ermöglichen, ihre Funktion besser auszuführen,
hinzuweisen und diese verfügbar zu machen. ›Besser‹ heißt
hier auf ausgewogenere, harmonischere und nicht auf schnel-
lere Weise.

Es gibt schnelle Weisen, zu verstehen, sich zu entwickeln,
etwas zu tun. Abhängig von der Fähigkeit eines Individuums
oder einer Gruppe bin ich keinesfalls abgeneigt, die Person
oder die Gruppe darin zu bestärken, schneller Fortschritte zu
machen – vorausgesetzt, der Betreffende hat erstens die Kompetenz dazu, daß es zweitens mit der Gruppe, zu der er gehört, in Einklang erfogt, und drittens, daß es zur Festigung der
Grundlage und der Zukunft der Tradition beiträgt. Dies ist ein
durch und durch technischer Vorgang, denn je nach Art der
Energie ist die Energiemenge, die verfügbar gemacht wird,
nicht begrenzt, sondern wird von Einzelpersonen, von Gruppen und von der Tradition selbst produziert. Diese einzelnen
Energien fügen sich harmonisch zusammen, um eine gemein-

same ›Arbeitsenergie‹ zu erzeugen, die dazu dient, die Person für eine nützliche Funktion ›aufzutanken‹ und zu bestärken.

Wenn ich nun von mir sage, daß ich Techniker bin, ist das einem Automechaniker vergleichbar, der einen Motor so einstellt, daß er die volle Leistung erbringt, aber ohne daß die Maschine dabei überlastet wird oder überdreht. Er verlangt ihr auch nicht viel mehr ab, als sie erbringen kann, nur um zu sehen, wieviel Energie sie produzieren kann, ehe sie kaputtgeht. Das wäre destruktiv.

145. Der perfekte Mensch

Worum es also geht, ist eine Einschätzung in technischer Hinsicht, denn man muß das Material, mit dem man arbeitet, kennen. Man muß auch wissen, auf welchem Gebiet und mit welcher Art und Menge an Energie es funktionieren kann sowie, welche Energien es auf sinnvolle Weise produzieren, empfangen und zusammenbringen kann. »Ich werde diese Person oder diese Gruppe so einstellen, daß sie wie ein Hochleistungsmotor die maximale Leistung erbringt!« Das sagt sich leicht, und das ist auch leicht, solange es um einen Motor geht, der nur eine einzige Funktion auf nur einem einzigen Level hat.

Da das Material, um das es geht, nun aber der Mensch ist, ist es zu keiner Zeit weder meine Funktion noch die der Tradition gewesen, Leute zu ermutigen, in die Tradition zu kommen, und ihnen die Energie und die Lehre der Tradition zugänglich zu machen, um dann hundertprozentige ›Derwische‹ aus ihnen zu machen. Derwisch in dem Sinne, daß jemand sozusagen ausschließlich in einem esoterischen Reich oder einem Reich der Träume, Wünsche und Hoffnungen lebt. Um eine Person oder auch eine Gruppe in einen solchen Zustand zu versetzen, daß sie gänzlich gewidmet ist, daß ihre Absicht ganz und gar auf ein spezielles Ziel ausgerichtet ist – dazu bräuchte ich, falls ich gerade einen schlechten Tag habe, fünf Minuten.

Aber bedenken Sie, daß eine der unumstößlichen Grundfesten und Regeln der Tradition lautet, daß wir ›in der Welt, aber nicht von der Welt‹ sind. Löst man nun bei einer Person Intention und Widmung aus, die von solcher Intensität sind, daß sie alles andere ausschließen, was passiert dann mit ihrem Familienleben, ihrem Berufsleben, ihrem sozialen Leben? Was mit ihren religiösen Gefühlen und all den vielen anderen Faktoren ihres Lebens? Es ist möglich, eine perfekte Maschine – einen Roboter – zu produzieren. Die Tradition aber braucht keine Roboter. Die Tradition funktioniert seit Tausenden von Jahren – aber nicht durch Roboter! Und wer von Ihnen würde ein Roboter werden wollen?

Wenn es das Ziel eines Lehrers ist, zu lehren, muß er mit dem Material, das ihm zur Verfügung steht, arbeiten, und das ist der Mensch, das sind Personen. Um diesen zu einem besseren Funktionieren zu verhelfen, verwendet er die Techniken und Methoden der Tradition, deren Möglichkeiten glücklicherweise enorm sind. Ich spreche hier wohlgemerkt von einem besser funktionierenden und nicht von einem perfekten Menschen, denn dies ist mit einer Ausnahme, die nicht ich bin – Sie wissen, auf wen das bezogen ist – ein Widerspruch in sich selbst. Aber eben ein bißchen besser funktionierend und besser und besser . . .

Das klingt nahezu, als spräche ich zu Kindern, was zutrifft, denn man kann die Dinge auch auf politisierende Weise vorbringen, so daß jedermann enthusiastisch wird: »Laßt es uns anpacken! Jetzt gleich!« Fein. Aber wie lange hält das an? Ein paar Wochen vielleicht, und dann wird es heißen: »Und was fangen wir jetzt an?«, denn ein neuer Adrenalinstoß wird gebraucht.

146. Nasrudins Gebet

Die Tradition kann, wie Sie wissen, die Anleitung, die Technik, die Methode und die Energie bereitstellen. Was wir, die wir lehren, dagegen von Ihnen verlangen, ist eine grundlegende Sache, von der jeder die Nase voll hat: Geduld nämlich.

Vermutlich kennen Sie Nasrudins Gebet:
»O Herr, gib mir Geduld, aber gib sie mir jetzt gleich!«
Gewiß ist jedes Gebet besser als kein Gebet. Was aber wohl passieren mag, wenn man in dieser Art beten würde – ich weiß es nicht, aber vielleicht sollte ich es tatsächlich einmal versuchen!

147. Abstraktion

Dies ist also ein Teil des Feedbacks. Wenn Sie sagen: »Wir sind bereit, unsere Zeit, unser ganzes Sein, unser Interesse, unsere Absicht und unsere Intelligenz« – Intelligenz, wohlgemerkt, und nicht ›unseren Intellekt‹, denn Intellektuelle gibt es bei uns nicht – »zu investieren«, dann bringen wir, technisch gesprochen, dies alles für Sie auf einen Nenner, so daß ein Kreislauf daraus entstehen kann. Dieser Kreislauf beruht auf einer Gleichung, die aufgeht, sobald die Richtung, der Weg und die Energie der Tradition zusammengebracht werden und mit der Geduld und der Absicht, die Sie ihr entgegenbringen. Beide Seiten können isoliert nicht funktionieren, denn schließlich existiert die Tradition von Anfang an mit den Menschen und durch die Menschen und nicht im Abstrakten.

Manche Leute stellen sich vor, daß es eine Art abstrakte Existenz gibt. Ich bin überzeugt, daß das eine interessante Sache sein mag. Auch wenn ich selbst diesbezüglich keine Erfahrungen habe, so kann ich trotzdem sagen, daß ein Leben im Abstrakten außerordentlich frustrierend ist, denn – es ist abstrakt! Fragen Sie also besser nicht mich, wie man im Abstrakten lebt, bitten Sie einen Philosophen aus dem Westen, es Ihnen zu erklären. Mit Sicherheit wird er Ihnen Bücher empfehlen können, die Sie – falls Sie die Geduld haben sollten, sie zu lesen – zwar nicht klüger machen, aber immerhin haben Sie die Zeit herumgebracht.

148. Pragmatismus I

Als Techniker versuche ich, die Verbindungen herzustellen und die Kreisläufe zu schließen. Auch der Pragmatiker in mir muß zufriedengestellt werden, denn die Gleichung oder Konstruktion muß umsetzbar sein, und die Gesellschaft, in der sie funktionieren soll, muß mit diesen Parametern etwas anfangen können.

Pragmatismus ist nicht nur erforderlich, sondern muß auch hier wieder sowohl vom Standpunkt des Individuums oder der Gruppe als auch der Tradition aus funktional sein. Ein guter Pragmatiker – und ich darf in aller Bescheidenheit sagen, daß ich einer bin – wird eine Aktivität nicht allein deshalb initiieren, weil er an sie glaubt. Er sieht, daß sie notwendig ist, er überblickt sie, nährt sie, führt sie fort und stellt sicher, daß die Person, die Gruppe, die Personen, die darin involviert sind, die entsprechenden Richtlinien, das Equipment und die Energie haben, um ein gewisses Maß an Verständnis zu erlangen, das ihnen ermöglicht, die Aktivität durchzuführen.

Hat die betreffende Person ein bestimmtes Verständnislevel erreicht, kann sie – auch wenn das jetzt nicht unbedingt sehr verlockend klingt – mit weiteren Richtlinien, Funktionen, Aktivitäten und Energie quasi ›befrachtet‹ werden, damit sie das weiterbringt.

Aus pragmatischen Gründen ist es erforderlich, daß bestimmte Regeln niedergelegt werden, die zwar modifizierbar sind, nicht aber kompromißfähig. Hinsichtlich des Flexibilitätsfaktors müssen die jeweiligen ökonomischen, politischen, geographischen, geodätischen, magnetischen und sonstigen Gegebenheiten des Gebietes, in dem die Tradition gelehrt oder verbreitet wird, in Betracht gezogen werden. Das ist flexible Unnachgiebigkeit.

149. Abstraktion und Gefühl

Hat man einem Individuum oder einer Gruppe seine oder ihre Funktionen dargelegt, was sie sein sollte oder sein könnte, verspricht man weder den Himmel, noch droht man mit der Hölle. Und wenn Sie dann fragen sollten: »Was wird geschehen?«, wird meine Antwort für gewöhnlich recht ausweichend ausfallen. Ich werde Ihnen das Denken nicht abnehmen.

Würde ich Ihnen eine Antwort geben, wüßten Sie möglicherweise nichts damit anzufangen, da sie unversehens kam. Oder Sie würden sie überbewerten. Zumindest aber bleibt sie im nahezu Abstrakten angesiedelt, solange Sie sie sich nicht selbst erarbeitet haben. Erfolgt eine Antwort aber als Ergebnis einer vereinten Anstrengung von Individuen bzw. einer Gruppe sowie der Energie der Tradition, bedeutet es den Betreffenden etwas. Es ist ihnen möglich, daraus das Gefühl zu beziehen, etwas erreicht zu haben.

Was ist das für ein Gefühl? Fühlt es sich heiß, kalt, glücklich, traurig oder wie sonst an? Nun – es ist ein *Gefühl*. Sie müssen das nicht näher definieren, denn es hat eine bestimmte Qualität.

»Wie schnell kann ich Sheikh werden? Mit achtundfünfzig Jahren und vier Tagen vielleicht?« Manche Leute fragen auch: »Läßt sich das nicht ein wenig beschleunigen?« oder »Gibt es einen schnellen Weg dahin?« – »Wir haben von der Shattari-Methode gelesen. Könnten wir diese nicht probieren?« – alles Fragen, die mir gestellt wurden. Nun, dazu gibt es die Geschichte von Nasrudin und der Shattari-Methode, die Sie alle kennen.

150. Tun Sie es!

Die meisten von Ihnen wissen, daß, wenn ich eine Person oder eine Gruppe auf etwas hinweise, ich gewöhnlich etwas in der Art sage wie: »Ich denke, es wäre eine gute Idee, dies oder jenes zu tun« oder: »Mein Rat lautet folgendermaßen . . .«, womit gemeint ist: »Tun Sie es!« Ich könnte auch laut herausschreien: »*Tun Sie es!!!*« Nicht, daß ich deshalb nicht schreie, weil ich nicht die Persönlichkeit dazu hätte – Sie sollten mich hören, wenn ich Uniform trage; aber das ist etwas anderes – sondern, weil man beim Unterricht aufgrund der üblichen menschlichen Einstellungen und Reaktionen mit der Stimme nicht mehr heruntergehen kann, wenn man einmal auf einem bestimmten Level begonnen hat. Man kann nur noch höhergehen, lauter und lauter schreien, mehr und mehr Befehle geben und mehr und mehr Adrenalin produzieren.

Es gibt keine Veranlassung, eindringlich, mit übermäßiger Betonung oder erhobener Stimme mit Personen zu sprechen, die auf Unterweisung und Anleitung hoffen, also darauf, gesagt zu bekommen, was sie mit ihren Fähigkeiten und im Rahmen ihres Vermögens tun können, sowie, was gut für sie ist, gut für die Gruppe, gut für die Tradition, gut für ein Feedback.

Konditioniert werden Sie sowieso, ob nun aufgrund der Tatsache, daß ich schreie, oder, wenn ich nicht schreie, aufgrund dessen, daß ich normal spreche. Worin liegt dann der Unterschied? Erstens darin, daß es meine Stimme schont, und zweitens: Wenn ich zu ernsthaften Menschen mit tiefer Widmung spreche, kommt es wirklich nicht darauf an, welchen Tonfall oder welche Terminologie ich verwende.

151. Neurolinguistik II

Mir ist bekannt, daß es da diese neue, großartige, wichtige, wertvolle, erstaunliche und transzendentale Lehre gibt, die als Neurolinguistik bezeichnet wird. Dabei wird eine große Sache daraus gemacht, daß man sich eine Person hinsichtlich ihrer Wortwahl, ihrer Gestik und ihrer Haltung – z. B. aggressiv, feindselig, aufnahmebereit oder wie auch immer – anschaut. Das unterteilt man dann in verschiedene Klassifizierungen. Phantastisch. Ich kritisiere das nicht. Allerdings ruft es ein freundliches, mildes Lächeln bei mir hervor, denn bringt nicht jedes menschliche Wesen und jedes Tier, wenn es geboren wird, diese ›neurolinguistische Kapazität‹ mit?

Wenn jemand Sie mit den Worten anschreit: »Warte gefälligst eine Minute!«, so braucht man kein neurolinguistischer Professor zu sein, um aus dem Tonfall ein gewisses Maß an Feindseligkeit oder Aggression herauszuhören. Oder wenn ich Sie anschreie: »Sie da!«, läßt sich daraus ersehen, daß in meiner Haltung ein Element vorhanden ist, das nicht für Entspanntheit steht. Ein Schulkind hat bereits die Qualifikation für ein Zertifikat in Neurolinguistik.

Schön und gut – falls es hilft, wenden Sie sie eben an. Man muß nicht unbedingt mit dem Tonfall arbeiten, aber auch ich arbeite damit – innerhalb gewisser Parameter: Wenn ich rede, weil ich lehren, kommunizieren und verstanden werden möchte. Zudem kann ich durch meinen Tonfall wie auch durch meine Wortwahl Energie übertragen.

152. Wiederholungen

Diejenigen, die mich seit fünfundzwanzig Jahren reden hören, wissen, daß ich mich ständig wiederhole. Das kommt nicht daher, daß ich vergesse, was ich gerade gesagt habe, sondern weil die Aufnahmekapazität – wir nennen es das ›Aufnahmeband‹ – bei Einzelpersonen wie auch bei Gruppen unterschiedlich ist. Es muß nicht unbedingt sein, daß Ihre Aufmerksamkeit abnimmt, es kann auch sein, daß die Frequenz, auf der ich mich an eine Person oder an eine Gruppe wende, schwächer wird. Wenn auf einer bestimmten Frequenz kein hundertprozentiger Kontakt zustandekommt, ist auch der Kreislauf nicht geschlossen. Dann werde ich das, was ich vor fünf Minuten gesagt habe, neu formulieren. Wenn ich vor zwanzig oder dreißig Personen spreche, kann es vorkommen, daß ich es für eine Person oder für zwei, drei Personen neu formuliere, während all die anderen sagen: »Ja, ja, wir haben es doch verstanden! Warum macht er denn nicht weiter?«

Falls Sie jetzt sagen: »Aha, er muß sich also wiederholen.

Weil ein paar von uns so dusselig sind, muß er es fünfmal sagen. Warum trennen wir denn dann nicht die Dummen von den Intelligenten?« Ob Sie nun bei einer Person oder einer Gruppe einen Mangel an intellektuellen Fähigkeiten oder einen Mangel an Blödheit feststellen – dies sind unnötige Etikettierungen oder Bewertungen.

Wenn die Kommunikation nicht durchgedrungen ist und etwas nicht verstanden wurde, heißt das nun nicht, daß ich mein Programm verlangsame, denn wenn ich ein Programm für eine Gruppe aufstelle, bedeutet das, daß ich in der Geschwindigkeit der langsamsten Person vorangehe. Das muß nicht heißen, daß die Betreffenden intellektuell ungenügend sind oder dümmer als üblich, sondern das heißt, daß die Kommunikation nicht durchgedrungen ist, so daß es nicht verstanden wurde.

Wenn ich in diesem Fall nun das Gesamtprogramm für die ganze Gruppe drosseln würde, bis die betreffende Person begriffen hat, wäre das für mich unverantwortlich. Denn ich habe einen Zeitplan, an den ich mich auch halte, weil das wichtig ist; nicht unbedingt für mich, nicht um sagen zu können: »Ich bin an diesem Datum, in dieser Millisekunde hier angelangt . . .«, denn ich befinde mich nicht im Wettstreit mit mir selbst oder irgend jemand anderem. Was ich tue, ist, Formulierungen zu wiederholen, sozusagen ›Variationen eines Themas‹ – die Tonleiter hoch und runter –, und falls ich dann feststellen sollte, daß die Übertragung bei dem einen oder anderen immer noch nicht so recht angekommen ist, kann ich Ihnen auch etwas simultan übertragen.

Das hat weder mit ›Übernatürlichem‹ noch mit Ufos zu tun, sondern mit ›Hunger‹ und fällt unter die Techniken, die ich erlernt habe – sonst würde ich nicht lehren. Ich kann den Fokus auf ein spezielles Aufmerksamkeits- oder Übertragungslevel bestimmter Einzelpersonen innerhalb einer Gruppe richten, gleich, ob fünfzig oder fünfhundert Personen beisammen sind, während ich mit anderen auf einer ganz anderen Ebene weiterspreche. Hierbei handelt es sich um eine Fertigkeit, die erlernbar ist und bei der das Programm bzw. der Fortschritt nicht verlangsamt wird. So ermöglichen Sie denen aufzuholen, die, aus welchen Gründen auch immer, zwar nicht kontinuierlich und auf sinnvolle Weise bei der Stange geblieben sind, sich aber doch im Einklang mit der Zeit, dem Ort und den Erfordernissen befinden.

153. Pragmatismus II

Wenn ich sage, daß ich Pragmatiker bin, was bedeutet das? Für Pragmatiker gibt es Definitionen unterschiedlichster Art wie: stur, unerbittlich, erbarmungslos, fest zu sein, nach Ergebnissen strebend, danach, Dinge in Gang zu setzen und voranzubringen. Dies sind sozusagen grobe Umschreibungen: Man setzt sich ein Ziel und geht dann darauf zu.

Würde ich dieser westlichen Definition eines Pragmatikers nachgehen, mir ein Ziel setzen und dann darauf zugehen, würde mich das enorm einschränken. Mein Pragmatismus geht weit über diese Definition hinaus. Was mir die Sicherheit gibt, daß mein Pragmatismus funktioniert, sind nicht nur meine Arroganz und meine Ausbildung, denn meine Arroganz fußt auf Dingen, die ich weiß, und meine Ausbildung war die beste. Hinzu kommt mein Zugang zur Energie der Tradition. Somit kann mein Pragmatismus nicht auf so begrenzte Bereiche wie Information, Kraft, ›volle Fahrt voraus‹, Spannung und dergleichen eingeschränkt sein.

Ich kann all das zwar tun, nur, wenn es möglich ist, daß ich mit meiner Form des Pragmatismus – oder wenn Sie so wollen, der Form des Pragmatismus, die man mich gelehrt hat und die mit meiner Persönlichkeit konform geht – dasselbe erreiche, aber mit einer netten und freundlichen, vernünftigen Art und ohne laut zu werden – warum sollte ich mich dann in Bereiche begeben, die möglicherweise spannungsreich sind? Denn dies ist der große Feind, und ich sage es wieder und wieder.

Ein Element, das auf einer recht menschlichen Grundhaltung beruht, drückt sich wie folgt aus: »Wir dürfen keine Zeit verlieren! Wir müssen aufholen! Wir sind in Eile!« oder: »Das

Ende der Welt wird im Jahr 2000 kommen, und bis dahin muß jeder für die Apokalypse bereit sein!« Selbst wenn eine solche Einstellung nur ein oder zwei Prozent Spannung bei einer Person oder einer Gruppe erzeugt, mag ich dergleichen nicht, denn für mich ist ein Prozent Spannung weniger ein Prozent Anstrengung weniger.

Die Leute erlegen sich selbst Grenzen auf, die bedingt sind durch Faktoren wie Herkunft, Erziehung, Kultur und Konditionierung. Für greifbare, meßbare Begriffe wie beruflicher Erfolg, Geld, Komfort usw. lassen sich solche persönlichen Parameter anwenden, was unterstützenswert ist, solange jemand diese nicht isoliert und zwischen seinem persönlichen, beruflichen und sozialen Leben und der Tradition, die er parallel nebenherlaufen läßt, trennt. Die Tradition beeinflußt auch diese Aspekte, verstärkt sie, gibt ihnen Aufschwung und lenkt sie auf spannungsfreie Weise. Mit Aufmerksamkeit, aber nicht unter Spannung.

154. Perspektiven

Wenn Sie sich etwas anschauen, sei es ein Gemälde, eine Aussicht, eine Blume oder ein Baum, betrachten Sie die Form, die Harmonie und die Farbe. Sie betrachten dies, aber Sie brauchen nicht hineinzukriechen, um noch mehr herauszuholen. »Ich möchte aber mehr von der Blume riechen!« – Es ist nur ein gewisses Quantum, das man dieser Blume, dieser Aussicht oder diesem Gemälde abgewinnen kann. Mehr als das zu wollen ist nicht nur ineffizient, es läßt auch Spannung aufkommen. Zudem engen Sie Ihre Wahrnehmung des jeweiligen Objektes dadurch ein, daß Sie zu dicht dran sind.

Wenn Ihre Perspektive hinsichtlich des jeweiligen Objektes derart ist, daß sie Ihnen erlaubt, die Gesamtwirkung eines Bildes beispielsweise so aufzunehmen, daß sie seine Auswirkung entspannt und auf allen Ebenen absorbieren können, ist das für Ihr Sein befreiend. Sie befreien Ihre Sinne und können das Feedback aufnehmen.

»Ich will diese Blume kontrollieren!« – Na, dann viel Glück! Wird sie denn um so schöner, je näher Sie kommen? Unter gewissen Voraussetzungen schon, denn falls Sie einen Kilometer entfernt sind, erscheint sie Ihnen logischerweise unbedeutend. Stehen Sie aber vor ihr, können Sie ihre Form, ihre Harmonie, ihren Duft wie auch das Umfeld, in der sie wächst, in sich aufnehmen. So bekommen Sie einen Gesamteindruck.

Das hat nichts mit Hyperkonzentration zu tun wie: »Ich will es gaaanz tief einsaugen!« Und dann? Was dann? »Betrachten Sie es doch einmal aus einem anderen Blickwinkel!« werde ich der Person in dem Fall raten. Manchmal hilft es. Zuweilen bringt der Betreffende auch die ganze Woche damit zu, darüber nachzudenken, wie er es aus einem anderen Blickwinkel betrachten könnte, so daß er nun davon völlig in Anspruch genommen ist, statt einfach an der Blume zu schnuppern, um dann weiterzugehen und die zwei Millisekunden, in denen er den Duft der Blume in sich aufgenommen hat, in Erinnerung zu behalten.

Das hat insofern mit Pragmatismus zu tun, als es ein Programm bzw. einen Entwurf gibt, dem ich folge und bei dessen Zustandekommen ich beteiligt war – schließlich sind wir Naqshbandis, und Naqshbandi bedeutet ›Designer‹. Dieses Programm, das ich derart erstelle, daß die Aufgabe erfüllt wird und die Gleichung aufgeht, dient dazu, daß eine Person oder eine Gruppe bestimmte Erfahrungen, die sie machen sollte, sei es hinsichtlich einer Blume, eines Gemäldes, einer Aussicht, einer bestimmten Sache, auch tatsächlich machen kann.

Dazu ist es weder erforderlich, daß ich laut schreie, noch, daß ich Sie mit der Nase auf die Blume drücke und befehle: »Riechen Sie jetzt sofort! Und dann ab zur nächsten Blume!« Das hieße, milde ausgedrückt, zu hyperpragmatisieren! Ich bin auf ruhige Weise pragmatisch und spreche für gewöhnlich in einem vernünftigen Tonfall, so daß ich gehört und verstanden werden kann. Wer mich länger kennt, weiß, daß ich auch schreie, wenn ich zornig bin. Falls ich meine Stimme aber senke, machen Sie am besten, daß Sie schnell von dannen

kommen! Das ist aber weniger eine Technik als eine Familien-
angewohnheit.

Gewiß wird mir hier jemand von den Psychologen erklären
können, um welches Syndrom es sich handelt: »Bei dem ›Ge-
senkte-Stimme-Syndrom‹ handelt es sich um ein Symptom
von unterdrückter Emotion, denn eigentlich wollen Sie
schreien, was Sie aber nicht tun, weil Sie die Angst unterdrük-
ken, die in Ihnen tobt, und das macht jetzt 240 Mark!«

155. Vorbereitung

Es gibt einige technische Punkte, die so unbedeutend erscheinen, daß sie häufig übersehen werden.

Wenn Sie Erläuterungen, Hinweise oder Texte lesen, in denen die Ausführung von Gebeten, *Dhikrs,* des *Sirr* oder von
speziellen Aktivitäten dargelegt werden, sollten Sie diese als
eine kunstvoll angelegte, sorgfältig geplante, auf eine Formel
gebrachte Aktivität verstehen. Ist es zum Beispiel angezeigt,
daß eine Person zu einem bestimmten Zweck ein spezielles
Gebet oder eine Übung ausführt, für sich allein oder in der
Gruppe, oder besteht der Wunsch, ein *Dhikr* oder ein *Sirr* zu
einem bestimmten Zweck anzuwenden, dann wird hoffentlich
immer bis ins kleinste Detail spezifiziert, wie die Aktivität
durchzuführen ist.

Solche Details sind wichtig, denn wir verwenden sehr feine,
präzise, kraftvolle und unterschiedliche Arten von Energie. Bei
einer hochgradig technischen Aktivität, die sorgfältig zusammengestellt und Schritt für Schritt erklärt wird, sollte kein
Punkt oder keine Stufe übergangen und auch kein Hinweis als
überflüssig angesehen werden.

Bevor man mit einer dieser Aktivitäten beginnt, gleich, ob
man sie nun für sich allein, zu zweit oder in der Gruppe
durchführt, sollte man vor sich selbst seine Absicht formulieren können. Mit anderen Worten: Indem man seine Absicht
formuliert, harmonisiert man sich in der vorbereitenden Phase
bereits mit der beabsichtigten Aktivität.

Zu einem späteren Zeitpunkt kann dann gegebenenfalls eine Wiederholung einiger dieser vorbereitenden Punkte erforderlich sein. »Das habe ich schon gemacht!« sagt sich leicht, aber Sie müssen auf die Aktivität in ihrer Gesamtheit achten, denn sie ist sorgfältig und technisch präzise durchkonstruiert. Das gilt für alle diese Aktivitäten, denn diejenigen, die sie entworfen haben, die sie konstruieren und kontrollieren, würden nichts aufschreiben, was unnötig wäre.

Wenn eine Person oder eine Gruppe ein Gebet, eine Meditation, ein *Dhikr* oder ein *Sirr* machen möchte, ist es essentiell, daß eine Vorbereitung auf verschiedenen Ebenen stattfindet. Diese erfolgt, indem man seine Absicht erklärt, um daraufhin dann mit dem Gebet, dem *Dhikr*, der Meditation oder der jeweiligen Übung zu beginnen.

Auf diese Weise machen Sie sich selbst gegenüber – auf der bewußten Ebene – die Absicht klar, die Sie bei Ihrem Vorhaben verfolgen. Denn Sie empfinden den Wunsch, die Notwendigkeit und den Wert, diese bestimmte Aktivität auszuführen, und die Formulierung Ihrer Absicht verbindet Sie – auf einer anderen Ebene – mit dem, was folgt. Dadurch harmonisieren Sie sich mit der Situation und stellen Kontakt her zu den verschiedenen Ebenen, auf denen Energie produziert, gebraucht und empfangen wird.

So steht am Anfang Punkt eins: die Formulierung der Absicht.

156. Instruktion

Es gibt präzise Details hinsichtlich dessen, wie ein Gebet auszuführen ist, wie man sich selbst in einen Zustand der Ruhe, Entspannung und Meditation versetzt, wie man sein *Dhikr* und sein *Sirr* benutzt und wie man den Kontakt zu mir oder zur Tradition herstellen kann.

Die groben Umrisse von Stufen der Kommunikation, wie z. B. ihre Dichte oder auch ›Tiefe‹, sind im großen und ganzen bekannt. Es gibt jedoch gute Gründe, die Details zu erläutern.

Es geht dabei nicht darum, daß jemand eine technisch ausgefeilte Theorie aufstellt, um zu zeigen, wieviel er schreiben oder wie sehr er die Dinge verkomplizieren kann.

Wenn Sie beispielsweise ein chemisches Experiment durchführen, streben Sie als Endergebnis die Herstellung einer bestimmten Substanz an. Selbst jemand, der in Chemie nur über Schulkenntnisse verfügt, kann nach einem Blick auf die Formel sagen, welche Substanzen zusammengefügt werden müssen oder welche Temperatur erforderlich ist.

Von Bedeutung ist aber auch das Gefäß oder der Schmelztiegel, in dem diese Substanzen zur Reaktion gebracht werden. Jeder, der chemische Kenntnisse besitzt, weiß, daß es nicht funktionieren kann, wenn man Chlorwasserstoff und Salpetersäure in einem Plastik- oder Holzgefäß erhitzt. Warum heißt es in den Büchern, daß man dazu ein Becherglas aus einem ganz bestimmten Material benutzen soll? Ob dieses Gefäß nun aus Kristallquarz, Glas oder Porzellan sein soll: Für diese Instruktionen gibt es einen triftigen und sinnvollen Grund. Denn wenn da nichts weiter stünde als nur: »Nehmen Sie Chlorwasserstoff und Salpetersäure. Geben Sie Kupfersulfat hinzu, und erhitzen Sie es«, so wäre das Ergebnis davon zwar nicht gleich eine Katastrophe, aber doch eher negativ.

Details präzisieren also nicht nur die Gleichung, nach der man etwas herstellen möchte, sie bereichern und verstärken das Experiment bzw. die jeweilige Aktivität insgesamt.

Wenn mir bei einer Einzelperson oder einer Gruppe etwas auffällt, das ich für unkorrekt halte, versteht es sich von selbst, daß ich dann etwas unternehmen muß, um die Betreffenden zu korrigieren.

Zu welchem Zeitpunkt auch immer Sie ein *Dhikr* mit dem *Tasbih* oder ein *Sirr* machen – wenn Sie dies mit der richtigen Absicht und der richtigen Einstellung tun, kann es nur positiv und gut sein. Es gibt kein ›schlechtes‹ *Dhikr* oder *Sirr.* Von meinem Standpunkt des Technikers aus stelle ich aber immer wieder fest, daß ich Personen dasitzen sehe, die meditieren, ihr *Tasbih* benutzen und ein *Dhikr* wiederholen, ihr *Sirr* oder eines der Attribute anwenden, die dies besser machen könnten.

Mit ›besser‹ meine ich nicht ›intensiver‹, denn das hieße, dem Spannungsfaktor die Tür zu öffnen. ›Besser‹ im Hinblick auf Details, die den Wert der Übung oder des Gebetes nicht verwässern, zerstören oder beeinträchtigen, sondern eine Verbesserung bewirken, wenn sie beachtet werden.

157. Körperhaltung

Wenn zum Beispiel jemand ruhig dasitzt, mit oder ohne *Tasbih,* und vermutlich ein *Dhikr* macht, schaue ich darauf, wie er dasitzt. Wahrscheinlich fragen Sie sich, wieso das von Bedeutung sein soll. Es ist deshalb von Bedeutung, weil bei einer Aktivität wie Gebet, Meditation, *Dhikr* oder *Sirr* Energie präsent ist. Somit erhält, erzeugt, benutzt, lagert oder sendet der Betreffende Energie aus und erzeugt dadurch ein Gebilde, eine Art Mikroklima.

Dies ist auch eine der Funktionen des Gewandes. Wenn man das Gewand trägt, wird ein Mikroklima erzeugt, das die betreffende Person vor negativen Einflüssen schützt. Auch wenn diese Einflüsse eher geringfügiger Art sind und einen nicht unbedingt stören, so geht es doch besser ohne diese Art Ablenkungen. Sobald dies korrigiert ist, wird Ihre Seinsqualität ein wenig besser sein. Was mich anbelangt, so möchte ich, daß sie zunehmend besser wird.

Macht jemand nun ein *Dhikr* und nimmt dabei eine unkorrekte Körperhaltung ein, kann er zwar Energie empfangen oder erzeugen, da seine Körperhaltung aber falsch ist, wird er auch Energie verlieren. Diese konzentrierte Energie ist aber ein wertvoller Rohstoff, den man nicht verlieren will. Wenn nun die Körperhaltung des Betreffenden der – wie ich es nenne – ›Sphäre‹ nicht entspricht, sickert etwas Energie aus; wenn auch nicht gleich wie bei einer unstillbaren Blutung. Wenn man sitzt, zirkuliert die produzierte Energie in einem; sie wird gelagert, verarbeitet und benutzt. Ist Ihre Haltung aber nicht – wie ich es nennen würde – kompakt, dann kann Energie aussickern.

Das ist nicht weiter dramatisch, vom technischen Standpunkt aus muß ich aber sagen, daß sich das besser machen läßt, damit ein optimales Ergebnis erzielt werden kann. Wenn jemand zum Beispiel zu steif oder zu schlampig dasitzt, während er die Perlen des *Tasbih* durch die Finger gleiten läßt, ist das aus meiner Sicht keine Sammlung.

158. Details

Die Energie sickert nun nicht aus der Hand der Person in den Boden oder sonstwohin. Aber wenn Sie vermehrt Energie aufnehmen, herstellen, gebrauchen und verarbeiten wollen, dann müssen Sie sie ›kompakt‹ machen – so lautet der Ausdruck, den wir dafür verwenden. Dies heißt nun nicht, daß Sie sich zusammenkauern oder sich etwa die Ohren bedecken sollen, damit nur keine Energie heraussickern kann – dies trägt nur wieder den Spannungsfaktor hinein.

Es geht darum, zu maximieren. Die Situation und die Aktivität liegen vor. Sie haben die Disziplin, die Technik, ein *Dhikr* und ein *Sirr*. Es ist also alles vorhanden. Aber wenn Sie sich mit korrekter Haltung befaßt haben, werden Sie wissen, daß gute Gründe dafür sprechen. Befolgt man Schritt für Schritt die Anweisungen, die hier – wie auch in anderen Fällen – gegeben wurden oder bereits bestehen und das Thema behandeln, wie eine Funktion durchzuführen ist und welche Absicht der Betreffende dabei verfolgen sollte, werden sich die Einzelheiten zusammenfügen. Dadurch wird ein harmonisches Zirkulieren der Energie und ihr Austausch auf unkomplizierte Weise erreicht.

Bei diesen Details mag es sich um Kleinigkeiten handeln. Es gibt sie aber, ich habe sie erklärt, und sie sind in verschiedenen Schriften der Tradition dargelegt. So sollte man begreifen, daß es notwendig ist, eine Anweisung sorgfältig zu befolgen. Hat man diese verschiedenen Anweisungen nun verstanden, sollte man sich nicht darauf berufen, daß man die eine oder andere bereits kennt. Falls die Anweisung lautet: »Setzen Sie sich«, Sie aber bereits sitzen und sich nun fragen, was diese Anweisung soll – sie dient dazu, Sie an die Tatsache zu erinnern, daß Sie sitzen sollten.

Wenn Sie verstanden haben, daß alle diese Schritte und Stufen eine bestimmte Funktion haben, ausgewogen und kohärent sind, dann müssen Sie sich mitten in der Übung nicht darum sorgen, ob Sie richtig sitzen, ob Energie aussickert oder was mit dem linken Ohr los ist. Falls Sie eine vernünftige und angemessene Disziplin darin entwickelt haben, werden Sie sagen: »Ich beginne jetzt nur nicht ganz bewußt mit der Aktivität, indem ich bewußt meine Absicht erkläre und mich einstimme, sondern ich versetze mich auch körperlich in die bestmögliche Ausgangssituation.«

In den Anweisungen, auch an dem, was ich sage, gibt es tatsächlich nichts Überflüssiges. Ich rede nicht, um den Klang meiner eigenen Stimme zu hören. Wenn ich Hinweise gebe, Vorschläge mache oder etwas kommentiere, so ist dies hinsichtlich der Aktivitäten in der Tradition stets sorgsam durchdacht.

Aber behalten Sie jetzt nicht jedes einzelne Wort von mir in Erinnerung, analysieren es und wiederholen es für sich als eine Art Mantra: »Er hat ›Guten Morgen!‹ gesagt. Ist es denn morgens? Ist das gut? Was soll ich darauf bloß sagen?« Das ist Zeitvergeudung. Was geschieht, falls das zur Gewohnheit werden sollte? Was, wenn jemand den Eindruck hat, er müsse in der Lage sein, jede einzelne gesprochene oder geschriebene Silbe von mir stets rekapitulieren zu können? Dann wird aus einer kleineren Schwierigkeit ein ausgewachsenes Trauma.

Ich wiederhole mich immer wieder, denn es gibt Bereiche, in denen selbst diese hypnotische Wiederholung Teil der Aktivität werden sollte: »Was ist der Zweck dieses Gebetes, dieser Übung, dieser Meditation oder dieser speziellen Unterredung?« – »Es hat eine Funktion, und ich werde nach Maßgabe meines Wissens, meiner Absicht, meiner Loyalität gegenüber der Tradition mit meiner Konzentration, meinen Gedanken, meiner Meditation dazu beitragen, diese Funktion zu unterstützen. Ich will mich selbst und mein Sein dieser Aktivität zur Verfügung stellen, so gut ich es kann.«

Haben Sie Ihre Absicht anhand der bekannten Kriterien rekapituliert und sind zu einer vernünftigen Haltung gelangt, dann brauchen Sie sich nicht mehr um all die anderen Sachen zu kümmern – Sie führen die Aktivität einfach durch.

Falls Ihr Gedankenfluß dadurch beeinträchtigt werden sollte, daß Ihnen mitten in der Übung auf einmal durch den Kopf geht, ob Sie Ihre Absicht auch richtig deklariert haben oder besser noch mal von vorn anfangen sollten, oder wenn Sie einen Krampf im linken Fuß bekommen, ob Sie sich sorgen sollten, ob vielleicht Energie ausfließt, wenn Sie sich nun bewegen – diese Sorgen sind überflüssig. Zudem kann durch diese Besorgtheit oder die selbstkritische Rückschau ein Spannungsfaktor hineingetragen und der Gedankenfluß gestört werden.

Wenn Sie also eine Aktivität beginnen: Haben Sie Absicht und Widmung. Folgen Sie den Details, und führen Sie die Aktivität durch.

159. Suren

Es gibt ein Buch mit verschiedenen Suren, das weit verbreitet ist und viel benutzt wird und welches bald in Deutsch erhältlich sein wird. Diese Suren können bei verschiedenen Anlässen angewandt und wiederholt werden.

Wenn Sie darin lesen, werden Sie feststellen, daß einige Suren mit dem Wort *qul!* beginnen. Im Arabischen ist *qul* ein Befehlswort, vergleichbar mit dem Imperativ. Es bedeutet: Sprich!

Dieses Wort steht nicht zufällig dort. Manche Suren fangen anders an, aber bei denen, die mit *qul* beginnen, handelt es sich um unbedingte Befehle. Man kann für *qul* sagen: »Ja, es heißt . . .«. Was es aber tatsächlich bedeutet, ist: »Sag es!« *Qul hu allah hu ahad.*

Auch hier geht es nicht bloß um ein Wort, sondern um ein Detail. Es wurde gefertigt, konstruiert und bestmöglich abgestimmt auf den nachfolgenden Satz in der Sure.

Beginnt eine Sure mit dem Wort *iqraa!* – »Hör zu!«, so ist auch genau das gemeint. Warum beginnen einige Suren mit *qul* und andere mit *iqraa?* Es hat einen Grund!

Wenn man Menschen die Freiheit läßt zu entscheiden, wie eine bestimmte Sure oder ein Gebet angewendet, rezitiert oder gelesen wird, hilft ihnen das nicht wirklich. Wenn jemand den Stellenwert der Einleitung zu einer bestimmten Sure oder einem Gebet nicht versteht, wird es dadurch nicht schlecht oder falsch; aber es läßt sich auch nicht maximieren.

Achten Sie also auf die Details!

160. Das Thema Depression

Wenn sich Therapeuten mit dem Thema Depression befassen und sich fragen, wie sich die Energie der Tradition dafür einsetzen läßt: Es gibt dafür keine allumfassende Richtlinie. Da jedes Individuum anders ist und alle möglichen verschiedenen Sichtweisen ausprägt, manifestiert sich die Depression mit tausenderlei Ursachen und Erscheinungsformen.

Sie können sagen: »Ich werde meinen Fokus so ausrichten, daß die Energie durch mich an diesem speziellen Aspekt, diesen offensichtlichen Erscheinungsformrn oder Symptomen der Depression wirksam ist.« Aber sehen Sie dieser Energie der Tradition, die Sie auf ein spezifisches Hauptsymptom der Depression fokussieren, nicht als eine Art Pfeilspitze, die ›den Ballon zum Platzen bringen‹ wird. Setzen Sie es bewußt ein, denn Depressionskrankheiten sind per Definition komplex und hängen mit allen möglichen geistigen und physiologischen Prozessen zusammen.

Ihre Aufgabe ist es, dafür Sorge zu tragen, daß die Energie über Sie zum Patienten gelangen kann. Natürlich werden Sie darüber hinaus auch jedwede weitere Therapietechnik einsetzen, mit der Sie auf die Situation einwirken können. Vergleichbar einer Antibiotikagabe, die z. B. bei einer lokalisierten Entzündung eingesetzt wird und sich im ganzen Organismus ausbreitet, so wird auch die vorhandene Energie, die Sie möglicherweise an eine Person weitergeben konnten, in dieser Person eine körperliche, psychische oder mentale Ausgangsbasis darstellen. Diese bilden quasi eine Landeplattform für Energie, die Sie dieser Person in Zukunft vermitteln werden, und bereitet den Boden für Ihre Therapie oder Kombination von Therapien.

Suchen Sie im Verlauf dieses Meetings Wege, sich untereinander auszutauschen. Ein Psychotherapeut und ein Aromatherapeut können z. B. gemeinsam eine komplementäre Form ihrer Tätigkeiten entwickeln. Keiner sollte sich dabei einschränken mit Aussagen wie: »Ich kann nur mit Bananenöl etwas bewirken!«

Wenn die Therapeuten voneinander wissen, wie hoch die Erfolgschancen der jeweils angewandten Therapie sind, dann ist das einer ganzen Bibliothek vergleichbar, die Ihnen zur Verfügung steht. Ihre eigene professionelle Therapie wird nicht beeinträchtigt, geschmälert, verwässert oder abgeschwächt, wenn Sie sich mit anderen verfügbaren Therapien auskennen und sie in Ihr Repertoire aufnehmen wollen.

Fügen Sie es also zusammen!

Abschließend noch ein Aspekt der Depression, der nicht vergessen werden sollte: Eine allseits bekannte Fehlentwicklung durch unsere heutige Industrie- und Wettbewerbsgesellschaft ist der Streßfaktor. Insbesondere bei Erwachsenen, die im Wettbewerb stehen und häufig unter Adrenalin stehen, kann kurzzeitiger oder andauernder Streß auftreten, der Neurosen, Psychosen und dergleichen bedingen kann. Wenn Sie mit einer Person arbeiten, die zeitweilig oder sogar täglich unter Streß leidet, ermuntern Sie diese Person, sich während ihrer Arbeitszeit zwei, fünf oder zehn Minuten zu nehmen, in denen sie ein Wort oder ein Konzept einsetzt, um sich zu entspannen. Dies erlaubt ihrem Sein, sich zu erfrischen und durchzuatmen.

161. Nasrudin und der Brief

Jeder Beitrag, der die Aktivitäten der Tradition fördern kann, ist selbstverständlich willkommen, vorausgesetzt, er ist getippt! – auch wenn ich selbst in dieser Hinsicht am allermeisten angesprochen bin. Deshalb schreibe ich selbst auch Schreibmaschine, denn niemand kann meine Schrift lesen, und manchmal kann ich – schlimm genug – meine eigene Schrift selbst nicht lesen.

Und da es immer eine passende Nasrudingeschichte gibt, so auch hier:

Jemand kam zu Nasrudin und sagte: »Nasrudin, ich bin Analphabet und kann nicht schreiben. Würdest du mir einen Brief an meinen Onkel schreiben?«

Nasrudin entgegnete: »Nein, tut mir leid, das kann ich nicht!«

Woraufhin der Mann sagte: »Wenn du mir den Brief schreibst, gebe ich dir einen Dirham!«

Nasrudin erwiderte: »Nein, nein, darum geht es nicht. Wie du siehst, habe ich mir das Bein gebrochen!«

Da sagte der Mann: »Aber Nasrudin, du schreibst doch nicht mit deinen Füßen! Wo ist das Problem?«

Nasrudin antwortete ihm: »Nun, mit einem gebrochenen Fuß kann ich doch nicht reisen.«

»Aber Nasrudin«, erwiderte der Mann, »du mußt doch auch gar nicht reisen! Du schreibst den Brief, ich gebe ihn in die Post, und dann wird er zugestellt!«

»Nein, so ist es nicht«, sagte Nasrudin, »denn wenn er ankommt, muß ich dort sein – niemand außer mir selbst kann meine Handschrift lesen!«

162. Afghanistan

Ein weiterer Punkt, den ich klären möchte, ist die gegenwärtige Situation in Afghanistan. Vorangestellt sei, daß ich mein Bestes getan habe, um zu gewährleisten, daß all Ihre Spenden dort sinnvoll verwendet wurden. Derzeit stehe ich in Verhandlungen mit dem Internationalen Roten Kreuz, das versucht, Direktflüge mit Medizin und Lebensmitteln nach Kabul zu organisieren.

Die Situation im Land selbst ist kritisch, und der Grund dafür ist leider, daß sich immer noch zahlreiche Länder in die Lage dort einmischen – wegen der strategischen Lage Afghanistans und des überreichen Vorkommens an Bodenschätzen – u. a. befindet sich dort das viertgrößte Öl- und Erdgasvorkommen Asiens.

Aus politischen und strategischen Erwägungen heraus interferieren die Iraner, um Einfluß über den westlichen Teil Afghanistans zu gewinnen. Die ehemaligen Sowjets interferieren, weil sie der Auffassung sind, daß der Einfluß Afghanistans im zentralasiatischen Bereich den russischen Interessen entgegenstünde. Die Pakistanis interferieren, denn sie möchten Einfluß auf die zukünftige Regierung; die Inder, weil sie die pakistanische Einflußname aufhalten wollen. Die Briten und Amerikaner interferieren aus Prinzip; und die Franzosen, weil es ihnen um eine Konzession zur Ölförderung geht.

Nun, wäre diese Einflußnahme von außen beendet, ließe sich die Situation innerhalb von drei Monaten lösen. Bedauerlicherweise jedoch wird interferiert, und so gibt es einen unglückseligen Bürgerkrieg.

Soweit die gegenwärtige Situation. Ich bin jedoch optimistisch, denn es ist nicht das erste Mal in der Geschichte Afghanistans, daß es zu einer derartigen Situation gekommen ist. Und so sagen wir bei uns in ›Af‹: »Auch dieses wird vorübergehen!«

163. Stimmungsschwankungen

Ich möchte Ihnen einige Punkte nahelegen, die Sie nicht nur während des Kongresses, sondern auch bei Ihren künftigen therapeutischen Tätigkeiten berücksichtigen können. Einige stellen Orientierungspunkte dar, andere behandeln mehr individuelle Aspekte.

Diese Punkte kommen nicht alle gleichzeitig zur Anwendung, denn der Therapeut modifiziert seine Herangehensweise, seine Haltung gegenüber dem Patienten natürlich je nach Verfassung, der Situation und den Umständen, die innerhalb des Patienten und im therapeutischen Prozeß vorliegen. Einige Punkte behält man jedoch als Aspekte von Techniken bei und wendet sie an.

Es ist sehr wichtig zu begreifen, daß ein normales Individuum, ob nun körperlich krank, in psychischer oder anderer Hinsicht gestört, sich in einem Zustand des Ungleichgewichts – wie wir es nennen – befindet. Denn für uns bedeutet Gleichgewicht Gesundheit in geistiger und körperlicher Hinsicht, und Ungleichgewicht, wenn irgendwo im Körper oder im Nervensystem eine Störung vorliegt.

Ein bekannter und identifizierbarer Faktor ist die ›Laune‹ oder ›Stimmung‹. Man wechselt seine Laune. Ein Stimmungswechsel kann gerade wahrnehmbar, augenfällig oder auch dramatisch sein und von einer glücklichen, zufriedenen, ausgeglichenen Stimmung bis zu einer deprimierten oder – wenn man so will – negativen Stimmung reichen.

Als Therapeuten ist Ihnen bekannt, daß Stimmungsschwankunger oder ein Stimmungswechsel bei jedem Menschen vorkommen können. Wie gesund, gestört oder glücklich er auch sein mag – Stimmungen wechseln, aus geistigen, körperlichen und anderen Gründen.

Wenn ein Patient zu Ihnen kommt, geht es darum, daß Sie als erstes einen Rapport zwischen sich und dem Patienten herstellen. Während Sie diesen aufbauen, sollten Sie auf das achten und das im Auge behalten, was ich aus präzisen und technischen Gründen und im Unterschied zum herkömmlichen Begriff ›Stimmungsschwankung‹ lieber als ›Ebbe und Flut der Energie‹ bezeichnen will. Ebbe und Flut – so wie Sie diesen Begriff von der Meeresküste mit hohem und niedrigem Wasserstand her kennen.

Wenn ein Therapeut nach der ersten oder zweiten Sitzung einen Rapport zu dem Patienten aufgebaut hat, wird er durch die Gespräche, die er mit ihm geführt hat, und seine Beobachtungen wahrscheinlich beurteilen können, ob sein Gegenüber gerade depressiv ist und wie schwer diese Depression ist. Im Verlauf der Sitzung wird der Therapeut u. a. durch Erfahrung und Beobachtung erkennen, wann ›Ebbe‹ und wann ›Flut‹ ist bzw. wann das positive und wann das negative Element präsent oder stark ist.

Dafür kann es beim Patienten deutliche Anzeichen geben: seine Haltung, die Form des Gesprächs, sein Verhalten, die Sprechweise, der Klang der Stimme. Natürlich wird der Therapeut sein Herangehen, seine Behandlung, die Art der Unterhaltung, das Maß seiner Aufmerksamkeit auf diesen Menschen abstimmen und so verändern, wie er es in der Situation für brauchbar und harmonisch hält.

Ist man mit dem Patienten im Einklang, sollte man sich bemühen, seine Wahrnehmungsfähigkeit und das Sein einzusetzen und abzuschätzen, wann das Positive ins Blickfeld kommt, wann es ›aufläuft‹ –, und sei dies auch noch so geringfügig. Genau dann ist der Zeitpunkt, sich mit dem Positiven zu verbinden.

Dies lernt man entweder durch Beobachtung oder durch Erfahrung mit einem Patienten: Er fühlt, er weiß, er registriert und reagiert. So wie man durch Blasen einmal ein Feuer schüren oder aber auch Kühlung herbeiführen kann – je nachdem. Das ist in Ordnung. Aber wenn man einen wahrnehmbaren und nachweislichen Aufschwung entdeckt hat, wenn sich also die Stimmung oder Situation ein wenig verbessert und man sich dort dann einklinkt und es verstärkt und die Person darin unterstützt, es aufrechtzuerhalten – dann kann es trotzdem noch nach unten gehen, denn Ebbe und Flut bedeuten ständige Fluktuation.

Versuchen Sie daher den Fokus auf die ganze Person zu richten, auf ihr gesamtes Sein sozusagen, und nicht nur auf einen einzelnen Aspekt oder ein einzelnes Charakteristikum der Depression. Denn wie krank jemand auch immer sein mag, wie sehr er in geistiger oder körperlicher Hinsicht geschädigt oder gestört sein mag: Die fünf Wahrnehmungszentren des Wesens dieser Person sind intakt. Sie sind intakt, unabhängig davon, wie ausgeprägt der körperliche Schaden, die Paralyse, die Depression, Psychose oder Neurose auch sein mag – und die Beeinträchtigungen können sehr schwerwiegend sein, von allen möglichen Ausprägungen der multiplen Sklerose, einschließlich Paralyse, bis hin zu einer tiefen Psychose mit psychotischem Verhalten.

Wenn der Therapeut die fünf Zentren fokussiert, die trotz allem vital sind, auch wenn einige besser, andere schlechter funktionieren mögen, wird er selbstverständlich weder die Probleme, Behinderungen, Beschwerden und Leiden einer körperlich kranken Person ignorieren noch psychische Störungen oder psychotische Denk- und Verhaltensmuster. Das heißt, Sie kümmern sich um beides zugleich, da gibt es keinen Konflikt – Sie übermitteln.

Einige dieser Zentren können, wie gesagt, aus physischen, neurologischen oder anderen Gründen nicht ansprechbar sein oder nicht voll funktionieren. Dennoch reagieren sie auf positive Stimuli. Daher benutzen Sie ein Spektrum, das sowohl fokussiert als zugleich auch breit gefächert ist.

Es ist keine Frage, auf welchen Bereich Sie nun die meiste Energie richten sollen: Sie richten natürlich den größten Teil der Ihnen bewußten Energie auf ihre professionelle therapeutische Funktion. Aber auf einer tieferen Ebene verwenden Sie einen anderen Typus, eine andere Qualität von Energie, die auf die Zentren ausgerichtet ist, die auf dieser Ebene wahrnehmen, aufnehmen und reagieren.

Es ist keine Frage ob Sie vierzig Prozent hier und sechzig Prozent dort einsetzen sollen. Sie setzen sich mit hundertprozentiger Anstrengung auf dem professionellen Feld ein, das Ihnen vertraut ist. Und gleichzeitig aktivieren Sie die anderen Energieebenen, die Sie entwickelt haben.

164. Positives Denken II

Weiterhin kann es hilfreich sein, den Patienten zu ermutigen, ein bestimmtes Wort zu benutzen – in einzelnen Fällen und nach Ermessen des Therapeuten. ›Think positive!‹ – ein geläufiges amerikanisches Zitat –, nicht nur in der Therapie, sondern auch im industriellen Bereich. Und jeder sagt: »Klar, ich werde positiv denken!« Es ist ein sehr guter Ausspruch – ich sage nichts gegen ihn –, aber er ist überstrapaziert worden, so daß mancher sagt: »Ich tue ja, was ich kann. Aber wie soll ich positiv denken, wenn ich verwirrt, depressiv, neurotisch bin, Schmerzen habe oder mich unwohl fühle?«

Ermutigen Sie ihn. Ich rate Ihnen nicht davon ab zu sagen: »Denken Sie positiv!«, denn man sollte niemanden entmutigen, auf positive Weise zu denken. Wenn Sie gefragt werden: »Soll ich eine positive Einstellung haben? Soll ich positiv denken?«, so lautet die Antwort darauf natürlich: Ja.

Geben Sie dem Patienten darüber hinaus ein bestimmtes Wort, das er anwenden kann. Dies ist Ermessenssache des Therapeuten und beruht auf seiner Einschätzung und seinem Wissen um den Hintergrund des Patienten.

Ich schlage hiermit nicht vor, daß Sie jetzt anfangen, an alle Patienten *Dhikrs* zu vergeben. Aber wenn es Ihnen möglich ist, ermutigen Sie sie, wenn sie sich niedergeschlagen, allein, deprimiert oder durch irgend etwas traumatisiert fühlen, ein Wort zu benutzen, das ihnen vertraut ist und aus ihrer eigenen Sprache stammt.

Es kann ein Wort sein wie: Stärke, Trost, Liebe oder Wärme. Etwas, das grundlegend eine positive Veränderung zu etwas Gutem herstellt. Empfehlen Sie ein solches Wort nicht als eine Art Zauberwort, durch das alles verschwinden wird. Verschiedene Formen von Neurosen, Wahnzuständen und Depressionen sind gewöhnlich mit einem erheblichen Ausmaß an Verwirrung verbunden. Das Denken ist konfus, ob man nun degenerative mechanische Prozesse annimmt oder etwas anderes. Zu dieser bereits vorhandenen Verwirrung kommen gewöhnlich noch Angst und Unentschlossenheit: »Ich schaffe es nicht! Ich kenne die Idee vom positiven Denken, aber ich habe keine Vorstellung davon, wie ich positiv denken kann!«

Sie geben der Person ein Wort, das ein Konzept darstellt; eines, das jeder Mensch, ja sogar Tiere verstehen können, so etwas wie: Trost, Liebe, Sicherheit, Gelassenheit. Aber erklären Sie dem Patienten nicht: »Wenn Sie sich außerordentlich depressiv fühlen und dann dieses Wort sagen, wird es die Depression zum Verschwinden bringen.«

Die Wortwahl sollte in diesem therapeutischen Zusammenhang möglichst einfach sein, und es sollte ein Wort aus dem eigenen Sprachgebrauch sein – eben ein Wort, das ihm ein ganzes Konzept bedeutet, wie Trost, Gemeinsamkeit, Sicherheit, Wärme oder Hoffnung.

Unabhängig davon, ob Verwirrtheit, Unentschlossenheit oder Angst anfallsweise oder permanent bestehen: Nehmen Sie dieses Wort in Ihr therapeutisches Repertoire auf, das Sie in solchen Fällen üblicherweise anwenden. Sie können dem Patienten das Wort folgendermaßen vorschlagen: »Wenn Sie von Verwirrtheit, Unentschlossenheit, Einsamkeit und Angst befallen werden, machen Sie den Versuch, dann etwas einzuspeisen. Dieses Etwas wird zwar nicht all dies beseitigen, aber es wird Ihnen helfen, eine sichere Basis für Ihr Dasein zu schaffen; eine Basis, auf die Sie bauen können.«

Wie stark das Gefühl der Unsicherheit und Unentschlossenheit auch sein mag, wie ausgeprägt auch die Verwirrung oder Depression sein mag: Wenn der Betreffende ein Wort benutzt, das für ihn ein Konzept wie Freundschaft, Glück, Hoffnung, Wärme und Gemeinsamkeit repräsentiert, bedeutet dies, daß die Zentren seines Seins tatsächlich nach etwas verlangen. Etwas, das nicht nur eine abstrakte Hoffnung auf Heilung darstellt, sondern ein Faktor grundlegender Gewißheit ist.

Finden Sie den richtigen Zeitpunkt, um dies zu tun. Falls es sich um eine Langzeitdepression oder Neurose handelt, ist es ratsam, es in einer Entspannungsphase einzubringen. Dieses Konzept, das der Patient benutzt, das er anerkennt und mit dem er sich wohl fühlt, wird bis in das Sein hinein vordringen. Weil schließlich tief im Innern, wie neurotisch, gestört, depressiv oder körperlich krank auch immer jemand sein mag, das Sein unberührt ist. Dieses Sein sendet einen Hilferuf aus und ist gleichzeitig empfänglich für Positives. Natürlich muß es seinen Weg durch physisches Leiden, Behinderungen und Traumen psychischer und anderer Art hindurchbahnen, aber es wird durchdringen.

165. Schock

Es kann vorkommen, daß ich im Kontext der Tradition unter bestimmten Umständen gegenüber einzelnen Personen oder Gruppen etwas sage, vorschlage oder tue, das einen Schock hervorruft oder gar Angst auslöst.

So etwas tue ich nicht ständig. Denn ruft man bei einer Person oder Gruppe eine Reaktion von zu großer Angst oder einen zu großen Schock hervor, erzeugt das bei dem Betreffenden eine Blockade, setzt ihn außer Gefecht, läßt ihn das Weite suchen – oder alle drei Reaktionen treten gleichzeitig auf. Wenn ich es nun anwende, tue ich das maßvoll und übertreibe nicht.

Die erste Reaktion auf einen Schock oder auf Angst, der bzw. die unter bestimmten angebrachten Umständen ausgelöst wurde, ist, daß die betreffende Person sich erschrocken, schockiert oder überrascht fühlt. Die Reaktion des Organismus auf Schock als einen Impuls – wie bei einem elektrischen Schock – erfolgt unmittelbar und instinktiv. Auf welche Weise aber reagiert das tiefere Sein oder System auf diesen Initialschock?

Es reagiert mit ur-menschlichem Instinkt – mit Abwehr. Der Abwehrmechanismus wird auf der physischen Ebene aktiviert: Wenn Sie etwas berühren, das glühendheiß und rot ist, erfolgt unmittelbar die entsprechende Reaktion, denn das Nervensystem hat Hitze und Gefahr gespürt. Also lassen Sie dergleichen bleiben.

Ist es nur ein oberflächlicher Schock, der versetzt wurde, ist der erste Impuls Erschrecken oder Angst; das Sein der Person reagiert, indem es seine Abwehr mobilisiert. Ist es ein Schock, der im Kontext der Tradition ausgelöst wurde, reagiert das Sein der Person – hoffentlich – mit Bedacht. Es kommt zwar zu einer ersten Abwehrhaltung, dann aber treten andere Gesichtspunkte in Kraft. So fragt man sich dann zum Beispiel, was es eigentlich für ein Schock ist, wie tief die Angst geht, ob es überhaupt einen Grund zur Angst gibt, ob man innerlich auf sie reagieren sollte, und wenn ja, wie. Die Reaktion des Bewußtseins folgt also auf die anfängliche Abwehrreaktion, die ihren Sinn hat, denn der Abwehrmechanismus analysiert möglichst schnell, wie stark das Sein bedroht ist.

Sollte das Ergebnis der Analyse dann sein, daß die Angst so furchtbar gar nicht sein muß, warum dann überhaupt Schock oder Angst auslösen? Die Antwort lautet: Indem der Abwehrmechanismus eine Analyse des Impulses mit sich bringt, kommt es zu einer sehr tiefgreifenden positiven Reaktion, nämlich zur Kontaktaufnahme mit dem positiven Gehalt des Impulses. Es ist kein zufälliges Geschehen. Es fördert den Kontakt zwischen dem tieferen Sein der Person auf der einen Seite und dem Impuls, dem Schock, der Angst oder sonstigen verwendeten Faktoren auf der anderen Seite.

Dadurch wird also das Sein nicht nur dazu angehalten, aktiv zu sein, denn das ist es sowieso schon. Es wird in die Lage versetzt zu analysieren, zu absorbieren und aus dem Impuls zu lernen.

166. Ramadan

Erlauben Sie mir einige Worte vor der Eröffnung dieser Konferenz: Diejenigen, die nicht unmittelbar mit Therapie befaßt sind, sind eingeladen, als unterstützende Beobachter teilzunehmen und zu versuchen zu verstehen; nicht aber als sogenannte Amateurtherapeuten. Dies ist eine höfliche Form zu sagen: »Nichttherapeuten mögen stille sein und zuhören.«

Es wurden Fragen in bezug auf den Ramadan gestellt: welche Rolle er spielt, welche Funktion und welchen Nutzen er hat und ob man fasten soll oder nicht.

Das kommt darauf an. Worauf es dabei allerdings nicht ankommt, ist Ihre Sichtweise. Sichtweisen ändern sich. Es gibt auch Leute, die ›elastische Interpretationen‹ haben, was bedeutet, daß sie – um es höflich auszudrücken – anhand von ›elastischen Kriterien‹ die Funktion oder die Existenz des Ramadan mindern, vergrößern oder verstärken: »Falls mir danach zumute ist, halte ich mich daran. Falls nicht, gilt es auch nicht für mich.«

Daß es sich bei den achtundzwanzig Fastentagen nicht um eine selbstauferlegte Tortur handelt, ist bekannt. Sie wurden weder als Beweis dafür geschaffen, daß der Geist die Materie kontrolliert, noch als Demonstration, daß man seinen Appetit und anderes beherrschen kann. Wie bei vielen anderen Dingen handelt es sich auch hier um eine Selbstdisziplin, um eine Disziplin, die man sich selbst auferlegt – nicht um etwas zu beweisen, sondern –, um ganz im Sinne englischer Haarspalterei zu zeigen, daß es ›einen Unterschied zwischen freier Wahl und auferlegter Pflicht, zwischen Option und Obligation, gibt‹.

Daß der Ramadan einen spirituellen Aspekt hat, steht außer Frage. Gleichzeitig stellt er aber auch eine Affirmation dar und hat sehr konkrete Auswirkungen. Diesbezüglich gibt es einen sehr interessanten Artikel, der von unserem Freund Name verfaßt wurde und in dem die physiologischen, physikalischen und anderen Auswirkungen des Ramadan zusammengefaßt sind.

Ein für Therapeuten sicherlich interessanter Aspekt ist, daß der menschliche Organismus mit seinem Stoffwechsel und den physiologischen Reaktionen ganz außerordentlich anpassungsfähig ist.

Allerdings werden diejenigen unter Ihnen, die für gewöhnlich jede Menge Schokoladenkuchen und exotische Puddings essen – bestimmt nur wenige unter Ihnen! –, es möglicherweise etwas schwieriger finden, dies aufzugeben. Es liegt in Ihrer Entscheidung, etwas zu essen, um Kalorien zu sich zu nehmen, d. h. Nährstoffe zu sich zu nehmen, die die Körper-funktionen aufrechterhalten. Der Organismus sehnt sich mög-licherweise sogar nach einer Unterbrechung, da er unter die-ser unentwegten Zufuhr von Schokoladenkuchen leidet, was er durch gestörte Verdauung oder andere Symptome signali-siert.

Wenn jemand fastet, hat das zur Folge, daß er anfängt, auf seinen Organismus zu hören – auch wenn das vielleicht nicht sofort eintritt, so aber doch nach zwei, drei Tagen. Wird der Organismus nicht mit Schokoladenkuchen, Eiskrem und der-gleichen überflutet, beginnt er bei der Nahrungsaufnahme Unterschiede zu erkennen. Der Schokoladenkuchen, den Sie essen, wird verdaut, ebenso wird ein Stück Weizenbrot oder ähnlich Nahrhaftes verdaut. Wenn Sie dem Organismus aber bewußt ausgewählte Nahrung zuführen, kann er den Nähr-wert nicht nur auf der psychischen Ebene, sondern auch in physikalischer Hinsicht identifizieren und die aufgenommene Nahrung besser verwerten.

So wird Ihre Nahrungsaufnahme zu einer Interaktion auf qualitativer und nicht auf quantitativer Grundlage. Der Orga-nismus verwertet die aufgenommene Nahrung besser, hat bes-seren Nutzen davon und bereitet sie besser auf, egal, ob sie flüssiger oder fester Art ist.

Natürlich wird auch die Frage auftauchen, warum ich ange-deutet habe, daß es eine gute Idee wäre, dieses Jahr im Rama-dan zu fasten. Nun, die Idee ist nicht neu, und ich hoffe, ein-leuchtend genug erklärt zu haben, daß das Fasten entspre-chend der Situation und den Umständen erfolgen kann, entweder komplett vom Morgengrauen bis zur Abenddämme-rung, teilweise oder in dem Sinne selektiv, daß man einen Mo-nat lang z. B. auf Schokoladenkuchen verzichtet. Man kann durchaus sagen: »Normalerweise esse ich fünf Stück Schoko-ladenkuchen am Tag, also werde ich jetzt bloß noch eins es-sen!« oder sich des Trinkens oder Rauchens oder etwas ande-rem enthalten, dem man sonst frönt.

Es ist allgemein akzeptiert und selbstverständlich und wurde ausdrücklich schriftlich festgehalten, daß das Fasten in der kompletten wie auch in der eingeschränkten Form erfolgen kann.

Hinsichtlich des Fastens – sei es komplett oder einge- schränkt – gibt es eine unumstößliche Bedingung: Wenn es die Aufgabe, die eine Person hat, stört – gleich, ob es sich um eine familiäre oder berufliche Verpflichtung handelt –, ist es nicht erlaubt, am Fasten teilzunehmen. Es handelt sich zwar um eine praktische Übung zur Selbstkontrolle, die aber weder auf Kosten von Personen, für die Sie verantwortlich sind, noch auf Kosten anderer Personen erfolgen darf.

Wenn Sie als Chirurg oder Flugkapitän die ganze Zeit über fasten und Ihre Urteilsfähigkeit davon beeinträchtigt wird, werden auch Ihre Patienten oder Passagiere in Mitleidenschaft gezogen. Sie können nicht erst für jemanden die Verantwor- tung übernehmen, um dann zu erklären: »Ich faste, und es geht mir gut. Allerdings ist bedauerlicherweise mein Patient gestorben.« Ja, das ist außerordentlich bedauerlich. Das ist nicht die Funktion des Ramadan.

Für diejenigen, die im Ramadan gefastet haben: Die Sichel des zunehmenden Mondes wurde gesichtet, und somit ist die Fastenzeit morgen zu Ende. Ich möchte an dieser Stelle all je- nen unter Ihnen, die die Absicht und die Disziplin hatten, das Fasten im Ramadan einzuhalten, zu Ihrem Tun gratulieren und meine Anerkennung ausdrücken.

In einigen Ländern wird dieser Anlaß mit Freudenschüssen, Singen und Tanzen begangen. Hier in der Schweiz, wo die Menschen nüchterner und kontrollierter sind, wird es wohl eher ein Quell stiller Freude sein.

167. Die Nacht der Macht

Eine weitere Frage, die schon ewig erörtert wurde und weiter- hin erörtert werden wird, dreht sich um eine bestimmte Nacht des Ramadan, die *Laylat ul-qadr – Die Nacht der Macht.* Es heißt, daß diese eine Nacht, in der es Brauch ist zu beten, tau- send anderen Nächten gleichkommt.

Ich habe zahlreiche Anrufe und Faxe von Leuten bekommen, die wissen wollten, wann genau diese Nacht nun ist. Dies ist eine sehr menschliche – oder närrische – Haltung. Beantworten Sie die Frage selbst: Wenn es nun eine *Laylat ul-qadr* während des Ramadan gibt – und es gibt sie tatsächlich, diese *Nacht der Macht!* – und man jede Nacht seine Gebete macht, wird man sie nicht verpassen!

Der Ramadan währt achtundzwanzig Tage. Falls jemand an siebenundzwanzig Tagen sagt: »Normalerweise mache ich nichts, diese spezielle Nacht aber werde ich mit Gebet zubringen« – nun, jede Nacht könnte die *Laylat ul-qadr* sein!

»Tausend Tage lang tue ich nichts, aber diese eine Nacht werde ich auf den Knien verbringen!« – Fragen Sie mich nicht, wann sie ist, denn auch wenn ich es wüßte, würde ich es Ihnen nicht verraten!

168. Nasrudins Lichtblitz

Es gibt eine Geschichte von Mullah Nasrudin und der *Laylat ul-qadr*, die ich sehr mag, denn sie ist ganz typisch:

Mullah Nasrudin wußte natürlich um diese Nacht der Kraft, in der es, wie es heißt, für den Bruchteil einer Sekunde ein blendendes Licht gibt, das um die ganze Welt geht. Wenn man sich während dieser Millisekunde etwas wünscht, geht es in Erfüllung.

Nasrudin dachte bei sich: »Ich werde die ganze Nacht über wach bleiben.« So klemmte er sich Streichhölzer unter die Lider, damit ihm die Augen nicht zufielen. Tag um Tag verging, wie er so dasaß und sein *Dhikr* machte. Plötzlich war sein Fenster hell erleuchtet. Da sagte er: »O Herr, mach mich reich!«

Das Licht schwand, und er ging hinaus vor sein Haus. Da waren Hunderte von Schafen, und er dachte bei sich: »ER hat mein Gebet erhört! Seht doch – all diese Schafe! Ich bin ein armer Mann – und nun habe ich all diese Schafe!«

Er machte sich daran, die Schafe in seinen Garten zu treiben. Doch nach wenigen Minuten kam ein Mann und sagte: »Nasrudin, was tust du da mit meinen Schafen?«

Nasrudin entgegnete: »Nein, nein, das sind nicht deine Schafe, denn ich habe das Licht gesehen, und es sind meine Schafe! Ich bin jetzt Millionär!«

Der Mann erwiderte: »Es tut mir leid, aber das sind meine Schafe!«

Nasrudin wiederholte: »Nein, nein! Ich habe das Licht gesehen!«

Da sagte der Mann: »Das war doch meine Laterne, die durch deine Fenster geschienen hat!«

Im Verlauf dieser Geschichte gibt es weitere Episoden, denn Nasrudin ließ die Schafe in seinen Garten, wo sie all seine Rosen und Pflanzen auffraßen. So hatte er ein weiteres Problem.

Er dachte bei sich: »Ich wünschte, ich hätte dieses Licht nie gesehen!« und lief in solcher Hast aus dem Haus, daß er das Tor offenließ und ihm auch noch die Ziegen fortliefen – aber das ist eine andere Geschichte.

169. Süßigkeiten

Eine Freundin hat uns wundervolle Süßigkeiten gesandt – und ich hoffe, niemand hat letzte Nacht schon davon gegessen! Und falls doch, dann kommen Sie mir nicht mit der Geschichte von Nasrudin, als er mit zwei Freunden durch die Wüste reiste und ihnen das Wasser langsam ausging. Obwohl sie noch einen langen Weg vor sich hatten, war nur noch eine Flasche Wasser übrig.

So sagten sie: »Wir sind zu dritt, also gebührt jedem ein Drittel!«, und jeder bekam sein Drittel zugeteilt.

Dann legten sie sich schlafen. Als sie am nächsten Morgen aufstanden, war die Flasche leer. So fragten sie sich untereinander: »Wer hat sie ausgetrunken?«

Nasrudin sagte: »Ich habe es getrunken!«

»Aber du solltest doch nicht alles austrinken!«

Nasrudin erwiderte: »Mein Drittel war das unterste in der

Flasche, und um dorthin zu kommen, mußte ich nun mal durch die anderen durch.«

Nicht daß wir morgen von jemandem die Geschichte zu hören bekommen, daß Nasrudin ihm im Traum gesagt habe: »Geh und iß all die Süßigkeiten!«

170. Der Rosengarten

Ein Buch, das mir sehr am Herzen liegt, ist der Rosengarten von Saadi, dessen deutsche Übersetzung gerade neu erschienen ist. Dieses Buch bedeutet mir viel. Vor langer Zeit, als ich noch ein Kind war, war der Gulistan mein erstes Lesebuch in Dari.

Ich genoß eine ziemlich strenge Erziehung; da gab es nicht nur meinen Vater – Gott segne ihn –, ich hatte auch noch sechs Onkel! Nach herkömmlichen Maßstäben waren sie allesamt furchterregend, aber ich verdanke ihnen alles, insbesondere meinem Vater. Sie waren auch alle in der Armee. Als ich dann schließlich in die Armee kam, was immer ich auch tat, stets bekam ich von dem einen oder anderen zu hören, was er in meinem Alter bereits erreicht hatte. So blieb mir nichts übrig, als es mit allen sieben aufzunehmen – darunter mein eigener Vater, der mein Lehrer war. Sie machten es mir nicht leicht, doch noch heute bin ich ihnen dankbar.

Dieses Buch von Saadi ist meinem Herzen nicht nur deshalb so nahe, weil es mein erstes Lesebuch war, sondern auch, weil es sich ganz sicher nicht um ein Werk für hochgeistige Intellektuelle handelt – möge Gott uns vor ihnen bewahren! Es ist keine durchgehende Erzählung, sondern es handelt sich um eine Sammlung von Geschichten, die sich mit eingestreuten Versen abwechseln, mit Erzählungen, Begegnungen – kurzen, sehr menschlichen und sehr tröstlichen Geschichten, die Sie lesen sollten. Sagen Sie nicht: »Ich habe das schon alles gelesen!«, sondern lesen Sie sie nochmal und nochmal.

Ich kann dieses Buch auswendig, denn als ich mit dem Lesen anfing, wurde ich von meinen sechs Onkeln unterrichtet, die mich zu fragen pflegten: »Was hast du heute gelesen?« Und wenn ich dann sagte: »Naja, Kapitel drei und die Geschichte von dem Derwisch und dem Esel!«, wollten sie wissen: »Und wie geht die Geschichte?« Falls ich dann herumdruckste, hieß es: »Na, setz dich hin, und lies es noch einmal.«

Saadis Einführung legt nicht den Grundton für das gesamte Buch fest, aber sie dient als ein Hinweis auf die Haltung, die seine Werke durchdringt. Die Anfangsgeschichte erzählt von einem König, der mit seinen Ministern und seinem Gefolge durch die Stadt zog. Er kam an einem Platz vorbei, wo ein Mann wegen eines Verbrechens gerade gehängt werden sollte. Als der König vorbeizog, rief der Mann, der gehängt werden sollte, etwas. Der König wandte sich an einen seiner Minister und fragte: »Was hat er gesagt?«

Da rezitierte der Höfling einen Satz aus dem Qur'an, der besagt: Gott wird denen gnädig sein, die Gnade erweisen, woraufhin der König sagte: »Laßt den Mann frei!«

Nun stellte ein anderer Minister den ersteren zur Rede: »Nein, das hat der Mann nicht gesagt! Er beschimpfte den König und schmähte ihn! Es ist nicht rechtens, dies dem König derart mißzudeuten.«

Als der König das hörte, wandte er sich zu den beiden um und sprach: »Die Lüge, die Frieden bringt, ist besser als die Wahrheit, die Zwietracht sät.«

Dies sind die beiden Anfangsverse.

171. Alternative Heilmethoden

Zu Beginn dieser Therapietagung möchte ich die Diskussions- und Arbeitsthemen näher erläutern. Manchmal gebe ich ein Thema bereits vor dem Therapiekongreß bekannt, manchmal auch nicht. Die Gründe dafür liegen auf der Hand: Kündige ich es im vorhinein an, bereiten einzelne viel zuviel schriftlich vor, um es dann zu verlesen. Warte ich mit der Bekanntgabe des

Themas aber bis zehn Minuten vor Beginn, ist nicht genug Zeit zum Schreiben. Dies bedeutet, daß sie etwas tun müssen, was für einige ungewohnt ist: nämlich denken statt schreiben.

Lassen Sie uns mit der Absichtserklärung beginnen: Ya Shifa.

Bei dem, was ich ansprechen möchte, handelt es sich nicht um etwas völlig Neues, Dramatisches oder Drastisches. Es geht darum, die Kommunikation und die Haltung der Therapeuten in der Tradition zu verbessern. Bereits als ich damit anfing, die therapeutischen Kongresse und Meetings zu initiieren, habe ich betont, daß ein Therapeut einerseits die Energie der Tradition in seinem eigenen therapeutischen Bereich nutzen sollte und auch für andere therapeutische Bereiche offen sein und mit Therapeuten dieser Gebiete so zusammenarbeiten sollte, daß dies seine eigene Therapie ergänzt, aber nicht ersetzt.

Es gab da aber ein grundlegendes Problem, das ich nachvollziehen konnte. Ich habe damit gerechnet, daß es einige Zeit dauern würde, ehe es überwunden wäre. Diese Einschätzung war in etwa korrekt. Denn es gab unter Leuten mit einem speziellen Therapiegebiet, wie z. B. Shiatsu, Aromatherapie, Farbtherapie, Kopfstandtherapie – und was da noch so alles angeboten wird; wie viele verschiedene Therapien es gibt, ist erstaunlich! –, nicht unbedingt Feindseligkeiten, aber doch eine gewisse Reserviertheit. Manch einer, der auf eine bestimmte Therapierichtung spezialisiert war, befürchtete, daß, wenn er eine andere Therapierichtung mit hinzunehmen würde, dies seine eigene Therapiemethode verwässern oder abschwächen würde. Vielleicht würde diese sich für ihn auch nicht als kompatibel erweisen. Wenn auch keine regelrechte Zurückweisung erfolgte, so aber doch ein nachvollziehbares Zögern.

Ich habe niemals behauptet – und werde das auch niemals tun –, daß die sogenannten ›alternativen Heilmethoden‹ im medizinischen Bereich automatisch notwendige technische Therapiemethoden ersetzen sollten. Hat der Patient eine Blinddarmentzündung, dann malen Sie ihm das Gesicht nicht mit hübschen Farben an, sondern Sie operieren und entfernen ihm den Blinddarm.

Ich habe wiederholt die präoperative, operative und postoperative Phase beim operativen Vorgehen erwähnt. Der Chirurg ist da, um den Blinddarm zu entfernen, er ist Techniker, und er tut seinen Job. Es gibt keinen Grund, weshalb Sie hinzukommen und den Chirurgen blau und den Patienten grün oder sonstwie anmalen und dem einen oder andern schaden sollten. Dies beweist vielleicht Ihre gute Absicht – aber mangelhaftes Timing. Denn was hilft es, daß der Patient schön grün angemalt ist, aber eine Peritonitis entwickelt, weil ihm der Blinddarm nicht rechtzeitig entfernt wurde?

Farb- und andere Therapien können – solange es sich nicht um einen Notfall handelt – dazu beitragen, den Patienten auf die Operation vorzubereiten. Zum Beispiel wird in zunehmendem Maße akzeptiert, daß im Operationssaal Musik gespielt wird. Dies beruht auf der Annahme, die meiner Ansicht nach zutreffend ist, daß der Patient dabei zwar bewußtlos ist, sein Gehirn aber funktioniert, so daß er auf eine beruhigende Musik reagieren wird – also kein Funk, Jive oder ähnliches. In gleicher Weise werden auch Operationsteam und Chirurg reagieren.

In der postoperativen Phase lassen sich verschiedene Therapien, wie z. B. Farb- oder Aromatherapie, anwenden, um zur Genesung des Patienten beizutragen und sie zu beschleunigen; Therapien, die sich ergänzen, nicht ersetzen. Um Therapien zusammenzubringen, brauchen Sie sich nicht gegenseitig auf die Hühneraugen zu treten. Ich wiederhole, daß die vordringlichste Aufgabe des Therapeuten der Patient ist und nicht die Reputation oder der Name des Therapeuten.

Alle Intention, Energie und das ganze Können müssen auf die Genesung des Lebewesens ausgerichtet sein. Es geht nicht darum, daß die Therapeuten Schlange stehen, wenn jemand krank wird, um alles mögliche zu versuchen. Das ist zwar sehr löblich, und ich stelle ihre Absichten auch nicht in Frage – aber es gibt gewisse Prioritäten.

172. Therapieformen ergänzen

Nachdem Sie nun zehn Jahre Zeit hatten – was nicht allzu lang, aber doch wohl adäquat ist –, schlage ich vor, nun einen Schritt weiter zu gehen: Jeder einzelne Therapeut, auf welchem Gebiet er auch immer tätig ist, überlegt sich, welche andere Therapieform mit seiner eigenen Therapie vereinbar und ihr nicht entgegengesetzt ist, so daß er sie seiner eigenen Therapie hinzufügen kann. Argumente wie: »Meine Therapie ist aber besser als Ihre« lasse ich dabei nicht gelten, denn worum es geht, ist der Mensch. Sagen Sie lieber: »Wenn ich zur Ergänzung meiner Therapieform eine weitere hinzunehme, hilft mir das möglicherweise dabei, dem Patienten zu helfen, und ihm hilft es, auf die Therapie anzusprechen.«

Vielleicht haben Sie als Psychotherapeut in dem einen oder anderen Bereich ein Problem mit manchen Leuten (falls Sie mit allen Leuten ein Problem haben, dann haben Sie ganz sicher selbst ein Problem!). Überlegen Sie, inwieweit die Ergänzung durch eine geeignete Therapieform helfen könnte, diese Blockade zu überwinden oder die Situation zu verbessern.

Auch wenn es unter bestimmten Umständen sinnvoll und produktiv ist, kleine Diskussionsgruppen zu bilden, z. B. um einzelne Therapieformen zu besprechen, sind Sie bei diesem Thema aber auf sich selbst gestellt. Fragen Sie auch nicht mich um Rat, denn den bekommen Sie, wie Sie wissen, wenn Sie ihn tatsächlich brauchen. Tauschen Sie sich diesmal auch nicht darüber aus, was Sie denken oder was der andere Ihrer Ansicht nach tun sollte. Trotz der Vielzahl der verschiedenen bei uns vertretenen Therapieformen sind hier nicht alle Richtungen repräsentiert. Und es gibt bekanntermaßen in aller Welt die seltsamsten Therapien. Begrenzen Sie die Auswahl kompatibler Therapieformen nicht auf die hier vertretenen. Finden Sie eine passende Therapieform, unabhängig davon, ob es sich um eine der hier vertretenen Richtungen handelt, um eine, von der Sie bisher vielleicht nur gehört haben, oder gar um eine von Ihnen selbst erfundene Therapie. Falls Sie zu der Auffassung kommen sollten, daß es für Sie keine kompatible Therapieform gibt, ist das in Ordnung.

Arbeiten Sie nun jeder für sich an dem Thema. Später werden wir dann wieder zusammenkommen, um zu hören, was Sie herausgefunden haben.

173. Erweiterte Therapie

Den heutigen Vormittag über haben Sie sich Gedanken gemacht, welche anderen Therapien mit der von Ihnen angewandten Therapie kompatibel sind. Und welche therapeutische Ausbildung Sie auch immer haben, es ist Ihnen gelungen, solch eine kompatible Therapie zu entdecken – oder zu erfinden; unabhängig davon, ob Vertreter der Therapie, von der Sie annehmen, daß sie mit der Ihren verträglich ist, hier anwesend sind oder nicht.

Nun möchte ich, daß Sie sich diesmal – und wieder jeder für sich – mit der Vorstellung, die Sie von Ihrer eigenen Therapie und der Ihrer Ansicht nach dazu passenden gewonnen haben, auf die Suche nach einer solchen Ergänzung machen, um es nicht bei bloßer Vermutung zu belassen. Sie können sagen: »Ich habe mit einer bestimmten Therapie Erfahrung – und vermute oder hoffe, daß eine andere, von den Freunden praktizierte Therapie mit ihr vereinbar ist.« Probieren Sie es aus. Finden Sie selbst heraus, daß es funktioniert und wie es funktioniert.

Aus diesem Grunde schlage ich vor, daß sich jeder für sich auf die Suche macht. Aber picken Sie sich jetzt nicht jemanden heraus, nur weil Sie ihn bereits kennen oder weil Sie sich mit seiner Therapie gern näher befassen würden, sondern arbeiten Sie an der Aufgabe. Wenn Sie sich dann für eine bestimmte Therapie entschieden haben und sagen können: »Ich arbeite mit Aromatherapie und glaube, ich könnte Shiatsu oder Farbtherapie oder die Am-Genick-Aufhäng-Therapie, die sie in Brasilien praktizieren, mit hinzunehmen« – dann suchen Sie eine Person, die diese Therapie praktiziert, und befragen sie, was Sie dazu meint.

Es ist gut, wenn Sie – hoffentlich im Austausch unter Freunden – einen Standpunkt zu Ihrer therapeutischen Aktivität entwickeln konnten. Es geht noch immer darum, daß Sie eine Therapieform finden, die mit Ihrer eigenen Therapie übereinstimmt bzw. mit ihr kompatibel ist. Es geht dabei nicht um ein ›Muß‹, sondern um Flexibilität: Wenden Sie an, was funktioniert. Wenn es nicht funktioniert, dann erzwingen Sie es auch nicht.

Vielleicht haben Sie auch schon eine bestimmte Therapieform ins Auge gefaßt, die zu Ihrer speziellen Therapie passen könnte. Das wäre jetzt die Gelegenheit zu entdecken, ob die von Ihnen praktizierte Therapie tatsächlich mit der Therapie, die Sie im Sinn haben, vereinbar ist, und ob sie sich dadurch verbessern läßt. Damit können Sie natürlich auch falsch liegen, denn es ist durchaus möglich, daß die andere Person beide miteinander unvereinbar findet und sagt: »Nun, ich praktiziere nun mal diese Therapie und meine, daß sie durch eine ganz andere Therapieform ergänzt oder unterstützt werden könnte.«

Es ist ja auch nur eine Möglichkeit, ein Vorschlag, und bedeutet nicht notwendigerweise, daß Sie nun verzweifelt suchen müssen. Es steht uns eine große Bandbreite von Therapien zur Verfügung, und was das Finden einer passenden und ergänzenden Therapie anbelangt, besteht keine Eile, Sie müssen sich nur weit genug umsehen.

Letzten Endes ist es weniger eine Frage der Persönlichkeit des Betreffenden als seines Könnens: »Ich praktiziere diese Therapie und Soundso eine andere. Ich mag ihn, und daher werde ich meine Therapie mit seiner zusammenbringen!« Schön und gut, aber es ist nicht erforderlich, daß Sie eine spezielle Vorliebe für die Person haben, deren Therapie Sie machen wollen. Möglicherweise hassen Sie sie sogar. Schließlich hasse ich auch einige von Ihnen, was mich aber nicht davon abhält, mit Ihnen zu reden, denn es ist meine Funktion zu kommunizieren.

Die Funktion, um die es hier geht, ist Kompatibilität. Wenn therapeutische Wirksamkeit durch das Hinzufügen eines Duftes, einer Blume, einer Lektüre, einer Farbe verstärkt werden kann, dann bringen Sie diese Dinge zusammen. Dabei gibt es keine Unvereinbarkeit und keine Konkurrenz: »Meine Farbe ist besser als deine!« oder: »Ich arbeite mit Shiatsu – warum sollte ich mit Farben arbeiten?« Also bringen Sie es zusammen, verschmelzen Sie es miteinander.

174. Kompatible Therapieformen

Gestern haben Sie darüber nachgedacht, welche Therapieformen mit der von Ihnen selbst praktizierten Therapie kompatibel sein könnten. Ich habe Ihnen in dieser Hinsicht keine Vorschläge gemacht, denn sonst würde ich Ihnen die Arbeit zu denken abnehmen, und zudem bin ich kein Therapeut.

Jemand kann durchaus der Ansicht sein, daß die bestimmte Therapie, für die er ausgebildet wurde und in der er versiert ist, völlig ausreichend ist und keine Notwendigkeit besteht, eine andere hinzuzufügen. Vielleicht denken Sie das aus Arroganz, vielleicht auch, weil Sie mit Ihrer Therapie so zufrieden sind. Ich bin kein aktiver Therapeut, und wenn Sie sagen: »Hinsichtlich meiner Therapieform möchte ich nichts ergänzen, denn sie ist vollkommen ausreichend«, werde ich mit Ihnen nicht diskutieren und Ihnen nicht widersprechen und sagen: »Mag sein, aber Sie sind zu überheblich und zu überzeugt von Ihrer eigenen Therapie!«

Ich überlasse es Ihnen, sich jeder für sich selbst umzuschauen. Zusammenarbeit ist eine durchaus lobenswerte Idee, und wenn Sie jemanden mit einer möglicherweise kompatiblen Therapieform gefunden haben, können Sie an die gemeinsame Ausarbeitung gehen. Ich ermutige stets zu Zusammenarbeit. Für den einzelnen Therapeuten wird es hilfreich und instruktiv sein, seine Vorstellungskraft und sein Gespür, das nicht näher erläutert zu werden braucht, einzusetzen. Dazu ist es unnötig, schon im voraus über Vorgehensweisen, Einflüsse oder Wirkungen der anderen Therapieform in Theorie und Praxis genauestens Bescheid zu wissen.

Mit anderen Worten: Es besteht die Gefahr, daß Sie gemeinsam ins Theoretisieren geraten und Annahmen über ergänzende Therapieformen entwickeln – aber im Grunde wissen Sie es nicht. Achten Sie darauf, nicht gleich Vorzüge und Verdienste Ihrer jeweiligen Therapien hervorzuheben. Wenn Sie theoretisieren, versuchen Sie es so: »Ich praktiziere diese bestimmte Therapieform und könnte mir vorstellen, daß es hilfreich wäre, wenn mir eine weitere ergänzende Therapieform zur Verfügung stünde.« Treffen Sie dann Ihre Wahl – individuell für sich und in dem Bewußtsein, daß es sich bei Ihrer Entscheidung um eine Vermutung handelt, die zutreffen kann oder auch nicht.

Es geht darum, Ihrer eigenen Therapieform Aspekte hinzuzufügen, und nicht, sie durch eine andere zu ersetzen. Die zugrundeliegende Idee ist, daß Sie Ihre verschiedenen Therapieformen miteinander teilen und nicht gegeneinander auswechseln. Es geht nicht darum zu konkurrieren, sondern zu erkennen.

Vielleicht halten Sie nach etwas Ausschau, das Ihnen in Ihrem speziellen Therapiebereich fehlt, um eine Ihrer Meinung nach vorhandene Lücke zu füllen. Wählen Sie besser die folgende Herangehensweise: »Wie verbessere ich meine Therapie, wenn ich von Freunden lerne, die bereit sind, mit mir ihre Erfahrung, nicht vermeintliche ›Geheimnisse‹ zu teilen?«

Wenn Sie zu einer Entscheidung gekommen sind und Ihre Wahl getroffen haben, welche andere Therapieform zu Ihrer eigenen passen könnte, schlage ich vor, daß einige Freiwillige unter Ihnen hier nach vorne kommen und uns ihre Entscheidung, ihre Wahl, ihre Theorie, oder wie immer Sie es nennen mögen, erläutern. Erzählen Sie uns, welche spezielle Therapieform oder Methode Sie praktizieren, welche Theorie Sie darüber entwickelt haben und durch welche Aspekte aus der Therapierichtung einer anderen Person Ihre eigene Therapie ergänzt werden könnte.

Seien Sie sich darüber im klaren, daß es dabei keinesfalls um Rechtfertigung geht oder darum, Ihre Meinung zu verteidigen. Sie äußern ein Gefühl, Sie führen einen bestimmten Punkt aus. Es ist eine Gelegenheit zu Erklärungen, nicht zu Debatten. Ich hoffe nicht, daß ich dabei zu hören bekomme,

wie der andere es hätte richtiger oder besser machen können.
So wird sonst aus einer Diskussion ein Hahnenkampf.

175. Einsamkeit

Es gibt einen Punkt, der sehr interessant, nützlich, notwendig
und positiv ist und den Sie bei allen Aktivitäten der Tradition
und selbstverständlich auch als Therapeut beachten sollten, ob
es sich nun um eine therapeutische Aktivität, eine persönliche
Übung, ein Dhikr oder eine Meditation handelt: Formulieren
Sie für sich zu Beginn einer Aktivität, Ihre Absicht zu wiederholen.

Indem Sie sich Ihre Absicht formulieren, nehmen Sie sowohl Verbindung zu der Energie der Tradition auf als auch zu
all denen in der ganzen Welt, die dasselbe tun – ob es sich
nun um Aromatherapie handelt oder den Bereich persönlicher
Übungen und Aktivitäten, ob es Meditation oder Lesen betrifft.
Möglicherweise tun sie dasselbe, wenn auch nicht zur selben
Zeit. Die Verbindung oder Ankoppelung, die Sie zur Energie
der Tradition herstellen, hängt nicht davon ab, daß Aktivitäten
zeitgleich durchgeführt werden und Sie sich in Island, Georgia
oder Argentinien Gedanken machen müßten, welche Uhrzeit
gerade in Brasilien, Paris oder Deutschland ist.

Die Energie der Tradition ist ständig verfügbar, zu jeder Zeit,
an jedem Ort und unter allen Umständen. Sie können ankop-
peln und sich mit ihr verbinden – denn Ihre Absicht ist da. Sie
brauchen aber die Gewißheit und feste Überzeugung, daß jemand – und dies gilt in gleicher Weise für den therapeutischen
wie für den persönlichen Kontext – diese gesamte Unterstützung hat, z. B. wenn er eine Therapie beginnt. Auch wenn jemand allein auf Reisen ist oder sich sonst in einer Situation befindet, in der er sich allein fühlt und es in der Nähe keine
Gruppe gibt – keiner ist je allein! Sie können denken, daß Sie
allein sind, und Sie können allein sein wollen – manchmal
lasse ich mich von einem Baum herabhängen, um bloß mal
allein zu sein, aber das ist eine extreme Maßnahme!

»Ich habe keine Gruppe!« oder: »Ich spüre keinen Kontakt!«

Warum? Es geht hier nicht um Leute, die sagen: »Weißt du, ich lehne Kontakt ab. Ich bin alleine, da ist auch kein physischer Kontakt!« Man kann so etwas sagen und auch so empfinden. Man kann sich so einsam fühlen, wie man möchte – das ist das Problem des Betreffenden. Man kann sich auch in eine Höhle zurückziehen und dort herumsitzen, was ich nicht empfehle, denn es ist kalt, und normalerweise gibt es dort Bären und anderes, was da schläft.

Also nutzen Sie die Energie, und halten Sie daran fest, auch in Zeiten der Konfusion, Einsamkeit, Verwirrung, Nervosität oder Furcht. Fühlen Sie die Existenz der Energie, und spüren Sie die Verbindung.

176. Aberglaube

Wenn jemand sagt: »Ich hoffe, alles geht gut!« und dabei auf Holz klopft, handelt es sich zwar um eine Art Aberglaube, aber wenn es hilft, sich besser zu fühlen – warum nicht? Wie abergläubisch, dumm oder instinktiv es auch wirken mag, auf Holz zu klopfen – richten Sie Ihren Fokus dabei auf die Energie und auf die Absicht. Genauso wie man sagt: »Ich habe dieses bestimmte Vorhaben, und es wird schon klappen!«

Verbinden Sie dieses Klopfen, diesen Aberglauben oder diese Angewohnheit – wie immer Sie es nennen wollen – mit der folgenden Aussage: »Ich habe dieses bestimmte Vorhaben. Meine Absicht, meine Hoffnungen und meine Haltung sind klar, und ich werde kein Holz, ich werde die Energie berühren!« Das funktioniert aber nicht als Wundermittel über Nacht, das braucht seine Zeit. Sagen Sie nicht: »Wir klopfen nicht auf Holz, weil es uns so gesagt wurde.« Nein. Klopfen Sie auf Holz oder auf Bananen oder was auch immer – solange dies eine Quelle des Kontaktes und der Verbindung mit der Energie darstellt. Das wird Sie weiterbringen.

Falls Sie zögern und sich fragen, ob Sie Kontakt aufnehmen

sollen, ob Sie in der Lage dazu sind, ob Sie das Recht dazu haben und ob es der richtige Moment dazu ist – nun, schreiben Sie dann nicht an mich, tun Sie es einfach! Ich bekomme häufig Briefe, in denen die Betreffenden mir ihr Vorhaben beschreiben und von mir wissen möchten, ob es meiner Ansicht nach eine gute Idee ist.

Falls es sich um eine wirklich schwierige Entscheidung handelt oder um eine Angelegenheit mit nachhaltigen Auswirkungen auf den Betreffenden, dann werde ich in der Tat möglicherweise eine Antwort geben – Sie können das bestätigen.

Wenn Ihre Absicht klar ist, und wenn Sie den Kontakt zur Tradition greifbar spüren können – dann ist er auch tatsächlich vorhanden.

177. Kontakt zur Tradition

Einige Worte zu dieser inneren Auseinandersetzung: »Kann ich den Kontakt benutzen? Wie soll ich das tun? Ist es der richtige Zeitpunkt dafür?« Wenn Sie mögen, führen Sie diese Debatte mit sich selbst, aber fangen Sie nicht an, mit mir darüber zu debattieren, denn Sie wissen: Ich debattiere nicht.

Der Kontakt zur Tradition ist da, ob Sie einen bestimmten Ort oder Garten aufsuchen, mit jemandem ein Gespräch führen oder ein Buch lesen. Der Kontakt ist da – richten Sie Ihr Fühlen darauf aus, seien Sie sich dessen bewußt, und machen Sie dann Gebrauch davon.

»Habe ich das verdient?« ist die falsche Fragestellung. Solch eine Fragestellung ist üblicherweise der Auftakt zu folgendem Selbstdialog: »Oh, ich bin so dumm, also verdiene ich das nicht! Besser, ich tue gar nichts, sonst mache ich noch einen Fehler!« Sie schieben es auf bis irgendwann nach Weihnachten, um dann schließlich zu der Entscheidung zu kommen, es besser ganz bleiben zu lassen.

Der Kontakt existiert. Es ist ein greifbarer, positiver Kontakt. Denken Sie daran, fühlen Sie ihn, nutzen Sie ihn!

178. Kohärente Therapie

Den Vormittag haben wir mit einem sinnvollen Meinungsaustausch zugebracht, was ich sehr begrüße, und ich denke, es hat sich gelohnt, auch wenn es ›nur‹ zehn Jahre gebraucht hat, daß Sie so miteinander reden. Zehn Jahre, das ist so lange nun auch wieder nicht, aber möglicherweise hätten Sie schon früher miteinander reden können.

Nachdem Sie nun einmal angefangen haben, miteinander zu reden, lassen Sie uns das insofern eingrenzen, als daß Sie nicht nur die von Ihnen vertretene Therapie verteidigen oder rechtfertigen. Wir versuchen, eine kohärente Therapie zu erstellen, indem Sie die Erfahrungen, die Methoden, Techniken und Aspekte Ihrer eigenen Therapierichtung für die Harmonisierung mit anderen Therapierichtungen zur Verfügung stellen.

Ich kann nicht deutlich genug betonen, daß es hierbei keinesfalls um Konkurrenz geht, sondern darum, eine kompatible, kohärente und kohäsive Therapie zu entwickeln – nicht nur für uns, sondern für unsere Kinder und für die Gruppen in aller Welt. Eine Therapie, die sich für unterschiedliche Menschen in unterschiedlichen Situationen und unterschiedlichen Kulturen anwenden läßt. Das ist nicht leicht.

Aber es gibt keine Konkurrenz: »Meine Therapie ist besser als Ihre«; »Als Therapeut bin ich etwas Besonderes in der Tradition«; »Als Therapeut und Mitglied der Hakim-Gruppe habe ich etwas ganz Spezielles« und so weiter, und so weiter. Nein. Eine Person, die als Therapeut arbeitet, hat nicht mehr und nicht weniger Unterstützung und Kontakt zur Energie der Tradition als jemand, der als Ingenieur, Maurer, Maler oder was auch immer arbeitet.

Wenn es eine solche Haltung gibt, die besagen will: »Ich bin Therapeut, ich weiß es besser!« – nun, wenn es um Therapie geht: hoffentlich! Auf diesem Gebiet sollten Sie tatsächlich besser Bescheid wissen als ein Busfahrer oder Maurer. Dennoch wissen Sie als Therapeut weniger über Busfahren oder Mauern als die Leute, die dies täglich tun. Es geht also nicht um Hierarchie.

Allerdings gibt es da einen etwas heiklen Punkt, denn da ist ein feiner Unterschied zwischen einem Therapeuten und einem Maurer: Wenn ein Maurer einen Fehler macht, wird die Wand schief. Das ist nicht so gut. Unterläuft einem Therapeuten aber ein Fehler bei einem Menschen, dann ist das eine heikle Sache. Eine Mauer kann man niederreißen und wieder aufbauen – einen Menschen nicht. Insofern tragen Sie eine heikle Verantwortung.

Je präziser und sensibler die Aktivitäten sind, die man einsetzt, desto sorgfältiger sollte man vorgehen; und ganz besonders dann, wenn es um Menschen geht. Wie Sie Ihren Beruf ausfüllen, ist auch eine Frage der Verantwortlichkeit und Sensibilität, ob nun als Therapeut oder in einem anderen Beruf.

Jeder einzelne Therapeut betont andere Aspekte und Techniken seiner Therapieform, denn dies hängt ganz offensichtlich von der individuellen Einstellung ab. Die Persönlichkeit des Therapeuten spielt eine Rolle und seine aktuelle Einschätzung, was für den Patienten notwendig ist. Entsprechend führen Persönlichkeit und Einstellung des Patienten und des Therapeuten zu Modifizierungen der Therapie. Aber dies sollte Sie keinesfalls davon abhalten, sich auszutauschen – nicht über ›Geheimnisse‹, aber um so mehr über Vorgehensweisen. Zum Beispiel in der Form, daß Sie mit einem anderen Therapeuten über eine bestimmte Situation, einen einzelnen Patienten oder über ein Gefühl, das Sie hatten, reden und nach seinen Vorschlägen und Ergänzungen fragen – ohne dabei examiniert oder kritisiert zu werden.

Es ist keine Verpflichtung oder Zwang. Aber wenn Ihnen jemand in aller Freundschaft und Aufrichtigkeit von einer speziellen Funktion oder einem speziellen Aspekt erzählt, den er nützlich findet, sollten Sie auf so ein Angebot eingehen. Ob Sie das dann auch nutzen und ob es für Sie geeignet ist, bleibt Ihnen überlassen. Sagen Sie nicht: »Da dies von einer Person kommt, die ich mag und respektiere, muß ich das auch übernehmen«, denn das ist gekünstelt und hinterläßt gewisse Vorbehalte, denn es ist eben nicht ›Ihre Idee‹. Aber wenn Ihnen eine Idee, Enthusiasmus, Liebe und Harmonie von einem

Freund entgegengebracht wird: Nehmen Sie es an, und machen Sie Gebrauch davon – oder auch nicht.

Ich schlage vor, daß Sie nun damit fortfahren, Ihre Erfahrungen aus den Gesprächen mit anderen Therapeuten zu erläutern.

179. Versiertheit

Wir versuchen, eine kohärente therapeutische Aktivität zu erreichen. Zu diesem Zweck beziehen wir nicht nur den therapeutischen Aspekt der Tradition, sondern auch die grundlegenden menschlichen Verbindungen innerhalb der Tradition ein. Sicherlich kann man das auch voneinander getrennt sehen und sich dann fragen: »Dieses ist der Therapiebereich und jenes das Gefühl, zur Tradition zu gehören. Wonach gehen wir? Sind wir Therapeuten, oder sind wir in der Tradition?« Die Antwort lautet: »Beides!«

Um Therapie und Aktivitäten auf kohärente und kohäsive Weise zusammenzubringen, müssen wir sie als eins betrachten, d. h., wer beruflich als Therapeut aktiv ist, übt seinen Beruf – hoffentlich – erfolgreich und sinnvoll aus. Und wer nicht direkt damit zu tun hat oder therapiert wird, kann zu einer Harmonisierung beitragen, indem einer den anderen selbstverständlich unterstützt.

Bevor Sie eine Unterteilung vornehmen, indem Sie sagen: »Ich bin Therapeut, die anderen aber nicht!«, erinnern Sie sich daran, daß Sie beide von der Energie der Tradition profitieren, von der Sie anerkannt, genährt, bestätigt und unterstützt werden. Ob Sie nun eine spezielle Therapie durchführen, einen Bus fahren oder eine Operation vornehmen – die Energie ist da. Welche Tätigkeit der Betreffende auch immer ausübt, er stellt Kontakt zur Energie her, verbindet sich mit ihr und profitiert von ihr.

Auch wenn die Energie verfügbar ist, so doch nicht in solchen Mengen, daß sich für jedweden Zweck davon Gebrauch machen ließe: »Ich bin zu spät dran, möchte das Flugzeug aber doch noch erwischen. Also benutze ich die Energie, um es aufzuhalten.« Das ist – hoffentlich – eine Übertreibung.

Um die Energie funktional und sinnvoll einsetzen zu können – nicht um in der Lotterie zu gewinnen, sondern für einen angemessenen Zweck –, sei es für die Therapie, die eigene Familie, den Beruf oder für andere Aktivitäten, ist es erforderlich, daß man ihre Präsenz fühlt und sich der Tatsache, daß man Zugang zu ihr hat, gegenwärtig ist.

Nutzen Sie diese Energie für Ihre alltäglichen Aktivitäten: um zu fokussieren, Klarheit zu schaffen, zu helfen und um zu ermutigen, sie verstärkt anzuwenden. Sie wird nicht in Form eines großen Knalls oder grellen Lichtblitzes wie in der Nasrudingeschichte auftreten, sondern sie wird durch Vertrautheit angezogen. Denn Vertrautheit spielt in nahezu jedem Kontext eine Rolle. Sorgen Sie dafür, daß Sie sich mit der Methode, den Techniken und dem Handwerkszeug, das Sie benutzen, gut auskennen. Ob Sie als Mechaniker, Tischler, Bildhauer, Künstler, Therapeut, Busfahrer oder Flugpilot tätig sind: Wenn Sie mit dem Umgang mit Personen oder Material, mit der Handhabung des Instrumentariums vertraut sind und dann die Energie der Tradition einbringen, wird Ihnen das Bestätigung, ein Gefühl der Zusammengehörigkeit und freundschaftliche Verbundenheit mit Ihrem Arbeitsbereich geben.

Das läßt sich nicht einfach kaufen und dann einbauen, wie z. B. bei einer Maschine. Wenn Sie mit der Funktion oder dem Material vertraut sind, macht es das einfacher und effizienter, und Sie stehen nicht einer fremden Situation oder einem unbekannten Material gegenüber. Wenn Sie sich mit Ihrem Material auskennen – seien es nun Menschen oder Stoffe wie Holz oder Stein –, wenn Sie zu der Materie, mit der Sie umgehen, in Beziehung treten, entsteht ein vertrauter Umgang. Das macht es Ihnen leichter, es als ein Instrument in einem kreativen Prozeß einzusetzen – ob es ums Malen oder Bildhauern geht, um ein Stück Holz oder einen Patienten. Sie bekommen ein intensiveres Gefühl dafür, wenn Ihnen die Materie vertraut ist, so daß Sie nicht zu zögern und sich nicht in Frage zu stellen brauchen.

Wenn Ihnen eine Situation oder ein Material fremd ist, dann bedarf es beträchtlicher Anstrengung, wenn z. B. ein Maler auf einmal anfängt, mit Marmor zu arbeiten. Forcieren Sie nichts; wenn Ihnen das Material oder die Situation nicht vertraut ist, nehmen Sie es in Augenschein, und denken Sie erst einmal in Ruhe darüber nach – aber bitte im vernünftigen Rahmen und nicht auf ewig!

Bauen Sie sich selbst keine Hürden auf: »Ich bin Maler (Bildhauer oder Therapeut), und nun stehe ich vor einem Marmorblock. Es wird erwartet, daß ich damit etwas anfange, aber im Grunde will ich gar nicht!« Diese Reaktion ist zwar normal, aber schließlich steht niemand hinter Ihnen und zwingt Sie, etwas zu tun. Wenn Sie Ihr Können und Ihre Grenzen kennen und akzeptieren, werden Sie entweder sagen: »Was für ein hübscher Marmorblock!« und dann vorbeigehen – oder ihn näher in Augenschein nehmen und sich fragen: »Besitze ich die Kapazität, daraus etwas zu schaffen?« und: »Wenn ich daran arbeite, was möchte ich erreichen?«

Auch wenn Sie sich bei verschiedensten Gelegenheiten solche Fragen stellen sollten: Wenn Sie mir Fragen stellen, machen Sie es kurz und bündig; ich möchte nicht die ganze Weltgeschichte zu hören bekommen. Analysieren Sie, fassen Sie das Problem zusammen, wägen Sie ab, und handeln Sie dann – oder auch nicht.

180. Erfahrung teilen

Ich möchte Sie dazu ermutigen, sich umzuschauen und eventuell Aspekte anderer Therapien mit hinzuzunehmen, aber dies bedeutet keinen Konkurrenzkampf. Wir lernen alle. Falls Sie sagen können: »Ich werde zwar einen bestimmten Aspekt aus einer anderen Therapierichtung mit aufnehmen, an diesem Punkt aber fühle ich mich damit nicht wohl«, ist die Antwort darin bereits enthalten: Ob Sie Automechaniker, Elektroingenieur oder was auch immer sind, wenn Sie sich mit dem Werkzeug oder Instrumentarium, das Sie gebrauchen, nicht wohl fühlen, müssen Sie entweder lernen, damit umzugehen, oder es kommt der Punkt, an dem Sie sagen: »Das ist nicht mein Ding!« Das hat nichts damit zu tun, daß man die Art oder die Eignung der betreffenden Technik bzw. des Instrumentes ablehnt, sondern es läßt sich – aus welchem Grund auch immer – nicht mit der eigenen Methode verzahnen oder paßt nicht zu Ihrer Persönlichkeit. Je mehr Sie versuchen, es zu erzwingen, desto falscher wird es.

Es geht auch nicht darum, wie ein Schmetterling vom einen zum anderen zu flattern, herumzuprobieren und hier und da etwas hinzuzufügen. Sie können selbst sehen, was daraus wird. Wenn Sie aber der Auffassung sind, daß Sie sich mit Ihrer therapeutischen Technik wohl fühlen und zufrieden sind, Sie sie aber gerne um einige Aspekte wie Aromatherapie oder ›Vom-Baum-Hänge-Therapie‹ ergänzen würden und beides kompatibel und akzeptabel ist und auch noch funktioniert – dann tun Sie es doch. Aber tun Sie es nicht automatisch, weil Sie meinen, Sie müßten es tun. Das wäre falsch.

Wenn Sie sich darüber Gedanken machen, wie Sie Ihre spezielle Therapie ein wenig erweitern oder verbessern könnten, dann sollten Sie erwägen, etwas wie Farben, Musik oder Aroma hinzuzufügen oder auch, den Patienten sich nur hinsetzen und relaxen zu lassen. Besser, Sie lassen ihn etwas Sinnvolleres tun, als sich an Bäume zu hängen. Es geht mehr um geringfügige Modifizierungen als um drastische Änderungen.

Der Einwand, daß man seine eigene Technik nicht ergänzen wolle, weil sie nichts tauge oder auch, weil sie perfekt sei, ist wenig hilfreich. Seien Sie offen für andere Therapieformen, und seien Sie in der Lage dazu, jemandem eine andere Therapie vorzuschlagen.

Jeder, der mit Therapie befaßt ist, verfügt über ein gewisses Maß an Intelligenz und Erfahrung, Informationen, die er sozusagen in den Pool mit einbringen kann, damit alle daran teilhaben können. So lassen Sie uns Erfahrungen miteinander teilen.

181. Esoterik

Wenn, wie wir eben gehört haben, jemand sagt: »Mein Gefühl sagt mir, daß ich die Fähigkeit habe, Energie zu übertragen oder zu gebrauchen. Ich hoffe, daß ich dazu fähig bin, dies noch weiter auszubauen, weiß das aber noch nicht genau«, ist das eine gute Ausgangsbasis. Ineffizient dagegen wäre eine Einstellung wie: »Ich weiß es nicht genau, deshalb werde ich es auch nicht einsetzen« oder: »Ich weiß es nicht genau, daher werde ich erst mal viel Zeit brauchen, um es zu verstehen«. Denn wenn Energie vorhanden ist (und das ist sie), der Kontext da ist, wieso sollten Sie da noch eine Menge Zeit damit zubringen, sie nach herkömmlichen Maßstäben einzuschätzen und sich über ihr genaues Ausmaß in Form von Zentimetern, Kilogramm, Mikro- oder Milli-Ampere Gedanken zu machen. Sie werden es auch nicht herausfinden.

Wenn Sie aber das Gefühl haben und wissen, daß die Energie existiert, wird die Frage des Messens de facto irrelevant. Sie geben sie weiter, ob nun an einen Patienten oder an die Freunde in der Tradition. Sie suchen einen bestimmten Ort auf, lesen etwas oder hören sich etwas an und haben dabei bestimmte Empfindungen; wieso sollte es notwendig sein, dies zu kategorisieren: »Aha, das ist jetzt esoterisch!« oder ». . . abstrakt!« oder »pseudo-esoterisch« oder: »Das ist jetzt das erste (oder achte) Level!« oder aber auch: »Ich bin blöd, ich versteh's nicht!« Manche Leute sagen: »Ich bin völlig blöde, ich verstehe es nicht!«, und das gilt auch für die meisten.

Daher rührt auch das bedauerlicherweise durch das westliche Bildungsverständnis geförderte Bedürfnis, alles mit einem Etikett zu versehen. Ich habe erstaunliche Theorien zu hören bekommen, die daraus entstanden sind – auch wenn ich für gewöhnlich recht geduldig bin und auch mit Leuten gesprochen habe, die auf diesen sogenannten ›esoterischen‹ Gebieten tätig sind.

Im Grunde kann ich nicht sagen, was ›esoterisch‹ ist. Ich weiß, was funktional und was nützlich ist. Ich weiß über die Tradition und über die Energie Bescheid. Esoterizismus und

dergleichen gehört in ein Gebiet, das für mich nicht erstre-
benswert ist. Ich kann es mir leisten zu sagen: »Wenn ich es
nicht spüre, existiert es auch nicht!« Sie könnten sagen, daß
diese Definition pauschal sei, aber das ist sie nicht. Ich spreche von meiner persönlichen Warte aus. Wenn ich gebeten
wurde, über solche Themen zu sprechen und zu diskutieren,
habe ich diese Einladungen zuweilen zögerlich angenommen,
um dann über die spirituellen Aspekte der Sufitradition zu reden. Im Gegensatz zu den Leuten, die dort dann mit mir reden
oder diskutieren, habe ich einen Vorteil, und der besteht
darin, daß ich, wie Sie wissen, dunkle Brillengläser trage, so
daß ich währenddessen unbemerkt ein Nickerchen halten
kann. Wenn ich dann gelegentlich »Hmmm, hmmm« sage,
nehmen sie an, daß ich zuhöre, während ich mir statt dessen
gerade über meine Steuern oder meinen Blutdruck Sorgen mache oder tatsächlich schlafe. Aber das ist dann deren Problem
und nicht meines.

182. Der akademische Bereich

Bis zu einem bestimmten Punkt kann und sollte man prüfen,
solange man dabei nicht ›über-examinierend‹ bzw. überkri-
tisch ist. Ganz sicherlich sollte man dabei auch nicht wettei-
fern.

Vielleicht praktizieren Sie die ABC- oder KGB-Therapie,
und wenn Sie – wie unter Freunden üblich – offen sprechen
(nicht aus einer feindseligen oder akademischen Einstellung
heraus wie: ». . . aber Schopenhauer sagt, daß . . .«), sagt vielleicht jemand: »Ihre KGB-Therapie ist ja recht nett, aber haben
Sie schon mal darüber nachgedacht, wie es wäre, Musik,
Farbe, Aroma oder ähnliches mit hinzuzunehmen?« Möglicherweise ist der vorgeschlagene Aspekt nützlich, und vielleicht gibt er neue Denkanstöße. Es ist ein Vorschlag. Falls Sie
anderer Auffassung sein sollten, heißt das nicht unbedingt,
daß der andere automatisch richtig liegt und Sie automatisch
falsch. Bei dem, was er Ihnen da als Freund anbietet, handelt

es sich schließlich um einen Teil seiner Erfahrung. So sollte Ihre Antwort auch eher »Warum nicht?« lauten als »Warum?«.

Wenn Sie den Betreffenden kennen, ihm vertrauen und es sich auch noch um ein Gruppenmitglied handelt, werden Sie seiner Meinung mehr Gewicht beimessen als dem, was Sie gerade von Schopenhauer oder anderen Leuten dieser Art gelesen haben. Wenn jemand, dem Sie durch dieselbe Arbeit verbunden sind, Interesse bekundet und Ihnen etwas empfiehlt, muß das nicht automatisch passend sein, aber zumindest sagt er es im guten Glauben, mit Ernsthaftigkeit und Liebe. Hören Sie es sich an, denken Sie darüber nach, und wenn es geeignet ist, benutzen Sie es.

Wenn Sie eine akademische Erklärung für das ›Warum‹ wollen, müssen Sie sich auf akademisches Gebiet begeben: »Da Freud, Jung, Adler, Schopenhauer etc. dies und jenes gesagt haben . . .«. Das läßt sich auf ewig fortsetzen.

Auch wenn Sie in einer bestimmten Therapie einen gewissen Grad an Wissen und Sachkenntnis erworben haben, seien Sie dennoch offen für andere Möglichkeiten. Das verlangt Ihnen keinerlei Zugeständnisse ab und auch keine drastischen Veränderungen. Die Leute so lange mit aus Gummistreifen gefertigten Peitschen zu schlagen, bis Sie bereit waren, alles zu bekennen, war eine Methode des KGB – insofern empfehle ich das nicht; es ist zu einfach!

Wenn aber bei dem, was ein anderer sagt, in Ihnen eine Saite anklingt und Sie sagen läßt: »Oh, das ist aber interessant!«, dann probieren Sie es doch aus! Wenden Sie es an, integrieren Sie es. Wenn es funktioniert, dann vervollständigen Sie diesen speziellen Aspekt – vielleicht indem Sie ihm weiteres hinzufügen. Das tut Ihrer eigenen Therapie keinen Abbruch, und sie wird auch nicht durch etwas anderes ersetzt; Sie ergänzen sie lediglich.

183. Rapport

Es ist hier eine Anzahl erfahrener und distinguierter Therapeuten anwesend sowie eine Anzahl von Freunden, die zwar nicht Therapeuten sind, aber beobachtende Funktion haben. Freundlicherweise haben diese sich nicht zu Wort gemeldet, so daß es den Therapeuten möglich war, die ›Esoterik der Therapie‹ zu diskutieren – was zu verstehen ich gar nicht erst vorgebe.

Zur allseitigen Überraschung schlage ich nun vor, daß die Therapeuten die anwesenden Nichttherapeuten therapieren, d. h., daß sich jeder Therapeut jeweils ein Opfer unter den Nichttherapeuten sucht – ungeachtet dessen, ob er die Person kennt oder nicht. Besser wäre es allerdings, wenn er sie nicht kennt. Wenn Sie eine Person auswählen, dann nicht, weil Sie meinen, sie benötige Therapie. Vielleicht bedarf der Betreffende einer Therapie, vielleicht aber auch nicht. Manch einer wird nicht sofort einräumen, daß er Therapie benötige, und manch einem würde Therapie auch gar nicht guttun.

Wozu also das Ganze? Jede Person, die ein Therapeut behandelt, ist anders. Es ist Aufgabe des Therapeuten, zu Anfang einen gewissen Rapport mit seinem Opfer bzw. dem Patienten herzustellen. Dieser kommt aus freien Stücken, weil er ein Problem hat, oder aus einem anderen Grund. Auf welchem Therapiegebiet Sie auch tätig sind, es ist das Einführungsgespräch, bei dem Sie sich eine Meinung bilden. Zu Anfang können Sie sich kein hundertprozentig sicheres Urteil bilden: »Ja, diese Person ist tatsächlich verrückt, und so werde ich dieses und jenes tun.«

Während dieses Einführungsgespräches und im Verlauf der folgenden Treffen bauen Sie den Rapport auf und achten auf Hinweise dafür, in welchem Umfang und in welcher Intensität Sie therapieren werden. Dies ist eine Frage des Rapports, den Sie herstellen. Denn wenn jemand ein Problem hat, ist er sich wahrscheinlich nicht ganz sicher, wo sein Problem nun liegt, aber er braucht Hilfe, vermutlich auch Hilfe in verschiedener Hinsicht. Diese werden Sie ihm aufgrund Ihres Könnens, das

Sie sicherlich haben, geben – und falls Sie es nicht haben, so müssen Sie es sich eben aneignen.

Wenn es sich bei dieser Person, die neu zu Ihnen kommt, um einen Fremden handelt, um jemanden, den Sie nicht kennen, müssen Sie bei Null anfangen. Wenn er Ihnen aber bereits sagen kann, daß er ein Problem hat – oder was auch immer –, können Sie allmählich mit ihm in Beziehung treten. Möglicherweise erklärt er Ihnen auch seine Syndrome, anhand derer Sie sein Problem dann identifizieren können.

Bei Null anzufangen heißt, daß Sie erst einmal zu einer Beurteilung finden müssen. Falls Sie der Ansicht sind, daß die betreffende Person spinnt, ist es nicht unbedingt ratsam, ihr gleich beim ersten Treffen zu sagen: »Stimmt, Sie spinnen – das macht 25 Mark!«, denn das wird sie wohl kaum hören wollen.

Sie wollen wissen, warum ich vorschlage, daß die Therapeuten unter Ihnen die Nichttherapeuten therapieren, ob diese nun ein Problem haben oder nicht. Eine Antwort darauf – und ich gebe niemals die volle Antwort, denn ein paar Geheimnisse behalte ich mir vor – ist, daß Sie sich in Ihrer jeweiligen Therapieform üben und diese anwenden. Sie mögen einwenden, daß Sie das doch schließlich sowieso ständig tun. Diesmal jedoch erproben Sie Aspekte Ihrer therapeutischen Methode oder Therapierichtung an Freunden aus. Sie tauschen sich gegenseitig aus. Sie bekommen ein Feedback, und Sie benutzen die Energie.

Wenn Sie zu einem Freund gehen und sagen: »Ich glaube, du hast ein Problem« und er wirklich mit Ihnen befreundet ist, werden Sie zu hören bekommen: »Mensch, laß mich in Ruhe, ich habe absolut kein Problem! Ab und an bin ich mal etwas nervös, aber das ist kein Problem.« Wenn Sie ihm darauf sagen können: »Ich bin doch ein Freund, und da ich zudem etwas Erfahrung habe, was Therapie anbelangt, würde ich dich gerne für ein Experiment benutzen!« Wenn er es als ein Experiment für Ihre Methode sieht, wird er Ihnen nicht automatisch Feindseligkeit entgegenbringen: »Ich brauche keine Therapie! Geh weg; ich bin völlig in Ordnung. Wenn andere behaupten,

338

ich sei paranoid, so trifft das nicht zu! So überzeuge mich doch davon, ob ich es nun bin oder nicht!«

Sicher wird er auch nicht sagen: »Du bist mein Freund – therapier mich doch, laß mich wundervoll werden!« In gewissem Sinn benutzen Sie den anderen hier als Versuchsobjekt, aber gleichzeitig wenden Sie auch Ihre jeweilige Methode an. Zudem lassen Sie zu, daß die Freundschaft und Energie zwischen Ihnen im Fluß ist.

Fragen Sie nicht nach Freiwilligen, die gerne therapiert werden möchten, sondern wählen Sie sich Ihr Versuchsobjekt aus – eingedenk dessen, daß es sich dabei um eine Person handelt. Suchen Sie sich auch keinen anderen Therapeuten als Opfer, denn wir haben nicht die Zeit, die es braucht, bis zwei Therapeuten, die sich gegenseitig therapieren, mit ihrem Pingpong-Spiel fertig sind: »Ah, Sie sagen das jetzt, weil . . .« oder: »Die Art, wie Sie jetzt sitzen, zeigt, daß Sie . . .« oder: »Dieses KGB, NLP oder XYZ verdeutlicht die Tatsache, daß . . .« und: »Ja, schon . . . aber Schopenhauer sagte . . .« usw.

Gleich und Gleich sollten sich hier nicht zusammentun, denn ein Therapeut, der mit einem anderen Therapeuten spricht, greift auf seine Methode zurück, und der andere wird automatisch auf demselben Level antworten. Das ist eine Sackgasse: Der eine sagt ja, der andere sagt nein. Sie zitieren Kapitel und Sätze, und der andere zitiert Kapitel und Sätze. Das führt zu nichts.

184. Tradition und Therapie

Die Tradition umfaßt eine beachtliche Bandbreite menschlichen Tuns und Handelns. Dies schließt auch den therapeutischen Aspekt ein, denn es gibt Menschen, die der Therapie bedürfen. Was Therapie anbelangt, bin ich ein hoffnungsloser Fall. Nicht, weil ich noch nicht alle der vielen Therapieformen kenne, sondern weil ich zu einfältig bin, um Therapie absorbieren zu können.

Dessenungeachtet wird die überwiegende Mehrheit von Ihnen wohl in der Lage sein, nicht nur den einen Aspekt der Tradition, Therapie nämlich, zu verstehen, zu absorbieren und dann umzusetzen, sondern auch einen anderen Aspekt, der den ganzen Bogen von Literatur und Dichtkunst bis hin zu menschlichen Verhaltensweisen spannt.

In den Therapieseminaren, die ich vor langer Zeit initiiert habe, liegt die Betonung natürlich auf dem Aspekt der Therapie. Ich habe versucht, auf Bereiche hinzuweisen, in denen Therapie nützlicher angewandt werden kann, diese zu fördern und zu betonen. Da aber die Tradition jeden Aspekt menschlichen Verhaltens, menschlicher Entwicklung und Existenz abdeckt, nehme ich bei einem solchen Treffen nicht nur die Gelegenheit wahr, Therapien zu diskutieren, zu prüfen, zu vergleichen und zu verbinden, sondern auch ab und an über andere Aspekte der Tradition zu sprechen.

Die Tradition ist so komponiert, daß sie sich in allen Bereichen menschlicher Existenz anwenden läßt. Bei uns gibt es keine Unterteilung. Sie sind alle dumm – lernen Sie deshalb voneinander auf verschiedene Weisen.

Wenn nun so ein Treffen auf einen speziellen Aspekt ausgerichtet ist, wie hier auf die Therapie, bedeutet das nicht, daß wir nur und ausschließlich über Therapie reden und nur deshalb zusammenkommen. Ich selbst weiß nichts über Therapie. Ich habe keine Qualifizierung auf therapeutischem Gebiet, aber ich habe bestimmte Qualifikationen, was die Tradition anbelangt. Daher kann ich über jedes Thema sprechen, das in einer therapeutischen, musikalischen, poetischen oder sonstigen Situation hilfreich ist. Auf einem Therapeutentreffen geht es darum, den therapeutischen Aspekt zu diskutieren und – hoffentlich, so Gott will – doch auch weiterzuentwickeln, und so spreche ich aller Wahrscheinlichkeit nach mehr über den therapeutischen Aspekt der Tradition. Gleichzeitig versuche ich aber auch auf anderen Ebenen durchzudringen, denn ich kommuniziere auch auf anderen Ebenen.

185. Präsenz

Diejenigen, die sich im therapeutischen Bereich engagiert haben, sind außerordentlich überzeugt von ihrer Therapie und darin bewandert. Das ist auch gut so, insbesondere dann, wenn sie zunehmend die Energie der Tradition einbringen und Teile aus anderen Therapierichtungen ihrer eigenen Therapie hinzufügen – nicht einer totalen Therapie halber, sondern einer besseren Therapie wegen.

Es geht mir darum, daß es in der Tradition Aspekte und Gebiete gibt, die nicht in der Weise spezifiziert sind, daß therapeutische, musikalische, poetische, literarische oder dümmliche Aspekte etc. getrennt voneinander existieren. Zusammengenommen sind sie alle Teil der Tradition. Ich schaue aus der Distanz auf ihre Kohäsion herab, und wenn ich feststelle, daß ein Aspekt oder eine Funktion fehlt, dann ist es meine Aufgabe, diese zu forcieren. Nicht, weil ich so clever bin – es geht hier um eine Art technisches Arrangement.

Was Sie anbelangt, versuchen Sie sich ein wenig mehr anzustrengen. Das ist nicht nur als eine Kritik an Ihren Bemühungen gedacht, sondern vor allem als Anfeuerung, auch wenn es nicht so aussehen mag.

Wenn Sie eine Übung, ein Meeting oder eine bestimmte Aktivität nun für sich oder gemeinsam ausführen und dann darüber reden und diskutieren: Sie sind nie allein, denn ich bin stets dabei. Nicht daß ich ganz offensichtlich auf Ihrer Schulter säße, aber es gibt doch gewisse diplomatische Möglichkeiten, Ihnen über die Schulter zu gucken, ohne daß Sie es bemerken. Also zählen Sie auf meine Präsenz, aber verlassen Sie sich nicht auf meine Abwesenheit.

Nehmen Sie nicht die Gewohnheit des Unglücklichseins an, denn das ist wenig produktiv. Viel wichtiger ist die Tatsache, daß, wenn Sie mit einer nützlichen und positiven Aktivität in der Tradition befaßt sind, auch das, was Sie tun, mit der Tradition gekoppelt ist, vorausgesetzt, Ihre Intention ist, wie sie sein sollte. Das heißt, daß nicht nur ich auf Ihrer Schulter sitze und alles beobachte, was Sie tun, sondern sozusagen Sie alle. Denn durch die Intention wird nämlich auch die Energie und die Unterstützung von jedem anderen in der Tradition gerufen und empfangen. Und es gibt eine Menge Leute in der Tradition und eine Menge Energie! So bitten Sie um die Energie, nehmen Sie sie, und gebrauchen Sie sie.

186. Nasrudin und die Wiswasiya

Für den Fall, daß Sie untereinander debattieren, möchte ich Ihnen eine Nasrudingeschichte erzählen. Ich bin sicher, daß Sie sie kennen:

Nasrudin reiste viel umher und besuchte verschiedene Gruppen: Naqshbandis, Qadiris, Suhrawardis und andere. Er war sehr beeindruckt von ihrer Intention, ihrer Ernsthaftigkeit, ihrer Liebe und Warmherzigkeit, doch er wäre nicht Nasrudin, hätte er nicht eines Tages bei sich gedacht: »Ich will einen eigenen Orden gründen!«

So überlegte er: »Naqshbandis sind dieserart, Qadiris solcherart, Rifais machen eine Menge Lärm, Suhrawardis tun dies und das – so werde ich etwas anderes beginnen.«

Darauf ging er in sein Dorf zurück und verkündete: »Ich bin der Sheikh eines neuen Ordens!« – »Das ist sehr interessant!« sagten die Dorfbewohner.

Unter ihnen waren auch Naqshbandis, Qadiris und andere, von denen einige sagten: »Nasrudin, was hat es damit auf sich? Wie heißt der Name des Ordens? Naqshbandi leitet sich von Bahaudin Naqshband ab, Qadiri von Abdul Kadiri Gilani und Rifais wovon auch immer. Wirst du den Orden Nasrudiniya nennen?« Denn die Endung ›iya‹ in ›Naqshbandiya‹ bedeutet: ›die Leute von Naqshband‹.

Nasrudin entgegnete: »Nein, nein, denn das wäre recht arrogant. Vielleicht später einmal. Für den Augenblick werden wir den Orden Wiswasiya nennen. Ja, Wiswasiya sind Leute, die unsicher sind.«

»Nun«, sagten sie, »das ist eine interessante Idee, laß uns darüber nachdenken. Kannst du das näher erklären?«

»Nein«, sagte er, »das ist unsicher, deshalb kann ich ganz gewiß auch keine Erklärung abgeben, denn der Definition nach bedeutet unsicher, daß wir unsicher sind!«

Da baten sie: »Nun, aber vielleicht, o großer Sheikh, könntest du uns ein *Dhikr* geben, denn ob es nun *Naqshbandis, Qadiris, Suhrawardis* oder *Rifais* sind, normalerweise haben sie alle ihre *Dhikr.*«

»Ja, natürlich!« verlautete es von Nasrudin.

»Wärst du so freundlich, uns dies näher zu erläutern?«

Er gab zur Antwort: »Wir sind *Wiswasiya,* die Unsicheren. Und in der Tat, wir sind dermaßen unsicher, daß wir nicht ja oder nein sagen!«

»Ja, aber du brauchst uns doch bloß das *Dhikr* zu sagen!«

»Ja, natürlich, das ist kein Problem. Das *Dhikr* geht folgendermaßen: Ihr wendet den Kopf nach links und sagt dabei: ›Soll ich es tun?‹, dann wendet ihr den Kopf nach rechts und sagt dabei: ›Ich bin nicht sicher‹. Wendet euren Kopf nach links und sagt: ›Ja, ich will!‹ und dann zur anderen Seite: ›Nein, ich will nicht!‹ Das ist *Wiswasiya.*«

Die Legende berichtet, daß dieser Orden nicht lange währte, denn die Leute konnten sich nicht entscheiden, ob sie nun zu den *Wiswasiya* gehörten oder nicht.

187. Die Verbindung

In welcher Situation oder in welchem Kontext auch immer Sie sich befinden – ob therapeutischer, musikalischer, poetischer, menschlicher, familiärer, persönlicher oder sonstiger Art –: Sehen Sie zu, daß Sie Ihre Intention so klar wie möglich fassen. Stellen Sie darüber hinaus den Kontakt her und halten die Verbindung, bewahren sie und geben sie weiter. Denn wenn die Gelegenheit da ist – und sie ist da –, um die Verbindung herzustellen und aufrechtzuerhalten, lautet die Fragestellung nicht ›Wie‹, sondern ›Warum denn nicht‹.

Wenn Sie die Verbindung abreißen lassen, sind Sie nicht gleich verloren, Sie sind allenfalls dumm. Zudem mag es da sehr wohl sein, daß ich auf Ihrer Schulter sitze – tot oder lebendig.

Ich schlage nun vor, daß wir das gestern Begonnene um einen Schritt weiterführen, so daß diesmal die Situation zwar ähnlich, aber umgekehrt ist: Jetzt sind es die ›Opfer‹, d. h. die Nichttherapeuten, die sich einen Therapeuten aussuchen und dafür sorgen, daß sie therapiert werden. Danach werden wir herausfinden, wer erfolgreicher war – die Patienten oder die Therapeuten.

188. Dynamik II

In der Tradition brauchen und nutzen wir die Energie – die Dynamik der Tradition, wenn Sie so wollen. ›Dynamik‹ steht hier für ›Energie‹. Manche lieben das Wort Dynamik, denn sie verstehen die Bedeutung des Wortes Energie nicht.

Ob nun Dynamik oder Energie, es bedeutet, daß wir alle in der Tradition in der Lage sind, den Kontakt zur Energie herzustellen, aufrechtzuerhalten und zu nutzen.

Damit ist nicht gesagt, daß andere Leute ohne Dynamik bzw. ohne Energie sind, sondern es bedeutet, daß der Weg der Tradition von Anfang an zu dem Zweck existierte, den Menschen eine Aufgabe anzubieten, d. h. einen Weg, einen Nutzen, einen Wert, der nicht nur ihnen selbst weiterhilft, sondern sich auch auf ihre Familien sowie die Gesellschaft, in der sie leben, ausdehnt; sie dahin zu führen, ihnen behilflich zu sein und sie anzuleiten. Allerdings nicht in dem Sinn, daß Sie sich aufmachen, andere Leute zu ›bekehren‹. Das tun bereits die Zeugen Jehovas, die sich dabei selbst ausgesprochen langweilen.

Wenn sich jemand in einer Aktivität der Tradition engagiert, fühlt und versteht er das – hoffentlich – auch. Es zeigt sich an seinem Tun und Denken und auch daran, daß er sie weitergibt, ohne damit hausieren zu gehen, d. h., ohne jedem x-Beliebigen zu sagen: »Wir arbeiten nun schon so lange gemeinsam in diesem Büro, und ich weiß, Sie sind ein sehr netter

Mensch. Daher möchte ich Ihnen von etwas ganz Wunderbarem erzählen: Sie sollten sich der Tradition anschließen!«

Etwas in dieser Art kann man zwar sagen, aber es ist nicht unbedingt sinnvoll. Es ist durchaus möglich, daß jemandem – sei es im familiären oder beruflichen Bereich – auffällt, daß Sie irgendwie anders sind, sei es etwas verrückt oder auch irgendwie gefaßter – je nachdem, welches Etikett er Ihnen aufdrückt –, und vielleicht würde er gerne mehr darüber erfahren. Sei es, weil er neugierig ist und eben gern einfach alles wissen möchte, oder aber, weil er Sie kennt bzw. mit Ihnen in Kontakt ist und spürt, daß etwas mit Ihnen ist, vielleicht Gelassenheit, Verrücktheit oder beides, und sich dann wünscht, auch so gefaßt, verrückt oder beides zugleich zu sein. Lassen Sie es geschehen. Forcieren Sie es nicht, Sie brauchen auch keine Listen anzulegen. Wenn es jemanden in Ihrem familiären, beruflichen oder sonstigen Umfeld gibt, der Ihrer Ansicht nach vom Kontakt mit der Tradition profitieren könnte, geben Sie ihm auf jeden Fall ein Buch zu lesen, unterhalten Sie sich mit ihm, oder schlagen Sie ihm etwas vor. In derselben Weise, wie die Tradition den Menschen all die vielen Jahre über angeboten, aber nicht aufgedrängt wurde, bieten Sie sie anderen an.

Man kann von Ihnen nicht erwarten, daß Sie für jemand anderen die Verantwortung übernehmen, sei es ein Arbeitskollege, ein Familienmitglied oder ein Bekannter. Nein. Die Verantwortung liegt bei den Betreffenden selbst.

Vielleicht werden Sie gefragt: »Woher kommt es, daß wir Sie nie an Donnerstagabenden zu sehen bekommen?« Darauf können Sie antworten: »Weil ich mich mit Freunden treffe« oder »Weil ich die Zeit nutze, tief nachzudenken« oder etwas anderes in der Art. Wenn der Andere nun Interesse zeigt, dann ermöglichen Sie ihm auf jeden Fall den Zugang zur Tradition, zur Energie. Unter welchen Vorzeichen auch immer Sie das nun tun, ob unter therapeutischen, freundschaflichen, familiären oder beruflichen, ob Sie das überhaupt tun sollten, ob Sie es wollen und können bzw. wie Sie es angehen sollen.

Wenn der Betreffende Interesse zeigt oder Sie der Auffassung sind, daß er von der Tradition profitieren könnte, dann ermöglichen Sie ihm auf jeden Fall den Zugang zur Tradition – ganz so, wie wir, die wir lehren, sie für Sie verfügbar machen, in welchen Kontext Sie auch immer involviert sein mögen.

Öffnen Sie die Tür für ihn. Ob er es nun annimmt und eintritt oder auch nicht, liegt nicht in Ihrer Verantwortung. Indem Sie ihm erklären, daß die Energie, die Methode und die Techniken vorhanden und bereit sind, machen Sie sie für ihn verfügbar.

Teil II

Fragen und Antworten

1. Das Leben verlängern

»Da es nun an die ganz speziellen Fragen und Antworten geht, hier eine davon für Sie:

Frage: Wie schafft man es, länger zu leben? Kann man sein Leben verlängern?

Antwort: Nicht mehr rauchen, nicht mehr trinken, keine Frauen mehr!

Frage: Wird das dann mein Leben verlängern?

Antwort: Nein, aber es wird Ihnen länger vorkommen!«

2. Therapeutenfragen an den Lehrer I

Therapeut: Seit fünf Jahren arbeite ich mit der Fischer-Hoffmann Therapiemethode. Anfangs war dies sehr stark und machtvoll für mich, aber inzwischen merke ich, wie mein Interesse nachläßt, vorwiegend deshalb, weil mir hinsichtlich der Bedeutung dieser Technik Zweifel gekommen sind, und ich frage mich, was ich mit den Personen eigentlich mache. Wenn sie die Anfangsphase durchlaufen haben, merke ich, wie sie mir gegenüber sehr offen sind, nach einiger Zeit aber verschließen sie sich wieder.

Ich habe das Bedürfnis, Richtlinien für die Zukunft zu finden, und spüre, daß ich das selbst nicht kann.

Da ich in der Tradition bin, was kann ich tun, um beides, Tradition und Therapie, zu verbinden?

Agha: Es gibt viele Techniken, aber darunter ist keine, die gänzlich erfolgreich wäre. Sie können eine zeitweilige Besserung bewirken, dann aber braucht die Person eine andere Orientierung.

Natürlich gibt es nicht die eine Technik für eine psychisch gestörte Person, die sich für jede Art von psychischer Störung anwenden ließe, denn es hängt jeweils von der Art der psychischen Störung ab, ihrer Stärke, ihrem Grund und all den weiteren Ihnen bekannten Faktoren. Warum dies so ist? Weil die Menschen im Westen trotz allen modernen technologischen

Fortschritts nicht wirklich wissen, was das Gehirn eigentlich ist. Wenn Sie aber nun mit etwas arbeiten, das Sie nicht hundertprozentig kennen, werden Ihre Bemühungen immer etwas zögerlich sein.

Ich persönlich bin der Auffassung, daß das Wichtigste bei der Behandlung eines Patienten ist, ihn nach und nach genau kennenzulernen. Um den Leuten zu helfen und sich ein Bild ihrer Probleme oder ihrer psychischen Verfassung machen zu können, ist es nicht genug, sie nur reden zu lassen, denn wenn sie gestört sind, wird es etwas geben, das sie verbergen, und sie werden dafür etwas anderes in den Vordergrund rücken. An diesem Punkt können Sie ein Bild bekommen, das verschoben ist, und wenn Sie damit arbeiten – auf welcher Basis arbeiten Sie da?

Beginnen Sie damit, sich darüber Klarheit zu verschaffen, daß Sie sich ein Bild dieser Person machen wollen, und sich zu überlegen, was Sie dazu benötigen, wie z. B. die Augenfarbe, das Haar, die Lippen, die Form der Nase oder den Knochenbau. Dazu sind Sie nicht darauf angewiesen, daß Ihnen der Patient sagt, daß er rote Haare hat, denn Sie sehen ja seine Haarfarbe selbst. Und falls er Ihnen sagt, daß sie Rot sei, wo sie aber doch Schwarz ist, so erwidern Sie ruhig: »Ja, sie ist Rot«, nehmen aber die richtige Farbe in Ihr Bild auf. So kommen Sie nach und nach dahin, die Person durch und durch kennenzulernen.

Sie lernen den Patienten kennen, aber aus einem gewissen inneren Abstand heraus. Sie müssen in der Lage sein, ihn mit einer gewissen Objektivität zu betrachten, denn unter Umständen kann es regelrecht gefährlich sein, zu sehr in seine oder ihre Probleme hineingezogen zu werden.

Es gibt etwas, das Sie, da es in der Psychotherapie des Westens nicht vorhanden ist, aus der Tradition beziehen müssen, um es sehr sorgsam im richtigen Moment und in der richtigen Dosierung in Ihre Therapie einzubringen.

Was ist dieser magische Bestandteil, der weder bei Freud, Jung, Adler, Reich noch in einer anderen Therapie vorhanden ist – vielleicht, weil diese ihn nicht für wichtig genug erachteten und sich nicht vorstellen konnten, wie nützlich er ist? Vielleicht wußten sie auch nur nicht damit umzugehen oder fürchteten sich gar davor! Es ist eine einfache Sache, die aber den Unterschied zwischen Leben und Tod ausmacht: Es ist das, was man Liebe nennt.

In keinem der Therapieverfahren im Westen finden Sie je einen Hinweis, wie und warum Liebe eingesetzt werden sollte. Ich weiß nicht, warum solch eine wichtige Komponente außer acht gelassen wurde. Möglicherweise ist es der Tatsache zuzuschreiben, daß sie unter wissenschaftlichen Gesichtspunkten nicht kontrollierbar ist, es gelingt nicht, sie sich zu unterjochen. Da es nicht möglich ist, sie unkorrekt zu gebrauchen, muß man sie korrekt gebrauchen – oder es eben lassen. So hat man wohl beschlossen, es zu lassen.

Ich denke, die Grundlage einer jeden Therapie besteht zu fünfzig Prozent aus Liebe und zu fünfzig Prozent darin, die betreffende Person zu verstehen. Bringen Sie diese beiden Bestandteile zusammen, und Sie werden sowohl hinsichtlich der Person wie auch im Hinblick auf ihre Probleme automatisch eine gesunde Einstellung und Technik entwickeln. Für mich ist diese Liebe der fehlende Faktor im Gedankengut des Westens. Beziehen Sie sie ein, und es wird gelingen, daß sie für Sie sowie für den Klienten wirken wird.

Sie können sie tatsächlich benutzen, indem Sie sich sagen: »Ja, ich kann es!« Und wenn es nur wäre, weil ich Ihnen gesagt habe, daß Sie es können! Die Tradition ist keine Demokratie, daher bin ich in der Lage, Ihnen dies zu sagen.

Liebe ist etwas, das entweder funktioniert oder nicht funktioniert.

Therapeut: Wie lernt man jemanden wirklich kennen?

Agha: Sie beginnen mit der klassischen psychologischen oder psychiatrischen Befragung, in anderen Worten, der quasi-medizinischen Situation: Der Betreffende liegt, jemand macht Aufzeichnungen, und die Fragen, die Sie stellen, müssen, ja sollten so gestellt sein, daß die betreffende Person sie als Konversation akzeptieren kann.

Dies heißt aber auch, daß Sie sich mit Ihren Klienten in einem Restaurant, einem Café oder in einem Nachtclub treffen können. Sie können mit ihnen am Fluß entlangspazieren und reden. Es ist eine gute Idee, damit zu beginnen, daß die klassische Situation mit weißem Kittel, Stethoskop und Schreibblock durchbrochen wird.

Zweitens: Wenn Sie mit dem Patienten reden, wählen Sie Themen, über die Sie sich beide miteinander unterhalten können, Themen wie: Jagen, Fischen, Bücher, Reisen oder was auch immer. Lassen Sie ihn über diese Themen sprechen, und sehen Sie zu, daß Sie selbst hinsichtlich des Themas einigen Enthusiasmus aufbringen, und reden Sie ausführlich über das Thema, über welche Aspekte auch immer, um so die Lücken in Ihrem Bild auffüllen zu können. Ein Teil Ihrer Fähigkeit sollte eben darin bestehen, ihn leiten zu können. Es ermöglicht Ihnen, ein Bild von ihm zu erhalten und zu vervollständigen. Und falls es auf dem einen oder anderen Gebiet noch immer Lücken geben sollte, füllen Sie sie, indem Sie die Begeisterung Ihres Klienten für Fischen oder zu welchem Thema auch immer mobilisieren.

Bis diese Lücken gefüllt sind, wird es möglicherweise wiederholter Anstrengung Ihrerseits bedürfen; erwarten Sie nicht, daß es Ihnen in einem einzigen Anlauf gelingen wird. Es kann sein, daß die betreffende Person etwas zurückhält oder unterdrückt, und wenn sie merkt, daß Sie sie genau dahin führen, kann das negative Auswirkungen haben. Falls sich der Betreffende zurückzieht und Sie merken, daß er sich verschließt, lassen Sie das Thema beiseite und unternehmen zu einem späteren Zeitpunkt, an einer anderen Stelle oder in einem anderen Kontext einen erneuten Versuch.

Dies ist der einzige Weg, es anzugehen. Es gibt keinen schnellen Weg, um dieses Bild, das aus einer gewissen Distanz heraus und objektiv, nicht subjektiv, erstellt wird, abzurunden.

Therapeut: Es ist wichtig, daß wir Therapeuten uns mit unseren Techniken genau auskennen. Wir wurden darin ausgebildet und waren erfolgreich, denn Techniken können sehr viel bewirken. Aber nun habe ich das Problem, wie die Therapie mit einem Patienten weitergehen soll, nachdem die Anfangsphase der Therapie erfolgreich abgeschlossen ist – er hat ein offenes Herz und möchte mehr – was kann man tun?

Agha: Sie können nicht mit hundertprozentiger Sicherheit entscheiden, daß diese Person die Therapie beendet hat.

Therapeut: Und soweit es die Technik anbelangt?

Agha: Soweit es die Technik anbelangt, können Sie etwas Neues anwenden. Wenn Sie zu dem Schluß gekommen sind, daß Sie technisch an einem Punkt angelangt sind, an dem Sie aufhören können, versteht es sich von selbst, daß Sie die betreffende Person nicht einfach fallenlassen werden. Bleiben Sie in Kontakt mit ihr. Dann aber müssen Sie ihr etwas anderes geben.

Nun, ich weiß, was ich der Person geben würde: Es wäre die Sufitradition. Aber manchmal ist das nicht einfach, denn die verschiedenen Konditionierungen religiöser, sozialer, geschlechtlicher, politischer, ökonomischer oder anderer Art erschweren es ihr, an dem Punkt, an dem sie mit ihren Studien in der Tradition beginnen sollte, auch anzusetzen. Ich würde versuchen, ihr dies auf alle nur möglichen Weisen mitzuteilen. Und ich weiß nichts Besseres, um ihr zu helfen!

Sie können auch ein Buch der Tradition ins Portugiesische übersetzen und es ihr zu lesen geben oder sie auch – wie es manche Leute im Westen tun – in die Hände der Kirche empfehlen. Wenn dies eine tiefe und nachhaltige Wirkung auf sie ausüben sollte – ja, warum denn nicht?

Therapeut: Ich versuche seit drei Jahren, Ihnen einen Brief zu schreiben, um eine Antwort auf eine Frage zu bekommen, die ich Ihnen nun hier stellen möchte: Ich bin Psychiater und tue meine Arbeit auf effiziente Weise, aber meine Arbeit zu tun macht mich nicht glücklich. Ich bitte Sie um Ihre Hilfe!

Agha: Nun, meine Hilfe ist immer verfügbar, und wenn Sie mir drei Jahre lang nicht haben schreiben können – ich kann

Ihnen vielleicht mit einer Briefmarke aushelfen, unter der Voraussetzung, der Brief ist nicht auf portugiesisch!

Ich meine, daß jegliche Unzufriedenheit, die Sie Ihrer Arbeit wegen haben, verständlich ist. Das mag daher kommen, daß Sie sich selbst kritisieren und Ihnen Ihre Arbeit, von Ihrem eigenen kritischen Standpunkt aus, nicht gut genug ist.

Ich schlage vor, daß Sie einige Aspekte der Tradition in Ihre Arbeit aufnehmen und diese weitmöglichst in Ihre Behandlungsmethode einbeziehen. Dann werden Sie vermutlich mehr Befriedigung daraus beziehen können, denn die Umsetzung wird Ihnen besser gelingen, und Sie werden eine höhere Erfolgsquote erzielen.

Therapeut: Ich habe mein eigenes Problem selbst lösen können; durch die Arbeit mit meinem Therapieverfahren und dadurch, daß ich in der Tradition bin. Aber ich bin mir dessen sicher, daß es manchmal heikle Situationen gibt, die eine Anwendung von Elementen der Tradition in unserer Arbeit erfordern. Dem, was Sie sagen, entnehme ich, daß man bei dem, was wir tun, Elemente der Tradition auch falsch anwenden kann. Wie lassen sich diese Elemente einbringen?

Agha: Sie können sie durch Publikationen einbringen, durch alte Erzählungen der Tradition, wie zum Beispiel Nasrudingeschichten, durch andere Menschen und auch dadurch, daß Sie bei Ihrer Arbeit das benutzen, was Sie in der Tradition gelernt haben.

Ich kann Ihnen nicht auftragen, etwas zu tun, wenn Sie nicht wissen, wie Sie es tun sollen. Wenn Sie etwas gut kennen, kann es für Sie zu einem vertrauten und nützlichen Werkzeug werden, mit dem Sie sanft oder fest umgehen können, wie Sie es für richtig halten. Sie müssen die Person jeweils einschätzen können wie auch deren Fähigkeit, die Informationen, die Sie ihr geben, zu benutzen, so daß ein Feedback zu Ihnen kommt. Wenn ich Ihnen etwas mitteilen möchte, kann ich das tun, aber Sie müssen es erst selbst verstanden haben, ehe Sie es weitergeben können, denn sonst ist das verantwortungslos.

Therapeut 1: Ich bin zu der Auffassung gelangt, daß meine Arbeit und meine Entwicklung in der Tradition ein und dieselbe Sache sind.

Therapeut 2: Wenn ich hinsichtlich eines Patienten auf meine eigene Verbindung zur Tradition zurückgreife, könnte die Tatsache, daß ich dann auch meine eigenen Erwartungen mit in Betracht ziehe, dem Patienten zum Schaden gereichen?

Agha: Das hängt von Ihrer Absicht ab. Wenn es Ihre Absicht ist, dem Patienten wirklich und aufrichtig zu helfen und durch diese Hilfe ein klein wenig mehr für sich selbst zu lernen, wird dies dem Patienten auf keinen Fall zum Schaden gereichen.

Wie ich bereits sagte, können Sie einem Patienten keinen Schaden zufügen, wenn Sie etwas von der Tradition falsch benutzen, aber Sie können ihn sicherlich in Verwirrung bringen, wenn Sie etwas aus der Tradition verwenden, mit dem Sie nicht richtig vertraut sind. Trotzdem wird er dadurch keinen Schaden nehmen.

Therapeut: Gibt es ein spezielles Wissen in der Tradition, mit dem wir uns befassen und das wir für die Patienten anwenden können? Ich habe die Empfehlung bekommen, mit meinen Patienten mit Tönen und Farben zu arbeiten, aber weder weiß ich, wo ich nach geeigneten Materialien Ausschau halten soll, noch, bei wem. Wie hält man nach Material der Tradition Ausschau, das nicht Teil der generellen Information ist, die wir alle erhalten?

Agha: Es gibt keine speziellen Werke, die für diesen Zweck geschaffen wurden. Die Meister der Tradition, die Fragen in bezug auf Krankheiten und Störungen psychischer Art studierten, haben Musik, Farben und *Dhikrs* benutzt und tun das auch heute noch.

Ich werde Ihnen einige Farbmuster sowie Musik, die Ihnen von Nutzen sein wird, schicken. Sie können auch Ihr *Dhikr* so anwenden, daß Sie es vor einer therapeutischen Situation fünfzehn Minuten lang machen. Dies wird Ihre Energie verstärken und Sie so einstimmen, daß Sie mit der anderen Person auf einer tieferen Ebene kommunizieren.

Therapeut: War dies eine persönliche Unterweisung, oder können wir alle Gebrauch von diesem Material machen?
Agha: Es ist für alle.

Therapeut: Ist es möglich, das menschliche Gehirn ganz zu kennen?
Agha: Ja.

Therapeut: Wenn dieses Wissen aber nun im Westen nicht verfügbar ist, wie sollen wir es erfahren? Können wir es erlernen?
Agha: Sie können es lernen, aber ich werde Sie darin nicht unterrichten. Die Verantwortung ist sehr hoch; es ist ein Gewicht, das schwer wiegt, und es ist sehr gefährlich. Diejenigen, die um die Funktionsweise des menschlichen Gehirns wissen, tragen eine große Verantwortung, denn es ist ein Gebiet, das keine Fehler erlaubt.

Therapeut: Ist es denn sinnvoll, lohnt es sich denn, Therapie anzuwenden, obwohl wir dieses Wissen nicht haben?
Agha: Ja. Sie müssen nicht alles ganz und gar wissen. Wenn Sie ein wenig wissen und dies Wenige umsichtig anwenden, lassen sich brauchbare Resultate erzielen.
Schauen Sie, wenn Sie das volle Wissen um die Funktionsweise des menschlichen Gehirns hätten, wüßten Sie um die Geheimnisse von Leben und Tod, und dies sind Geheimnisse, die schwer zu tragen sind. Wissen Sie, warum jeder dieses kleine Mal unter der Nase hat? Fariduddin Attar erklärt es uns, und ich werde mit Attar nicht streiten! Diese Geschichte besagt, daß, bevor ein Baby geboren wird, es um all die Geheimnisse von Leben und Tod weiß, aber sobald es geboren wird, legt ein Engel seinen Finger auf jene Stelle!

Therapeut: Ich habe zwei Fragen. Agha, Sie sagten, daß keine Therapie vollständig ist, und wir haben Probleme, wenn ein Patient seine Therapie beendet. Sollen wir dann davon ausgehen, daß er nun geheilt ist, oder sollen wir ihm vorschlagen, mit dem, was wir ihm noch geben können, weiterzuarbeiten?

Agha: Das hängt von dem jeweiligen Patienten ab. Wenn dieser davon überzeugt ist, daß er geheilt ist, sagen Sie ihm: »Sie sind geheilt, und ich möchte Sie nicht mehr sehen!« Sollte es aber einen leichten Zweifel geben, so hängt es von Ihrer Kenntnis des Patienten ab, ob Sie ihm empfehlen, daß er unter Anleitung mit einer bestimmten Lektüre weitermacht, die je nach Ihrer Einschätzung auch aus der Tradition sein kann. Dem Patienten aber diesen Vorschlag zu unterbreiten liegt in der persönlichen Entscheidung des Therapeuten.

Therapeut: Meine andere Frage ist ähnlich, betrifft aber die Personen, die bereits in der Tradition sind. Was macht man mit ihnen?
Agha: Das versteht sich von selbst: Sie machen die Therapie und fahren mit ihren Studien in der Tradition fort!

Therapeut: Wenn Freunde aus der Tradition, nachdem sie eine Therapie abgeschlossen haben, um Unterstützung hinsichtlich einer weiteren Therapie bitten, weil sie noch immer emotionale Konflikte haben, sollte der Therapeut dann zu einer Fortsetzung raten?
Agha: Er sollte zu einer Fortsetzung ihrer Arbeit in der Tradition raten, denn als Lösung bevorzuge ich die Tradition vor jeder Therapie! In der Tradition haben wir bereits alles! Damit meine ich, daß ich hinsichtlich der Gruppe wohl kaum Therapie anwenden würde, aber dann heißt es wieder, ich bin altmodisch . . .

Therapeut: Eine Frage hinsichtlich körperorientierter Therapie: Ich habe den Eindruck, daß die Tradition dem Körper nicht viel Bedeutung beimißt! Was können Sie hinsichtlich Körperarbeit und Bioenergetik sagen? Ich arbeite mit diesen beiden Techniken.
Agha: Der Grund dafür, daß Sie nicht viel zum Thema Körperarbeit in der Tradition finden werden, ist, daß wir mit der Energieerzeugung und -akkumulation befaßt sind, und da Körperarbeit im physikalischen Sinn Energie verbraucht, tendieren wir dazu, die körperliche Arbeit zu vermindern.

Trotzdem ist nichts dagegen einzuwenden, körperliche Energie einzusetzen, sei es als Behandlung oder in Verbindung mit bestimmten Körperübungen, in Form von Körperarbeit oder als Tanz.

Es heißt, daß es möglich sei, den Biorhythmus des Körpers zu berechnen. Ich halte das zwar für machbar, wenn auch für wenig sinnvoll. Nicht daß ich es für schlecht oder negativ halte, auch nicht für völlig nutzlos, aber gewiß ist es nicht so wichtig, wie manche Leute meinen. Der Körper kontrolliert seinen Biorhythmus selbst. Dem Klienten sollte sehr sorgfältig dargelegt werden, in körperorientierten Situationen Körperenergie anzuwenden, bei Aktivitäten, die in Verbindung zu tieferen Ebenen stehen, jedoch feinstofflichere Energie. Denn diese tiefere Energie, die Sie produzieren, ist zu wertvoll, um beim Tanzen, bei Bewegungen oder anderen körperlichen Aktivitäten verbraucht zu werden.

Zum Beispiel denken einige von uns, die altmodisch sind, daß das *Dhikr* schweigend gemacht werden sollte, denn wir sind so bedürfig, daß wir auch das letzte Quentchen Energie bewahren müssen, und wir stellen uns vor, daß wir beim Aussprechen des Wortes möglicherweise dieses Quentchen brauchen, um unserer Kehle und unseren Stimmbändern einen Ton zu entringen. Warum sollten wir also diese Energie nicht behalten und das Wort inwendig aussprechen – ist doch der Unterschied minimal!

Therapeut: Ich habe eine Frage bezüglich bestimmter Körperstellen bzw. Chakras, wie die Yogis sie nennen, im Zusammenhang mit dem *Lataif*. Diesbezüglich heißt es, daß es keine körperlich lokalisierten Stellen gäbe, und doch ist bei dem, auf das zu konzentrieren uns empfohlen wird, auch der Körper einbezogen. Ist dies eine subtile Weise, lokalisierte Energie zu benutzen? Wie funktioniert das, und wenn es keine körperliche Lokalisierung ist, was ist es dann? Warum sollen wir uns auf bestimmte Bereiche des Körpers konzentrieren?

Agha: Das kommt daher, weil es sich bei den Bereichen, auf die wir uns konzentrieren, um eine Art energetischer Erinnerung handelt, und die Energie wird körperlich lokalisiert aufbewahrt, worüber wir aus folgenden Gründen nicht sprechen:

Erstens, weil es nicht erforderlich ist, da die Energie in einer Art Erinnerungs-Zentrum gesammelt wird, von wo aus sie je nach ihrer Qualität an eines der Körperzentren übertragen wird, so daß Sie gar nicht zu wissen brauchen, wo diese sich befinden.

Zweitens brauchen Sie nicht zu wissen, wo diese sich befinden, weil Sie eine große Sache daraus machen würden. Angenommen, es wäre die Kornea meines linken Auges, so würde diese sofort zu etwas Bedeutsamem werden, die Leute würden sie golden anmalen oder sonstwas damit anstellen, ja, sie vielleicht sogar herausnehmen.

Therapeut: Das Mysteriöseste in der Psychologie sind für mich die Träume. Gibt es bestimmte Träume, die sich als Verbindung zu einer anderen Dimension betrachten lassen?

Agha: Nein. Was das Gehirn anbelangt, ist der körperliche Schlaf die Zeit, in der erschöpfte oder beschädigte Zellverbände ersetzt werden, und dies trifft ebenso für körperliche Aktivitäten zu, die psychisch ausgelöst werden.

Therapeut: Sie haben gelegentlich erwähnt, daß bestimmte Arten moderner Musik gefährlich sein können. Ich wüßte gerne, was daran gefährlich sein kann. Wie können wir zwischen dem, was schädlich ist und was nicht, unterscheiden?

Agha: Nun, die einfachste Möglichkeit ist, selbst zu hören und sich zu beobachten, und falls Sie spüren, daß Spannung erzeugt wird, ist sie vermutlich gefährlich. Ich beziehe mich hier auf Anzeichen für Spannung, die Sie bemerken, nicht aber auf diese Art von Schlagern, die Sie aufstehen und tanzen lassen.

Es verhält sich tatsächlich so, daß das Körpersystem sich meist mit Ton und Rhythmus identifiziert oder sie zurückweist, wobei die Reaktion dann gewöhnlich feindselig ist. Zum Beispiel wissen viele von Ihnen, daß dieses funkelnde und blinkende Diskolicht schädlich ist, mit 68 Intervallen pro Sekunde

359

blinkt es im Rhythmus des Gehirns auf, und das ist genauso, als ob Sie eine Flasche Whisky trinken – nach einer Weile fühlen Sie sich wie zerschlagen. Es ist destruktiv; die Leute wissen das, aber machen doch damit weiter. Es wird nicht kontrolliert, es gibt kein Gesetz, das es verbietet – ich halte das für schrecklich.

Therapeut: Viele Musiker versuchen andere Arten von Musik zu erzeugen, aber in meinem Fall war es so, daß ich mich an eine bestimmte Musik gewöhnt hatte, die ich in meiner Kindheit hörte, und jedesmal, wenn ich andere Arten von Musik hörte, war ich erstaunt und gewöhnte mich erst später an die neue Musik.

Ich wüßte nun gerne, ob das für gewöhnlich so ist oder ob speziell die neue Musik nach Strawinsky für das Ohr gefährlich sein kann?

Agha: Ja. Dies kann destruktiv sein. Denn wenn das empfindliche Innenohr mit mehr und mehr Lautstärken konfrontiert wird, ertaubt es im Alter. Dagegen kann man nichts tun, aber glücklicherweise wird der Impuls des Klanges inwendig gefiltert und wie in einem Monitor überwacht, und wird nicht in die Bereiche zugelassen, auf die er sich destruktiv auswirken könnte. So können Sie hinhören, brauchen aber keine Angst zu haben.

Dies bringt mich auf ein anderes Thema, von dem ich mir sicher bin, daß diejenigen unter Ihnen, die in der Psychologie und Psychiatrie arbeiten, damit zu tun haben, denn sehr oft ist Angst die Grundlage einer Neurose.

Diese Angst ist für einige Personen etwas sehr Reales und Konkretes, so daß Sie zu ihnen nicht sagen können: »Wovor haben Sie denn Angst? Dazu gibt es keinerlei Grund!«

3. Zwei Geschichten zum Thema Angst

Ich kenne zwei Geschichten zum Thema Angst. Bei der einen handelt es sich um eine alte Geschichte von Solomon Schwartz, der sagte: »Die Angst klopfte an die Tür. Der Glaube öffnete sie – und fand dort nichts!« Die andere Geschichte ist von mir:

Es war eine von diesen Nächten, in denen meine Kinder, Amina und Arif, in ihrem Schlafzimmer weinten, und ich fragte sie: »Was ist geschehen?« »Da ist ein Wolf im Garten!« sagten sie, und für sie war es etwas ganz Reales.

So sagte ich zu ihnen: »Nun, ich will keine Wölfe im Garten haben, das ist unerhört! Zieht eure Sachen an, ich hole eine Taschenlampe und ein Gewehr, und wir gehen zusammen in den Garten. Wir schauen unter jedem Busch und jedem Baum nach, und wenn der Wolf dort ist, erschieße ich ihn!«

Ich pflegte dann Arif oder Amina zu fragen: »Gibt es einen bestimmten Ort, wo wir nachschauen sollten?« Und dann sagten sie: »Wie wär's mit diesen Bäumen? Laß uns dort nachschauen!«

Wir schauten dann nach, und da war kein Wolf. So sagte ich: »Der Wolf ist fort!«, und das Resultat war zweifach. Erstens suchten wir für zehn Minuten nach dem Wolf, und als Ergebnis hatten die Kinder dann aber acht Stunden Schlaf. Zweitens wußten sie, daß, wenn ein Wolf oder ein Bär oder irgend etwas anderes Schreckliches da wäre, Daddy sich schon um die Situation kümmern würde.

Aber diese Art von Angst kann zu etwas ganz Realem werden, weshalb man sehr sorgsam vorgehen muß, um sie zu verringern. Man vermindert sie vorsichtig und ignoriert sie nicht einfach, indem man sagt: »Was meinen Sie mit Angst? Da gibt es keinen Grund, Angst zu haben! Lassen Sie uns nun mit Ihren eigentlichen Problemen beginnen!«

Therapeut: Heißt das, daß wir dem, was die Person sagt, besser nicht widersprechen sollen?

Agha: Das ist wahr, ja. Wenn die Angst für sie existent ist, haben wir das auf verschiedene Weisen zu akzeptieren. So, daß man mit einer Taschenlampe nachschaut und der Person zeigt, daß der Grund für diese Angst nicht existiert, oder sie über andere Wege überzeugt.

Direkter Widerspruch provoziert: »Diese Person ist nicht sympathisch, sie versteht mich nicht! Wie soll sie meine Probleme verstehen, wenn sie das nicht versteht! Wenn ich Angst habe, über die Straße zu gehen, nehme ich mir ein Taxi!«

Sie können ein ausbalanciertes Vorgehen wählen, indem Sie zunächst die Fixierung der Person annehmen und sie dann demontieren. Es gibt eine sehr sensible Art, dies zu tun, und es ist die einzige Art, wie es getan werden kann: indem Sie beobachten, was Sie tun, und sehen, wie es funktioniert. Wenn Sie schnell vorgehen, verlangsamen Sie es.

Sie sehen, wenn Sie sich ein Bild über den Patienten machen, so müssen auch die Äußerungen des Patienten berücksichtigt werden. Warten Sie, bis sein Puls wieder normal geht und alles in Ordnung ist, und kommen Sie dann noch einmal auf den kritischen Punkt zurück. Ob sein Blick etwas sagt, sein Mund aber etwas anderes – all diese Dinge sind Signale, die Sie beobachten, und dementsprechend gehen Sie vor, halten ein oder kommen später darauf zurück.

4. Therapeutenfragen an den Lehrer II

Therapeut: Können Sie etwas über die Essenz sagen?

Agha: Ja, ich könnte eine Menge zur Essenz sagen, aber Ihre Frage ist sehr weit gesteckt.

Therapeut: Einige Hinweise, wie wir wissen können, wann wir mit der Essenz arbeiten und wann mit der Persönlichkeit? Ich verstehe, daß ich eine sehr vage Frage gestellt habe; drei Direktiven, bitte!

Agha: In Ordnung, drei Direktiven!

Als erstes und ganz grundlegend: Sie benutzen die Essenz jedesmal dann, wenn Sie eine Technik oder einen Kontext der Tradition verwenden.

Zweitens arbeiten Sie mit der Essenz, wenn Sie, bevor Sie etwas beginnen, das anrufen, was wir als *Niyyah* oder ›Absicht‹ bezeichnen. Dies beinhaltet ein *Dhikr* von zehn oder fünfzehn Minuten. Wenn Sie sich darauf konzentrieren, die Hilfe der Tradition zu bekommen, werden Sie auch die Essenz benutzen.

Der dritte und schwierigste Teil ist, wenn Sie jemanden behandeln oder etwas tun und plötzlich keine Ahnung haben, was zu tun ist – aber dann, ohne daß Sie wirklich Kenntnis davon haben, teilt es sich Ihnen mit. Das ist die Essenz, wie sie wirkt.

Dies war das dritte, danach kommt ein viertes, fünftes und sechstes, aber lassen Sie uns damit bis nächstes Jahr warten.

Therapeut: Seitdem ich in der Tradition bin, geschehen mir plötzlich Dinge, oder ich rede über etwas, von dem ich vorher nicht ahnte, daß ich es wußte, und stelle fest, daß es für die anderen von Nutzen ist.

Agha: Das kommt daher, daß Sie etwas gelesen haben, an einem bestimmten Ort waren, ein *Tasbih*, einen Teppich oder ein Objekt der Tradition erworben haben und in dem Moment, in dem Sie es brauchen, kommt die Energie aus dieser Sache zu Ihnen.

Vielleicht sagen Sie, daß Sie das eine oder andere nicht verstehen. Das ist in Ordnung. Sie verstehen es jetzt vielleicht nicht, aber wenn es erforderlich ist, daß Sie es verstehen, werden Sie es auch verstehen. Das ist wie eine Investition.

Therapeut: Agha, könnte die Ausübung der Derwischregel Nummer 9, *Ukufi Zamani*, ›der Stopp der Zeit‹, ein Weg sein, sich der Essenz anzunähern?

Agha: Nein, denn Sie fühlen nur dann die Präsenz der Essenz und ihre tieferen Auswirkungen, wenn Sie ein Feedback von der Oberfläche bekommen, ein Echo, das besagt, daß die Essenz am Wirken ist. Aber es ist ein sehr leichtes, leises Echo.

Der Grund für all dies ist ziemlich offensichtlich: Sie nutzen die Essenz in den tieferen Zentren des Körpers, indem Sie diese Energie ansammeln und Gebrauch von ihr machen.

Wenn Sie diese Energiekonzentration an die Oberfläche bringen, auf die Ebene Ihres bewußten Verstandes, würde sie oben in Ihrem Kopf explodieren!

Therapeut: Wirkt die Energie auf unbewußte Weise?
Agha: Ja.

Therapeut:Während meiner Arbeit fühle ich meine Verbindung mit der Tradition. Manchmal ist sie sehr gegenwärtig, dann wieder nicht, und meine Arbeit wird konfus. Wie kann ich diese Verbindung stabilisieren, so daß es nicht zuviel oder zuwenig ist?
Agha: Unterbrechen Sie für fünf Minuten, und stellen Sie die Verbindung wieder her.
Und nun gehe ich, mit Ihrer Erlaubnis, um meinen Psychologen aufzusuchen!

5. Therapeutenfragen an den Lehrer III

Therapeut: Wie sollen wir als Therapeuten und Angehörige der Tradition mit Emotionen in der therapeutischen Situation umgehen? Und wie generell unter den Freunden?
Agha: Dies sind zwei getrennte Fragen, auf die die Antworten auch ganz unterschiedlich sind.
Mit Emotionen in der therapeutischen Situation geht man auf andere Art und Weise um, denn dies impliziert eine kranke Person oder Patienten. Der Kontakt oder die Beziehung zwischen einem Therapeuten und einer kranken Person erzeugt andere Emotionen, denn der Therapeut hat die Absicht, die Therapie dazu zu benutzen, diese Person zu heilen.
Diese spezielle, heilende Energie ist zwischen zwei als gesund geltenden Personen nicht vorhanden. Die Frage, wie unter normalen Umständen mit den Emotionen von Leuten in der Gruppe umzugehen ist, ist einfach zu weit gefaßt. Ich möchte bei dem therapeutischen Aspekt bleiben.
Die Emotionen zwischen Therapeut und Patient sind sehr

sorgfältig zu beobachten; Sie sind sich der Gefahr einer Über-identifikation mit dem Patienten bewußt. Sie gebrauchen die ganze Bandbreite der Techniken, die Ihnen zur Verfügung stehen, und wenden sie klar und präzise an.

In die Granada-Therapie bringen Sie ebenso die Energie der Tradition ein wie verschiedene Techniken, die Sie entdeckt haben oder von denen Sie durch andere Therapeuten erfahren haben.

Sie haben stets die Kontrolle über die Situation; es verhält sich nicht so, daß die Situation Sie kontrolliert.

Sie alle wissen sehr wohl und insbesondere dann, wenn es um psychisch gestörte Menschen geht, daß, wenn Sie angespannt, nervös oder in einem emotionalisierten Zustand sind, Sie dies dem Patienten möglicherweise signalisieren. Deshalb müssen Sie stets einen gewissen technisch bedingten Abstand wahren, und Sie müssen sich diesbezüglich ebenso beobachten wie den Patienten.

Trotzdem können Sie eine bestimmte Menge kalkulierter Emotion verwenden, dies sollte für Sie auch keinen Widerspruch darstellen. Wenn Sie in einer Situation den Eindruck haben, daß es möglicherweise zu emotional wird, gehen Sie völlig auf Abstand oder zumindest eine bestimmte Zeitlang. Denken Sie daran, daß Patienten, und speziell Patienten mit psychischen Problemen, versuchen werden, eine emotionale Beziehung zum Therapeuten aufzubauen, um diese emotionale Verbindung alsdann zu mißbrauchen.

Patienten mit psychischen Problemen sind für gewöhnlich stark ich-zentriert, selbstsüchtig und mit sich selbst beschäftigt. Sie können leicht zu einer Art emotionalem Vampir werden. Nicht nur, daß das für den Therapeuten anstrengend und erschöpfend ist, der Patient wird immer mehr und mehr von ihm wollen.

So können Sie zwar Emotionen haben, aber Sie zeigen sie nicht. Kontrollieren können Sie diese Emotionen, indem Sie einen leichten Abstand halten, denn das ermöglicht Ihnen, sich darüber klarzuwerden, wie stark Ihre Emotionen in der jeweiligen Situation sind.

Wenn Sie in eine Situation geraten, in der es zu emotional zugeht, gehen Sie auf Abstand zum Patienten, bitten um Unterstützung, machen ein *Dhikr* oder eine andere Übung, und aus der heraus kehren Sie zurück in die Situation.

Dies ist eine Technik, die in den *Naqshbandi*-Regeln als der ›Stopp‹ oder ›Stopp des Herzens‹ bezeichnet wird. Dieser ›Stopp‹ bedeutet nicht, mit dem Atem oder dem Denken innezuhalten. Bei diesem Stopp geht es darum, eine Gelegenheit zum Überdenken zu schaffen und einen schnellen Blick binnen Sekunden oder Minuten auf die Situation zu werfen.

Die nächste Frage lautet: Wie schützt sich der Therapeut oder die Therapeutin davor, zum Abfalleimer für psychischen Müll zu werden? Da gibt es zwei einfache Möglichkeiten:

Erstens, und das sollte Ihnen zu einer Gewohnheit werden, erinnern Sie sich jeden Morgen beim Aufwachen daran, daß Sie in der Tradition sind, warum Sie in der Tradition sind, und wiederholen Sie Ihre Absicht.

Zweitens: Bitten Sie um Hilfe und um Unterstützung – und Sie werden sie erhalten. Sie brauchen sich keine Sorgen zu machen, daß Sie zu einem Abfalleimer für psychischen Müll werden könnten, es sei denn, Sie würden das freiwillig auf sich nehmen.

Therapeut: In einem Gespräch erwähnten Sie die Gefahren bioenergetischer Techniken und sagten, daß diese Methoden künstliche Krisen herbeiführen könnten. Könnten Sie das näher erläutern?

Agha: Jede Krise, die in der therapeutischen Situation bei einem Patienten ausgelöst wird, sei es durch chemische, psychologische oder elektrische Mittel, kann natürlich außerordentlich gefährlich sein. Ich persönlich schätze diese Art, psychische Krisen herbeizuführen, einfach deshalb nicht besonders, weil dies von der Beurteilung durch den Therapeuten abhängt, und solch eine Beurteilung kann durch zahlreiche Faktoren beeinflußt sein. Sie kann mit der Behandlungsdauer zu tun haben, sich auf Beobachtungen des Patienten oder eine Entscheidung des Therapeuten gründen.

Ich bin deshalb so dagegen, diese Art Krisen herbeizuführen, weil ich davon ausgehe, daß es andere Methoden gibt, durch die zuträgliche Resultate zu erzielen sind und ohne daß solch eine Krise erforderlich wäre. Denken Sie daran, daß Schocktherapie irreversibel sein kann! Zum Beispiel die Elektroschockbehandlung, von der Sie alle gelesen bzw. gehört haben werden oder die Sie selbst gesehen haben. Jeder Schock ist ein Schock für das System als Ganzes. Und es ist möglich, daß ein Teil des Organismus in einem bestimmten Moment leicht geschwächt ist, und während es nach außen hin so aussieht, als wäre der Schock heilsam gewesen, kann er doch tieferen Schaden verursacht haben.

Was das Thema Schock anbelangt, setze ich persönlich die ganze Zeit über Schocks ein – und für gewöhnlich merkt es niemand. Das Konzept Schock ist mir geläufig, und ich benutze es, aber ehe ich das tue, gibt es vorher noch all die vielen anderen Stufen!

Die nächste Frage!

Therapeut: Was bringt Heilung, was macht gesund?

Agha: Was für eine Frage! Eine Frage wie diese ist gigantisch, und ich werde kein generelles Statement abgeben. Was bringt Heilung, was macht gesund – also, was sich in fünfundvierzig Sekunden dazu sagen läßt, ist:

Krankheit ist nicht der normale Zustand, sondern ein Ungleichgewicht im Organismus. Nicht jeder kommt mit einem perfekten Organismus zur Welt, aber wenn man auf eine in körperlicher Hinsicht balancierte Weise lebt und versucht, auch in psychischer Hinsicht balanciert zu leben, wird in der Regel jede Schwäche, mit der man geboren wurde, behoben.

Die Arbeit eines Therapeuten besteht darin, dem Organismus zu helfen, sich selbst wiederherzustellen und diese Balance zu erlangen.

Positive Energie, positives Handeln, positive Absicht bringt Heilung und macht gesund.

Therapeut: Wo liegen die Grenzen der Psychotherapie?

Agha: In der Geduld des Therapeuten oder im Leben des Patienten.

Es gibt keine derart eindeutige Definition der Grenzen, sie sind eher individueller Art und personenbezogen.

Die Grenzen, die sich ein Therapeut selbst auferlegen sollte, sind ein wenig klarer, z. B. wenn sich ein Psychotherapeut hinsichtlich eines bestimmten Patienten auf ein etwas fragwürdiges Gebiet begibt und sich dort sozusagen ›verloren‹ hat, da er sich in einem Gebiet befindet, das für ihn unsicheres Terrain ist. Es gibt keinen speziellen Maßstab dafür, wie sich ein Therapeut fühlt, dies hängt größtenteils ganz individuell von dem Therapeuten wie der Situation ab.

Allerdings läßt sich auch hier sagen: Passen Sie auf sich auf, gehen Sie nicht zu weit, forcieren Sie nicht zu sehr.

Therapeut: Welche Arten von Energie gibt es, und wie können wir damit arbeiten?

Agha: Oh, das ist eine globale, galaktische Frage!

Therapeut: Einige von uns haben sich mit den Techniken wie Handauflegen, Mesmerismus, Reinkarnationstechniken und spriritualistischen Ansätzen befaßt. Sollen wir auch weiterhin damit arbeiten?

Agha: Reinkarnation und spiritualistische Ansätze sind tatsächlich nicht sinnvoll, und ich würde nicht empfehlen, sie zu verwenden. Es gibt positivere und nützlichere Therapien, die man an ihrer Stelle anwenden kann.

Therapeut: Wie viele Arten Energie gibt es?

Agha: Nun, ich habe zu zählen aufgehört, als ich bei etwas über 1 780 000 angelangt war. Zu der Zeit war ich noch jünger und habe gerne gesammelt.

Therapeut: Wie verwendet man die unterschiedlichen Energien?

Agha: Wenn Sie sich mit der Energie der Tradition harmonisieren und sich mit ihr in Einklang befinden, empfangen Sie die unterschiedlichen Energien, die Sie benötigen, und Sie geben sie durch Kontakt weiter. Wenn Sie sich mit der Energie der Tradition harmonisieren und sich mit ihr in Einklang befinden, werden Sie diese Energien automatisch oder, besser gesagt, ganz natürlich verwenden.

Das wichtigste, wenn Sie sich in einer therapeutischen Situation befinden, ist, daß Sie vor sich selbst bekräftigen, daß Sie mit der Energie der Tradition in Kontakt sind.

Therapeut: Was ist ein gesunder Mensch? Wie definieren Sie einen kranken Menschen?

Agha: Die Meinungen bezüglich dessen, was ein gesunder Mensch ist, divergieren, und es werden unterschiedliche Maßstäbe oder auch Rechtfertigungen benutzt, um aufzuzeigen, was gesund ist und was nicht. Manche Leute benutzen seltsame Methoden oder Richtlinien, um das Ausmaß der Gesundheit oder Verrücktheit zu bestimmen. Andere machen sich selbst etwas vor, was den Grad Ihrer Gesundheit oder den von anderen anbelangt. Ich zum Beispiel halte mich für gesund, aber es gibt Leute, die das anders sehen, aber da es heißt, daß alle Afghanen definitionsgemäß verrückt seien, gibt es da keine Beurteilungskriterien!

Was gesund oder ungesund ist, ist, wie gesagt, eine Frage eines ausgewogenen Gesundheitszustandes: eine harmonische Existenz, die mit der galaktischen Gesamtheit harmoniert.

Es gibt konventionelle Testmethoden, um Gesundheit oder deren Fehlen festzustellen. Manche dieser Bewertungen sind präzise, andere wieder sind mehr oder weniger willkürlich. Man kann den Blutdruck messen, die Temperatur oder den Atemrhythmus, dafür gibt es bestimmte Durchschnittswerte, aber diese Meßwerte unterliegen Änderungen oder Schwankungen.

6. Therapeutenfragen an den Lehrer IV

Therapeut: Wie kann ich bei meiner Arbeit erkennen, ob mein Tun und Handeln oder Nichttun das Richtige ist?

Agha: Indem Sie mit Feedback arbeiten. Das bedeutet nicht, daß Sie, um sich ein Bild von einzelnen Personen machen zu können, Sie diese unter die Lupe zu nehmen bräuchten. Sie erfüllen Ihre Aufgabe auf die bestmögliche Weise, und der Maßstab, den Sie anlegen, ist, ob es funktioniert oder nicht.

Therapeut: Wie wissen wir, wann es besser ist, zu handeln, und wann, nicht zu handeln, wenn es darum geht, etwas für sich selbst zu bekommen; etwas, das man braucht?

Agha: Wenn Sie etwas brauchen, egal, ob es sich darum handelt, daß Sie eine bestimmte Energie, eine Direktive oder einen Impuls brauchen – ich werde es Ihnen geben.

Therapeut: Wie können wir unsere Aufmerksamkeit erhöhen und damit die Beobachtung hinsichtlich des Patienten?

Agha: Sie bauen einen tiefgreifenden Kontakt mit dem Patienten auf, so daß Einvernehmen und Sympathie zwischen Ihnen übertragen werden können. Da gibt es kein plötzliches Gefühl, aufgrund dessen man sagen könnte, nun habe man es geschafft. Es ist ein langsamer Prozeß, aber es gibt da ein Gefühl der Befriedigung (dafür gibt es kein anderes Wort) in dem Sinne, daß Sie klar und deutlich die Wärme des Erfolges spüren.

Therapeut: Planen Sie für die Zukunft, weitere Zentren aufzubauen, die Girasol, wo mit Drogenabhängigen gearbeitet wird, vergleichbar sind, aber zum Beispiel für angewandte Chirurgie?

Agha: Ja.

7. Therapeutenfragen an den Lehrer V

Therapeut: Was ist die Funktion eines *Kashkuls*?

Agha: Es zieht Energie von der Tradition an, sammelt und bewahrt sie. Für gewöhnlich besitzt ein Individuum eines stellvertretend für die Gruppe. Traditionellerweise und auch aus gutem Grund gibt man getrocknete Blüten hinein. Dem liegt die Vorstellung zugrunde, daß die Blüten eine Funktion und einen Wert haben, denn sie sorgen dafür, daß die Energieanziehung und der Energiefluß aufrechterhalten wird.

Traditionsgemäß gibt es verschiedene Sorten von *Kashkuls*. Man kann nicht sagen, daß es ›gute‹ oder ›schlechte‹ *Kashkuls* gäbe, denn sie haben allesamt eine Standardqualität. Einige unterscheiden sich in der Form etwas von den anderen, was damit zusammenhängt, daß in den Alten Tagen der Lehrer das *Kashkul* zu aktivieren pflegte und es der Person aushändigte, an der es war, die Lehre weiterzuführen. Daher tragen einige von ihnen bestimmte Markierungen in Form von Händen. Die Person, der es übergeben wird, hält es auf eine bestimmte Weise, woraufhin der Fluß von der Energie und Baraka durch ihn weiter aufrechterhalten wird.

Ein *Kashkul* ist ein Instrument und kein heiliges Objekt. Es ist ein Objekt, das von Wert ist, einen Nutzen, eine Funktion und Energie hat.

Teil III

Beiträge der Therapeuten

Die Heilkunst des Propheten

Ich halte es durchaus für möglich, meine therapeutische Arbeit zu ergänzen, indem ich Techniken wie Hypnose, Kunst oder Aspekte wie Spurenelemente einbeziehe. Als ich versucht habe, tiefer in mich hineinzuhören, um herauszufinden, wodurch sich meine eigene Therapie maximieren ließe, erinnerte ich mich an die Art, wie die spanisch-maurischen Hakims der Vergangenheit zu arbeiten pflegten.

Sie sahen Krankheit als ein Ungleichgewicht der Elemente bzw. der Eigenschaften: kalt, warm, feucht und trocken. Ich denke, dies könnte ein Weg sein, um meine Arbeit zu fokussieren, weil es mir die Möglichkeit gäbe, mehr mein Empfinden als meinen Intellekt zu gebrauchen; besser zu spüren, wo im Patienten das Ungleichgewicht liegt.

Das brachte mich dann darauf, daß wir vielleicht anfangen sollten, diese ›Heilkunst des Propheten‹ zu studieren. Falls jemand unter den Anwesenden ist, der unter diesem Gesichtspunkt arbeitet, wäre ich sehr dankbar, wenn er mit mir in Kontakt treten würde.

F.S.

Mir ist dazu ein empfehlenswertes Buch bekannt, *The Medicine of the Prophet*, in dem alle *Hadithen*, die sich auf Therapie beziehen, nach bestimmten Gesichtspunkten wie Ernährung, Psychologie und Psychosomatik geordnet sind.

P.B.

Honigtherapie

Ich möchte Ihnen eine uralte und wohlbekannte Therapie vorstellen, die mit jeder anderen Therapieform kompatibel ist: die Honigtherapie. Honig wird ausschließlich aus dem Nektar von Blüten hergestellt. Betrachten wir eine Blüte in ihrer Ganzheit, können wir feststellen, daß in einer Blüte die Eigenschaften von Farbe, Form, Geschmack und Duft in perfekter Kombination und perfektem Gleichgewicht vorhanden sind. So sollte der Patient daran erinnert werden, daß, wenn er Honig ißt, er in sehr tiefen und fruchtbaren Kontakt mit den besten Eigenschaften des Pflanzenreiches kommt, was ihn dazu ermutigen könnte, diese zu entwickeln.

Ein Patient mit psychosomatischen Problemen wie Depression, Einsamkeit oder Motivationsverlust sollte in Kontakt mit der Entität der Biene gebracht werden. Die Biene hat sowohl eine eigene kleinere Individualität als auch eine größere, nämlich als Teil des Bienenschwarmes. Bienen können sehr gut miteinander kommunizieren, und dieses Bild könnte in ihm die Notwendigkeit für unterschiedliche Arten der Kommunikation wecken, welche ihn möglicherweise mehr befriedigen würden.

Bienen haben ein perfekt funktionierendes Gesellschaftssystem, in welchem jedes einzelne Individuum zum Wohle des Ganzen beiträgt. Einige Autoren verbinden diese Kunst des hocheffizienten Verhaltens mit dem Fehlen von sogenannter Demokratie. So könnte der Patient dazu angeregt werden, sich Gedanken über seine mögliche Funktion in der Gemeinschaft, in der er lebt, zu machen, was ihm helfen könnte, dies umzusetzen. Eine Biene kann, obwohl sie Individualität besitzt, nicht alleine überleben. Allein hat sie keine Funktion, und ohne Funktion kann sie nicht überleben.

Der Name einer Sufi-Gemeinschaft, der der *Sarmounis*, ist von den Bienen hergeleitet; ›*Sarmouni*‹ bedeutet Biene. Ein Sprichwort dieser Sufi-Gemeinschaft besagt: »Arbeit bringt eine süße Essenz hervor.«

A.F.-K.

Therapie in der Klinik

Wenn ich herausfinden will, was in komplementärer Hinsicht für meine Therapie möglich ist, muß ich mir erst einmal über meine eigenen Situation und meine Möglichkeiten im klaren sein. Ich arbeite mit Kunsttherapie, und diese kann nur von einer gewissen Bedeutung für den Betreffenden und sein Problem sein. Der Zeitfaktor stellt eine weitere große Einschränkung dar, denn ich arbeite in einer Klinik, in der die Leute maximal ein Jahr lang Therapie machen können, was bedeutet, daß, falls in dieser Zeit keine Initiation stattfindet, der Patient später wieder irgendwo neu anfangen muß. Das heißt aber auch, daß seine Motivation dann weiter abnimmt.

Für mich ist es daher sehr wichtig, daß es für meine Arbeit während dieser Zeit einen klaren Fokus und für die Zeit nach der Therapie einen Nachfolger gibt. Meiner Erfahrung nach ist es unter diesen Voraussetzungen schwierig zu bewirken, daß die Patienten eine Erfahrung machen, die sie mitnehmen können und die sie weiterträgt. Da sie für längere Zeit auf äußere Struktur angewiesen sind, um ihre Erfahrung ins Gleichgewicht zu bringen, zu halten oder zu modellieren, frage ich mich, welche Möglichkeiten es diesbezüglich in anderen Therapien gibt, die Richtung, die diese Patienten eingeschlagen haben, fortzuführen?

Da mir nur wenig Zeit für die Patienten zur Verfügung steht, überlege ich derzeit, ob nicht NLP eine Ergänzung sein könnte.

A.v.V.

›Patchwork-Therapie‹

Ich begann Therapie zu erlernen, weil ich ein Kind habe, das nicht mit mir kommuniziert, und jede Therapietheorie mußte sich an diesem Kind bewähren. Ich machte eine Ausbildung in Psychoanalyse, wandte mich danach der Gestalttherapie zu, lernte dann etwas über den Atem und empfindsam zu sein für die Blockaden und den Energiefluß im Körper. Dann befaßte ich mich mit Hypnose, was mich lehrte, die inneren Ressourcen einer Person einzuführen und den Weg zu den subtileren Bereichen im Menschen zu ebnen, und auch mit systemischer Familientherapie; damit, wie ein Mensch gebunden und vielleicht auch verstrickt ist in dem Feld, in das er geboren und in dem er aufgezogen wurde.

Wie damit nun arbeiten? Ich hatte immer das Gefühl, ich müsse einige Stücke aus dem ganzen Gewebe herausschneiden, um nicht völlig davon vereinnahmt zu werden, bis mich unlängst einer meiner Patienten etwas lehrte: In einem Buch über Derwische – ich hatte ihm nie etwas über Derwische erzählt – fand er ein Bild von einem Flickengewand und war davon so angezogen, daß er es nachmachen wollte. Dabei fand er heraus, daß all die Teile seines Lebens wie die Stücke dieses Gewandes waren, und mit dem Ausschneiden und Zusammensetzen dieser Stücke lernte er sehr vieles, was er auf keine andere Weise hätte lernen können.

Ihm verdanke ich diese Idee der ›Patchwork-Therapie‹. Zur Zeit befasse ich mich mit Geschichten und möchte außerdem mehr über Kunsttherapie lernen.

M.L.

Erweiterung in vier Richtungen

Womit ich arbeite, ist das Hier und Jetzt, ist der Kontakt, der in der aktuellen Situation hergestellt wird; eine Art kognitives Reframing könnte man es nennen. Ich habe vier Richtungen herausgefunden, die eine Bereicherung dessen, was ich tue, sein könnten:

Die klassische Psychoanalyse halte ich für gut, weil sie mehr Wert legt auf Aspekte, die zwischen uns im Sinne von Übertragung und Gegen-Übertragung ablaufen. In der therapeutischen Situation bin ich sehr strukturiert, und es wäre eine Richtung für mich, ein wenig zurückzutreten und mehr Raum für Prozesse, die vom Patienten kommen, zu lassen.

Ein weiterer Aspekt wäre, eine Form von Meditation hinzuzunehmen, um vom Individuellen mehr zu einer Erfahrung des Ganzen zu kommen; um den Patienten nicht nur zu seinem eigenen Leiden Verbindung finden zu lassen, sondern auch zum ganzen Universum, oder wie immer man das nennen will.

Eine dritte Richtung wäre, eine systemische Sichtweise hinzuzufügen, wie den Ansatz von Bernd Hellinger. Sich z. B. zu fragen: »Was ist meine Aufgabe in der Tradition meiner Familie? Was kann ich tun, um gewisse Probleme in der Tradition meiner Familie zu lösen?«

Die vierte Richtung: Ich berühre die Leute nicht, und ich denke, dies in einer Form von Therapie zu tun könnte mir eine Information über den Körper geben und wäre eine Möglichkeit, etwas im Körper zu ändern oder ihm eine Art Energie zu geben.

Ich denke, das wäre eine gute Bereicherung dessen, was ich tue.

Ich frage mich auch: »Wozu ist Therapie gut?« oder »Was will ich mit dem Therapieren erreichen?«, und ich denke, der erste Schritt ist, daß die Leute ihren Körper, ihre Seele und ihren Geist erleben. Der zweite Schritt ist, daß sie fähig sind, ihren Körper, ihr Seele und ihren Geist in eine bestimmte Richtung zu entwickeln.

Dies sind für mich die Ziele von Therapie.

H.N.

Intuitives Management

Seit vielen Jahren arbeite ich für Unternehmen. Zur Zeit gebe ich Seminare für Führungskräfte zum Thema ›Kommunikation und soziale Kompetenz‹, über Führung, Mitarbeitergespräche und Coaching.

Ich möchte gerne zwei Aspekte zu meiner Arbeit hinzunehmen: Bei dem einen handelt es sich um Schönheit. Und zwar Schönheit im Sinne von z. B. Räume so vorzubereiten und zu gestalten, daß Menschen darin gut lernen können. Hier wüßte ich gerne mehr über Farben und deren Bedeutung.

Zur Zeit arbeite ich mit zwei Dimensionen: dem Verstand, der linken Gehirnhemisphäre, die ich in den Seminaren ebenso mit Materialien versorge, sowie mit der anderen Dimension des Gefühls und der Kreativität. Und so lautet der zweite Aspekt: Ich würde gerne als dritte Dimension die Intuition hinzunehmen, d. h. ein Konzept für intuitives Management entwickeln.

N.W.

›Depende-Therapie‹

Meine Therapie müßte eigentlich ›Depende-Therapie‹ heißen, denn auch ich habe sehr viele verschiedene Methoden im Laufe meiner Entwicklung kennengelernt und benutzt. Angefangen habe ich mit der Psychoanalyse, kam dann zu Gesprächspsychotherapie, Gestalttherapie und Sensory Awareness. Inzwischen bin ich bei der ›Visionstherapie‹, einer Imaginationsarbeit mit den inneren Bildern, der inneren Führung und dem inneren Therapeuten, angelangt, deren ›Erfinder‹ hier anwesend ist.

Trotzdem kann ich nicht sagen, daß ich ausschließlich mit einer bestimmten Methode arbeite. Manchmal wende ich dies an, manchmal etwas anderes, manchmal deute ich, manchmal spiegle ich nur – ›depende‹!: Es hängt von der jeweiligen Situation, der Person, dem Thema sowie der Notwendigkeit ab.

Was für mich als Klient ähnlich unbefriedigend war wie jetzt als Therapeut, ist, daß während der therapeutischen Arbeit oft etwas erkannt, gespürt oder entdeckt wird, das im Alltag aber dann nicht oder kaum umgesetzt wird. Ich finde es schwierig, an diesem Punkt eine Verbindung herzustellen, und vielleicht ließe sich dafür etwas Ergänzendes – Methoden, Techniken oder Ansätze – auf dem Gebiet der Verhaltenstherapie finden.

Die Menschen, die zu mir kommen, bringen fast alle sehr viel Spannung mit. Ich kenne das von mir selbst, auch ich habe dauernd mit Spannung in mir zu kämpfen, um sie irgendwie loszuwerden.

Nun habe ich ausprobiert, während des Therapiegesprächs im Hintergrund leise ruhige und entspannende Musik laufen zu lassen. Für mich selber wie auch für manche Klienten war das eine positive Erfahrung, aber es gab auch andere, die ablehnend reagierten. Mir ist sehr wichtig, daß sich der Patient wohl fühlt, denn dann fühle ich mich selbst auch wohler und kann besser arbeiten.

H.W.

Visionstherapie

Die meisten Anwesenden hier identifizieren mich mit Bach-Blütentherapie, einige von Ihnen haben vielleicht auch das Buch von mir gelesen, in dem ich versucht habe, die Bach-Blüten über Geschichten darzustellen. Hauptsächlich aber befasse ich mich mit Psychotherapie.

Mein Verfahren habe ich ›Visionstherapie‹ genannt, weil es eine Arbeit mit inneren Bildern ist, bei der die Klienten, ähnlich wie in einem Traum, in ihre inneren Bilder hineingehen und über das Erfahren und Erleben die Themen bearbeiten, die für sie anstehen.

Ein sehr wichtiger Aspekt in meiner therapeutischen Arbeit ist, jemandem zu helfen, zu einer positiven Lebenshaltung zu finden und die negativen oder lebensverneinenden Anteile seiner Lebenseinstellung allmählich aufzulösen. Dafür ist die Atemarbeit ein sehr direktes Mittel, das sich auch als nützlich erweist, wenn es gilt, körperliche energetische Blockaden aufzulösen und über den Atem wieder Energie zuzuführen. Meiner Ansicht nach ist die Atemarbeit auch ein guter Weg, den Klienten Möglichkeiten aufzuzeigen, das, was sie in der Therapie erleben, dann auch tatsächlich in ihrem Leben umzusetzen, worum es schließlich ja auch geht, denn wenn das nicht passiert, dann war's doch eigentlich für die Katz'!

Hilfe von anderen Therapeuten brauche ich, wenn es über den individuellen Rahmen hinaus um systemische Faktoren geht. Zum Teil läuft die systemische Arbeit parallel, oder aber sie löst meine Arbeit ab. Zum Beispiel hat sich die Homöopathie als kompatibel erwiesen, und ich arbeite mit einem klassischen Homöopathen zusammmen, der mir seine Klienten schickt, wenn er das Gefühl hat, daß sie Psychotherapie brauchen könnten, und andersherum, wenn ich das Gefühl habe, da braucht ein Klient jetzt wirklich ein homöopathisches Mittel, dann schicke ich ihn zu ihm.

Da die Atemarbeit aber den Körper nicht so sehr einbezieht, möchte ich als eine Ergänzung zu meiner Arbeit mich mehr mit körperlichen Aspekten der Therapie befassen, wie z. B. mit der Feldenkrais-Therapie.

Die Bezeichnung ›Patchwork-Therapie‹ gefällt mir gut, weil ich eben niemals mit einer Methode auskommen würde, denn jeder Mensch ist anders, und ich habe die Idee, für jeden Klienten eine Therapie zu kreieren, die genau zu ihm paßt.

R.D.

Arbeit mit Farben

Ich bin aus der Schweizer Gruppe und nun nach drei Jahren Mexikoaufenthalt wieder hier. Ich bin keine Therapeutin, aber ich weiß viel über Farben. Ich bin Künstlerin und habe mich lange mit Farbe, Tanz und Gesang beschäftigt, bis ich an einem Punkt gemerkt habe, daß ich nicht nur sehr gerne Kunst ausübe, sondern auch sehr gerne mit anderen Menschen zusammenarbeite.

Und so habe ich vor etwa fünfzehn Jahren mit Workshops mit Künstlern, z. B. Theaterleuten, die wollten, daß ich ihnen helfe, angefangen. Zuerst haben sie gefragt: »Machst du uns bitte die Kostüme?« oder »Hilfst du uns bei der Choreographie?«, und dann habe ich ihnen geholfen, das selber zu machen.

Nun gebe ich Unterricht in Farbenlehre für Kinder und Erwachsene und mache Workshops, in denen wir mit Farben arbeiten, und am Ende veranstalten wir gemeinsam eine Ausstellung.

C.V.

Resonanz I

Ich bin Malerin und Therapeutin. Ich arbeite auch mit Farben, aber nicht therapeutisch, sondern in meiner Malerei, wobei ich z. T. auch Räume ausmale für Leute, die eine bestimmte Farbwirkung erzielen wollen. Meine Arbeit ist körpertherapeutisch orientiert, d. h., es ist Psychotherapie, die über den Körper funktioniert und sogar den Ganzkörperkontakt einschließt.

Darüber hinaus habe ich auch mit katathymem Bilderleben und Traumreisen gearbeitet sowie mit Familientherapie nach Hellinger, d. h., zu schauen, was da für familiäre Verträge durch die Generationen übertragen werden, dies zu formulieren und dann in Form von Körperarbeit zu thematisieren. Diese Arbeit erfordert viel Intuition, d. h., je weiter oder je sensibler ich selber bin und meine eigenen Themen körperlich durchgearbeitet habe, desto mehr kann ich in Resonanz mit dem Patienten fühlen, wo er Blockaden und Panzerungen hat. Dadurch bin ich mehr und mehr auf die Arbeit mit dem ›Inneren Sein‹ gekommen, die sehr viel stiller ist und mehr in einen inneren, fast meditativen Kontakt geht. Mittlerweile merke ich, wie die Stimme, also wie Resonanz immer wichtiger wird. Resonanz, d. h. Frequenz, was Farben anbelangt, aber auch bei Klängen, und auch beim Körper. Mich würde interessieren, ob es hier jemanden gibt, der mir in dieser Hinsicht weiterhelfen kann.

C.W.

Resonanz II

Zu dieser Klangsache kann ich etwas beitragen. Ich habe sogar ein Band dabei von Therapeuten, die mit Akustik arbeiten und sogar zerebrale Störungen heilen. Wenn es dich interessiert, kannst du es gerne anhören.

H.O.P.

Gestalttherapie

Was an den Therapiemethoden, die ihr macht und die auch ich nun im Laufe der Jahre kennengelernt habe, ist mit meiner Arbeit kompatibel?

Drei Aspekte: Als Gestalttherapeutin ist der Fokus meiner Arbeit darauf gerichtet, wie ich meine Klienten dabei unterstütze, in Kontakt zu kommen mit sich selber oder eben dem Rest der Welt. Zu dem, was da kompatibel ist, zählt Familientherapie nach Hellinger und Musik.

Ein weiterer Punkt, der kompatibel ist mit meiner Arbeit – kompatibel im Sinne von komplementär –, ist Arbeit, die ich selber nicht tun kann. Da ich eben Psychologin bin, kann ich bestimmte Sachen nicht tun; z. B. Medikamente verschreiben kann bei uns in Deutschland nur ein Arzt. Also, da bin ich interessiert daran, meine Arbeit dahin zu erweitern, daß ich mit Ärzten zusammenarbeite, zumal mehr und mehr Leute mit schweren Störungen wie schweren depressiven Zuständen und Angstzuständen in meine Praxis kommen, bei denen ich den Eindruck habe, daß die Psychotherapie alleine nicht genügt.

Der dritte Aspekt, der meine Arbeit am meisten ergänzt, ist, alles, was wir im Kontext der Tradition in der Arbeit mit dem Inneren Sein, den Techniken der Tradition gelernt und gehört haben, zu vertiefen – und zwar in einem ganz praktischen und konkreten Sinn.

G.L.

Lehrkonzept und Pädagogik

Hören, was sie mir sagen – das ist eine therapeutische Methode, die vor allem darin besteht, zu hören oder zu spüren, was die Leute uns eigentlich sagen.

Und andersherum: Was kann ich den Leuten sagen – aber dies ist eher der Lehr- oder pädagogische Aspekt.

Einerseits sind da z. B. die Sufigeschichten, andererseits unsere Vorstellung vom Arbeiten in einem völlig anderen System, wie in einem Kindergarten oder in der Schule, wo man den Leuten etwas ›beibringen‹ soll. Ich fragte mich, ob man ein Lehrkonzept in ein therapeutisches Konzept integrieren könnte.

D.B.

Bewegungstherapie

Ich arbeite als konzentrative Bewegungstherapeutin. Das ist eine psychotherapeutische Methode, die leiborientiert ist und Leib als Einheit von Körper, Seele und Geist versteht. Diese Methode, die auch stark auf der Entwicklungspsychologie basiert, hat sich entwickelt als Integration von Körperarbeit und psychoanalytisch orientierter Sichtweise: Es ist wichtig, die Sprache des Körpers zu verstehen und damit auch den Ausdruck seelischen Leids, das oftmals durch ihn zum Ausdruck gebracht wird.

Da es eine Methode ist, die bereits alles mögliche integriert – die Arbeit in der Beziehung und die Arbeit mit Gegenständen, mit dem Raum, mit Farben, Düften und Musik –, habe ich mich gefragt, ob es denn darüber hinaus noch etwas gibt, das ich dazunehmen möchte. Obwohl die Atemarbeit ein Zentrum der konzentrativen Bewegungstherapie ist, möchte ich auf diesem Gebiet einzelne Aspekte, patientenbezogen, vertiefen.

Was mir sehr komplementär erscheint, ist die Medizin im Sinne von Organmedizin. Ich brauche Zusammenarbeit mit Leuten, die gut in Diagnostik sind und mit mir den Punkt finden, wo es sinnvoll ist, Psychotherapie zu machen, und wo eine Operation oder Medikation angebrachter wäre. Daher habe ich mich hier auch mit A. zusammengesetzt, die jetzt Leiterin einer Intensivstation wird.

Ein weiterer Aspekt: Die Vorstellung des Dazunehmens rief bei mir eine Art innere Gegenbewegung im Sinne von zuviel des Guten hervor. Ich möchte eigentlich weniger machen, einzelne Punkte konzentrierter mit dem Patienten wiederholen. Nicht Neues dazunehmen, sondern eher vereinfachen.

Zusammenarbeit mit anderen Therapeuten stelle ich mir so vor, daß jemand anderes seine Behandlung – wie z. B. Shiatsu, eine homöopathische oder auch medizinische Behandlung – parallel durchführt. Ich finde es wichtig, daß man achtungsvoll nebeneinander arbeitet, so daß der Patient nicht in einen Zwiespalt zwischen den verschiedenen Therapeuten gerät.

S.S.

Psychoorganische Analyse

Ich arbeite mit psychoorganischer Analyse, die von Paul Boyesen stammt, dem Sohn von Gerda Boyesen, die die Biodynamik entwickelt hat. Für diese Methode gibt es in Deutschland ein kleines Institut, in Frankreich ist sie so bekannt wie hier bei uns die Gestalttherapie.

Als Klientin habe ich selbst sehr viele verschiedene Methoden ausprobiert und fand die psychoorganische Analyse das Rundeste für mich persönlich. Meine Klientinnen liegen häufig, mit geschlossenen Augen, so daß sie in ihre inneren Bilder gehen können – in einen traumähnlichen Zustand mit verschlüsselten Bildern. Ich habe in der Situation insofern eine recht analytische Haltung, als ich dann mit ihnen interpretierend arbeite. Es ist mir aber auch sehr wohl möglich, körperlich zu arbeiten, aus dieser sparsamen analytischen Haltung herauszugehen und meine Klientinnen zu berühren.

Ich habe von meiner Ausbildung her das Gefühl, daß sie sowieso schon sehr breit angelegt ist. Allerdings strebe ich eine Erweiterung in Richtung systemischer Familientherapie an; ich merke, daß mir diese Richtung sehr gut täte, und zwar wegen ihrer starken Struktur. Ich selbst komme aus einer sehr offenen, aber damit auch recht diffusen Ausbildung, wo es sehr um Empathie geht und zugunsten der Empathie oft auch auf Struktur verzichtet wird. So habe ich das Gefühl, da habe ich ein Leck.

J.O.

Imagination, Traum und Symbol

Ich arbeite mit den Geschichten der Tradition und gebe Seminare für Lehrer und Professoren zum Thema durch Geschichten unterrichten. Ein Aspekt dabei, den ich durch NLP gelernt habe, ist die therapeutische Verwendung von Metaphern. Anfangs war ich verblüfft, daß es mir, der ich keine Erfahrung als Therapeut habe, möglich war, in diesem Kontext Dinge zu unterrichten, bei denen ich selbst Mühe hatte, sie zu verstehen und umzusetzen. Wer aber einmal begriffen hat, daß diese Symbole nicht bloß reine Phantasie und Nonsens sind, sondern daß sie in unserer Imagination mit inneren Mustern arbeiten, ist tief beeindruckt und begeistert über die unmittelbaren Ergebnisse.

Mir wurde klar, daß alles, was ich benutzte, nichts anderes war als die Erfahrung, die ich als Beobachter auf diesen THT-Seminaren gewonnen hatte. Diese zehn Jahre THT haben mir, obwohl ich kein ausgebildeter Therapeut bin, die Mittel an die Hand gegeben, THT anzuwenden. Beläßt man es aber im Abstrakten, denkt man: »Was ist bloß der Inhalt von THT?« Sobald man es aber anwendet, bekommt man die Bezugspunkte. Und es funktioniert wirklich!

So hatte ich hier, während ich Ihnen zugehört habe, zwar das Gefühl, daß es Ihnen um die Tradition geht – es wurde allgemein über THT-Ideen gesprochen –, aber mir fehlte in gewisser Weise ein konkreter Bezug. *Die kreative Imagination in Ibn Arabis Sufismus* ist z. B. ein Werk, das mich sehr beeindruckt hat und das ich Ihnen gerne empfehlen möchte, nicht unbedingt in historischer Hinsicht, aber zum besseren Verständnis der Imagination – ein Konzept, das in unserer Kultur nicht vorhanden ist. In diesem Buch sind die Ebenen der Imagination, bei denen es sich eben nicht nur um Phantasie handelt, sondern um subsistente Imagination, erklärt.

Mir hat das geholfen, die Bedeutung von Offenbarung besser zu verstehen; die Wichtigkeit der geoffenbarten Worte, die von dieser Ebene kommen. Meiner Ansicht nach können wir gewisse Faktoren der Tradition nicht verstehen, weil wir diese

Imaginationsebene nicht verstehen. Es gibt nicht nur die persönliche, auf die Welt projizierte Interpretation – unsere Projektion, mit der die Psychoanalyse und andere psychologische Methoden arbeiten –, sondern auch eine subsistente, universelle, reale, ewige, kreative und von uns unabhängige Imagination, welche aus der Welt Gottes selbst kommt – um es mal so auszudrücken. Wir können in jene Welt treten, die nicht getrennt ist von unserer gewöhnlichen Welt, die im Grunde ja Imagination ist. In jener Dimension existieren Engel. Aus jener Imagination entsteht Offenbarung. Da ist einerseits eine Bedeutung bzw. reiner Geist und andererseits die Welt der Dichte, der Körper, der Formen. Damit reiner Geist bewußt und manifest werden kann, muß er Gestalt annehmen; dies erfolgt im Bereich der Imagination.

Jeder von Ihnen weiß, wenn er einen Traum hatte, ob es eine Art verwirrter Traum voll nutzlosen Unsinns war oder ob es sich um die Art Traum handelt, bei der man spürt, daß er speziell war. Was geschah in jenem Traum? Geister, Bedeutungen nahmen die Form bekannter Dinge unserer Imagination an, so daß sie sich uns mitteilen konnten. So sind auf diesem Gebiet Symbole keine Allegorien, kein Ersatz für rationale Inhalte. Symbole sind lebendig, sie sind die Bedeutung selbst. Anfangs sagt jemand vielleicht: »Wozu solch eine machtvolle prophetische Welt? Kann ich nicht meine eigenen Worte benutzen, wenn ich bete?« Dann aber stellt er fest: »Ja! Das hatte eine große Kraft!« Meinem Verständnis nach ist laut Ibn Arabi die Tradition aus inspirierten Worten aufgebaut. Und wenn wir diese benutzen, nehmen wir von dem Bereich der subsistenten, ewigen Imagination, in welche wir offenbar nach dem Leben gehen.

Es ist so, als gäbe es eine verzerrte Ebene, auf welcher wir mit einem Patienten arbeiten, um ein gewisses Gleichgewicht wiederherzustellen, von wo aus er auf einer spirituellen Ebene arbeiten kann. Wenn der Betreffende einigermaßen ausgeglichen ist, enthält die Arbeit jene andere Dimension. Es ist nicht mehr eine Frage von Rationalisierung, sondern davon, den Kontakt mit dieser inspirierten Imagination herzustellen. Mit dieser Imagination versteht man ebenso die Wichtigkeit des persönlichen Strebens, *himma* – leer sein –, um die Bedeutungen aus jener wirklichen Welt empfangen zu können und nicht um eines begrenzten persönlichen Gestaltens der Welt willen.

Soweit ich begriffen habe, wird in der islamischen Tradition, im Sufismus generell, großer Wert auf Umsetzung und innere Verbindung gelegt. Wenn wir nun die Worte des Propheten, z. B. das Gebet betreffend, kennen, hilft uns das, nicht bloß zu sagen: »Dies ist meine Absicht...«, sondern den geoffenbarten Worten zu vertrauen. Darin liegt eine enorme Energie.

P.B.

Positive Ressourcen

Ich arbeite in der Kunsttherapie. Auch ich habe eine breitgefächerte Ausbildung, so daß ich gerne etwas mehr Struktur hätte. Ich arbeite sehr intuitiv, und so interessiere ich mich für NLP, u. a. eben wegen der Struktur und Zielgerichtetheit. Zudem hielte ich es für interessant zu versuchen, die Arbeiten mit Submodalitäten, d. h. Hören, Sehen, Riechen, Fühlen und Schmecken, mehr zu integrieren sowie mehr mit den Ressourcen zu arbeiten, d. h. erst einmal einen angereicherten Zustand (d. h. mit Positivität angereichert) beim Klienten zu bewirken, bevor man mit der eigentlichen Arbeit anfängt, was ich mir besonders auch bei der Arbeit mit Gruppen als hilfreich vorstelle.

C.P.

Gruppenarbeit

Ich bin auch Kunsttherapeutin und arbeite mit Bildern, die aus uns herauskommen. Nebenher arbeite ich auch viel mit Träumen und Imagination – allerdings eher bei gesunden Leuten. Für mich waren hier besonders Gespräche über Körperarbeit wichtig, denn der Bilderbereich ist körperlos, und ich meine, manchmal ist es sehr hilfreich, es auch über den Körper zu spüren bzw. die Auswirkungen auf den Körper zu spüren – oder eben auch die Blockaden im Körper.

Ich habe gelernt, von der Gruppe ausgehend mit Träumen zu arbeiten, d. h., es wird mit der ganzen Gruppe an dem Traum eines Teilnehmers gearbeitet: Jeder öffnet sich, und während der Betreffende seinen Traum erzählt, bemüht sich jeder Teilnehmer zu beobachten, was dabei bei ihm selbst passiert – sei es, daß er Kopfschmerzen bekommt oder in Gedanken währenddessen abschweift. Diese Reaktionen weisen dann meist auf Stellen in dem Traum hin, wo etwas dynamisch ist oder Widerstand sitzt. Auf diese Weise läßt es sich mit der Gruppe als Instrument sehr gut arbeiten. Hieran anknüpfend würde ich gerne mehr über den Gebrauch einer Gruppe als Instrument im Sinne der Tradition erfahren.

C.M.

Ganzheit

Ich bin Brasilianer und spiele Gitarre – aus Liebe. Meine Ausbildung als Musikpädagoge habe ich auf der Geige gemacht – während ich nach Möglichkeiten suchte, mit Musik etwas auf der geistigen Ebene zu erreichen. Ich bin dabei, auf der Geige ein System zu entwickeln, mit Bildern Themen in einer Weise zu übermitteln, daß ich nicht nur in technischer Hinsicht unterrichte, sondern auch, um die Verbindung im täglichen Leben zu erfahren.

Als Musiker, als Gitarrist, komponiere ich. Dann zeichne ich Bilder, die dem entsprechen, auf eine große Tafel, spiele mit den Formen, und während ich spiele, ist mein Ziel, auf einer Ebene Musik mit der Ganzheit all unserer Möglichkeiten erfahren zu können.

O.S.

Feldenkrais

Ich mache Feldenkrais; die Ausbildung habe ich vor einem Jahr abgeschlossen. Die Erfahrung, die ich mit Leuten habe, die ist allerdings größer als die Erfahrung, die ich mit dieser Technik habe.

Bei Feldenkrais gibt es zwei Techniken: die Einzelarbeit an einem Individuum und mit ihm zusammen. Diese Arbeit ist meist nonverbal: Ich berühre die Menschen – meist mit den Händen, manchmal auch mit Knien und Füßen zum Abstützen – und bewege sie.

Die zweite, bekanntere Technik ist die Gruppentechnik, bei der man die Leute verbal anleitet, bestimmte Bewegungen zu machen bzw. auch, sie sich vorzustellen. Wenn jemand gelähmt ist und sich auch nicht vorstellen kann zu laufen, kann er sich aber vielleicht vorstellen, ein Bein zu bewegen. Ich kann mit konkreten Bewegungen und ebenso auch mit der Vorstellung arbeiten.

Vor diesem Hintergrund interessiert mich die Imagination sehr. Dazu bin ich auch daran interessiert, mich auf dem Gebiet der Bach-Blüten weiterzubilden bzw. mehr darüber zu erfahren. Diesbezüglich hatte ich hier auch schon Gelegenheit zu hilfreichen Gesprächen.

B.W.

Kurztherapie

Wie viele andere hier habe auch ich mir gestern und heute eine Menge Gedanken gemacht. Eine Sache ist, daß ich mir vorstellen könnte, wieder Therapie zu machen, nachdem ich jetzt, über Jahre hinweg, Datenverarbeitung mache.

Ich möchte drei Punkte herausgreifen von den Dingen, die mir alle interessant vorkamen und die ich sicher nicht alle machen kann.

Eine Sache, die mir aufgefallen ist, als ich hierher kam: Der Kontakt hier ist anders als bei mir bei der Arbeit. Das mag auch daran liegen, daß es hier wirklich inzwischen eine Runde von Freunden gibt und daß wir viel Kontakt miteinander hatten und auch viel investiert haben mit Reisen, Geld und allem, und diese Idee, diesen Kontakt häufiger zu haben, ist eigentlich verführerisch.

Das zweite ist: Inhaltlich habe ich früher Gestalttherapie und Atemtherapie gemacht, und die Vorstellung, jetzt wieder dahin zu gehen und das gleiche an dem Punkt weiterzumachen, wo's damals aufgehört hat, kommt mir absurd vor. Ich hatte meine Gründe, warum ich aufhören wollte, danach habe ich mich nur rein theoretisch mit Therapie befaßt. Das, was ich in dieser Hinsicht am faszinierendsten fand, war ein Workshop mit einem Steve de Shazer, der Kurztherapie macht. Von meiner Erwartung her war ich da sehr voreingenommen, daß es um sogenannte Abkürzungen geht, um komische Dinge, daß mit Tricks und dergleichen gearbeitet würde.

Aber dann war ich beeindruckt von dem Mann, der auf zirka dreißig Jahre Therapieerfahrung zurückblickt und der, unter anderem, eine ganze Menge Training hinter sich hatte, aber während seiner Arbeit trotzdem den Fokus darauf gerichtet hat, die Dinge zu komprimieren, zu optimieren. Agha spricht darüber als ›optimizing‹ und ›maximizing‹. Das wäre, was mich interessieren würde, wenn ich wieder in die Therapie einsteigen würde.

Als ich ihn fragte, warum Therapien denn in der Regel zwei oder drei Jahre dauern, antwortete er, weil gründlich ausgebildete Therapeuten eben lernen, daß Therapie soundso lange dauert. Sie glauben es, richten sich danach und bestätigen damit, daß Therapie eben so lange dauert, weil sie meinen, sie müsse so lange dauern.

Interessiert bin ich auch an verstärkter Orientierung an der Gesundheit. Wenn ich an die Psychologie denke, haben wir eine ganze Menge Krankheitsmodelle, aber nur wenige Modelle dafür, wie Gesundheit funktioniert. Wir haben Kategoriensysteme über Krankheiten, Einteilungen, Dynamik der Entstehung und weiß der Geier was, aber Gesundheit als Konzept ist eher negativ definiert, daran, was nicht gesund ist.

H.K.

Hypnotherapie

Bei der Frage, welche andere Therapieform ich mir gut zu der von mir praktizierten vorstellen könnte, habe ich an die Hypnotherapie gedacht. Die Milton-Erickson-Lehrgeschichten faszinieren mich, und ich lese sie stets besonders gerne. Ich könnte mir vorstellen, daß ich mir da Kenntnisse aneigne, um auf diese Art und Weise meine Arbeit zu bereichern.

A.O.

NLP

NLP und Aromatherapie, so glaube ich, können sehr gut zusammen angewendet werden, außerdem möchte ich Farben hinzunehmen – bestimmte Farben an den Wänden oder vielleicht von Lampen. Etwas anderes, das sehr gut zu NLP passen würde, ist, Geschichten zu erzählen – dies würde ich wirklich gerne lernen.

C.H.

Ein Versuch

Ich hatte den Versuch unternommen, meiner üblichen Methode etwas anderes hinzuzufügen, nämlich Aromen in meine Arbeit zu integrieren, um einen gewissen Einfluß und eine bestimmte Wirkung auf die Patienten zu erlangen, wie z. B., sie zu entspannen, aufzuwecken, aktiver zu machen o. ä.

Nach einer Weile begannen aber meine Augen zu brennen und zu jucken, und ich merkte, daß ich die Aromen in der Luft nicht vertrage. Obwohl ich sie gerne rieche – wir paßten nicht

393

zusammen, und ich mußte aufhören, was mir leid tat. Aber was konnte ich tun? Ich realisierte, daß es nicht das Passende war.

H.W.

Wie ich geheilt wurde

Ich möchte die Gelegenheit wahrnehmen, an dieser Stelle zu meinen Freunden in der Tradition von Therapie zu sprechen. Die Tatsache, daß ich gänzlich unbelastet bin von jeglichem Wissen über dieses Thema, erlaubt mir, meine Meinung auf eine so freie Weise zu äußern, wie es keinem von ihnen möglich ist.

Ungeachtet dessen ist das Wissen, das ich über Krankheit und Therapie habe, eines, das ich mit jedem anderen hier auf diesem Planeten teile: Ich war krank und wurde geheilt. Auch wenn ich – die Annahme vorausgesetzt, daß die ursprüngliche Krankheit oder Wunde bei der Geburt erfolgte – davon ausgehe, daß ich mich lediglich in einem Zustand zeitweiliger Remission befinde – vor dem unvermeidlichen Ende. Ich bin jedoch der Ansicht, daß die Erfahrung der Krankheit nützlich war, und so erfolgt mein Beitrag hier auch aus dem Blickwinkel des Patienten, denn wer wäre auf einem Kongreß von Melkern schon willens, eine Kuh anzuhören?

Es war im Spätfrühling 1985, als meine Frau Catherine und ich uns im Fernsehen eine Talkshow mit Eddy Barclay als Gaststar ansahen.

Inmitten all dieses seichten Gefasels erwähnte Mr. Barclay, daß er gerade von einer Krebserkrankung genesen sei. Er sprach davon, daß er über längere Zeit eine Halsentzündung hatte, die nicht besser werden wollte, und als er schließlich zum Arzt ging, stellte sich heraus, daß es Krebs war. Daraufhin hatte er sich in Behandlung begeben und war inzwischen wieder gesund.

Meine Frau und ich sahen uns an, denn dies war genau das Symptom, über das ich in den letzten Wochen geklagt hatte.

Am nächsten Tag ließ sich Catherine von Bekannten den Namen eines Hals-, Nasen-, Ohrenspezialisten geben und vereinbarte einen Termin für mich. Der Doktor tat das Übliche und verschrieb mir Antibiotika, die aber nicht halfen. Als ich zwei Wochen später wiederkam, schaute er sich meinen Hals nochmals an und bat mich, in einer Klinik, in der er arbeitete, vorbeizuschauen, um eine Gewebeprobe entnehmen zu lassen.

Als ich dann in der darauffolgenden Woche in seine Praxis kam, wohin er mich bestellt hatte, um das Ergebnis der Untersuchung mit mir zu besprechen, war ich nicht gänzlich überrascht zu erfahren, daß sich ein wucherndes und bösartiges Karzinom in meiner rechten Mandel eingenistet hatte.

Ich hatte ein schwieriges Jahr mit großen Enttäuschungen hinter mir; sowohl beruflich – ich hatte die Untertitel für zwei Spielfilme produziert, war dann aber um meine Gage gebracht worden – als auch, was die Tradition anbelangte. Ich hatte Agha meine Idee unterbreitet, eine neue Gruppe in New York aufzubauen; es gab dort bereits eine Anzahl von Personen, die mit der Tradition in Kontakt standen. Ich wurde daraufhin als verantwortlich benannt, aber im darauffolgenden Monat bereits schon wieder meines Amtes enthoben. Heute würde ich solch ein Ereignis als einen Segen ansehen, aber damals tat ich mich schwer damit. Ich erwähne dies hier deshalb, weil Enttäuschung, Ärger und Machtstreben das Beste in uns übernehmen und sich sogar körperlich auswirken können. Rückblickend auf meine Situation im Sommer 85 sehe ich eine ganze Reihe persönlicher wie beruflicher Frustrationen. Trotz meiner fünfundvierzig Jahre sehe ich jünger aus. Mein Haar ist nicht weiß, sondern blond, und ich scheine mich bester Gesundheit zu erfreuen. Dazu bin ich ein atypischer Patient, denn ich trinke nicht, ich rauche nicht, und im Krankenhaus hieß es von seiten der Ärzte, daß ich so schöne Zähne hätte, daß ich sie einer Fluoridbadeprozedur unterziehen solle, um zu verhindern, daß sie für die Strahlentherapie gezogen würden.

Behandelt wurde ich im Hôpital Pierre et Marie Curie in Paris, das auf Strahlentherapie spezialisiert ist. Da sich mein

Krebs in einem noch recht unentwickelten Stadium befand, schien Bestrahlung die richtige Vorgehensweise zu sein, und ich war bemüht, über meine Behandlung positiv zu denken. Ich rief Agha an und setzte ihn von meiner Krebserkrankung in Kenntnis. Er hatte aber schon davon erfahren, und die Pariser Gruppe hatte sich spontan zu einer *Ya Shifa*-Übung getroffen, um mir Kraft zu geben. Agha sagte nicht sehr viel, aber da war eine Sache, die er sagte und die ich mein Lebtag nicht vergessen werde: »Es ist dein Feind, und du willst es töten!« In anderen Worten: Es ist ein Kampf auf Leben und Tod – entweder der Krebs oder ich.

Während der Zeit meiner Behandlung führten Gruppen in ganz Europa, in Spanien und in Südamerika meinethalben Übungen durch. Außer daß ich den vielen, die daran teilgenommen haben, dafür herzlich danke, kann ich dem nicht viel mehr hinzufügen, außer der simplen Tatsache, daß ich neun Jahre später immer noch bei euch bin! Ich kann absolut nicht beurteilen, ob diese Bemühungen medizinische Auswirkungen hatten. Allerdings kann ich sehr wohl sagen, daß eines der Dinge, die man infolge einer schwierigen und einsamen Kindheit mit sich herumschleppt, das Gefühl ist, bis in alle Ewigkeit dazu verdammt zu sein, ungewollt und ungeliebt zu sein. Als ich nun jedoch erlebte, was mein möglicher Tod für all die Freunde in der ganzen Welt bedeutete, ganz zu schweigen von meiner Familie, verschwand dieses Gefühl ein für allemal.

Anzumerken ist hier aber auch, daß, realistisch betrachtet, die Heilungschance bei Kehlkopfkrebs achtzig bis neunzig Prozent beträgt. Als ich für die endoskopische Untersuchung – um festzustellen, ob sich der Tumor auch anderweitig fortentwickelt hat – in den Operationssaal gerollt wurde, schob mir jemand eine Karte in die Hand. Zu dem Zeitpunkt war ich von der örtlichen Betäubung zwar schon recht benommen, aber kaum, daß ich auf die Karte geblickt hatte, als ich, so laut ich nur konnte, zu schreien begann, daß in meinem Fall falsche Instruktionen gegeben worden seien.

Ärzte und Krankenschwestern kamen den Korridor hinunter

gelaufen, und ich bekam zu hören, daß es nicht gut für mich wäre, wenn ich mich direkt vor der Operation so aufregte. Ich hielt ihnen die Karte entgegen, aber sie verstanden nicht und fragten, was denn so Besonderes daran sei. Auf der Karte stand: »Alle Zähne ziehen!«

Inzwischen war der Zahnarzt, der mich zu Anfang untersucht hatte, dazugekommen, um zu sehen, was da vor sich ging. Er beugte sich über mich, sah die Karte und sagte: »Bei allem, was recht ist – diese Blödmänner!«, um alsdann gemächlich in den Operationssaal zu schlendern. Als ich schließlich hineingerollt werde, sind Zahnarzt und Oberarzt bereits in eine Unterhaltung vertieft, bei der sie sich weder durch meine Anwesenheit noch durch die für die Untersuchung erforderlichen Handhabungen stören lassen, die sie eher beiläufig durchführen. Erst ganz am Ende wendet man sich mir wenigstens zu, um mir mitzuteilen, daß es keine weiteren Tumoren gäbe.

Als mich Catherine später im Krankenzimmer besuchte, brachte sie mir meine Post von zu Hause mit, darunter einen Brief aus Brasilien, von einer hübschen jungen Freundin, die erschrocken von meiner Krankheit gehört hat und mir alles Gute wünscht. Darüber hinaus teilt sie mir mit, daß sie einen ehemaligen Priester kenne, der darauf spezialisiert sei, Krebs zu heilen, und sie könne mir bestimmte Heilkräuter aus dem Amazonasgebiet schicken, die ich nehmen solle. Die einzige Bedingung dafür, daß diese Behandlung anschlage, sei, daß ich auf keinen Fall auf irgendeine der modernen Technologien wie zum Beispiel Chemo- oder Strahlentherapie zurückgreife.

Als es dann mit den Bestrahlungen losging, pflegte ich mich den Emotionen der anderen Patienten dadurch zu entziehen, daß ich bereits morgens um 8 Uhr hinging, um als erster unter die Maschine zu kommen. Ein weiterer Vorteil an dieser Vorgehensweise war der, daß sie zu der Zeit zu funktionieren pflegte; Ausfälle ereigneten sich meist erst später im Verlauf des Tages, und in der Regel passierte es mindestens zweimal die Woche, daß sie ausfiel.

Während ich auf dem Behandlungstisch lag, pflegte ich die

Fatiha zu rezitieren, mein *Dhikr* und das *Ya Shifa*. Während ich nach oben auf die Bestrahlungsnadel starrte, mußte ich an die Decke im Saal der Zwei Schwestern am Löwenhof in der Alhambra denken. Ich wußte nicht, warum ich das tat. Vielleicht weil dieser Ort mit seinen Decken, die unten vom Wasser in ihren unendlichen Metamorphosen reflektiert werden, zu den schönsten Plätzen gehört, die ich kenne. Die Maschine über mir war ähnlich unentwegt.

Der Oberarzt der Abteilung kam gewöhnlich um die Zeit auf die Station, während ich auf dem Tisch unter der Maschine zu liegen pflegte. Jeden Tag lag ich dort um 8.30 Uhr, und jeden Morgen kam er herein, begrüßte den diensthabenden Arzt und legte flüchtig und mich dabei ignorierend seine Hand auf meinen Hals, um den Tumor zu befühlen. Während dieser Prozedur lag ich da, Hände und Beine mit Gurten gebunden, und fühlte mich recht gedemütigt, da man mich auf solch flüchtige Weise behandelte und ohne im geringsten von meiner Anwesenheit Notiz zu nehmen. Ich bin ein ›Kehlkopf‹ und ein ›Tumor‹, aber ich bin keine Person. So bemühte ich mich in meinem eigenen Interesse darum, irgendeine Beziehung herzustellen. Die Gelegenheit dazu bot sich, als er einmal etwas auf englisch zu mir sagte. Ich beglückwünschte ihn zu seinem guten Englisch, und er erzählte mir von seinen onkologischen Studien, die er auf der medizinischen Fakultät in Harvard abgeschlossen hatte. So kam es, daß wir die Gewohnheit annahmen, jeden Morgen Englisch miteinander zu sprechen.

Nach etwa dreiwöchiger Behandlung hielt er eines Morgens einen Moment inne, legte dann seine Hand ein zweites Mal auf meinen Hals und ließ sie dort eine Weile lang liegen, als überlege er. Dann ließ er die ganze Stationsbelegschaft von ungefähr zwanzig Personen sich versammeln und teilte ihnen mit, daß die Ausrichtung der Strahlung auf meinen Tumor unachtsam eingestellt worden war, daß der Zugang zu dem Tumor durch die Kieferknochen blockiert sei und dieser so nicht ganz und gar von der Strahlung beschossen werden konnte und daß, wenn man den Dingen weiter ihren Lauf ließe, am

Ende des Bestrahlungszyklus noch immer etwa ein Fünftel des Tumors in meinem Hals vorhanden sein würde. Da es normalerweise nicht möglich ist, die Bestrahlungen zweimal an derselben Stelle durchzuführen, wäre der Patient so gezwungen, auf andere Behandlungsformen zurückzugreifen, weil man auf dieser Station zu nachlässig sei, seiner Aufgabe richtig nachzukommen.

Der unterkühlte Zorn des Arztes war beeindruckend, und ich war völlig fertig. Aber kaum, daß alle sich wieder nach draußen getrollt hatten, lächelte er mir zu und sagte auf englisch: »Machen Sie sich keine Sorgen! Bei den Hunderten von Tumoren, die wir hier jeden Tag zu behandeln haben, kann es den Ärzten leicht passieren, daß sie in schiere Routine verfallen, und dann muß ich sie von Zeit zu Zeit aufwecken! Ich habe Sie als Vorwand benutzt; wir hängen jetzt einfach drei oder vier zusätzliche Bestrahlungen an, ändern bei der Maschine den Bestrahlungswinkel – und soweit es Sie anbelangt, macht es keinen Unterschied!«

Mein Eindruck ist, daß diese Geschichte eine Reihe therapeutischer Erwägungen beinhaltet, die diskussionswürdig sind oder zumindest bedenkenswert. Ich kann auch nicht mit Sicherheit sagen, ob es nun die Bestrahlungen waren, meine Gebete, die Gebete der Freunde, Aghas Gebete oder mein gestärktes Selbstvertrauen als Folge all der Aufmerksamkeit, die mir zuteil geworden war, und die, ebenso wie sie mir Rückhalt gab, auch mein Immunsystem stärkte, so daß ich mit dieser Krankheit umgehen konnte.

Folgende Punkte möchte ich hierbei zusammenfassen:

1. Hätte ich auf meine kleine brasilianische Freundin gehört und auf die ›High-Tech-Therapie‹ verzichtet, ob ich dann wohl noch am Leben wäre und diesen Bericht hätte schreiben können? Oder, andersherum, ob sie dann wohl mein Blut an ihren Händen hätte? Schließlich ist es ja wohl der Beginn der Weisheit zu wissen, wo das eigene Wissen aufhört. Die Beziehung zwischen ›sanfter‹ und ›harter‹ Medizin ist offenbar von Bedeutung, und dieses Wissen sollte auch die Kenntnis eines möglichen Mißbrauchs einschließen.

2. Wo liegt in der Therapie der Unterschied zwischen gelernter Ausbildung und gekonnter Ausübung? An welchem Punkt spielt die gekonnte Ausübung eine Rolle, und wie kann sie jemand erkennen, der sie nicht hat?

3. Inwieweit ist es möglich, die Granada-Therapie als einen Zusatz zu seiner eigenen Ausbildung mit hinzunehmen?

4. Welches sind die Grenzen einer Therapie, die auf innerem Gleichgewicht und Harmonie basiert? Wenn ich mich aus dem Fenster stürzen will, hält man mich davon ab, oder steht man händeringend daneben?

5. Wie und wann sollte man zu ›härteren‹ Techniken übergehen, und nach welchen Kriterien geht man dabei vor?

6. Gibt es schriftliches Material zum Thema möglicher heilender Einflüsse der Alhambra?

Unsere Art zu denken ist nicht zeitgebunden, aber unglücklicherweise sind wir dem unterworfen. Therapeut oder nicht, wenn es uns gelingt, die Liebe, die wir in unseren Herzen haben, denen, die uns begegnen, mitzuteilen, dann haben wir etwas erreicht – ob es nun gemessen werden kann oder nicht!

A.H., Oktober 94

Dank

Seit dem letztjährigen THT-Treffen hat sich meine Art zuzuhören und zu arbeiten auf langsame, aber zunehmende Weise verändert. Es sind mehr Leerräume, mehr Pausen in meiner Arbeit, z. B. wenn ich Patienten zuhöre oder mit ihnen rede. In diesen kleinen Räumen finde ich die Möglichkeit, einen leeren angstfreien Platz zu schaffen, eine Plattform, auf der ich eine innere Botschaft empfangen kann. Oft erscheint auch das Sirr, und ich spüre sofort, wie sich die Energie im Patienten und in mir selbst verändert. Dies dauert an, so daß ich an gewissen Tagen keine homöopathischen Mittel verschreibe, weil die Energie, die durch mich strömt, derart stark ist, daß sie auch die Patienten spüren. Dies macht einen großen Unterschied aus in der Art und Weise zu heilen.

Damit verbunden stelle ich auch ein präziseres und klareres Vorgehen bei mir fest, den Arbeitsraum zu betreten und all die täglichen, privaten Probleme, die mich stören, hinter mir zu lassen. Sogar meine Patienten merken, daß sich etwas geändert hat. Die Energie der Tradition, die ich in Momenten der Unsicherheit herbeirufe, kommt manchmal derartig heftig, daß ich sie in meinen Händen spüre. Ich weiß nicht, wie es funktioniert, aber die Patienten spüren es.

Ich bin sehr dankbar, mit der Tradition und diesen Möglichkeiten in Kontakt zu sein, und ich hoffe, daß sie zunehmen und wachsen möge.

Danke.

A.A.

Glossar

Alif: Der Buchstabe A im arabischen Alphabet

Attar, Fariduddin: (gest. 1229), persischer Mystiker, Verfasser des *Mantiq at-Ta'ir (Konferenz der Vögel)* und des *Tadhkirat al-Awliya,* einer Sammlung von Anekdoten und Biografien berühmter Sufis

Aromatherapie: Einsatz ätherischer Pflanzenöle zur Wiederherstellung des körperlichen, seelischen und geistigen Wohlbefindens

Bach-Blütentherapie: Vom englischen Arzt Edward Bach entwickeltes Therapieverfahren, das 38 beschriebenen ›negativen Seelenzuständen‹ die heilenden Eigenschaften jeweils einer blühenden Pflanze zuordnet.

Backup: Sicherung, Unterstützung

Baraka: Besondere Gnade, Segen oder Segnung. Sowohl Lebewesen können *Baraka* haben, wie auch Gegenstände, bestimmte Orte, Taten mit positiver Absicht sowie bestimmte Rituale und Übungen.

Biodynamik: Ein Körpertherapieverfahren, dessen wesentliche Bestandteile eine Reihe von Massageformen, Körper- und Atemarbeit sind.

Bismillah: Der Anfang oder die *Fatiha* des Qur'an: *Bismillah ar-rahman ar-rahim* (›Im Namen Gottes, des All-Erbarmers, des Aller-Barmherzigsten‹). Wird zu Beginn einer jeden Handlung gesprochen, um sie zu weihen, so wie man zum Abschluß *al-hamdullilah* sagt.

Co-action: Zum Begriff der *Co-action* siehe: *The Sufi Tradition in the West,* Sayed Omar Ali-Shah, Alif Publishing, N.Y., (deutsche Übersetzung in Vorbereitung), Seite 35 ff.: Kap. IV. *Coaction & Lock-On*

Dari: In der Gegend um Kabul gesprochenes Afghanisch

Derwisch: Angehöriger eines mystischen Ordens

Derwischregeln: Siehe *Naqshbandi*

Dhat: Essenz

Dhikr: Rezitation. Übung in Form der Wiederholung eines speziellen Wortes, von Qur'ansuren oder -zitaten. Der Klang oder die Kadenz bei diesen Übungen sind wichtig, da sie mit dem Atemrhythmus verbunden sind. Aus diesem Grund wird das *Dhikr* in der Originalsprache gesprochen.

Engel: *mala'ikah*; der Glaube an Engel zählt zu den Glaubenssätzen des Islam.

Farbtherapie: Verwendung von Farben, um die augenblickliche Selbstwahrnehmung bewußt zu machen, das körperliche und seelische Befinden zu harmonisieren und Wachstums- und Veränderungsprozesse anzuregen.

Fatiha: ›Die Eröffnende‹, Anfangssure des Qur'an

Feedback: Rückkopplung, Rückmeldung

Feldenkrais-Therapie: Erweiterung von Wissen und Wahrnehmung durch die gezielte Anregung neuer Haltungs- und Bewegungsmuster, ›Bewußtheit durch Bewegung‹.

Gestalttherapie: Förderung der Bewußtheit von sinnlicher Wahrnehmung und Körperempfinden durch die Prinzipien ›Kontakt‹, ›Hier und Jetzt‹ und ›Eigenverantwortlichkeit‹.

Gewand: *Khirqah*; bei einigen Derwischorden ist es Brauch, ein Derwischgewand zu tragen, bei dem es sich häufig auch um ein Flickengewand handelt. Dieses Gewand wird üblicherweise vom Sheikh verliehen.

Hakim: *al-hakim* – ›Der Weise‹, einer der 99 Namen oder Attribute Gottes. Wurde früher als Titel für eine gelehrte Person, so z. B. auch für einen Arzt, verwendet, denn damals war die Medizin der Philosophie verbunden, und ein Hakim war auf beiden Gebieten bewandert.

Ionisation: Anreicherung der Luft mit negativen Ionen mittels eines Ionisators. In der Natur findet sich eine hohe negative Ionenkonzentration z. B. an sprudelnden frischen Quellen.

Kashkul: Derwischschale, auch Bettelschale

Kognitives Refraiming: ›Refraiming‹ (Umdeuten) ist eine zentrale Methode des NLP: eine als problematisch empfundene Verhaltensweise des Klienten wird in einen anderen

Zusammenhang gestellt, erfährt dadurch eine neue Bedeutung und wird Ausgangspunkt eines Veränderungsprozesses.

Konditionierung: Unmittelbare Verknüpfung zwischen einem von außen eintreffenden Reiz (Stimulus) und einer bestimmten Reaktion: *Klassische Konditionierung.* Reaktionen, die zu einem befriedigenden Zustand (Erfolg) führen, werden mit höherer Wahrscheinlichkeit wiederholt als solche, die zu einem unbefriedigenden Zustand (Mißerfolg) führen: *Operante Konditionierung.*

Kurztherapie: Therapeutisches Vorgehen, das in einer Krise kurzfristig entlastende Lösungen sucht, ohne den tiefgreifenden persönlichen Anteilen nachzugehen.

Maximieren: Zum Konzept des Maximierens siehe u. a. Sayed Omar Ali-Shah, *The Sufi Tradition in the West*, Kap. 21: ›*Wazifa*‹ *or the Concept of Duty*

Mihrab: Nische (z. B. in der Wand einer Moschee), die dazu dient, die *Qiblah* (Gebetsrichtung) nach Mekka anzuzeigen, nach der sich alle Muslime beim Gebet ausrichten.

Musiktherapie: Die gezielte Anwendung von Musik oder musikalischen Elementen, um seelische und körperliche Gesundheit wiederherzustellen, zu erhalten und zu fördern.

Naqshbandi: Von Muhammad ibn Muhammad Bahauddin Naqshband von Bukhara (1317–1389) gegründeter Derwischorden, siehe auch: *The Rules or Secrets of the Naqshbandi Order*, Sayed Omar Ali-Shah, Tractus, 2. Aufl., 1998

Naqshbandiyyah: Angehörige des Naqshbandi-Ordens

Neunundneunzig Namen: *al-asma' al-husna,* ›die allerschönsten Namen‹ Gottes

Niyyah: Die Absicht

NLP: Neurolinguistisches Programmieren: verschiedene Methoden und Techniken, um strukturgebende Programme menschlicher Kommunikation zu entschlüsseln und in Richtung größerer Effektivität gezielt zu beeinflussen.

Permutation: Der Begriff der Permutation wird hier angewendet, um den Vorgang des Vertauschens und der Umstellung in den Zahlenfolgen zu benennen sowie um Konstituenten zu ermitteln.

Qadiri: Derwischorden, gegründet von Abdul Qadir-i Gilani aus Bagdad (gest. 1166)

Rifai: Derwischorden, »Die Heulenden Derwische«, gegründet von Ahmad Rifai

Sensory Awareness: Ein auch als ›angewandtes Zen‹ bezeichnetes Verfahren, um vielfältig vernachlässigte und abgestumpfte sinnenhafte Erfahrung neu zu beleben und die Entfremdung vom eigenen Leib aufzuheben.

Shiatsu: Durch Fingerdruckmassage an den auch in der Akkupunktur wichtigen Meridianpunkten sollen Blockaden im Energiefluß gelöst und der gleichmäßige Fluß der Lebensenergie wiederhergestellt werden.

Silsila: Die Übertragungskette der Lehrer in einem Sufi-Orden, durch die die Verbindung des gegenwärtigen Meisters in ununterbrochener Linie auf den Propheten Muhammad zurückgeht. Wenn die Abfolge der Namen in einer Silsila genannt wird, beginnt man mit Gott, gefolgt vom Erzengel Gabriel (arab. *jbril*), danach Muhammad, und dann weiter bis zu den Lehrern unserer Zeit. Grundgedanke der Silsila ist die ununterbrochene Weiterführung der Lehre, wie sie von den aufeinanderfolgenden Lehrern exemplarisch dargestellt und aktualisiert wurde, die alleine das Recht haben, das *Bayat*, die Verpflichtung, abzunehmen.

Sirr: Spezifisches *Dhikr*

Stamina: Angeborene, aufbauende, erneuernde, belebende Kraft, Lebenskraft

Suhrawardis: Angehörige des Suhrawardi-Derwischordens, der von *Shihab ad-Din Yahya Suhrawardi* (1154–1191) gegründet wurde.

Systemische Familientherapie: Eine Form der Psychotherapie, die die Störung des einzelnen im Zusammenhang mit seinem Beziehungssystem Familie sieht, die bisherigen Lösungen des Problems zu verstehen sucht und auf den Stärken des Systems aufbauend die gemeinsame Kreation neuer Denk- und Handlungsmuster anregt.

Tasbih: Muslimischer Rosenkranz. Besteht im allgemeinen aus 99 oder 33 Perlen mit einer Unterteilung nach jeder 33. bzw. 11. Perle, die aus verschiedenen Materialien hergestellt sein können, wie z. B. Holz, Glas, Knochen oder Halbedelstein. Die Zahl der Steine entspricht den 99 Namen oder Attributen Gottes.

Tekkia: Versammlungsort der Derwische

THT: Therapia Holistica Therapeutica »Granadatherapie«

Tradition: i. e. die Sufitradition

Ya Hadi: Ein *Dhikr*

Ya Shifa: Ein *Dhikr*

Nachweis der Vorträge

Die einzelnen Kapitel dieses Buches sind aus Vorträgen zusammengestellt, die von Sayed Omar Ali-Shah auf nachstehenden Kongressen gehalten wurden.

Teil I:

Kapitel 1–11:	THT-Kongreß in Segovia, Spanien, 21.–25. Oktober 1985
Kapitel 12:	THT-Seminar in Arcos de la Frontera, Spanien, 1985
Kapitel 13–18:	THT-Kongreß in Mexiko City, Oktober 1986
Kapitel 19:	THT-Kongreß in Mexiko City, Oktober 1986 und THT-Kongreß, Serra Negra, Brasilien, 31. 3.–8. 4.1990
Kapitel 20–27:	THT-Kongreß in Mexiko City, Oktober 1986
Kapitel 28–66:	VII. THT-Kongreß in Agaete, Kanarische Inseln, 17.–25. Oktober 1988
Kapitel 67–91:	THT-Kongreß, in Serra Negra, Brasilien, 31. 3.–8. 4. 1990
Kapitel 92:	THT-Kongreß, in Serra Negra, Brasilien, 31. 3.–8. 4. 1990 und THT-Meeting, Arcos de la Frontera, Spanien, 1995 und THT-Kongreß in Segovia, 21.–25. 10. 1985
Kapitel 93–97:	THT-Kongreß, in Serra Negra, Brasilien, 31. 3.–8. 4. 1990
Kapitel 98:	THT-Kongreß, in Serra Negra, Brasilien, 31. 3.–8. 4. 1990 und THT-Kongreß, in Montefiascone, Italien, 29. 3.–9. 4. 1991
Kapitel 99:	THT-Kongreß, in Serra Negra, Brasilien, 31. 3.–8. 4. 1990

Literaturverzeichnis

Farid al-Din Attar: *Vogelgespräche*, Interlaken 1988
Sahih al-Buhari: *Nachrichten von Taten und Aussprüchen des Propheten Muhammad*, Stuttgart 1991
O.M. Burke: *Among the Dervishes*, London 1973
Hakim Sanai: *Walled Garden of Truth*, London 1974
Al-Hariri: *The Assemblies of Al-Hariri*, (retold by Amina Shah), London 1980
Germán Herrera: *Das Tor*, München 1993
Muhamad Abu Hamid al-Ghazzali: *Das Elixier der Glückseligkeit*, München 1979
Hujwiri: *Revelation of the Veiled*, London
Muhyiddin Ibn 'Arabi: *Das Buch der Siegelringsteine der Weisheitssprüche, Fusus al-Hikam*, Graz 1970
– *Journey to the Lord of Power*, London/The Hague 1981
– *Sufis of Andalusia*, London 1971
– *Tarjuman al-Ashwaq, A Collection of Mystical Odes*, London 1978
– *What the Seeker Needs*, New York 1992
Muhammad Ibn Ishaq: *Das Leben des Propheten*, Tübingen 1976
Ibn Jubayr: *Tagebuch eines Mekkapilgers*, Stuttgart 1985
Ibn Tufail: *Hajj ibn Jaqzan, der Naturmensch*, Leipzig/Weimar 1983
Idries Shah: (Introduction), *Four Sufi Classics: Salaman and Absal*, Jami, *The Niche for Lights*, Al-Ghazzali, *The Way of the Seeker*, Hakim Sanai, *The Abode of Spring*, Jami, London 1980
– *Denker des Ostens*, Hamburg 1988
– *Die fabelhaften Heldentaten des vollendeten Narren und Meisters Mulla Nasrudin*, Freiburg/Basel/Wien 1991
– *Das Geheimnis der Derwische*, Freiburg/Basel/Wien 1995

- *Die Hautprobe*, Anleitung zum Sufi-Pfad, Freiburg/Basel/ Wien 1984
- *Die Karawane der Träume*, Basel 1982
- *Lebe das wirkliche Glück*, 2. Aufl. Freiburg/Basel/Wien 1996
- *Magie des Ostens*, München 1994
- *Die Sufis*, München
- *Wege des Lernens*, München 1985
- *Wege zum Selbst*, München 1995
- *Die Weisheit der Narren*, Freiburg/Basel/Wien 1983
- *Das Zauberkloster*, Hamburg 1986

Jalal al-Din Rumi: *Masnavi I Ma'navi, The Spiritual Couplets*, London 1980
- *Fihi ma fihi – Von allem und vom Einen*, München 1995

Nuruddin Abdurrahman Jami: *Yusuf and Zulaika*, London 1980

Kalila und Dimna: Vom sinnreichen Umgang mit Freunden, Fabeln des Bidpai (neu erz. v. Ramsay Wood), Freiburg/Basel/Wien 1986
- *Leila und Madschnun*, Zürich 1963

Amir Khusru: *Die Abenteuer der vier Derwische* (neu erz. v. Amina Shah) Frankfurt/Main, Leipzig 1995

Seyyed Hossein Nasr: *Die Erkenntnis und das Heilige*, München 1990
- *Ideal und Wirklichkeit des Islam*, München 1993
- *Living Sufism*, London 1980
- *Sufi Essays*, Albany 1991
- *Three Muslim Sages: Avicenna, Suhrawardi, Ibn Arabi*, Cambridge/Mass. 1964

Ninety-Nine Names of Allah, Shems Friedlander/al-Hajj Shaikh Muzaffereddin, New York & Toronto 1978

Nizami: *Die Geschichten der sieben Prinzessinnen*, Zürich 1959

Omar Khayaam: *Rubaiyyat*, (übers. Omar Ali-Shah), Berlin 1995

Sayed Omar Ali-Shah: *Course of the Seeker*, 2. Aufl. Paris 1996

411

- *Sufism as Therapy,* Paris 1995
- *Sufismus für den Alltag,* München 1993
- *The Sufitradition in the West,* Los Angeles 1995

The Rules or Secrets of the Naqshbandi, 2. Aufl. 1998

Ernest Scott: *Die Geheimnisträger,* München 1989

Mahmud Shabistari: *Secret Garden,* London 1974

Shah Waliullah: *Sufism and The Islamic Tradition: The Lamahat and Sata'at of Shah Waliullah,* London 1980

Sheikh Muzaffer *Ozak al-Jerrahi al-Halveti: The Unveiling of Love, Sufism and the Remembrance of God,* London/The Hague 1981

Sheikh Saadi: *Gulistan – Der Rosengarten,* (übers. Omar Ali-Shah), Berlin 1997

Sirdar Ikbal Ali-Shah: *Muhammad: The Prophet,* 2. Aufl. Paris 1996

- *Islamic Sufism,* Samuel Weiser, N.Y.

Margaret Smith: *An early Mystic of Baghdad, A Study of the Life and Teaching of Harith B. Asad al-Muhasibi A.D. 781–857,* London 1977

- *Rabi'a the Mystic and her fellow Saints in Islam,* Cambridge 1984

Suhrawardi: *The Mystical & Visionary Treatises of Suhrawardi,* London 1982

- *A Sufi Rule for Novices, Kitab Adab al-Muridin of Abu al-Najib al-Suhrawardi,* Cambridge 1975

Tuti-Nameh, *Das Papageienbuch,* Zürich 1978

Türkische Derwischgeschichten: *In dir liegt der verborgene Schatz,* hrsg. v. K. Göpel, (Vorw. Sayed Omar Ali-Shah) 2. Aufl. Freiburg/Basel/Wien 1997

Widad El-Sakkakini: *First among Sufis, The Life and Thought of Rabia al-Adawiyya,* London 1982

Bitte beachten Sie
die folgenden Seiten

Chinesische Mystik

Der Taoismus, eine der großen Strömungen chinesischer Philosophie, findet auch im Westen immer mehr Anhänger. Eva Wong präsentiert eine faszinierende Sammlung von Basistexten, die ebenso für den Anfänger wie für den Kenner geeignet sind. Sie gibt Einblick in die schamanistischen Ursprünge des Taoismus, sie erläutert die klassische Periode (Laotse, Chuang-tzu u.a.), die taoistische Mystik und viele weitere Aspekte. Ein Buch für Leser, die sich für die spirituellen Lehren Chinas und ihre praktische Umsetzung in Medizin und Meditation interessieren.

Eva Wong (Hrsg.)
Die Lehren des Tao
152 Seiten
Ullstein TB 35778

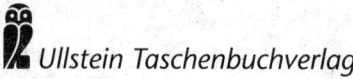

Ullstein Taschenbuchverlag

Klassiker

Patanjalis Yoga-Sutras (entstanden ca. 2. Jh. v. Chr.) sind die berühmteste und älteste systematische Darstellung des Yoga. Patanjali stellte in diesem Werk eine Vielzahl von Aphorismen – Sutras – zusammen, um den Weg zu höchster Konzentration und völliger Befreiung des Geistes zu weisen. Keinem anderen Text ist es seither gelungen, Yoga so authentisch, klar und lebendig zu vermitteln.
»Höchst empfehlenswert.«
Books for Inner Development

Swami Prabhavananda
und Christopher
Isherwood (Hrsg.)
Gotterkenntnis
Die Yoga-Sutras des
Patanjali
192 Seiten
Ullstein TB 35780

 *Ullstein Taschenbuch*

Neue Wege zur Weisheit

»Die Sufi-Lehrer Gurdjieffs« ist eines der wichtigsten Dokumente der authentischen Sufi-Tradition im Westen des 20. Jahrhunderts.
Im Rahmen einer farbigen und faszinierenden Reiseschilderung macht es den Leser vertraut mit den grundlegenden Voraussetzungen für eine erfolgreiche Suche nach dem Sinn unserer menschlichen Existenz.

Rafael Lefort
Die Sufi-Lehrer Gurdjieffs
102 Seiten
Ullstein TB 35788

Ullstein Taschenbuchverlag